ANÁLISIS DE LOS ÍTEMS

JOSÉ MUÑIZ, ÁNGEL M. FIDALGO, EDUARDO GARCÍA-CUETO
RAFAEL MARTÍNEZ, RAFAEL MORENO

ANÁLISIS DE LOS ÍTEMS

editorial
LA MURALLA, S.A.

Cuadernos de Estadística
Dirección: Juan Etxeberria Murgiondo
Francisco J. Tejedor Tejedor

ISBN: 84-7133-750-9
Depósito Legal: M-10.530-2005
Printed in Spain - Impreso por Lavel, S. A., Industria Gráfica (Madrid)

ÍNDICE

1
INTRODUCCIÓN

José Muñiz

El objetivo central del libro es presentar de forma clara y sencilla los conocimientos esenciales que han de tenerse en cuenta para la construcción y el análisis de los ítems que componen los cuestionarios y los tests. Existen muchos tipos de cuestionarios y de tests, así como muy diversos tipos de ítems, cada uno de los cuales exigiría tratar ciertas cuestiones específicas; sin embargo, también es cierto que todos ellos tienen muchas cosas en común, la mayoría. Tratamos de cubrir los aspectos más relevantes que afectan a cualquier tipo de ítems, y si alguno se deja al margen por razones de espacio, se aporta la documentación necesaria para que el lector pueda informarse convenientemente.

Los contenidos del libro se articulan en torno a tres grandes apartados: construcción de los ítems, análisis de los ítems y utilización de los tests. En el primer apartado sobre la construcción de los ítems se exponen los criterios básicos que han de seguirse para la elaboración de los ítems, incluyendo todo lo relativo a la traducción y adaptación de los tests de unas culturas a otras, así como algunos aspectos centrales de la fiabilidad y la validez de los tests. Mal se pueden analizar los ítems de un instrumento si se desconoce lo fundamental sobre su construcción. Con demasiada frecuencia los prontuarios para analizar los ítems dan estos por buenos sin más, limitándose a un recetario para organizar los datos estadísticos obtenidos tras aplicar los ítems a una muestra. Pues bien, deseamos dejar claro ya desde el principio que todo análisis de los ítems ha de empezar por escrutar con detalle la forma en la que los ítems están elaborados. Y si los ítems han sido traducidos de una lengua a otra, algo muy habitual en España, es esencial saber con detalle cómo se ha llevado a cabo la adaptación de esos ítems. También se exponen aquí los aspectos fundamentales de las dos grandes propiedades psicométricas de los tests, fiabilidad y validez. Igual que se entrena a los músicos individuales de una orquesta para que ésta suene bien, el perfeccionamiento de los ítems de una prueba tiene la finalidad de maximizar su fiabilidad y su validez. No tiene ningún sentido el análisis de los ítems por el mero análisis si ello no se liga a las propiedades generales del test, lo cual suele encontrarse con cierta frecuencia en los recetarios supuestamente prácticos para analizar ítems.

En el segundo apartado se aborda el análisis de los ítems propiamente dicho, repasando la tecnología de análisis desde el punto de vista de los dos grandes enfoques psicométricos: la teoría Clásica de los Tests y la Teoría de Respuesta a los Ítems (TRI). Seguramente la mayoría de los lectores estarán más familiarizados con los conceptos clásicos aquí expuestos, pero es de suma importancia que vayan complementando estos análisis con los derivados de la Teoría de Respuesta a los Ítems (TRI). Ambos enfoques no se oponen de ninguna manera, por el contrario, resultan complementarios y predominará uno u otro dependiendo de lo que aconseje cada situación. Por utilizar una analogía, ocurre aquí igual que con dos medios de transporte como el coche y el avión; ninguno es mejor que el otro, sencillamente cada uno es el indicado en función de la distancia a recorrer, amén de otras circunstancias.

En el tercer apartado se tratan dos cuestiones esenciales relacionadas con la utilización de los tests: la evaluación de la calidad psicométrica de los tests y el uso adecuado de estos. Un análisis adecuado de los ítems es esencial para estimar la calidad de una prueba, pues los ítems son al fin y al cabo los ladrillos con los que está construido el instrumento, pero una evaluación de la calidad global del test no se agota ahí. Se presenta un modelo que constituye una herramienta eficaz para ayudar a esta evaluación detallada de la calidad de los distintos componentes de la prueba. También nos ocupamos en este apartado del uso adecuado de los tests, algo muy poco habitual de encontrar en un manual de análisis de los ítems. La razón de incluirlo aquí es bien sencilla; para que un test cumpla con la finalidad para la que ha sido construido no solamente tiene que tener unos ítems bien armados, además hay que usarlos con propiedad. De poco vale disponer de un buen instrumento desde un punto de vista psicométrico si luego se utiliza a la buena de Dios. En ese apartado se dan directrices precisas para la utilización adecuada de los tests. Finalmente se aportan las referencias bibliográficas citadas en el texto.

Esperamos que los lectores encuentren en el libro una guía que les ayude a construir, analizar, evaluar y utilizar los tests.

2

CONSTRUCCIÓN DE LOS ÍTEMS

RAFAEL MARTÍNEZ,
RAFAEL MORENO y JOSÉ MUÑIZ

En el diccionario de la Academia Española de la Lengua, el término ítem designa en su acepción psicológica cada una de las unidades que componen una prueba, un test, un cuestionario. Refiere pues cada uno de los elementos utilizados en esos instrumentos para obtener la respuesta de los sujetos que se desea estudiar.

La construcción de ítems para pruebas psicológicas y educativas es un aspecto ciertamente relegado en la literatura. Pocos son los textos metodológicos y de evaluación que dedican algún capítulo al tema e insuficientes las investigaciones empíricas sobre los efectos de una construcción defectuosa (Haladyna y Downing, 1989; Haladyna, Downing y Rodriguez, 2002). En tal situación ha influido sin duda la suposición de que dicha tarea es algo intuitivo, producto de una disposición natural de algunas personas o de la inspiración existente en momentos determinados. Pensando así, poco habría que hacer aparte de confiar en ser uno de los elegidos que poseyeran tal habilidad. Frente a esa postura se viene abriendo camino la consideración de que la construcción puede y debe responder a determinados criterios objetivos que, una vez conocidos, han de ser utilizados para realizarla de modo reglado y sistemático, produciendo ítems adecuados. En la medida que se logre ese tipo de construcción sistemática, se estará consiguiendo una conveniente eficiencia. En lugar de construir de manera intuitiva una cantidad amplia de ítems que después han de ser depurados en función de su comportamiento, resulta más económico elaborar ítems que garanticen ciertos niveles de las propiedades métricas de interés, sustituyendo la tarea de depuración por otra fundamentalmente de comprobación empírica de la construcción pretendida.

2.1. Objetivos y formatos de los ítems

Para una construcción sistemática conviene empezar teniendo presente dos cuestiones: el objetivo de los ítems a construir y el formato que puede dárseles, o lo que es lo mismo, qué evaluar y cómo hacerlo.

En cuanto al objetivo suelen considerarse dos grandes grupos (Crocker y Algina, 1986; Cronbach, 1985; Nunnally y Berstein, 1995). Uno es estudiar el nivel óptimo o *máximo* del sujeto en determinadas competencias o rendimientos, ya sea de tipo memorístico o de razonamiento, y otro las actitudes, personalidad, preferencias o emociones *típicas* de cada persona. En el primer grupo existen criterios para señalar a las respuestas como correctas o incorrectas, y no así en las segundas.

En cuanto al formato o características de presentación cabe señalar también dos grandes grupos. Algunos formatos proponen al sujeto la *elaboración de un producto*. Así ocurre por ejemplo cuando al evaluar el aprendizaje de un lenguaje informático se pide escribir con él un programa efectivo para un determinado objetivo, cuando para evaluar aptitudes artísticas se solicita dibujar o modelar una determinada figura o cuando para conocer los modos de relacionarse con el mundo de los sujetos de un grupo terapéutico se les enfrenta a una situación simuladora de alguna real. Cuando el producto solicitado es verbal, y el sujeto debe expresar por escrito u oralmente un determinado contenido, el formato del ítem recibe el nombre de *preguntas abiertas*, distinguiéndose usualmente entre las breves y extensas según la longitud de lo solicitado. Las siguientes preguntas solicitan respuestas de diferentes longitudes: "Enumere tres huesos del tórax humano", "Describa brevemente la función clorofílica" y "Exponga las características sociales y políticas más relevantes de la Revolución Francesa, así como sus principales causas y consecuencias, justificando cada una de ellas". Otro formato es el de los ítems que presentan un estímulo en el que se han suprimido algunos de sus elementos, pidiendo al sujeto *completarlo*. Muchas veces el estímulo planteado es verbal, pidiendo al sujeto que añada uno o más elementos de una oración, como por ejemplo, "El cúbito, el ________ y el ________ son __________ de las extremidades superiores humanas", pudiéndose utilizar también otras formas de expresión como dibujos u operaciones aritméticas a completar. Un último formato de este grupo es el que pide *sustituir* determinados elementos, bien porque sean incorrectos o bien porque siendo correctos se pidan otros semejantes. Son ejemplos los textos que contienen errores ortográficos pidiendo al sujeto que los identifique y corrija, y aquellos otros correctamente escritos en los que el sujeto debe sustituir palabras o expresiones por otras sinónimas, dibujos en los que se ha de identificar y sustituir determinados componentes, o series de números, acontecimientos históricos, escenas de un suceso u otros elementos que se presentan desordenados y que han de ser adecuadamente organizados.

Un segundo grupo de formatos piden al sujeto *seleccionar* alguna *respuesta* de las que se le ofrecen. Estos ítems constan usualmente de un enunciado, sea pregunta o proposición, que se contesta o completa con varias opciones entre las que el sujeto debe elegir un determinado número de ellas, frecuentemente solo una que considere la correcta cuando se evalúa ejecución máxima o la más acorde con su opinión o comportamiento cuando se evalúa ejecución típica. El formato es denominado *Verdadero-Falso* si son esas las opciones ofrecidas. Una versión del anterior es el formato *Verdadero-Falso múltiple* que pide al sujeto valorar con tales alternativas varios enunciados referidos a un mismo contenido (ver tabla 1). A veces, sobre todo en medición de actitudes y personalidad, las mencionadas opciones de respuestas son sustituidas por otro conjunto de intención similar como *Acuerdo-Desacuerdo* con lo expresado en el enunciado. El llamado tipo *Likert* ofrece una graduación de acuerdo, con frecuencia de 1 a 5, aunque también se utilizan otros rangos. Otras veces las opciones ofrecidas al sujeto tienen su propio contenido y no son ya sólo calificaciones del enunciado como las anteriores. Se habla entonces de *elección alternativa* o de *elección múltiple* según se ofrezcan respectivamente dos o más opciones de respuesta. En evaluación de personalidad o actitudes, el formato correspondiente al de elección alternativa sería el denominado de *adjetivos bipolares* que señalan los dos extremos de alguna categoría o propiedad como por ejemplo rápido-lento e impulsivo-reflexivo para que el sujeto se posicione. Otros formatos presentan dos conjuntos de opciones que han de utilizarse de determinados modos: el de *emparejamiento* plantea la tarea de asociar los elementos de uno y otro conjunto, y el de *elección múltiple complejo* propone elegir la opción correcta de una serie referida a un conjunto previo de opciones. Por último, los ítems de estos formatos de elección de la respuesta pueden ser referidos a un mismo contexto o referente, dando lugar a ítems *dependientes de un contexto,* muy útil para evaluar procesos complejos mediante grupos de ítems.

TABLA 1. *Formatos de ítems cerrados o de selección de la respuesta.*

Verdadero-Falso

Realice la siguiente operación [(30+48+22)×2]/ [(223−23)/4]
Su resultado es 40:

1. Verdadero
2. Falso

Verdadero-Falso múltiple

Señale si es Verdadero (V) o Falso (F) que cada una de las siguientes es característica usual de las plantas monocotiledóneas:

1. Son angiospermas	V	F
2. Tienen tallo ramificado	V	F
3. Tienen flores	V	F

Tipo Likert

Indique su opinión respecto a la apertura de los comercios todos los domingos del año

1. Totalmente en desacuerdo
2. Bastante en desacuerdo
3. Indiferente
4. Bastante de acuerdo
5. Totalmente de acuerdo

Elección alternativa

Al aumentar las expectativas de inflación, la demanda de dinero tiende a

1. aumentar
2. disminuir

Elección múltiple

Como consecuencia del alcohol en la conducción, el tiempo de reacción para frenar y la distancia recorrida en ese tiempo son

1. mayor y menor respectivamente
2. menor y mayor respectivamente
3. mayor en ambos casos

Emparejamiento

Conecte los siguientes países con sus capitales:

1. Níger	a. Abuja
2. Nigeria	b. Lusaka
3. Zambia	c. Niamey

Elección múltiple complejo

¿Cuáles de las siguientes ciudades son capitales de provincias españolas?:

a. Las Palmas de Gran Canaria
b. Palma de Mallorca
c. Santa Cruz de la Palma

1. a y b
2. b y c
3. a, b y c

Conjunto de ítems dependientes de un contexto

"Siento que ha entrado el otoño. La temperatura ha descendido y se respira humedad. Los árboles entrarán en reposo y mostrarán numerosas tonalidades".

Las siguientes preguntas sobre sintaxis se refieren al texto indicado.

A. ¿Qué parte del sujeto es "Temperatura" en la oración en que aparece?
   1. Núcleo
   2. Modificador directo
   3. Modificador indirecto

B. En el predicado verbal del que forma parte, "numerosas tonalidades" es:
   1. Objeto directo
   2. Objeto indirecto
   3. Núcleo

C. "Numerosas" es modificador:
   1. Término
   2. Subordinante
   3. Directo

Siendo lo anterior un amplio listado de las posibilidades de formatos, conviene conocer las características de cada uno para traducirlas en ventajas e inconvenientes. No hay un formato superior al resto en términos universales, sino unos más adecuados que otros para determinados objetivos y contextos.

Los ítems que piden al sujeto elaborar la respuesta –abiertos– tienen la ventaja de exigir un esfuerzo de construcción relativamente leve y concentrado en el enunciado que se utiliza para provocar la respuesta del sujeto. Por el contrario, la evaluación de la respuesta obtenida puede resultar complicada por dos razones al menos. Lo hecho o escrito por los sujetos no es siempre expresado con claridad y por tanto no resulta fácil de interpretar unívocamente; además, puede ser muy variable de unos sujetos a otros. En consecuencia, las interpretaciones evaluadoras son a veces difíciles de aplicar y susceptibles además de quedar distorsionadas por efectos no deseables. Si distintas personas evalúan una misma prueba, puede darse falta de acuerdo entre ellas. Si una misma persona evalúa un cierto número de pruebas, puede aparecer el llamado efecto deriva, consistente en el cambio inadvertido de los criterios de evaluación a medida que se van aplicando a sucesivas pruebas; de esa manera las evaluadas al comienzo del proceso pueden serlo con criterios diferentes a las evaluadas al final. Otro problema es el efecto halo, o cambio también inadvertido en los criterios de evaluación influido por características de pruebas evaluadas con anterioridad; así por ejemplo, evaluar sucesivamente una serie de pruebas de calidad muy escasa puede resaltar en exceso la de otra posterior tan sólo algo mejor, al igual que en sentido contrario tendería a considerarse peor de lo que correspondería una prueba evaluada tras una o varias de alta calidad. Para combatir estos problemas se han desarrollado programas informáticos de corrección automática de respuestas construidas por el sujeto, una vía prometedora pero que aún presenta serias limitaciones respecto sobre todo a su generalización a diferentes temas (Bejar y Bennet, 1999; Clauser, 2000; Shermis y Burstein, 2003).

En los formatos de selección de respuestas –cerrados– la evaluación de las obtenidas es mucho más sencilla y fiable, pues consiste simplemente en identificar cada opción seleccionada. En consecuencia, son formatos muy recomendables para evaluar poblaciones amplias de sujetos. A mayor tamaño de la población, más favorable resulta la razón entre el costo de tiempo y esfuerzo dedicado a la elaboración de los ítems y los beneficios que aportan a la evaluación. Los formatos cerrados permiten también introducir una mayor cantidad de ítems en las pruebas, y por tanto mayores porciones del contenido a evaluar. Por el contrario, y es su principal inconveniente, estos ítems requieren un esfuerzo mayor en su construcción, que por ello se ve amenazada por numerosas posibilidades de error. Además del enunciado, pregunta o instrucción, es preciso elaborar las diversas opciones con contenidos adecuados cuando el formato es diferente a los ya construidos de Verdadero-Falso, Acuerdo-Desacuerdo o tipo Likert. Para que funcionen adecuadamente, las opciones han de resultar todas plausibles sin que ninguna de ellas destaque del resto, algo que de no lograrse puede inducir en el sujeto respuestas diferentes a las que habría dado de no darse esas circunstancias indeseadas. Otro inconveniente de este formato, aun cuando los ítems estén bien construidos, es que la selección de la respuesta puede deberse al azar o a factores diferentes introducidos por el sujeto; algo que en todo caso se puede compensar al puntuar las respuestas obtenidas.

Además de las ventajas y dificultades derivadas de las características de cada formato, existen otras que se asocian frecuentemente a uno u otro tipo a pesar de no ser algo necesario. De acuerdo a una idea bastante extendida, suele aceptarse como cierto que en evaluación de ejecución máxima los ítems de elaboración de la respuesta son los más adecuados, incluso los únicos se llega a decir, para evaluar razonamientos y pasos dados en esos procesos; en cambio, los de selección de respuesta servirían fundamental o casi exclusivamente para evaluar memoria y resultados de procesos de pensamiento pero no el modo en como éstos son alcanzados. A pesar de la repetición de tales ideas, la realidad muestra que estas asociaciones entre características a evaluar y el formato elegido, aunque abundantes en la práctica, no son necesarias ni inevitables en la mayoría de los casos; por tanto cuando ocurren, se deben a un uso inadecuado del correspondiente formato. Para hacernos entender fácilmente, pensemos por ejemplo en la evaluación de un concepto sencillo como el área de un rectángulo. Conforme a lo que venimos exponiendo, puede interesar averiguar no sólo si los sujetos dan el resultado correcto sino también si conocen los elementos que han de manejar para su cálculo –base y altura diferenciándolos de otros como el perímetro o la diagonal–, así como la operación aritmética –multiplicación– que ha de hacerse con ellos. Por tanto, si interesa evaluar estos tres aspectos puede hacerse no solo con ítems abiertos sino también con los de formatos cerrados; sólo es preciso tener bien especificados los objetivos de interés y construir ítems que se ajusten a ellos. La práctica de la evaluación aporta numerosas muestras de que estas posibilidades son reales, al igual que lo es el uso de los formatos abiertos para evaluar exclusivamente memoria y no razonamiento. Veamos otra muestra de asociaciones no necesarias. Es frecuente también señalar que los formatos de selección de la respuesta impiden que el sujeto elabore dicha respuesta, constriñéndolo a reconocer la adecuada como única tarea a realizar. Ello no es cierto, sin embargo, y supone confundir la selección de la respuesta con la selección de una opción. Al seleccionar una de ellas efectivamente se reconoce una respuesta como la adecuada, pero ello puede ser el resultado de un proceso de elaboración racional como ha de ocurrir para contestar correctamente al ítem incluido en la tabla 1 como ejemplo del formato cerrado de Verdadero-Falso que ahora repetimos.

> Realice la siguiente operación [(30+48+22)×2]/ [(223−23)/4]. Su resultado es 40:
>
> 1. Verdadero
> 2. Falso

Una vez concluido que en términos generales los diferentes formatos pueden ser usados para unos mismos objetivos de evaluación, quedan dos cuestiones por resaltar. Una, que la elección del formato a usar en cada caso ha tener en cuenta las ventajas e inconvenientes propios de cada uno y no las que usualmente se les adjudica sin ser necesarias. Dos, que una vez elegido el formato ha de ponerse todo el esfuerzo en construir los ítems potenciando las ventajas y reduciendo los inconvenientes de él, evitando limitar sus posibilidades por introducir errores innecesarios. Para tales fines, la construcción de los ítems, cualquiera que sea el formato elegido, debe ser sistemática y razonada, ajustada a los criterios que definen un buen ítem en el formato elegido, recogidos en directrices guías como las que se exponen a continuación.

2.2. Directrices para la construcción de ítems

Respondiendo a la necesidad de construir ítems según un modo sistemático y organizado, paliando las dificultades de cada formato y evitando errores que pueden cometerse en ellos, han ido apareciendo en la literatura una serie de conjuntos o taxonomías de guías para realizar esa tarea (Crocker y Algina, 1986; Fink, 1995; Gronlund, 1988; Haladyna, 2004; Haladyna, Downing y Rodríguez, 2002; Irvine y Kyllonen, 2002; Marrelli, 1995; Moreno, Martínez y Muñiz, 2004; Muñiz y García-Mendoza, 2002; Osterlind, 1998; Padilla, González y Pérez, 1998; Prieto y Delgado, 1996; Renom, Solanas, Doval y Núñez, 2002). La mayoría de esos conjuntos de guías están referidos fundamental o exclusivamente a un determinado tipo de formato, considerado además en su uso con criterios bien de ejecución máxima, bien de ejecución típica. Su aprovechamiento como herramienta útil y eficiente se ve dificultado también por el número usualmente elevado de normas, y más aún si contienen repeticiones y ambigüedades como las que han mostrado en detalle Moreno *et al.* (2004) en las 36 guías contenidas en la taxonomía de Haladyna *et al.* (2002).

Ante ese panorama, resulta de interés ofrecer una versión de directrices o guías aplicables a los diferentes tipos de ítems –sean abiertos o cerrados, de ejecución máxima o típica– y que con un número reducido recojan todo el contenido relevante de los conjuntos más amplios. Ello es posible mediante una reorganización que evite redundancias de esos conjuntos de partida, suprima lo superfluo y muestre lo relevante como especificaciones y casos particulares de un principio más general. Para nosotros este no puede ser otro que el ajuste de los ítems y pruebas a los objetivos de la evaluación que se pretende realizar, es decir su validez. Esta es la idea central que desde ahora se enuncia y en la que se insistirá en adelante: la construcción de los ítems y pruebas que conforman, y por tanto también las directrices sobre esa tarea, deberán estar derivadas y al servicio del objetivo que se pretenda conseguir. Según el tipo de éste, se enfatizará el ajuste o validez en algún aspecto determinado, algo recogido en la literatura con denominaciones como validez de contenido, de constructo, de criterio, aparente, consecuencial, convergente y divergente entre otras, recogidas en su mayoría en los recientes estándares (AERA, APA y NCME, 1999), que Muñiz (2004) revisa con detalle.

Se han establecido tres grupos de directrices: a) de base, previas a la construcción propiamente dicha, b) sobre la construcción de ítems y pruebas, referidas a aspectos comunes a los distintos formatos, y c) específicas para las opciones en los ítems cerrados de selección de la respuesta, elemento diferenciador de este tipo de formatos.

2.2.1. *Directrices de base*

1. Para facilitar el pretendido ajuste de los ítems y pruebas, el primer paso, previo a la construcción misma, ha de consistir en definir del modo más específico posible el objetivo de la evaluación y el dominio o contenido que interesa en ella. En primer lugar debe

especificarse si se desean evaluar aptitudes, rendimientos, personalidad o cualquier otro aspecto; también si con ello se pretende describir un constructo, identificar a los sujetos respecto a un rasgo o una aptitud, o ubicarlos en esos términos dentro de un grupo diferenciándolos entre sí (Crocker y Algina, 1986; Prieto y Delgado, 1996). En segundo lugar es preciso detallar lo más posible el dominio elegido, señalando sus diversos componentes y variedades. El resultado debe ser una *tabla de especificación*, que se concreta de maneras diversas según el ámbito de evaluación. En el educativo debería recoger las combinaciones posibles entre los contenidos temáticos y los procesos u operaciones del sujeto a evaluar, ya sean memoria, razonamiento u otros implicados en cada contenido. En la evaluación de la personalidad o de los rasgos se hablaría del mapa del constructo en cuestión y/o de la serie de indicadores empíricos de tal constructo. De no tenerse en cuenta estas especificaciones, aumentará la probabilidad de que los ítems se centren en contenidos fáciles de preguntar pero no relevantes para los objetivos planteados. Además de para la construcción de todo tipo de ítem, estas tablas de especificación son útiles también como criterios con los que evaluar las respuestas elaboradas por los sujetos en los formatos abiertos.

Para facilitar la elaboración o mejora de una tabla de especificación se han señalado diversos procedimientos: la revisión de la bibliografía sobre el tema de interés, tarea facilitada por las bases de datos y accesos electrónicos disponibles; la encuesta a expertos para que aporten información y opinión al respecto; y si es el caso la observación de situaciones relevantes para el tema en estudio. Dichos procedimientos suponen diferentes modalidades de recogidas de datos, de carácter exploratorio cuando no hay suficiente conocimiento para identificar aspectos componentes del dominio en cuestión.

2. Es conveniente especificar también el contexto en el que se van a utilizar los ítems, lo que incluye tanto la población a la que irán dirigidos como las circunstancias ambientales en las que se aplicarán. Respecto a la población deben identificarse las características que podrían afectar a la evaluación al limitar o distorsionar la comprensión del ítem y que por tanto hay que tener en cuenta al construirlo. Las siguientes suelen ser significativas en ese sentido: edad o generación a la que pertenecen los sujetos, nivel cultural y de instrucción máxima alcanzada, lengua materna o la utilizada en el do-

minio y contexto evaluado, discapacidades o limitaciones físicas o psíquicas existentes, y ámbitos o grupos geográficos y culturales con rasgos especiales o minoritarios a los que puedan pertenecer. Respecto a las circunstancias ambientales ha de considerarse si se tiene o no posibilidad de decidir sobre el lugar y condiciones físicas en el que se realizará la evaluación, si será individual o colectiva, si en ambos casos se mantienen condiciones semejantes para todos los sujetos y de qué medios materiales y tiempo se dispondrá para realizarla. De no tener en cuenta estas especificaciones, aumentaría la probabilidad de que los ítems contengan un lenguaje, contenido o formato no apropiados.

3. Una vez elegido el objetivo general, y teniendo especificados de modo adecuado el dominio y contexto de interés, estos deberán ser utilizados como criterios para decidir el dominio y contexto que van a ser incluidos en la prueba a construir y en cada uno de sus ítems. El dominio y contexto de interés deberán tomarse en su totalidad si su tamaño lo permite o si no existe otra posibilidad real. Así ocurre respectivamente cuando se desea evaluar un dominio muy específico, por ejemplo lateralidad en una tarea concreta con las manos, o cuando las características de la población a estudiar obliga a realizar la evaluación en un contexto determinado; es el caso de pretender estudiar ciertas habilidades en niños pequeños, pues comportan un claro límite tanto en la comprensibilidad del material a usar como en la duración del tiempo en el que puede ser estudiados. En caso diferente, cuando el tamaño del dominio y contexto sean suficientemente grandes como para ser estudiados en su totalidad, deberá elegirse una muestra representativa de ambos si las circunstancias lo permiten. Para ello deben utilizarse los procedimientos de muestreo al uso (Manzano, 1998), bien sean de tipo aleatorio o tomando decisiones con la intención de representatividad como al ponderar el número de ítems a incluir en el examen de una asignatura según la relevancia de cada parte del temario y tabla de especificación correspondientes. Ambos procedimientos pueden ser aplicados a la tabla de especificación, ya sea a partir de sus diferentes componentes individuales, como por ejemplo cada noción y competencia contenidas en un temario docente, o a partir de agrupaciones de ellos, como bloques o unidades temáticas del mismo temario mencionado. Posibilidades semejantes pueden darse respecto al contexto, como cuando interesa y es posible muestrear a los

sujetos por su edad o por niveles de instrucción alcanzado, las horas en que se aplicarían las pruebas si dicha variable se considera relevante, el soporte en papel u ordenador a utilizar en una prueba escrita, o la configuración visual con la que presentar la prueba.

Si los muestreos se realizan inadecuadamente, ello debe tenerse en cuenta al interpretar los resultados obtenidos con la prueba así construida, pues la representatividad que se les debe conceder va a quedar limitada a las condiciones utilizadas y algunas pocas similares. Ello es un inconveniente y limitación para objetivos más ambiciosos, pero en todo caso es la base para empezar a adquirir representatividad respecto a referentes cada vez más amplios que el inicial, a través de sucesivos estudios con diferentes dominios, contextos y formatos igualmente limitados cada uno aisladamente. De esa manera, varios estudios con sujetos de diferentes edades, indicadores diversos de un mismo dominio general y utilizando distintos formatos permitirán delimitar cada vez mejor el alcance del referente respecto al que se puede defender la representatividad de los datos obtenidos. Este es además el único camino posible cuando no caben estudios más amplios con costosos muestreos.

El dominio y contexto que se haya decidido incluir en la prueba –lo que podríamos considerar la muestra del contenido a estudiar– debe constituir un factor importante para decidir sobre el formato de los ítems que más se ajuste al dominio y contexto planteados. También serán útiles en esta decisión la consideración de las ventajas e inconvenientes de los diferentes formatos expuestos al comienzo de este capítulo. El formato elegido puede aconsejar además ciertas modificaciones en la muestra del contenido elegida (ver figura 1). Así por ejemplo, para evaluar las competencias adquiridas en una materia cabe elegir el formato de preguntas abiertas, lo que puede limitar el número de contenidos a evaluar, algo que podría ser corregido en parte usando preguntas de respuesta breve. Tras esas decisiones, mutuamente condicionadas, deberían tenerse en cuenta las directrices existentes sobre construcción sistemática de ítems, como las presentadas a partir del siguiente apartado, realizando con ellas dicho proceso. En todo caso la finalización de este no debe ser definitiva, pues siempre ha de estar abierta la posibilidad de modificaciones.

En resumen, el ajuste o representatividad –la validez– respecto al dominio y contexto de interés debe ser el criterio utilizado en la construcción de los ítems. Decisiones sobre aspectos como conte-

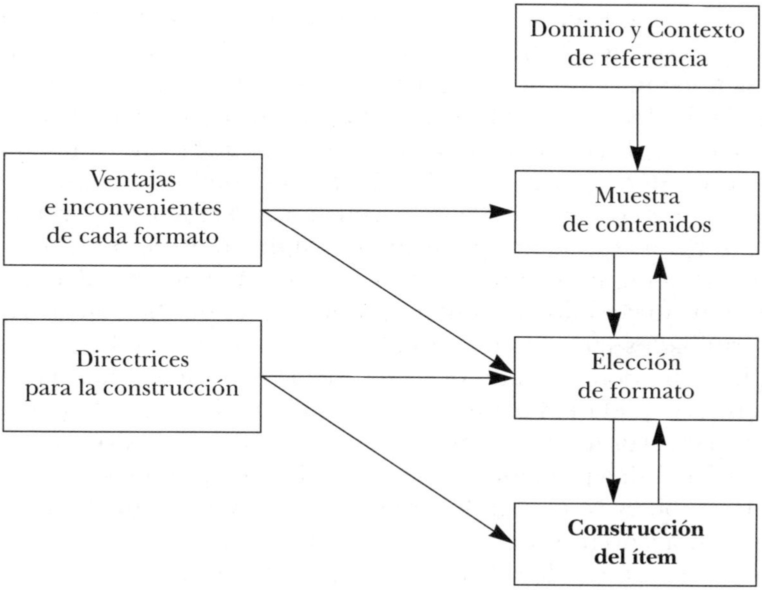

FIGURA 1. *Esquema de decisiones para la construcción de ítems.*

nidos a incluir en cada ítem, tipo de lenguaje a usar, extensión de cada ítem y de la prueba, número de opciones de respuesta si es el caso y contexto en el que se van a aplicar, deben ser tomadas en función de su representatividad o ajuste con el dominio y contexto especificado. Esa es la máxima que debe tenerse siempre presente. Por eso sólo con las directrices presentadas hasta aquí ya podría abordarse el proceso de construcción. Sin embargo y para facilitarlo en mayor medida, se señalan a continuación una serie adicional de directrices, que aplican las planteadas hasta aquí a los aspectos específicos más relevantes para la construcción.

2.2.2. *Directrices sobre la expresión en los ítems del dominio en estudio*

Decididos el dominio a evaluar, su contexto y el formato elegido, la siguiente tarea ha de ser la construcción de cada uno de los ítems requeridos. Las siguientes directrices indican aspectos relevantes a tener en cuenta.

4. Dado que el criterio prioritario es la representatividad de la prueba respecto al referente considerado, cada ítem debe colaborar siendo indicador del mismo. Cada ítem debe recoger alguna unidad significativa del dominio en estudio y su contexto, para que así la respuesta obtenida pueda ser relevante. Lo que es una unidad significativa vendrá dado en cada caso por el dominio y contexto de interés, no existiendo regla universal al margen de tal referente. A veces será un aspecto muy específico y simple, como el conocimiento de la fecha de un hecho histórico, y otras uno más complejo compuesto de varios más elementales, como prever posibles efectos que determinados factores ambientales pueden ejercer sobre el desarrollo de un determinado proceso psicológico. De no cumplir con esta directriz, el ítem plantearía un contenido inadecuado o irrelevante para el dominio y contextos de referencia. Ocurriría así cuando en ítems de ejecución máxima se pidieran opiniones u otros aspectos subjetivos, o cuando pretendiendo evaluar conocimientos sobre un hecho histórico se utilizara un ítem que preguntara sobre la página concreta de un texto en el que aparece el cronograma de la época a la que pertenece tal hecho; este ítem podría ser relevante para la evaluación de memoria visual pero no para el objetivo planteado. En este sentido, hay que poner especial atención en evitar que las dificultades para construir un determinado ítem lleve a elaborar otro de características distintas a las exigidas por el dominio de referencia; ocurriría al construir un ítem memorístico por no haber logrado construir uno que pudiera evaluar un determinado proceso de razonamiento.

5. El ítem debe estar expresado de modo que facilite a los sujetos entender que se les pregunta la porción elegida del dominio y no otra. Cada ítem debe mostrar claramente el contenido pretendido. Este objetivo puede facilitarse de diferentes modos. Por una parte, tanto la sintaxis como la semántica a usar deben estar ajustadas a las propias del dominio y contexto de referencia. Estos pueden aconsejar el uso de algún lenguaje técnico, específico de algún dominio, o el cotidiano de la población objeto de estudio. Mientras que en el primer caso habrá que respetar el significado preciso que suelen tener los términos, en el segundo habrá que poner especial atención en utilizar un vocabulario sencillo y tener en cuenta las polisemias que poseen muchos de los términos. En todos los casos y para lograr expresiones claras, han de respetarse las normas sintácticas propias del sistema de códigos utilizado, ya sea de tipo verbal, icónico o gráfico, numérico formal o de cualquier otro. Si se utiliza un eje de coordenadas, cada uno debe estar en el lugar y con el significado que le corresponde, al igual que debe hacerse con los elementos de las expresiones formales algebraicas o de otro tipo. A continuación y como ejemplo del uso de diferentes sistemas de expresión, se expone un ítem que utiliza un enunciado verbal mientras que las opciones son icónicas.

¿Qué pareja de símbolos es utilizada para los sexos masculino y femenino?

1. ⏩ ⏸
2. ♐ ♉
3. ♂ ♀

Por la claridad pretendida, cuando se utilizan códigos verbales son preferibles en general las expresiones afirmativas o claramente interrogativas más que las negativas. Éstas son entendidas con mayor dificultad o imprecisión, bien porque especifican un contenido por defecto indicando tan solo lo que no ha de considerarse, como hace la opción "*Ninguna de las anteriores*" cuando es la correcta, bien porque contengan dos o más negaciones. Esto puede ocurrir en preguntas abiertas como la siguiente, "*Si fuera víctima de un atraco, indique qué no estaría dispuesto a no dejar de hacer*", que resulta considerablemente enrevesada. Es una dificultad que puede darse también en preguntas cerradas cuyas opciones incluyan algún sentido negativo como *Desacuerdo, Falso, No* u otros.

Por último, téngase en cuenta que la claridad del significado de un ítem depende también de la especificación de circunstancias que enmarquen el contenido elegido; por ejemplo un ítem de conocimiento general que preguntara por el significado del término lingüístico "*Eta*" no debería omitir la especificación de si pregunta en referencia al idioma vasco, donde es conjunción ilativa, o al idioma griego donde es la denominación de una letra. De igual modo, un ítem que preguntara por el número de noches que se ha dormido menos de 5 horas, debería especificar el periodo de tiempo sobre el que se pregunta, como por ejemplo la última semana. Evítense pues ítems confusos o ambiguos ya que pueden dejar al sujeto sin saber qué se le está planteando, y a la persona que evalúa sin poder confiar en que la interpretación de los resultados pueda hacerse desde el dominio y contexto de referencias. Asimismo, evítense ítems excesivamente profusos o escuetos respecto a dichos dominio y contexto. Téngase en cuenta en este sentido el error consistente en intentar ocultar de algún modo un contenido que parezca haberse expresado de modo excesivamente claro. Sucedería así cuando queriendo preguntar simple y llanamente el nombre de las cuatro estaciones climáticas de algunas zonas terrestres –y no si el sujeto sabe interpretar determinadas definiciones de dicho concepto–, se construyera un ítem como el siguiente que resulta indebidamente complicado para lo que se pretende averiguar "*Indique el nombre de cada uno de los cuatro periodos trimestrales asociados a la rotación de la Tierra en torno al astro rey y que en algunas zonas entre los polos y el ecuador producen una sucesión variada de periodos marcados por los fenómenos climáticos*". En casos como este debe razonarse a la inversa. Si el contenido es relevante para la representatividad respecto al dominio y contexto de referencia, introdúzcase el ítem sin más complicación, y en caso contrario retírese.

De todos modos, conviene recordar que los criterios de claridad y sencillez no pueden definirse de manera universal, sino siempre en relación con el dominio y contextos de referencia. Lo confuso o inadecuado de un ítem para un determinado ámbito puede dejar de serlo para otro distinto. Un lenguaje numérico-formal puede ser relevante para evaluar conocimientos en dicho dominio, pero no para darle claridad a la narración de un hecho de la vida cotidiana planteada a una población que no tiene por qué conocer dichas expresiones. Cuando se construye un ítem de ejecución típica acerca de un tema íntimo del sujeto, que puede resultar comprometido de responder, una de las posibilidades para favorecer su respuesta es introducir una introducción cómplice o comprensiva, que por ello puede alargar el texto de modo no necesariamente inadecuado como hace el siguiente ejemplo.

> La frecuencia con la que las personas adultas mantienen relaciones sexuales entre sí es muy variada, dependiendo de numerosos factores personales y ambientales y cambiando además según las épocas. En ese sentido ¿podría indicar el número de relaciones de dicho tipo que ha mantenido usted en las últimas dos semanas?

En sentido similar, el uso de negaciones en los ítems puede ser recomendable al evaluar competencias en ámbitos donde sean relevantes, como en lógica formal o en el terreno jurídico en el que frases como "*No es menos cierto que...*" han de ser correctamente interpretadas por los profesionales. Cáigase en la cuenta que con frecuencia se sobrentiende que el referente de los ítems es el lenguaje ordinario, cuando ello no es siempre así y por tanto no es el único que debe dictar las reglas de la corrección y claridad en la expresión.

En todo caso, si por cualquier razón se decide introducir en el ítem algún aspecto no usual para el domino y contexto de referencia deberá avisarse con claridad al sujeto de tal circunstancia. Así lo hace el siguiente ítem que pide señalar la frase que no es correcta.

Indicar qué frase usa INCORRECTAMENTE el verbo "to do"

1. I dislike doing housework
2. I am always doing this mistake
3. I am not going to do any work

6. Una vez construidos cada uno de los ítems de una prueba, ha de cuidarse que el conjunto resultante, también como tal, facilite el pretendido ajuste con el dominio y el contexto de referencia. Dos son los aspectos o factores que han tenerse en cuenta especialmente, el número de ítems a incluir y su ordenación o distribución en la prueba. El número de ítems debería ser aquel que permitiera confiar razonablemente en la representatividad de los resultados de la prueba. A veces, sin embargo, ello se ve dificultado por otros factores. Es lo que sucede con formatos que piden construir respuestas largas, que difícilmente pueden usarse en el número que la representatividad requeriría. Sea por esta u otra razón, cuando el número de ítems sea insuficiente para lograr una muestra representativa del contenido de referencia, habrá de tenerse en cuenta que los resultados obtenidos tienen esa limitación como ya se expuso en la directriz 3. Respecto a la organización de los ítems, en pruebas de ejecución máxima pueden presentarse agrupados por tipos de contenido o por el contrario puede preferirse mezclarlos; como pueden argumentarse ambas decisiones, habrá que decidir en cada ocasión en función del objetivo de la evaluación. En ejecución típica suele ser recomendable ubicar los ítems más comprometidos tras otros que favorezcan la habituación y la confianza del sujeto. En todos los casos, los diferentes ítems deberían ser lo más autónomos posibles entre sí, salvo que se prefiera utilizar varios similares para ponderar en mayor medida determinados contenidos o para probar la concordancia en las respuestas a un mismo aspecto. Si esta es la decisión, no deberá repetirse el mismo ítem sino usar –distanciados entre sí– algunos semejantes en contenido y estructura aunque diferentes en apariencia, los denominados ítems isomorfos (Bejar, 1993; Revuelta y Ponsoda, 1999) tan útiles también en la construcción de bancos de ítems de los que extraer muestras no repetidas para diferentes pruebas (Barbero, 1999). Los dos siguientes serían ejemplos de ítems isomorfos sobre un mismo contenido: "*¿En la última semana cuántas veces ha dicho usted algo que sabía que no era cierto?*" y "*¿En la última semana cuántas veces ha dicho usted algo que sabía que era falso?*"

2.2.3. *Directrices específicas sobre las opciones de respuesta en los ítems cerrados*

Este tercer grupo guía respecto a las opciones, componente específico y diferenciador de los ítems cerrados. Los ítems de este tipo pretenden conocer la respuesta que el sujeto elige por entender que es la correcta si se trata del tipo de ejecución máxima, o la que es más acorde con su opinión o personalidad si se trata del tipo de ejecución típica. Por tanto, en todos los casos, el objetivo de la construcción ha de ser facilitar la selección de la respuesta según el objetivo planteado, sin inducción de otra diferente. Para ello son relevantes las siguientes directrices.

7. Cada opción ha de ser un complemento o una respuesta lo más breve posible para el enunciado, el cual debe exponer lo central del ítem.

No hacerlo así supondría incluir en cada opción una cantidad de información excesiva y a veces repetida que dificultaría la comprensión de lo que se pregunta. Por esto, en los dos ítems siguientes, referidos ambos a una investigación conocida por el sujeto, el contenido del segundo queda expuesto de modo más claro y sencillo que en el primero.

Ítem inadecuado:

En la investigación de referencia

1. se controlan la variable A y la variable B
2. se controla la variable A pero no la variable B
4. se controlan la variable A y la variable B pero no la C

En la investigación de referencia ¿qué variables se controlan?

1. A y B
2. A pero no B
5. A y B pero no C

8. Las distintas opciones de cada ítem deben ser homogéneas en contenido y apariencia. Ninguna opción debe destacar del resto en características que induzcan al sujeto a emitir o evitar una respuesta distinta a la que se desea obtener –la que considere correcta o la más acorde con la propia opinión o comportamiento–; tampoco en características que le planteen dudas no relevantes que le distraigan de la tarea que debería ser central en el ítem.

En términos de contenido sería un error usar alguna opción claramente excluyente por diferenciada o incoherente, como introducir la opción "*Japón*" junto a otras con países de África en una pregunta sobre este continente. Otro error sería dar información indebida sobre la respuesta correcta, como hace el siguiente ítem en la primera opción, puesto que tal lugar es el único donde puede estar una ciudad marítima como la indicada en el enunciado.

Ítem inadecuado:

¿En cuál de los siguientes lugares está situada la ciudad marítima de Veracruz?

1. Golfo de México
2. Cordillera de los Andes
3. Desierto de Baja California

En sentido similar, los ítems de ejecución típica deben evitar opciones cargadas de valores que induzcan a su elección por ser la respuesta socialmente aceptable o a su evitación por la razón contraria. Por ejemplo, usar en un cuestionario opciones con términos como "racista" o "xenófobo", que expresan tan explícitamente valores socialmente denostados, hará difícil que los sujetos las elijan para calificarse a sí mismos aunque mantengan actitudes cercanas a tales valores. Deberían evitarse también los términos modificadores, normalmente adverbios o frase adverbiales, que anulan o resaltan determinadas opciones. Términos o expresiones como "*a veces*", "*puede que*", "*usualmente*" o "*generalmente*" suelen ser percibidos por los sujetos como asociados a contenidos ciertos, mientras que otros como "*siempre*", "*nunca*", "*todos*" o "*únicamente*" se asocian a contenidos falsos. En todo caso, esto tiene sentido respecto a dominios y contextos de lenguaje y contenidos cotidianos, pudiendo ocurrir que en otros más específicos sea relevante usar estos modificadores. Así puede suceder en ítems sobre medidas médicas de urgencia donde el sujeto debe saber que nunca o siempre ha de hacer algo en determinadas circunstancias, ya que en caso contrario el riesgo de fallecimiento del enfermo sería muy elevado.

En términos de apariencia, son diversos los factores que pueden producir efectos indeseados si las opciones no se mantienen homogéneas. Uno es el uso de términos que por haber sido usado con profusión en un marco de referencia, como por ejemplo en el manual de una asignatura, pueden ser reconocidos de modo meramente memorístico sin comprensión de su significado. Otro es la longitud diferente de una opción, especialmente si conlleva una cantidad diferente de información, como hace el siguiente ítem.

Ítem inadecuado:

¿Qué concepto es central en la psicología planteada por B. F. Skinner?

1. instinto o pulsión instintiva
2. reflejo o respuesta automática
3. reforzador, entendido como estímulo que aumenta la probabilidad de la respuesta a la que sigue

Otros aspectos son los de tipo gramatical, como le ocurre al siguiente ítem en el que la opción correcta, la primera, aparece indicada indebidamente por ser la única que concuerda con el femenino plural de la clave del enunciado:

Ítem inadecuado:

El síndrome de Waterhouse-Friderichen está ligado a la insuficiencia grave de qué glándulas:

1. las suprarrenales
2. la pituitaria
3. el páncreas

Dadas las abundantes maneras en que puede romperse la homogeneidad, conviene tener presente que en general puede lograrse por dos vías distintas: construyendo opciones que sean todas semejantes –en contenido o apariencia– o todas claramente diferentes entre sí como hacen respectivamente los dos ítems siguientes. En ellos ninguna opción da pista indebida al sujeto que desconozca la respuesta correcta.

La radiación alfa consiste en haces de partículas compuestas de:

1. un protón y dos electrones
2. dos protones y dos neutrones
3. tres neutrones y un electrón

El término INDICCIÓN (no inducción) hace referencia a un tipo de

1. argumentación retórica
2. convocatoria de reuniones
3. intervención médica.

9. En los ítems de ejecución máxima, la homogeneidad de las opciones implica plausibilidad de todas ellas para el sujeto que no conoce la respuesta correcta, así como la posibilidad de identificar ésta con suficiente claridad desechando el resto por parte del que la conozca.

Para facilitarlo, evítense criterios definitorios de la correcta que no sean explícitos para el sujeto. A veces estos se introducen al construir el ítem con el supuesto de que el contenido ha de ser averiguado y no identificado directamente; sin embargo si dicha operación no forma parte de la correspondiente tabla de especificación, no debería utilizarse. Asimismo, y para una mayor claridad, es recomendable en términos generales que la opción correcta sea la única con tal carácter. Si se opta en cambio por plantear como correcta la que es más entre varias que lo son parcialmente, hay que asegurarse que se ha explicitado suficientemente la escala o graduación en la que se puede considerar tal grado máximo de corrección. También es recomendable usar sólo una correcta, ya que otro número –salvo que sea algo muy claro en el dominio y contexto de referencia– puede suponer dificultades añadidas para el sujeto, además de perjudicar a los más inseguros de personalidad si no se les especifica cuántas correctas ha de identificar en cada ítem. En el formato Verdadero-Falso habrá que poner especial atención a la redacción del enunciado para lograr que dichas alternativas tengan sentido a pesar de la falta de matices de su contenido.

La plausibilidad de las opciones distractoras suele obtenerse por dos vías distintas. Una teórica o conceptual, utilizando contenidos próximos al de la correcta que resulten creíbles para los sujetos sin conocimiento de ella. Otra empírica, utilizando en ejecución máxima los errores comunes que los sujetos suelen cometer en el dominio evaluado.

10. La homogeneidad y plausibilidad han de verse favorecidas también por el número de opciones más apropiado para el dominio y contexto de referencia. En los ítems cuyas opciones incluyan contenidos y no sólo adjetivaciones –como Verdadero-Falso, Acuerdo-Desacuerdo, o una graduación numérica– debe elegirse un número de opciones que permita incluir contenidos relevantes y plausibles en todas las opciones. No debe olvidarse que tal posibilidad no es factible en todos los dominios, por lo que en ellos es más probable terminar construyendo opciones triviales o poco plausibles. En los ítems de ejecución máxima cuyas opciones indiquen contenido, el número de tres parece ser el que más favorece ese objetivo, según lo indicado por la investigación empírica existente (por ejemplo Abad, Olea y Ponsoda, 2001; Bruno y Dirkzwager, 1995; Delgado y Prieto, 1998; Haladyna, Downing y Rodríguez, 2002; Rogers y Harley, 1999), sin que ello conlleve riesgos mayores que el de los ítems con un número mayor de opciones, incluida la mayor posibilidad de acierto al azar. En los ítems de ejecución típica cuyas opciones constituyen una graduación de un único contenido, el número acepta más posibilidades (García-Cueto, Muñiz y Lozano, 2002), soliendo recomendarse no usar muchas más allá de 7 opciones.

En todo caso, el número utilizado debe facilitar cuando sea posible un conjunto que incluya las opciones más relevantes. Así, para evitar forzar una respuesta que el sujeto no desea o no puede dar, puede incluirse la opción "*No sabe/ No contesta*". Por otra parte, si los ítems presentan escalas graduadas de respuestas, deberán contener los dos polos como hace el siguiente ítem, que también podría haber utilizado una escala de –2, –1, 0, 1 y 2 para resaltar su bipolaridad.

Indique su opinión respecto a la apertura de los comercios todos los domingos del año

1. Totalmente en desacuerdo
2. Bastante en desacuerdo
3. Indiferente
4. Bastante de acuerdo
5. Totalmente de acuerdo

11. La disposición espacial de las opciones debe facilitar la percepción del contenido del ítem y no ser un obstáculo. En los de ejecución máxima, las opciones deben colocarse en vertical como práctica general. En cambio en los de ejecución típica que ofrezcan una graduación de posibles respuestas, la disposición horizontal suele ser más adecuada porque así suelen construirse muchas escalas métricas y los sujetos están más habituados a ella. Los dos ítems siguientes, el primero de conocimiento general y el segundo de actitud ante un tema de actualidad, ilustran lo expuesto.

Señale un sinónimo de Antiséptico

1. Analgésico
2. Coagulante
3. Desinfectante

Indique su opinión respecto a regularizar la situación de los inmigrantes ilegales

1. Totalmente en desacuerdo	2. Bastante en desacuerdo	3. Indiferente	4. Totalmente de acuerdo	5. Bastante de acuerdo

Deben evitarse otras decisiones por razones no relevantes y contraproducentes para el ajuste al dominio de referencia. En un test de rendimiento a aplicar a un número amplio de sujetos, las opciones de los ítems no deberían colocarse en horizontal con el fin de reducir espacio y ahorrar papel si este es el soporte elegido. Dicha medida puede ser contraproducente para el objetivo de evaluación porque puede dificultar la lectura cómoda y fiable de los ítems. Además hay modos alternativos de lograr la plausible intención de ahorro, como por ejemplo reducir el tamaño de la letra usada, ubicar las preguntas en columnas, usar una reproducción reducida, imprimir ambos lados de cada página o que esta sea de un material reciclado. En general y como en este caso, evítese que decisiones tomadas *ad hoc* para solucionar problemas del instrumento de medida afecten a las decisiones tomadas previamente de acuerdo con el ajuste buscado.

12. Al considerar un determinado número de opciones, se sobreentiende que se tratan de opciones bien diferenciadas; ello significa que han de ser autónomas entre sí, sin solaparse y sin referirse unas a otras. De no hacerlo así, se introducen problemas innecesarios para elegir una opción o rechazar otras. Ocurre en el siguiente ítem en el que suponiendo que la respuesta correcta fuera 3,5 el sujeto podría contestar correctamente a cualquiera de las tres opciones, lo que obligaría a anular el ítem.

Ítem inadecuado:

El porcentaje de incremento del índice de precios al consumo (IPC) en nuestro país estuvo el último año en uno de los siguientes intervalos

1. De 0 a 3,5
2. De 2,5 a 4
3. De 3 en adelante

Al menos para mantener la mencionada autonomía, deben usarse con mucha cautela las opciones "*Todas las anteriores*" y "*Ninguna de las anteriores*" que a veces se usan en ítems de ejecución máxima sobre todo. La primera de ellas parece introducir una dificultad adicional (Dudycha y Carpenter, 1973; Mueller, 1975) especialmente para los sujetos con poco conocimiento (Martínez, Moreno, Martín, Trigo y López, 2004), probablemente porque exige saber que al menos dos de las anteriores son correctas. La opción "*Ninguna de las anteriores*" tiene un efecto dificultador general (Dochy, Moerkerke, De Corte y Segers, 2001; Haladyna, Downing y Rodríguez, 2002) al menos cuando es construida como la opción correcta (Martínez *et al.*, 2004). Probablemente ello se debe a que introduce al sujeto en el lenguaje y lógica de tipo negativo, que refiere las cosas por lo que no es, un modo indirecto y normalmente más complicado que hacerlo en positivo como ya se indicó en la directriz 5.

Caso especial son las opciones que suponen una sucesión ordinal en la que cada una indica un grado mayor o menor al anterior, pero sin precisar en qué cantidad ni con qué criterios se define esa ordenación, como ocurre con series como "*Nada o casi Nada, Poco, Regular, Bastante y Mucho*" u otras similares. Dichos términos son usados por su uso en el lenguaje cotidiano en el que se asume una precisión más o menos aproximada. Sin embargo, hay que ser conscientes de que por esa imprecisión no hay seguridad de que un mismo nivel signifique lo mismo para varios sujetos ni que dos respuestas distintas lo sean realmente para varios sujetos (Wills y Moore, 1994). Por ello convendría tener en cuenta la información empírica existente sobre aquellos cuantificadores que en cada idioma resulten más eficientes (Cañadas y Sánchez, 1998).

Conviene además aclarar un malentendido que a veces se produce al considerar solapadas opciones que gradúan un determinado contenido, como por ejemplo las del ítem que pide señalar el nivel máximo de estudios finalizados por el sujeto, ofreciendo las opciones "*Ninguno, Primario, Secundario o Universitario*". Cada nivel incluye a los previos pero no se solapa con ellos puesto que añade algo específico de dicha opción, que es justamente lo que se pide señalar; sucede así también con los ítems tipo Likert.

13. Las opciones de cada ítem deben aparecer organizadas, estructuradas conforme a lo marcado por el dominio y contexto de referencia. Si las opciones son cualitativamente diferentes, quizás puedan ser organizadas por algún criterio de su contenido. Si admiten ordenación, como cuando son cantidades o fechas, así deberían presentarse, incluyendo los dos extremos cuando existan.

Si por el contrario las opciones aparecen desordenadas, se obliga al sujeto a implicarse en una tarea de organización previa y diferente a la que se desea plantear, lo que supone distraerlo del objetivo pretendido por el ítem, limitando su validez. Es lo que ocurre con el siguiente ítem.

Ítem inadecuado:

La denominada "santísima trinidad de la validez" integra los tres tipos siguientes: Validez de...

1. Contenido, Constructo y Consecuencial
2. Constructo, Consecuencial y Aparente
3. Criterio, Contenido y Constructo

El anterior queda mejor expresado en la versión siguiente, gracias a la cual además se percibe más fácilmente otro error, consistente en que el término Constructo aparece en las tres opciones y por tanto debería suprimirse en ellas, ubicándolo en el enunciado conforme a lo expresado en la directriz 7.

Ítem inadecuado:

La denominada "santísima trinidad de la validez" integra los tres tipos siguientes: Validez de...

1. Constructo, Contenido y Consecuencial
2. Constructo, Aparente y Consecuencial
3. Constructo, Contenido y Criterio

Lo anterior no se aplica, obviamente, cuando la tarea que se evalúa es precisamente la de organizar las opciones como ocurre en el formato que pide ordenar una serie que se presenta desorganizada.

14. Una vez construidos todos los ítems de una prueba debe cuidarse también que el conjunto como tal no contenga ninguna clave inductora de respuestas diferentes a las debidas –la que el sujeto considere correcta o más acorde con la propia opinión o comportamiento–, o que se convierta en obstáculo adicional e innecesario para el sujeto. Dichas claves pueden incluirse inadvertidamente en los ítems en términos de las características consideradas en las directrices previas. Así, en las pruebas de ejecución máxima debe cuidarse que la posición, longitud o alguna cuestión gramatical no aporten indicios indebidos y sistemáticos sobre las opciones correctas o incorrectas. Se recomienda por ello variar tales aspectos para mantener la homogeneidad de las opciones en toda la prueba. En las de ejecución típica debe evitarse igualmente que tales características induzcan a elegir o rechazar algunas de las opciones indebidamente. Para lograrlo pueden ordenarse las opciones de los distintos ítems de modo aleatorio o intencional, e incluir si es el caso las diferentes ordenaciones de polaridades, evitando en todo caso no entrar en contradicción con la organización recomendada en la directriz anterior.

2.2.4. *Recapitulación*

Tras definir lo que es un ítem se han mostrado los principales tipos de formato: los abiertos que solicitan al sujeto que construya en mayor o menor grado su respuesta y los cerrados que ofrecen al sujeto diversas opciones de respuestas para que seleccione alguna. Ambos tipos, cada uno con ventajas e inconvenientes, son utilizados para evaluar tanto ejecuciones máximas del sujeto como la que considere más típica en él o ella, lo que corresponde respectivamente a las grandes áreas temáticas de inteligencia, aptitudes y rendimiento por una parte y actitudes, personalidad y opinión por otra.

La construcción de los ítems, cualquiera que sea su formato, debe fundamentarse en el objetivo de la evaluación a la que van a servir de instrumento; y más específicamente en el dominio de referencia y en el contexto de la evaluación formado por la población de sujetos a estudiar y por las condiciones de la aplicación de los ítems. El ajuste y supeditación a ese referente es el criterio o principio utilizado para desarrollar un conjunto de directrices con el que se pretende ayudar a la tarea de construcción, cualquiera que sea el objetivo de evaluación y el formato elegido, integrando además lo sustantivo de propuestas más ligadas a un tipo de formato o de objetivo. Esa integración, se ofrece a través de un número reducido de directrices para facilitar su utilización como herramienta práctica y que son resumidas en la tabla 2.

TABLA 2. *Directrices para la construcción de ítems.*

I. DIRECTRICES DE BASE
1. Definir de modo específico el objetivo de la evaluación y el dominio o contenido de interés. 2. Especificar el contexto, en términos de la población a estudiar y circunstancias en que se hará. 3. Decidir el dominio y contexto a incluir en los ítems y la prueba procurando su representatividad.
II. DIRECTRICES SOBRE LA EXPRESIÓN EN LOS ÍTEMS DEL DOMINIO EN ESTUDIO
4. Cada ítem debe recoger alguna unidad significativa del dominio en estudio y su contexto. 5. Cada ítem debe mostrar con claridad el contenido pretendido. 6. El conjunto de ítems debe favorecer también como tal su ajuste al dominio y contexto de referencia, a través especialmente del número a incluir y su ordenación.
III. DIRECTRICES ESPECÍFICAS SOBRE LAS OPCIONES DE RESPUESTA EN LOS ÍTEMS CERRADOS
7. El enunciado debe exponer lo central del ítem y cada opción debe ser un complemento o respuesta lo más breve posible. 8. Las opciones deben ser homogéneas en contenido y apariencia. 9. En los ítems de ejecución máxima, la homogeneidad implica plausibilidad de todas las opciones para el sujeto que no conoce la correcta –preferiblemente una– y claridad para identificar esta para el que la conozca. 10. La homogeneidad y plausibilidad ha de verse favorecida por el número de opciones más apropiado para el dominio y contexto de referencia.

11. La disposición espacial de las opciones debe facilitar la percepción del contenido del ítem y no ser un obstáculo.
12. Las distintas opciones han de estar bien diferenciadas, sin solapamientos.
13. Las opciones deben aparecer organizadas conforme a lo marcado por el dominio y contexto de referencia.
14. Las opciones de cada ítem no deben contener ninguna clave inductora de respuestas indebidas cuando sean consideradas en el conjunto de la prueba.

Esa utilización se favorece también al hacer al conjunto fácil de recordar al dotarlo de un sentido común ligado al principio central de ajuste al referente. Se trata de que, una vez adquirida la lógica sencilla y razonable de las directrices, puedan ser usadas para resolver de manera autónoma las dudas que pueden surgir en la construcción. Es importante retener que todas las directrices son referidas al dominio y contexto de referencia, y por ello las normas dadas aquí no son universales. El lector puede encontrar casos en los que, a causa de un dominio o contexto diferente a los aquí considerados, deberá aplicarse una directriz de modo diferente, como se ha ido mostrando. Por ello es deseable que la persona que construye los ítems posea y se reconozca la autonomía necesaria para adecuar las directrices aquí dadas a las condiciones y dominios específicos de su interés.

Esa autonomía deberá aplicarse también a las nuevas posibilidades derivadas de los avances multimedia, aprovechando las ventajas de la informática y la tecnología digital en general. Ya mencionamos el desarrollo que al respecto se viene produciendo sobre programas de corrección automática de preguntas abiertas. Añadimos ahora la aplicación a la construcción para aportar nuevos aspectos para los ítems. Elementos propios del entorno informático como botones, barras de desplazamiento, menús o animación gráfica, junto con otros incorporables como sonido, constituyen un amplio y prometedor campo adicional al tradicional y estático de lápiz y papel (Irvine y Kyllonen, 2002; Manzano y Andréu, 2000; Manzano, Pérez, Lozano y Fernández, 2003; Parshall y Balizet, 2001, Zenisky y Sireci, 2003) que como cualquier otro debería someterse en todo caso a la evaluación de sus posibilidades de validez.

Con el principio central utilizado se trata también de compensar la falta de apoyo empírico que algunas de las directrices tienen aún (Haladyna y Downing, 1989; Haladyna, Downing y Rodríguez, 2002; Moreno y Martínez, 2003). Las directrices han surgido de la práctica profesional con ítems, sin que se haya investigado de manera suficiente los efectos de los incumplimientos de ellas sobre las propiedades psicométricas del ítem y de la prueba, tales como dificultad, discriminación, validez y fiabilidad. En esa situación la base o apoyo para cada directriz debe ser al menos de tipo teórico conceptual, diciéndolo una vez más, su ligazón y coherencia con el principio central de ajuste de cada ítem y prueba respecto al objetivo para el que se construyen y utilizan, es decir su validez.

2.3. Traducción de los ítems de unos idiomas a otros

Muchos de los tests utilizados por los profesionales e investigadores han sido inicialmente elaborados en un idioma y una cultura distintos a aquellos en los que se están utilizando. Esta tendencia es cada vez mayor debido a la internacionalización creciente y a la facilidad actual para la circulación de la información. Este hecho plantea el problema de traducir y adaptar los ítems y los tests de unas culturas e idiomas a otros. Si este proceso no se lleva a cabo con las debidas garantías, la prueba puede quedar invalidada desde el principio, pues no resulta adecuado aplicar sin más los tests a una cultura distinta a aquella en la que fueron generados (Bracken y Baraona, 1991; Brislin, 1986; Lonner, 1990).

Existen distintas razones por las cuales se traducen y adaptan los tests de unas culturas a otras, que podrían sintetizarse, según Hambleton (1996), en cuatro principales. Una primera no despreciable es que suele resultar más barato y rápido generar una versión de un test para otro idioma que hacerlo de nuevo; por ejemplo, la escala de ansiedad-rasgo de Spielberger ha sido adaptada para ser utilizada en más de cincuenta países. Una segunda razón es que en el segundo idioma no siempre existe la experiencia técnica para construir un nuevo test convenientemente validado, lo cual suele ocurrir en países del tercer mundo, haciendo que los profesionales e investigadores de esos países se sientan más seguros y arropados adaptando una prueba que ya goza de prestigio. Una tercera razón importante es el creciente interés en llevar a cabo estudios interculturales, lo cual exige tests comunes adaptados a los distintos idiomas. Finalmente, una cuarta razón para llevar a cabo la adaptación sería la mejora de la imparcialidad, permitiendo a las personas realizar las pruebas en su idioma preferido. Como señala el propio Hambleton (1996), si bien las razones para la adaptación parecen claras, no lo son tanto los métodos y técnicas para llevar a cabo una adaptación, apareciendo, además, la información dispersa en publicaciones varias.

A continuación, se exponen las fuentes más habituales de error en la adaptación de los tests. Los errores fundamentales cuando se adapta el test de una cultura a otra suelen aflorar en alguno, o varios, de los siguientes cuatro grandes campos:

- Contexto de utilización
- Construcción de la prueba
- Aplicación
- Interpretación de los resultados.

Se comentan a continuación cada uno de ellos, siguiendo en líneas generales el trabajo previo de Muñiz y Hambleton (1996). Tratamientos más detallados pueden consultarse en Hambleton (1993, 1994, 1996), Hambleton, Merenda y Spielberger (2004), o en van de Vijver y Hambleton (1996).

Contexto de utilización

Tener en cuenta el contexto sociocultural en el que están incluidas las personas con las que se utilizará el test resulta clave para una adaptación adecuada de éste. La mayor parte de los constructos utilizados en psicología tienen conexiones con los aspectos culturales de las personas evaluadas, por lo tanto lo primero que hay que hacer es comprobar que el constructo evaluado es equiparable en ambas culturas. Si no se da esa equivalencia razonable de los constructos no procede la adaptación, y si se llevase a cabo a pesar de ello, se estarían midiendo variables distintas en cada una de las culturas. Esta equivalencia de los constructos en ambas culturas debe probarse empíricamente, para lo cual habrá que llevar a cabo investigaciones en las que participen personas expertas en ambas culturas para evitar en lo posible sesgos etnocéntricos. Si existen pruebas razonables acerca de la equivalencia de los constructos puede procederse a la adaptación propiamente dicha. El error más habitual consiste en dar por hecho sin más que cualquier constructo tiene su equivalente exacto en cualquier otra cultura.

Construcción de la prueba

La filosofía general que ha de guiar la construcción de la prueba adaptada es el lograr medir el mismo constructo pero ajustándose a las peculiaridades de la nueva población a la que se quiere adaptar. Esto no resulta nada fácil, razón por la cual es tan habitual encontrar tests mal adaptados. El primer escollo a superar es el de la traducción de la prueba. Lo ideal es que los traductores no sólo dominen los dos idiomas, sino que estén familiarizados con las dos culturas, y a ser posible que hayan sido instruidos en los aspectos psicométricos básicos, en especial en todo lo relacionado con la construcción de los ítems. En muchas ocasiones la adaptación requiere elaborar nuevos ítems, para lo cual es esencial el conocimiento de la cultura objetivo, así como el dominio de las técnicas psicométricas de construcción de ítems. La técnica más habitual para garantizar una traducción correcta es la traducción inversa, aunque por sí sola no constituye una garantía, existiendo otros diseños alternativos, véase, por ejemplo, Hambleton (1996). Nótese que una traducción correcta sólo es el punto de partida para una buena adaptación de la prueba, pues a partir de ahí hay que comprobar la fiabilidad, validez y estandarización en la nueva población. Es cara en tiempo y dinero la elaboración de baremos para la nueva población, pero bajo ningún concepto deben de utilizarse los baremos de la población de origen con la población objetivo. En la actualidad se han desarrollado notablemente las técnicas para comprobar si alguno de los ítems está sesgado contra una de las poblaciones, véase el apartado correspondiente en este libro, así como Fidalgo (1996) o Camilli y Shepard (1994). Dos de los aspectos en los que hay que poner más cuidado a la hora de confeccionar el test adaptado son el formato de los ítems y la velocidad de respuesta. Formatos como los de elección múltiple resultan muy familiares en determinadas culturas, mientras que no lo son tanto en otras, lo cual debe de solucionarse incrementando la práctica de ejemplos y ejercicios. Por otra parte, los occidentales damos por hecho que no sólo hay que hacer las cosas bien, sino que han de hacerse rápido, así se nos socializa desde niños, pero esta asunción no necesariamente es tan obvia en otros contextos culturales (van Leest y Bleichrodt, 1990; van de Vijver y Poortinga, 1991). En suma, hay que tratar de minimizar los efectos de la velocidad de respuesta, siempre y cuando no forme parte del constructo a evaluar (Muñiz y Hambleton, 1996).

Aplicación

Cómo se aplique la prueba tiene repercusiones sobre las propiedades psicométricas esenciales de ésta, tales como la fiabilidad y la validez. Es por ello fundamental que la aplicación se lleve a cabo correctamente, empezando por seleccionar adecuadamente a las personas que van a llevar a cabo la aplicación e instruyéndoles acerca del *rapport* o relación que deben de establecer con las personas evaluadas. Tal como señala Hambleton (1996), los aplicadores han de elegirse entre las personas de la población a las que se aplica el test, estar familiarizados con la cultura objetivo, tener experiencia en la aplicación de tests, y ser conscientes de la importancia de seguir las instrucciones de aplicación al pie de la letra. Es fundamental llevar a cabo un plan de entrenamiento con los aplicadores.

Interpretación de los resultados

Una adecuada interpretación de los resultados es fundamental para que el test se use con propiedad, pudiendo echarse a perder los datos obtenidos con un test técnicamente bien hecho debido a una interpretación errónea. De hecho, seguramente es más frecuente la mala práctica de los tests a raíz de interpretaciones inapropiadas que de tests con deficiencias técnicas. Un error muy común con los tests adaptados es la tentación de establecer comparaciones directas entre los resultados obtenidos en distintos países o culturas. Cuando se llevan a cabo estudios comparativos su finalidad debería centrarse en el análisis de las semejanzas y diferencias, más que en la comparación por la comparación (Hambleton y Bollwark, 1991; Wesbury, 1992). Estas comparaciones no suelen ser pertinentes por las muchas variables en las que difieren los grupos comparados, tales como la motivación a la hora de hacer las pruebas, curricula escolares, valores culturales, nivel de vida, políticas educativas, oportunidades de acceso a la educación, etc. El manual de la prueba deberá incluir todo tipo de datos relativos al proceso de adaptación, para poder interpretar adecuadamente las puntuaciones en todo momento.

2.3.1. *Directrices para la traducción de los tests*

Para tratar de minimizar los posibles errores al adaptar los tests, y guiar el proceso de adaptación, la *International Test Commission* (ITC) propuso las siguientes directrices en los cuatro campos citados: contexto, construcción, aplicación e interpretación.

TABLA 3. *Directrices de la ITC para la Traducción/Adaptación de los tests.*

CONTEXTO	
C.1.	Los efectos de las diferencias culturales que no sean relevantes para los objetivos centrales del estudio deberían minimizarse en la medida de lo posible.
C.2.	Debería evaluarse la cuantía del solapamiento de los constructos en las poblaciones de interés.
CONSTRUCCIÓN Y ADAPTACIÓN DEL TEST	
D.1.	Los constructores/editores de tests deberían asegurar que el proceso de adaptación tiene en cuenta las diferencias lingüísticas y culturales entre las poblaciones a las que se dirigen las versiones adaptadas del test.
D.2.	Los constructores/editores de los tests deberían proporcionar datos que garanticen que el lenguaje utilizado en las instrucciones, en los propios ítems y en el manual del test, son apropiados para todas las poblaciones culturales e idiomáticas a las que va dirigido el test.
D.3.	Los constructores/editores de tests deberían aportar evidencia de que las técnicas de evaluación elegidas, los formatos de los ítems, las reglas de los tests, y los procedimientos son familiares a todas las poblaciones a las que van dirigidos.
D.4.	Los constructores/editores de tests deberían facilitar evidencia de que el contenido de los ítems y los materiales de los estímulos son familiares para todas las poblaciones a las que van dirigidos.

D.5. Los constructores/editores de tests deberían aportar una justificación racional sistemática, tanto lingüística como psicológica, para mejorar la precisión del proceso de adaptación, así como reunir datos acerca de la equivalencia de todas las versiones en los distintos idiomas.

D.6. Los constructores/editores de tests deberían asegurar que el diseño de recogida de datos permite el uso de técnicas estadísticas apropiadas para establecer la equivalencia entre los ítems correspondientes a las diferentes versiones idiomáticas del test.

D.7. Los constructores/editores de tests deberían aplicar técnicas estadísticas apropiadas para 1) establecer la equivalencia entre las diferentes versiones de un test, y 2) identificar componentes problemáticos o aspectos del test que puedan ser inadecuados para alguna de las poblaciones a las que va destinado el test.

D.8. Los constructores/editores de tests deberían proporcionar información sobre la evaluación de la validez en todas las poblaciones objetivo a las que va dirigido el test adaptado.

D.9. Los constructores/editores de tests deberían aportar datos estadísticos sobre la equivalencia de los tests para todas las poblaciones a las que van dirigidos.

D.10. No deben utilizarse preguntas no equivalentes en todas las versiones dirigidas a diferentes poblaciones cuando se prepara una escala común, o cuando se comparan estas poblaciones. Sin embargo, pueden ser útiles para reforzar la validez de contenido de las puntuaciones de cada población por separado.

Aplicación

A.1. Los constructores y los aplicadores de los tests deberían tratar de prever los tipos de problemas que cabe esperar, y tomar las medidas oportunas para evitarlos mediante la preparación de materiales e instrucciones adecuados.

A.2. Quienes aplican los tests deberían ser sensibles a cierto número de factores relacionados con los materiales utilizados para los estímulos, los procedimientos de aplicación, y las formas de respuesta, que pueden reducir la validez de las inferencias extraídas de las puntuaciones.

A.3. Aquellos aspectos del entorno que influyen en la aplicación del test deberían mantenerse lo más parecidos posible para todas las poblaciones a las que va dirigido el test.

A.4. Las instrucciones para la aplicación del test en el idioma fuente y en el objetivo deben minimizar la influencia de fuentes de variación no deseadas.

A.5. El manual del test debería especificar todos los aspectos del test y de su aplicación que han de revisarse al utilizarlo en un nuevo contexto cultural.

A.6. El aplicador no debe interferir, debiendo minimizarse su influencia sobre los examinados. Deben de seguirse al pie de la letra las reglas explícitas descritas en el manual del test.

INTERPRETACIÓN DE LAS PUNTUACIONES

I.1. Cuando se adapta un test para utilizarlo en otra población, debe facilitarse la documentación sobre los cambios, así como los datos acerca de la equivalencia entre las versiones.

I.2. Las diferencias entre las puntuaciones obtenidas por las muestras a las que se aplicó el test no deben tomarse sin más directamente. El investigador tiene la responsabilidad de sustanciar las diferencias con otros datos empíricos.

I.3. Las comparaciones entre poblaciones sólo pueden hacerse al nivel de la invarianza que se haya establecido para la escala en la que se expresan las puntuaciones.

I.4. El constructor del test debería proporcionar información específica acerca de las distintas formas en las que los contextos socioculturales y ecológicos de las poblaciones pueden afectar al rendimiento en el test, y debería sugerir procedimientos para tener en cuenta estos efectos en la interpretación de los resultados.

Recapitulación

Como se puede observar, adaptar una prueba de una cultura a otra no es un problema de mera traducción lingüística, se trata de adaptar en sentido amplio la prueba a la cultura en la que se quiere introducir. La labor de adaptación es compleja, articulándose la problemática implicada en torno a cuatro grandes áreas: contexto sociocultural de las poblaciones implicadas, aspectos técnicos de la adaptación/construcción del test adaptado, aplicación de la prueba, e interpretación de los resultados obtenidos. Las directrices de la *International Test Commission* (ITC) presentadas tratan de guiar el proceso de adaptación de los tests en las cuatro áreas citadas, pero no constituyen un recetario con soluciones para todos los problemas. Previenen contra la inercia de considerar que los constructos son invariantes interculturalmente, haciendo hincapié en la necesidad de comprobar empíricamente que esto es así, no dándolo por hecho. Ya dentro del proceso de adaptación, puntualizan la necesidad de que los traductores utilizados posean además de su competencia lingüística, un buen conocimiento de las culturas involucradas y una formación básica en cuestiones psicométricas, para facilitar la elaboración de los ítems. En el ámbito de la aplicación, una formación rigurosa de las personas que aplican los tests resulta de vital importancia para no echar por la borda todo el trabajo previo de adaptación. Finalmente, una interpretación adecuada de los resultados es de capital importancia, debiendo estar a cargo de un profesional experto. Se previene también contra el uso alegre de las comparaciones interpoblacionales, pues las diferencias pueden deberse a causas múltiples. Como señalan Muñiz y Hambleton (1996: 69): lo fundamental de una prueba es que dé información sobre la población estudiada, permitiendo diagnósticos precisos para intervenir con eficacia; el análisis de las diferencias interpoblacionales es secundario, y seguramente menos significativo psicológicamente que el estudio de las semejanzas.

2.4. Propiedades psicométricas globales

En los apartados previos se han tratado los aspectos fundamentales que han de tenerse en cuenta a la hora de construir los ítems de un test o cuestionario. Los ítems son los ladrillos con los que se hace el test, y cada uno de ellos ha de coadyuvar a que el test constituya un buen instrumento de medida, es decir, a que sea fiable y válido. Este es el norte que guía y orienta la elaboración y análisis de los ítems. Por ello los análisis de los ítems que se proponen en el próximo capítulo se ponen en conexión con estas dos propiedades psicométricas básicas. Esto que parece obvio, en la práctica se olvida con cierta frecuencia, convirtiéndose a veces los análisis de los ítems en una acumulación anárquica de indicadores estadísticos, cuya relación con las propiedades globales del test es a menudo poco clara, o se ignora. En este apartado se subrayan algunos aspectos centrales relativos a la fiabilidad y a la validez de los tests, pues mal se pueden analizar y evaluar los ítems de un test si no se tiene claro el fin que se persigue, que no es otro, como acabamos de señalar, que obtener tests fiables y válidos. Naturalmente, no se trata de hacer aquí una exposición detallada de estas dos propiedades psicométricas, para lo cual el lector puede acudir a los manuales de psicometría (Muñiz, 1996, 1997a, 2003), sino de recordar algunas ideas claves que quien construye y analiza ítems debe tener muy presentes en todo momento.

2.4.1. *Fiabilidad*

Como ocurre con cualquier otro instrumento científico de medida, las mediciones hechas con los tests vienen afectadas por un cierto grado de error. Bajo el término de fiabilidad se engloba toda la tecnología psicométrica desarrollada para estimar el grado de error que afecta a las mediciones hechas con los tests. El indicador más frecuente, aunque no el único, para expresar ese grado de error es el coeficiente de fiabilidad, que representa la proporción que la varianza de las puntuaciones verdaderas es de la de las empíricas. Para estimar empíricamente el coeficiente de fiabilidad se utiliza alguno de los siguientes diseños: Test-retest, Consistencia interna, Tests paralelos. Los tres diseños son lícitos y dependerá de cada situación cuál es el más indicado. Desde luego, el más utilizado en la práctica es con mucho el de consistencia interna, mediante el coeficiente alfa propuesto por Cronbach en 1951. La razón de este uso masivo del coeficiente alfa es de carácter práctico, ya que puede calcularse aplicando el test una sola vez, mientras que en el caso del test-retest hay que aplicar la prueba dos veces, y el método de formas paralelas exige la construcción de dos formas paralelas, lo cual resulta muy complejo y costoso. El coeficiente alfa es preferible a otros de consistencia interna calculados a partir de la correlación entre las dos mitades del test, que constituyen casos particulares de alfa. Coeficientes también de consistencia interna, pero basados en los datos del análisis factorial son el coeficiente theta (Carmines y Zeller, 1979) y el coeficiente omega (Heise y Bohrnstedt, 1970). Dado que estos coeficientes indican en qué grado los ítems de un test convergen, están intercorrelacionados, a eso se refiere la consistencia interna; los ítems cuya correlación con el total del test (índice de discriminación) sea baja tenderán a debilitar este tipo de fiabilidad. No en vano, como se verá en el capítulo siguiente, el índice de discriminación es un indicador clave para el análisis de los ítems.

El coeficiente de fiabilidad no es una propiedad intrínseca del test invariante ante cualquier circunstancia. Viene afectado por diversos factores, entre los que cabe destacar:

- La longitud del test
- La variabilidad de la muestra
- El nivel del sujeto en la variable medida

Entiéndese por *longitud de un test* el número de ítems que lo componen. Al aumentar el número de ítems la fiabilidad del test también tiende a aumentar, aunque no lo hace linealmente, sino siguiendo la relación establecida por la conocida fórmula de Spearman-Brown. Si un test tiene pocos ítems y una cierta fiabilidad, tal vez aumentando el número de ítems se logre una fiabilidad aceptable; pero como estrategia general de mejora de la fiabilidad no se puede confiar en el mero aumento del número de ítems, hay que ir a la raíz y mejorar los ítems.

El coeficiente de fiabilidad de un test está en función de la *variabilidad* de la muestra en la que se calcula; al aumentar ésta, la fiabilidad tiende a aumentar. Esto ha de servir de prevención a la hora de generalizar los resultados obtenidos para un coeficiente de fiabilidad en una determinada muestra. La psicometría clásica ofrece fórmulas que conectan los valores de la variabilidad y los del coeficiente de fiabilidad.

El coeficiente de fiabilidad de un test es un indicador global de la precisión con la que el test está midiendo una determinada variable. Ahora bien, en esa variable los sujetos varían notablemente, así unos tendrán puntuaciones bajas, otros medias y otros altas. Los datos empíricos muestran que los tests no miden con igual precisión a todos los sujetos de la muestra, independientemente de su nivel en la variable medida. Una solución clásica a este problema es calcular más de un coeficiente de fiabilidad, por ejemplo, uno para los sujetos de nivel bajo, otro para los de nivel medio y otro para los de nivel alto. No obstante, los modelos psicométricos actuales como los de Teoría de Respuesta a los Ítems (TRI) ofrecen soluciones mucho más elegantes y parsimoniosas.

Todo lo dicho hasta ahora sobre la fiabilidad se refiere a los llamados tests normativos, los más habituales en psicología, cuyo objetivo es discriminar entre los sujetos, maximizando su variabilidad. En estos tests las puntuaciones de los sujetos suelen expresarse de forma relativa, en función de las puntuaciones de los demás miembros del grupo, por ejemplo en percentiles o puntuaciones típicas. Sin embargo, en el ámbito educativo y en el de la evaluación profesional son muy habituales los *Tests Referidos al Criterio*. En estos tests lo que se pretende es evaluar el grado en el que los sujetos dominan un campo educativo o profesional, pasando la discriminación intersujeto a un segundo plano. Las puntuaciones ya no se expresan en relación al grupo, sino que hacen referencia al grado en el que el sujeto domina el campo o criterio a evaluar. Pues bien, en esta situación los coeficientes de fiabilidad comentados hasta ahora no son los más adecuados, siendo necesario estimarlos de forma diferente, véase, por ejemplo, Muñiz (2003).

Otro modelo psicométrico que utiliza formas de evaluar la fiabilidad distintas a las comentadas anteriormente es la *Teoría de la Generalizabilidad*. Este modelo, que puede considerarse dentro de la órbita de los modelos clásicos, permite estimar un coeficiente de fiabilidad, denominado coeficiente de generalizabilidad, en función de las condiciones, aspectos o facetas en las que se ha llevado a cabo la medición. Este coeficiente indica el grado en el que la medición obtenida es generalizable a aquellos aspectos considerados de interés en el estudio diseñado. Este enfoque no es muy utilizado en la evaluación de los rasgos psicológicos, pero sí resulta frecuente en ámbitos educativos y profesionales. Para exposiciones detalladas el lector puede acudir a textos como Cronbach, Gleser, Nanda y Rajaratnam (1972), Brennan (1983); para una introducción en castellano véase Muñiz (2003).

El giro más radical para la estimación de la fiabilidad de los tests vino de la mano de los modelos de teoría de Respuesta a los Ítems (TRI), como se verá en apartado 3.2. del libro. Estos modelos en vez de ofrecer una estimación global de la fiabilidad de un test mediante un coeficiente de fiabilidad, permiten establecer una Función de Información para cada uno de los ítems. Esta función indica la precisión con la que el ítem está midiendo a cada nivel de la variable medida. La suma de las funciones de información de los ítems da lugar a la función de información del test. La función de información supone un importante avance respecto del coeficiente de fiabilidad clásico, pues ofrece la fiabilidad de la prueba ya no globalmente, como ocurría con el coeficiente de fiabilidad, sino para cada nivel de la variable medida; de modo que un test puede ser muy fiable, por ejemplo, para sujetos con puntuaciones altas, y no serlo, sin embargo, para quienes obtienen puntuaciones bajas.

Estas líneas previas sobre fiabilidad, sin ninguna pretensión de exhaustividad, tratan de advertir al potencial constructor y analista de ítems que el enfoque que adopte para evaluar la fiabilidad de la prueba necesariamente va a condicionar su estrategia a la hora de elaborar los ítems. Los análisis estadísticos de los ítems son ciegos, a veces, pero no debe serlo quien los hace e interpreta.

2.4.2. *Validez*

Se dice que un test es válido si mide realmente aquello que pretende medir (Elosúa, 2003; Muñiz, 2003, 2004; Navas, 2001; Paz, 1996). ¿Cómo se comprueba que un test está midiendo aquello que se propone medir? Por ejemplo, ¿cómo se comprueba que un cuestionario está midiendo el autoconcepto, o la extraversión, o la inteligencia? La forma de comprobarlo es la misma que la seguida por cualquier otra especialidad científica, hay que recoger datos que lo prueben empíricamente, es decir, que lo validen. No hay ninguna restricción para la recogida de estos datos, salvo que se haga siguiendo una metodología científica rigurosa, si bien cabe citar tres formas clásicas de allegar datos para la validación de los tests:

- Validez de contenido
- Validez predictiva
- Validez de constructo

La validez de contenido alude a la necesidad de comprobar que los ítems que componen el test representan adecuadamente el constructo evaluado. Si se cometen errores en este aspecto tan básico todo lo demás queda necesariamente invalidado. La validez predictiva se refiere a la comprobación de que el test predice un criterio externo. Se operativiza mediante el cálculo de la correlación entre el test y el criterio, que recibe el nombre de coeficiente de validez. En la práctica, la mayor dificultad para calcular el coeficiente de validez es encontrar un criterio externo adecuado y medido con una buena fiabilidad. Criterios externos típicos, como los juicios de expertos, entrañan no pocas dificultades, como son la consistencia de sus juicios, o la fiabilidad interjueces. Obviamente, si se yerra en el criterio elegido y en la forma de medirlo, el coeficiente de validez estimado carece de valor. Finalmente, la validez de constructo se refiere a la aportación de datos que garanticen que el constructo evaluado tiene consistencia como tal y no resulta espurio. Formas habituales, pero no únicas, de comprobarlo es mediante la utilización del análisis factorial y de la matriz multirrasgo-multimétodo, en cuyo caso se habla respectivamente de validez factorial y validez convergente-discriminante.

A continuación se presentan los estándares relativos a la validación de los tests, publicados por la Asociación de Psicólogos Americanos, junto con otras organizaciones profesionales y científicas (AERA, APA y NCME, 1999). Estas directrices pueden resultar muy útiles dado que abordan la mayoría de los aspectos teóricos y prácticos implicados en la validación de los tests.

TABLA 4. *Estándares para la validación de los tests.*

1.	Debe presentarse una justificación para cada interpretación recomendada y para cada uso propuesto de las puntuaciones del test, adjuntando asimismo un resumen completo de la evidencia empírica y de la teoría que apoya los usos o interpretaciones pretendidas.
2.	El constructor del test debe establecer claramente cómo han de utilizarse e interpretarse las puntuaciones del test. Ha de definir con precisión la población a la que va destinado y el constructo que pretende medir el test.
3.	Si la validez para una determinada interpretación no ha sido investigada, o si la interpretación es inconsistente con datos empíricos existentes, ello debe dejarse claro, advirtiendo a los usuarios acerca de las posibles interpretaciones de las puntuaciones no justificadas.
4.	Si se utiliza un test con fines para los cuales no ha sido validado, corresponde al usuario justificar el nuevo uso, aportando nuevos datos al respecto si fuese necesario.
5.	La composición de la muestra a partir de la cual se obtienen datos para la validación debe describirse con detalle, incluyendo datos sociodemográficos y de su desarrollo.
6.	Cuando la validación se apoya en parte en los contenidos del test, los procedimientos seguidos para especificar y generar los contenidos deben describirse y justificarse en relación con el constructo que se pretende medir, o el dominio que se trata de representar. Si la definición del contenido incluye criterios tales como importancia, frecuencia, o cuestiones críticas, estos criterios deben explicarse y justificarse claramente.
7.	Cuando una validación se apoya en parte en la opinión o decisiones de expertos, observadores, o evaluadores, deben describirse con

	precisión los procedimientos seguidos para seleccionarlos y el modo de obtención de sus respuestas. Ha de presentarse la cualificación y experiencia de los expertos utilizados. La descripción de los procedimientos debe incluir el entrenamiento e instrucciones proporcionados, indicando si las decisiones se obtuvieron de forma independiente y el grado de acuerdo alcanzado. Si los expertos interactuaron unos con otros, o intercambiaron información, hay que describir los procedimientos mediante los cuales pueden haber influido unos en otros.
8.	Si la fundamentación para el uso de un test o la interpretación de las puntuaciones depende de premisas relacionadas con procesos psicológicos u operaciones cognitivas utilizadas por las personas evaluadas, hay que aportar evidencia teórica o empírica acerca de dichas premisas. Información similar debe proporcionarse cuando los razonamientos para la validación se basen en los procesos utilizados por los observadores o calificadores.
9.	Si se defiende que el test no viene afectado por la práctica o el entrenamiento, hay que documentar que las puntuaciones en el test no cambian bajo estas circunstancias.
10.	Cuando se propone la interpretación de las puntuaciones en determinados ítems, o en subtests, hay que presentar los fundamentos y datos que apoyan tales interpretaciones. Cuando el constructor de un test no recomienda la interpretación de las respuestas a ítems individuales, ha de advertirse al usuario que se abstenga de hacer tales interpretaciones.
11.	Si la razón para el uso o interpretación de un test se basa en la relación entre las partes del test, hay que presentar datos acerca de la estructura interna del test.
12.	Cuando se propone la interpretación de puntuaciones en los subtests, diferencias entre puntuaciones, o perfiles, hay que presentar la fundamentación y los datos que justifiquen tales interpretaciones. Cuando se ofrecen puntuaciones compuestas hay que explicitar las bases y procedimientos seguidos para llegar a tales puntuaciones.
13.	Cuando los datos aportados en el proceso de validación incluyen análisis estadísticos de los resultados del test, bien sea solos o junto con datos de otras variables, hay que describir con detalle las condiciones en las que se obtuvieron para que los usuarios puedan juzgar la pertinencia de los datos estadísticos para una situación determinada. Hay que llamar la atención sobre cualquier característica

	de la recogida de datos para la validación que difiera de las condiciones típicas habituales del test y que por tanto pueda influir en el rendimiento en el test.
14.	Cuando los datos sobre la validez incluyan análisis empíricos de las respuestas en el test junto con datos de otras variables, hay que exponer las razones que justifican la elección de esas variables. Cuando proceda y sea posible, hay que presentar o citar los datos relativos a los constructos que miden esas otras variables, así como sus propiedades técnicas. Hay que prestar atención a cualquier fuente de dependencia (o falta de independencia) entre variables que resulten diferentes a las existentes entre los constructos que representan.
15.	Cuando se afirma que determinados resultados en el test predicen un rendimiento adecuado o inadecuado en el criterio, hay que aportar información acerca de los niveles de rendimiento en el test asociados con los niveles en el criterio.
16.	Si los datos aportados para la validación se apoyan en las correlaciones del test con una o más variables criterio, hay que proporcionar información sobre la idoneidad y la calidad técnica de los criterios.
17.	Si las puntuaciones en el test se utilizan conjuntamente con otras variables cuantitativas para predecir algún resultado o criterio, los análisis de regresión (o equivalentes) han de incluir esas variables adicionales junto con las puntuaciones en el test.
18.	Si se llevan a cabo ajustes estadísticos, tales como los de restricción de rango o atenuación, hay que presentar los coeficientes ajustados y los no ajustados, así como el procedimiento específico utilizado y todos los estadísticos usados en el ajuste.
19.	Si se utiliza un test para asignar personas a tratamientos alternativos y los resultados de esos tratamientos son comparables en un criterio común, cuando ello sea posible hay que proporcionar evidencia explicativa acerca de los diferentes resultados.
20.	Cuando se utiliza el meta-análisis como prueba de la fuerza de la correlación test-criterio, el test y el criterio en una situación determinada deben ser comparables con aquellos de los estudios incluidos en el meta-análisis. Si existen investigaciones rigurosas que aportan datos sobre cualquier aspecto que pueda influir en la relación test-criterio, hay que presentar la correspondencia entre esos aspectos, la situación específica de que se trate y el meta-análisis. Hay que se-

	ñalar de forma explícita cualquier discrepancia significativa que pueda limitar la aplicabilidad de los resultados del meta-análisis a una situación determinada.
21.	Cualquier dato proveniente de un meta-análisis que se utilice para apoyar el uso determinado de un test ha de estar claramente descrito, incluyendo la metodología utilizada para identificar y codificar los estudios incluidos, las correcciones empleadas, así como un examen de las variables moduladoras potenciales. Han de exponerse las asunciones hechas cuando se llevan a cabo correcciones para aspectos tales como la falta de fiabilidad del criterio o la restricción de rango, así como dejar claras las consecuencias de estas asunciones.
22.	Cuando se establece que un determinado uso de un test dará lugar a ciertos resultados, hay que presentar los fundamentos que justifiquen tal afirmación, junto con la evidencia empírica correspondiente.
23.	Cuando se recomienda el uso de un test o la interpretación de las puntuaciones basándose en que, aparte de la información proporcionada por las puntuaciones del test, el mero hecho de aplicarlo generará beneficios indirectos, hay que hacer explícita la fundamentación que hace esperar dichos beneficios indirectos. Han de aportarse argumentos lógicos, o teóricos, así como evidencia empírica que apoyen la existencia de los beneficios indirectos. Ha de concederse el peso debido a cualquier dato contradictorio que se encuentre en la literatura científica, incluidos aquellos datos que sugieran resultados indirectos importantes distintos a los pronosticados.
24.	Cuando el uso de un test genera consecuencias no deseadas, hay que tratar de investigar si tales consecuencias provienen de la sensibilidad del test a características distintas de aquellas que pretende medir, o por el contrario son debidas a la incapacidad del test para representar adecuadamente el constructo medido.

3
ANÁLISIS DE LOS ÍTEMS

Eduardo García-Cueto
y Ángel M. Fidalgo

3.1. Enfoque clásico

Eduardo García-Cueto

Uno de los aspectos fundamentales a la hora de estudiar los parámetros de un test es comenzar por analizar las características de sus componentes: los ítems. Laveault y Grégoire (1997) comparan el análisis de los ítems de un test con el funcionamiento de una orquesta. De la misma manera que cada uno de los instrumentos de la orquesta debe tocar de forma armoniosa para que el conjunto dé una sensación musical concreta que se corresponda con las intenciones del compositor, así los ítems deben estar en armonía para conseguir el resultado final buscado, el que se corresponda con las intenciones del constructor del test.

El análisis de los ítems se define como el estudio de aquellos de sus parámetros cuyas características estén relacionadas con las propiedades y la finalidad última del test. Mejorar los ítems, o elegir los más adecuados, sólo tiene como finalidad mejorar las propiedades psicométricas del test.

El análisis de los ítems ayuda al constructor del test a escoger los mejores ítems, de entre un conjunto de ellos mucho mayor del que sería necesario para que el test final resulte adecuado. Es decir, el análisis de los ítems permite al psicómetra decidir qué ítems son pertinentes y cuáles no, en función de la finalidad y el objetivo de medida del test total. Se puede afirmar, pues, que el análisis de los ítems es un proceso de selección: sólo se retendrán los mejores ítems, el resto será desechado. Sólo podrá llevarse a cabo este proceso selectivo si se dispone de suficientes ítems para poder realizar la selección. De no ser así, se corre el riesgo de tener que elegir ítems inadecuados y por consiguiente renunciar a la construcción de un test que mida sin error (fiabilidad) aquellos aspectos de la conducta que pretendía medir (validez).

El análisis de los ítems depende del modelo teórico a partir del cual se hubiese construido el test (Bechger, Maris, Verstralen y Béguin, 2003; Ellis y Mead, 2003; Sinar y Zickar, 2002). A continuación se estudia esta cuestión bajo la perspectiva de la Teoría Clásica de los Tests, más adelante se estudiará bajo un enfoque diferente: la Teoría de la Respuesta a los Ítems.

Son numerosas las características que pueden estudiarse de los ítems, no obstante, sólo tiene sentido estudiar aquellas propiedades de los ítems que puedan afectar a las propiedades del test. De nada sirven enormes listas de descriptores si no queda clara la influencia que la característica estudiada pueda tener sobre los parámetros del test (Muñiz, 2003).

A continuación se detallan los indicadores clásicos de los ítems que han de tenerse en cuenta para evaluar su calidad, con el fin de potenciar al máximo las propiedades de los instrumentos de evaluación, tales como tests y cuestionarios:

a. Dificultad
b. Discriminación
c. Análisis de los Distractores
d. Fiabilidad
e. Validez
f. Dimensionalidad

3.1.1. *Dificultad de los ítems*

Un ítem será fácil o difícil en función del número de personas que lo acierten o lo fallen. Los ítems fáciles serán acertados por más personas que los ítems difíciles. También resulta elemental que, saber simplemente el número de personas que acierten o fallen un ítem sería inútil por sí mismo. Es decir, si se dice que un ítem es acertado por 300 personas y otro por 500 no se puede, de esa información, deducir cuál de los dos ítems es más fácil o más difícil. La dificultad va a depender no sólo del número de personas que acierten (o fallen) el ítem, sino también del número de personas que intenten responderlo. Cualquiera podría deducir que si ambos ítems fueron aplicados a muestras con características similares, el primero fue respondido por 600 personas y el segundo por 1.000, ambos ítems son igual de fáciles o difíciles, ya que la proporción de personas que lo responden adecuadamente es la misma. Por lo tanto, la dificultad es algo relativo, depende del número de personas que respondan al test, así como de sus características.

Índice de dificultad del ítem

El índice de dificultad de un ítem es un indicador de la dificultad del mismo. La dificultad del ítem viene dada por la proporción de personas que aciertan el ítem entre todas las que intentan responderlo.

$$ID = \frac{A}{N}$$

A: Número de personas que *aciertan* el ítem
N: Número de personas que intentaron responder al ítem

El valor del índice de dificultad está relacionado con la media de las puntuaciones en el test y con la varianza del test.

Dificultad y media del test

Respecto a la media, si se habla de ítems dicotómicos, es decir, de todos aquellos tipos de ítems que o bien se aciertan o bien se fallan, entonces:

$$ID = \frac{\sum_{i=1}^{n} X_i}{N}$$

N: Número de personas que intentaron responder al ítem

Suponiendo que el valor de X (siendo X uno de los ítems del test) sólo puede ser 1 ó 0 según se haya acertado o fallado el ítem. Es evidente que $\sum_{i=1}^{n} X_i = A$ y que la media de las puntuaciones en el test será igual a la suma de los índices de dificultad de los ítems:

$$\overline{X} = \sum_{i=1}^{n} ID_i$$

La siguiente tabla puede servir para poner de manifiesto la igualdad anterior:

SUJETOS	Ítem 1	Ítem 2	Ítem 3	Ítem 4	Ítem 5	Total
A	1	1	1	1	1	5
B	0	1	1	0	1	3
C	1	1	0	0	1	3
D	1	1	0	1	0	3
E	1	1	1	0	1	4
F	1	0	0	0	1	2
G	1	0	1	0	1	3
H	0	0	0	1	0	1
I	0	0	0	0	1	1
J	0	0	0	0	1	1
I.D.	0,6	0,5	0,4	0,3	0,8	P=2,6

$$\overline{X} = \frac{5+3+3+3+4+2+3+1+1+1}{10} = \frac{26}{10} = 2{,}6$$

$$\sum ID = 0{,}6 + 0{,}5 + 0{,}4 + 0{,}3 + 0{,}8 = 2{,}6$$

Dificultad y varianza del test

Respecto a la relación de la varianza con el índice de dificultad, también es directa: si todo el mundo acertara o fallara el ítem, su índice de dificultad sería 1 ó 0; y su varianza, 0. En este caso el ítem resultaría poco útil como instrumento de medida, ya que tendría que dar el mismo valor a todos los sujetos que hubieran intentado responderlo y por lo tanto no podría establecerse ningún tipo de diferencias entre las personas en función de sus respuestas. Como consecuencia, cualquier sistema de clasificación o escalamiento de las personas que responden al ítem resultaría inviable. Es decir, para que un ítem resulte útil es imprescindible que genere variabilidad, dispersión, en las personas que lo responden (Thorndike, 1989). Es necesario que las respuestas que dan las distintas personas no sean todas iguales. Sólo a través de las diferencias entre las respuestas será posible llevar a cabo procesos clasificatorios de las personas. Cuanto más variadas sean las respuestas, mejor se podrá llegar a clasificar a los individuos. Es decir, la dificultad del ítem no es un aspecto baladí, su importancia resulta capital para el test, sobre todo para su capacidad para discriminar a los individuos (Wang y Hung, 2002).

Veamos la relación entre la dificultad de los ítems y la varianza del test. Cuando el ítem es dicotómico, es decir, o se acierta o se falla, entonces:

$$S_x^2 = p \cdot q$$

Siendo p la proporción de aciertos y q la proporción de fallos, es decir

$$q = 1 - p$$

por lo tanto:

$$S_x^2 = p(1 - p) = p - p^2$$

Para calcular el máximo de una función es necesario calcular la primera y la segunda derivada de dicha función. Si la segunda derivada es negativa, se encuentra el máximo igualando la primera derivada a 0.

Si derivamos la anterior expresión en función de p se obtiene que:

$$\delta'_{(p)} = 1 - 2p \quad \text{y} \quad \delta''_{(p)} = -2 ,$$

por consiguiente, si se iguala a 0 la primera derivada,

$$0 = 1 - 2p \Rightarrow p = \frac{1}{2} = 0{,}5 ,$$

es decir que S_x^2 es máximo para $p = q = 0{,}5$ ya que la segunda derivada es negativa.

Por lo tanto, la varianza de un ítem dicotómico es máxima cuando su índice de dificultad es 0,5. Esto significa que la varianza de un test formado por ítems dicotómicos estará tanto más cerca de su máximo cuanto más cercanos estén a 0,5 los índices de dificultad de sus ítems. Por consiguiente, la posibilidad de establecer las máximas discriminaciones entre las personas que respondan a un test va a depender directamente de la dificultad de sus ítems. En este sentido queda justificada la afirmación de Wang y Hung cuando señalan que la dificultad es uno de los aspectos más importantes de los ítems de un test (Wang y Hung, 2002).

El índice de dificultad, en sentido estricto de indicador de lo difícil que puede ser acertar o fallar un ítem, sólo tiene sentido calcularlo en los tests donde existan respuestas correctas o incorrectas, no en los tests de personalidad o escalas de actitudes.

En este tipo de cuestionarios, la dificultad sólo podría interpretarse como la probabilidad de dar una respuesta determinada (afirmativa, negativa, de mayor o menor acuerdo o desacuerdo con la afirmación del ítem) en función del grado o de la posición relativa de la persona en el rasgo o actitud que se esté midiendo. Es decir, cuanto más introvertida sea una persona, más probable es que responda afirmativamente al ítem: *Me sonrojo si un desconocido me pregunta la hora por la calle*; mientras que sería muy *difícil* que una persona extravertida respondiera de forma afirmativa a la anterior aseveración. De igual modo, sería altamente improbable, es decir, muy *difícil,* que alguien con una fuerte actitud en contra de cualquier extranjero se mostrara totalmente de acuerdo con el contenido del siguiente ítem: *Me gustaría que mi hija se casara con un extranjero.*

Aciertos por azar y su corrección

Por otro lado, en los ítems que, por la naturaleza de lo que preguntan, existen respuestas correctas o incorrectas, el acertar o no esa respuesta va a depender, no sólo de lo difícil que sea el ítem y del nivel de conocimientos sobre el tema propuesto que tenga quien responda, sino también del número de alternativas que el ítem tenga. Es decir, si un ítem pregunta: *¿Cuál es el valor del número e?* parece realmente difícil que nadie pueda dar una respuesta exacta, si no conoce ese valor; pero si el ítem está redactado de la siguiente forma:

El valor del número *e* es:

a) 2,30
b) 2,72

una de cada dos personas que no conozca cuál es la respuesta, podría acertar por mero azar. Es decir, en virtud de que el ítem tiene dos alternativas de respuesta, independientemente de lo que pregunte, necesariamente el índice de dificultad de este ítem será: $\boldsymbol{ID \leq 0,5}$, ya que la mitad de las personas que intenten responderlo pueden acertarlo por mero azar. Esto es lo que aconseja calcular el índice de dificultad corrigiendo los efectos del azar en ítems de este tipo. Para esto puede utilizarse la siguiente fórmula, (aunque existen otras igual de adecuadas):

$$I.D'. = p - \frac{q}{k-1} \qquad \text{siendo:}$$

I.D'. El índice de dificultad corregido
p: La proporción de aciertos (es decir, el índice de dificultad sin corregir)
q: La proporción de fallos
k: El número de alternativas que tenga el ítem

Así, si se supusiese que los 5 ítems de la tabla que se muestra más arriba, cada uno de ellos tiene tres alternativas de respuesta, los índices de dificultad, una vez corregidos los efectos del azar, para los tres primeros ítems serían:

Sujetos	Ítem 1	Ítem 2	Ítem 3
A	1	1	1
B	0	1	1
C	1	1	0
D	1	1	0
E	1	1	1
F	1	0	0
G	1	0	1
H	0	0	0
I	0	0	0
J	0	0	0
I.D.	0,6	0,5	0,4
I.D'.	0,4	0,25	0,1

Como puede observarse, las diferencias son apreciables.

Dificultad y selección de los ítems

Existe una clara relación entre la dificultad de los ítems y la distribución de las respuestas dadas por las personas a dichos ítems. Los ítems demasiado fáciles o aquellos que resulten demasiado difíciles darán lugar a distribuciones asimétricas, como se muestra en las gráficas siguientes:

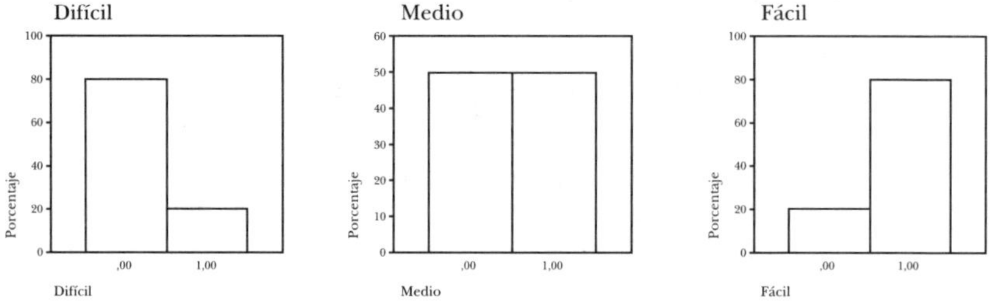

Para la interpretación de las gráficas téngase en cuenta que en el eje de abscisas, *0* indica que se falló el ítem y *1* que se acertó, mientras en el eje de ordenadas se indica el tanto por ciento de aciertos y fallos a cada uno de los ítems. Como puede observarse, si el ítem es fácil presenta una fuerte asimetría negativa y la asimetría es positiva, cuando el ítem es más difícil, siendo totalmente simétrico si su índice de dificultad es de 0,5.

Esto significa que los ítems más fáciles permitirán discriminar bien entre los sujetos con una posición más desfavorecida en el rasgo que mida el test. Entre este tipo de personas (aquellas con un bajo dominio de los aspectos que se midan) un ítem fácil para la muestra total, puede tener una dificultad media, si ésta, la dificultad, sólo se calculase en el grupo con puntuaciones más bajas en el test. Así pues, el ítem fácil discriminará muy bien entre este tipo de personas. Los ítems más difíciles, sin embargo, van a discriminar mejor entre aquellas personas más capacitadas en la variable sometida a medida. Ítems fáciles y difíciles ayudarán a discriminar en los grupos extremos de la distribución.

Así pues, la selección de los ítems de un test no puede hacerse ignorando su dificultad. En general se conseguirán los mejores resultados en las evaluaciones cuando la mayoría de los ítems sean de dificultad media. Será imprescindible incluir ítems fáciles para poder discriminar entre las personas con menor habilidad y disponer también ítems difíciles para discriminar entre aquellos individuos cuyo nivel de habilidad sea elevado. Además, conviene que los tests no empiecen con ítems demasiado difíciles. Incluir ítems fáciles al principio de las pruebas ayuda a mantener un buen nivel de motivación entre quienes deben responderlas, así como a evitar que aparezca el desánimo propio de la incapacidad para encontrar soluciones a las preguntas planteadas ya desde el comienzo de la evaluación.

Conviene tener en cuenta que desde un punto de vista semántico la denominación de *índice de dificultad* no resulta muy adecuada, ya que en realidad cuanto mayor sea su valor numérico más fácil es el ítem. Así, un ítem con un índice de dificultad de 0,9 significa que ha sido acertado por el 90% de todas las personas que intentaron responderlo, es decir, que se trata de un ítem fácil. Un ítem cuyo índice de dificultad sea de 0,05 sólo ha sido respondido correctamente por el 5% de todos los que intentaron responderlo, se trata por consiguiente de un ítem difícil. Sería, pues, más exacto, desde un punto de vista puramente semántico, denominar a este indicador *índice de facilidad*.

3.1.2. *Discriminación de los ítems*

Puesto que una de las finalidades fundamentales de un test consiste en poder discriminar entre todas las personas que lo responden y ordenarlas, o *escalarlas*, en función del atributo que mida el test, la capacidad que puedan, o no, tener los ítems para discriminar resulta de una enorme importancia. Efectivamente, cada uno de los ítems o los elementos que compongan el test deben contribuir de forma adecuada a diferenciar entre aquellas personas que han obtenido en éste una elevada puntuación y aquellas cuya puntuación ha sido más baja. Desde esta perspectiva, un buen ítem, tiene que ser acertado por una proporción mayor de los individuos que obtengan mejor puntuación, o puntuación más elevada en el test, que aquellos con puntuaciones bajas. Dicho con otras palabras, si el ítem es "bueno" tenderá a ser acertado por quienes obtengan buena puntuación en el test y tenderá a ser fallado por quienes obtengan puntuaciones bajas. Por ejemplo, si se miraran las respuestas a un determinado ítem, tanto del 25% de las personas con mejor puntuación en el test como del 25% con puntuación más baja, entre quienes formen parte del 25% superior tendría que haber más acertantes al ítem que entre los que estén clasificados en el grupo del 25% inferior. Es decir, un ítem discrimina de forma adecuada si sirve para diferenciar, distinguir, distanciar, en definitiva, *discriminar* entre aquellas personas que puntúan alto en el test y las que puntúan bajo. Una consecuencia inmediata de lo expuesto anteriormente es que existe, cuando el ítem discrimina adecuadamente, una correlación positiva entre la puntuación obtenida en el ítem y la puntuación obtenida en el test. Por consiguiente, una buena estimación de la discriminación del ítem puede ser dicha correlación. Así pues, se puede definir, de acuerdo con Muñiz (2003), el *índice de discriminación* de un ítem como la correlación entre las puntuaciones de los sujetos en el ítem y sus puntuaciones en el test.

Índice de discriminación basado en grupos extremos

Según este índice, la capacidad de un ítem para discriminar viene dada por la diferencia entre la proporción de acertantes entre las mejores y las peores puntuaciones en el test. Siguiendo las recomendaciones de Kelley (1939) la muestra total se divide en dos grupos extremos, siendo el 27% superior y el 27% inferior los valores recomendados. A esta forma de estimar el poder de discriminación de un ítem Findley (1956) la denomina D (discriminación) y su formulación es la siguiente:

$$D = p_{+} - p_{-}$$

Donde:

p_{+}: Proporción de acertantes al ítem del grupo superior
p_{-}: Proporción de acertantes del grupo inferior

Siendo $-1 \leq D \leq +1$.

Si todas las personas del grupo superior aciertan el ítem y lo fallan todos los del grupo inferior, entonces D valdrá 1. D valdrá 0 cuando la proporción de sujetos del grupo superior y del grupo inferior que acierten el ítem sea la misma. Es decir, si no existe relación entre estar entre los mejores y los peores y acertar o fallar el ítem. Y, por el contrario, D será negativo si hay más personas del grupo superior que fallan el ítem que del grupo inferior. Será –1 cuando lo fallen todos entre los mejores y la acierten todos entre los peores. Naturalmente un valor de 0 para D indica que el ítem carece por completo de capacidad para discriminar. Un valor de D negativo indica que el ítem tiende a *confundir* a los mejores y a *beneficiar* a las personas con peor habilidad. Por ejemplo, un grupo de 400 personas responden a un test. De las 108 con mejores puntuaciones en el test (27% superior) 81 aciertan cierto ítem. De las 108 con peores puntuaciones en el test (27% inferior) sólo lo aciertan 27, por consiguiente:

$$p_+ = \frac{81}{108} = 0{,}75\ ; \quad p_- = \frac{27}{108} = 0{,}25 \quad \Rightarrow \quad \mathrm{D} = 0{,}75 - 0{,}25 = 0{,}50$$

Para ayudar a la interpretación de esta forma de estimación de la discriminación de los ítems, Ebel (1965) propone la siguiente tabla:

Valores	Interpretación
Igual o mayor que 0,40	El ítem discrimina muy bien
Entre 0,30 y 0,39	El ítem discrimina bien
Entre 0,20 y 0,29	El ítem discrimina poco
Entre 0,10 y 0,19	Ítem límite. Se debe mejorar
Menor de 0,10	El ítem carece de utilidad para discriminar

Por su facilidad de cálculo el índice ***D*** resulta particularmente útil en la práctica. Por otro lado, los resultados obtenidos son bastante semejantes a los que se podrían obtener mediante métodos más complejos, como pueden ser los correlacionales. La única condición para su cálculo es que el número de ítems sea suficientemente numeroso (no menos de 30) para que ***D*** no se vea artificialmente *inflado* ya que el ítem analizado está contribuyendo a la puntuación total en el test. Esta contribución, evidentemente es porcentualmente mayor cuanto menor sea el número de ítems del test que contribuyan a la puntuación total en el mismo (Laveault y Grégoire, 1997).

Índice de discriminación basado en la correlación

El poder o la capacidad para discriminar de un ítem también puede expresarse como la correlación entre las puntuaciones obtenidas por un grupo de personas en el ítem y las obtenidas en el test.

Esta correlación se denomina *índice de discriminación o de homogeneidad*, ya que señala hasta qué punto el ítem es *homogéneo* con el test y tiende a medir la misma variable que el test.

Si la correlación ítem-test es elevada, eso significa que aquellas personas que puntúan alto en el test, tienden a acertar el ítem, mientras que tenderán a fallarlo quienes obtengan peores puntuaciones en el test. Es decir, el ítem *discriminará* mejor entre los buenos y los malos en la habilidad medida por el test, en tanto en cuanto su correlación con él sea más elevada. Por esta razón, a esta correlación se la denomina también *índice de discriminación*.

Conviene señalar y dejar muy claro que el índice de discriminación o de homogeneidad viene expresado por la correlación entre dos variables: la puntuación en un ítem y la puntuación en un test. Se da por supuesto que el ítem analizado, a la hora de calcular la correlación, es eliminado del test, bien sea descontándolo antes de calcular la puntuación total, o mediante un método estadístico apropiado que corrija de forma adecuada los efectos que sobre el valor de la correlación tiene el hecho de incluir la puntuación del ítem dentro de la puntuación total del test. Si al calcular la correlación ítem-test no se descontasen del test las puntuaciones correspondientes al ítem, se estaría inflando de forma espuria el valor de la correlación. En definitiva se estaría correlacionando una variable, que sería el test, con cierta parte de esa misma variable, que sería el ítem, ya que dicho ítem estaría formando parte del test. Esta corrección tiene tanta más importancia cuanto menor sea el número de ítems que tenga el test. Más adelante se explicará la forma de eliminar el influjo del ítem en el valor de la correlación ítem-test sin necesidad de tener que ir eliminando ítem a ítem del test para cada vez que se quiera estimar el índice de discriminación de cada uno de los ítems. Si el efecto del ítem sobre la puntuación final en el test no es eliminado, de una u otra forma del valor de la correlación ítem-test, el resultado obtenido será una sobrevaloración del índice de discriminación.

El tipo de correlación que se utilice para el cálculo del índice de discriminación va a depender de las características que tengan las variables entre las que va a hallarse la correlación, es decir, de las características de medida que tengan el ítem y el test. En principio el coeficiente de correlación producto-momento de Pearson permite calcular este índice. Claro que el cálculo del coeficiente de correlación de Pearson requiere escalas continuas y distribuciones normales bivariadas. Recuérdese que el valor del coeficiente de correlación de Pearson depende de la distribución conjunta de las variables que se quieran correlacionar.

Partiendo de las situaciones que con más frecuencia se pueden dar a la hora de tener que calcular el índice de discriminación de un ítem, aquí se mostrarán los métodos que pueden ser utilizados según las escalas de medida. La siguiente tabla puede aclarar qué tipo de correlación puede ser el más adecuado en cada caso. La primera columna muestra el nivel de medida del ítem y la primera fila, el del test. Así si el ítem está dicotomizado y el test es una variable continua se utilizaría la correlación biserial.

Ítem	*Test*		
Nivel de medida	**Dicotómico**	**Dicotomizado**	**Continuo**
Dicotómico	Correlación ϕ	Correlación ϕ	Correlación biserial-puntual
Dicotomizado		Correlación tetracórica	Correlación biserial
Continuo			Correlación de Pearson

Una descripción muy completa del tipo de correlación más adecuado en cada caso y de sus propiedades puede verse en Glass y Stanley (1979).

Correlación ϕ

Cuando ambas variables, test e ítem, son dicotómicas, el coeficiente de correlación más adecuado es ϕ, cuya fórmula algebraicamente es idéntica al coeficiente de correlación de Pearson, aunque tenga una exposición formal diferente basada en las proporciones de *aciertos* y *fallos*:

$$\Phi = \frac{p_{xy} - p_x p_y}{\sqrt{p_x q_x p_y q_y}}$$

Siendo:

- p_{xy}: La proporción de aciertos tanto en X como en Y
- p_x : La proporción de aciertos en X
- p_y : La proporción de aciertos en Y
- q : es en todos los casos igual a $1 - p$

Sea, por ejemplo, la variable X ser admitido en la Universidad, con dos valores: 1 = "estar admitido" y 0 = "no ser admitido" y la variable Y, indica género: 1 = "Hombre", 0 = "Mujer". Véase la siguiente tabla:

Admitidos	1	1	1	0	1	0	0	1	1	1
Género	1	0	0	1	0	1	0	0	1	1

$p_{xy} = 0{,}3$ $\quad p_x = 0{,}7$ $\quad p_y = 0{,}5$

$q_x = 0{,}3$ $\quad q_y = 0{,}5$

$$\Phi = \frac{0{,}3 - (0{,}7)(0{,}5)}{\sqrt{(0{,}7)(0{,}3)(0{,}5)(0{,}5)}} = \frac{-0{,}05}{0{,}2291} = -0{,}22$$

La interpretación de los resultados obtenidos es la misma que la que se haría del coeficiente de correlación de Pearson. Puesto que los valores 1 eran *ser varón* y *ser admitido,* se puede concluir que existe una correlación negativa entre ambos hechos. Dicho de otra forma, existe una correlación positiva entre ser mujer y ser admitida en la universidad. La varianza común entre ambas variables sería aproximadamente de un 5% (4,84%).

Correlación biserial

La correlación biserial resulta adecuada cuando una de las variables es dicotómica con una distribución normal subyacente (es decir, aunque en el fondo sea una variable normal, se ha dicotomizado) y la otra variable es continua. Es decir, sería el caso de considerar el test una variable continua y Normal y el ítem una variable dicotomizada. Su expresión formal es la siguiente:

$$r_b = \frac{\overline{X}_A - \overline{X}_T}{S_x} \sqrt{\frac{p}{y}}$$

Siendo:

$\overline{X}_A$: Media en el test de las personas que aciertan el ítem.

$\overline{X}_T$: Media total del test.

S_x: Desviación típica del test

p: Proporción de personas que aciertan el ítem.

y : La ordenada, es decir, la altura de la curva normal correspondiente a la puntuación típica que deja por debajo de sí una densidad de probabilidad igual a p. Para cada p los valores de y pueden obtenerse en las tablas correspondientes (García-Cueto, 1993).

Por ejemplo: Se quiere saber cuál es el índice de discriminación de un ítem dicotomizado. Del total de los examinados, sólo el 40% superan adecuadamente el ítem. La media de éstos en el test es de 70 puntos. El test tiene una media de 50 puntos y una desviación típica de 25.

$$r_b = \frac{70 - 50}{25} \sqrt{\frac{0{,}4}{0{,}386}} = 0{,}81$$

Es preciso señalar que la correlación biserial es una estimación de la correlación de Pearson y sus límites están fuera de −1 y +1. Se pueden obtener valores fuera de los límites del coeficiente de correlación de Pearson cuando la distribución subyacente de la variable dicotomizada no es cierto que sea Normal, o en el caso de muestras pequeñas o distribuciones leptocúrticas. Evidentemente, en todos estos casos el valor de la correlación no es interpretable y resultaría más aconsejable utilizar la correlación biserial-puntual.

Correlación biserial-puntual

La correlación biserial-puntual es aconsejable utilizarla cuando el test se supone una variable normal y el ítem una variable dicotómica. He aquí su formulación matemática:

$$r_{bp} = \frac{\overline{X}_A - \overline{X}_T}{S_x}\sqrt{\frac{p}{q}}$$

Todos los símbolos se interpretan igual que en el caso de la correlación biserial. $q = 1 - p$.

Si se utilizan los mismos datos del ejemplo anterior para estimar el índice de discriminación, suponiendo ahora que el ítem sea dicotómico, se obtendría:

$$r_{bp} = \frac{70 - 50}{25}\sqrt{\frac{0{,}40}{0{,}60}} = 0{,}65$$

Ambas correlaciones guardan cierta relación. Así, si r_b es positiva, r_{b-p} también será positiva y $|r_b| > |r_{b-p}|$. Y en general,

$$r_{bp} = \frac{r_b\sqrt{p.q}}{y}$$

donde p, q, e y tienen la significación que ya se ha dicho con anterioridad.

Correlación tetracórica

Cuando ambas variables son, o están dicotomizadas, o una es dicotómica y la otra dicotomizada, el coeficiente de correlación indicado es la correlación tetracórica. No obstante, lo complejo de su cálculo hace que la mayoría de los autores recomienden remplazarla por la correlación ϕ (Laveault y Grégoire, 1997).

Corrección de la correlación

Como ya se había indicado, si no se ha eliminado el ítem para el cálculo de la correlación de la puntuación en el test, con la puntuación en el ítem, debe aplicarse la siguiente fórmula de corrección para la obtención del índice de discriminación:

$$I.D. = \frac{r_{ix}s_x - s_i}{\sqrt{s_x^2 + s_i^2 - 2r_{ix}s_xs_i}}$$

Siendo:

r_{ix}: La correlación del ítem con el test
s_x: La desviación típica del test
s_i: La desviación típica del ítem

Variabilidad y discriminación

La única posibilidad que existe para que un test pueda discriminar entre aquellas personas que lo responden es que éstas den respuestas distintas unas de otras. De no ser así, si todos los que contestan a un test dieran las mismas respuestas, el test carecería de capacidad para discriminar. Una medida de la capacidad discriminatoria de un test es su varianza. Si ésta es cero significaría que todos los sujetos obtienen la misma puntuación y por lo tanto el test no puede distinguir entre unas personas y otras; no puede establecer ningún tipo de orden ni de escalamiento, que en definitiva, es una de las finalidades principales de cualquier instrumento de medida. Pues bien, la variabilidad del test, su desviación típica, está estrechamente relacionada con el índice de discriminación de los ítems:

$$S_x = \sum_{j=1}^{n} S_j r_{jX}$$

Siendo:

S_x: Desviación típica del test
S_j: Desviación típica del ítem j
r_{jX}: Índice de discriminación del ítem j

El lector interesado puede encontrar una demostración de la igualdad anterior en Muñiz (2003).

También la dificultad de los ítems guarda una estrecha relación con la variabilidad del test. Así en ítems dicotómicos, ya se había dicho que:

$$S_j^2 = p_j q_j,$$

es decir, que como es sabido, la varianza de una variable dicotómica es igual a la proporción de aciertos (el índice de dificultad del ítem) multiplicado por la proporción de fallos. Por lo tanto, en el caso de tests compuestos por ítems dicotómicos:

$$S_x^2 = \sum_{j=1}^{n} p_j q_j r_{jx}^2$$

Así pues, si se desea que un test discrimine adecuadamente, habrá que tener en cuenta tanto el índice de dificultad como el índice de discriminación de sus ítems.

3.1.3. *Análisis de los distractores*

Se denominan distractores a las distintas alternativas falsas o posibilidades de respuesta incorrectas que tiene un ítem. Todas ellas deberían resultar igualmente atractivas para las personas evaluadas que desconocieren la respuesta correcta. Para comprobarlo, una prueba de *independencia* puede ayudar a tomar decisiones sobre la equiprobabilidad de las alternativas incorrectas propuestas para cualquier ítem. Supóngase que 230 personas responden al ítem 12 de un test de 4 alternativas, 29 eligen la alternativa correcta. De las 201 personas restantes, si las tres alternativas restantes fueran igual de atractivas, 67 deberían haber elegido cada una de las tres alternativas incorrectas. Resulta evidente, que incluso por mero azar el reparto raramente va a ser así de exacto. Supóngase que la siguiente tabla muestra cómo respondieron esos 201 sujetos que contestaron erróneamente. Supóngase que las alternativas estaban marcadas como A, B, C, y D y que la respuesta correcta era la D. Así pues véase la distribución de las respuestas incorrectas:

Respuesta elegida		
A	B	C
62	65	74

¿Puede pensarse que las respuestas incorrectas eran todas ellas igual de atractivas? Si eso es así, los 201 sujetos que fallaron el ítem deberían estar distribuidos de forma aleatoria entre las tres casillas. Esto puede someterse a verificación estadística mediante una prueba de χ^2.

$$\chi^2 = \sum_{i=1}^{k} \frac{(FT - FO)^2}{FT}$$

Siendo:

FT: Las frecuencias teóricas
FO: Las frecuencias observadas

y los grados de libertad son $(k - 1)$ siendo k el número de alternativas incorrectas.

La $\quad H_o: FT = FO$

Es decir, que para quienes desconocen la respuesta exacta es equiprobable la elección de cualquiera de las respuestas incorrectas.

La $\quad H_1: FT \neq FO$

En el caso de los datos de la tabla anterior, si los 201 fallos se repartieran al azar entre las tres posibles respuestas incorrectas habría 67 elecciones para cada una de las tres alternativas, por consiguiente:

$$\chi^2 = \frac{(67-62)^2 + (67-65)^2 + (67-74)^2}{67} = \frac{78}{67} = 1{,}164$$

El valor en tablas de χ^2, con 2 grados de libertad, para el nivel de confianza del 95% es de 5,991. Puesto que el valor obtenido con los datos empíricos (1,164) es menor que el valor hallado en tablas, se puede considerar que cualquiera de las alternativas incorrectas es igualmente atractiva para quienes las eligen.

3.1.4. *Índice de fiabilidad de los ítems*

Además de los índices de discriminación y de dificultad, el índice de fiabilidad de cada ítem, además de contribuir a la fiabilidad del test completo, es una ayuda para optimizar el test como instrumento de medida. También ayuda a elegir los ítems que contribuyan a mejorar al máximo el test como instrumento de evaluación psicológica. Este índice se utiliza para estimar la fiabilidad con la que cada ítem mide la característica o la variable que mide el test total. Es decir, da información sobre la contribución que el ítem hace para medir lo que el test total mida (Suárez Falcón, 2001).

El índice de fiabilidad (IF) del ítem es función del índice de discriminación y la desviación típica del ítem, es decir:

$$IF = S_i\, ID_i$$

Siendo:

S_i: La desviación típica de las puntuaciones en el ítem i

ID_i: El índice de discriminación del ítem i. Es decir, la correlación ítem-test corregida, eliminada la influencia del ítem en la puntuación total del test.

Si bien la relación del índice de fiabilidad con la fiabilidad del test total parece lógica y evidente, es sabido que el coeficiente α es una estimación por defecto del coeficiente de fiabilidad del test estimado mediante cualquier otro método, de tal manera que $\rho_{xx'} \geq \alpha$ y recuérdese que cómo ya se había dicho:

$$S_x = \sum_{j=1}^{n} S_j r_{jX}$$

y puesto que

$$\alpha = \frac{n}{n-1}\left(1 - \frac{\sum_{j=1}^{n} S_j^2}{S_x^2}\right) = \frac{n}{n-1}\left[1 - \frac{\sum_{j=1}^{n} S_j^2}{\left(\sum_{j=1}^{n} S_j r_{jx}\right)^2}\right]$$

3.1.5. *Índice de validez de los ítems*

Cuando el test se va a utilizar para predecir o hacer pronósticos en una variable externa (a la que se le suele denominar criterio), se suele utilizar como indicador el coeficiente de correlación entre el test y dicho criterio. Es lo que se denomina coeficiente de validez del test. Pues bien, cuando el test se quiere utilizar con este propósito es preciso ver hasta qué punto cada uno de los ítems del test puede contribuir para realizar con éxito la predicción en ese criterio. Esta información la proporciona el *índice de validez del ítem.* Se entiende por índice de validez del ítem al coeficiente de correlación entre las puntuaciones en el ítem y las puntuaciones obtenidas en el criterio, es decir, la correlación ítem-criterio. En este caso, como la puntuación en el ítem no modifica en forma alguna la puntuación en el criterio, la correlación ítem-criterio no es necesario corregirla. Formalmente podría expresarse:

$$I.V. = r_{jy}$$

Siendo:

r_{jy}: la correlación entre las puntuaciones en el ítem y las puntuaciones en el criterio externo.

No obstante, algunos autores, entre ellos Laveault y Grégoire (1997), proponen como índice de validez del ítem, la correlación ítem-test, ponderada por la desviación típica del ítem.

3.1.6. *Dimensionalidad*

Todos los tests se construyen con la finalidad de medir alguna variable de interés, bien sea de carácter cognoscitivo, rasgos de la personalidad, actitudes, etc. Entre los aspectos que deben tenerse en cuenta en la definición de cualquier variable que se desee medir está su dimensionalidad, el número de dimensiones o de factores que pueden explicar la conducta que desea medirse con el test. Uno de los métodos más utilizados para el estudio de la dimensionalidad es el análisis factorial, si bien Hattie (1984, 1985) propone ochenta y siete métodos diferentes. Existen numerosos textos que estudian la técnica del análisis factorial y sus características. Aquí simplemente se trata de recordar que el análisis factorial es una técnica correlacional que basa la extracción de los factores en las correlaciones entre los ítems cuya dimensionalidad se desea explorar. Se trata de reducir un gran número de variables, en nuestro caso ítems, a un pequeño número de factores intentando no perder demasiada información. Se trata de evitar que la varianza explicada por esos pocos factores se aleje mucho de la que explican el total de las variables (Yela, 1997).

En realidad, en la inmensa mayoría de los casos, cada test se define como una variable unidimensional, o lo que viene a ser lo mismo, como un instrumento unifactorial. Si un test es multifactorial, en realidad se trataría más que de un solo test de una batería de tests que mediría diversos aspectos de la conducta, tantos aspectos diferentes como dimensiones tuviera el test.

La existencia de una o más dimensiones está estrechamente relacionada con las características de los ítems, sobre todo con el índice de discriminación. Puesto que este índice se define como la correlación de cada uno de los ítems con la puntuación total en el test, cuanto más elevado sea su valor, más probable será que un solo factor explique una gran cantidad de varianza y se pueda aceptar la unidimensionalidad del instrumento de medida. La comprobación de la unidimensionalidad, como señala Muñiz (1997a), es una cuestión de grado, ya que no cabe esperar (con datos empíricos) la unidimensionalidad perfecta, es decir, que un único factor explique el 100% de la varianza. Por lo tanto, cuanta más varianza explique el primer factor, más cercano estará el test a la unidimensionalidad. En el siguiente apartado, a partir de una matriz de datos simulados con 20 sujetos y 10 ítems se verá un ejemplo del estudio de la dimensionalidad del test así como de otros índices expuestos en este capítulo.

3.1.7. *Ejemplo numérico*

Son numerosos los programas de ordenador que realizan análisis de los ítems de los tests (Brooks y Johanson, 2003), pero el más utilizado dentro de la Teoría Clásica y al que mayor número de personas, tanto investigadores como psicólogos aplicados, pueden tener acceso es al SPSS. Este es el motivo por el que a continuación se expondrán unos ejemplos de los resultados que pueden obtenerse, en lo relativo al cálculo de los índices expuestos en este capítulo, mediante esta aplicación informática.

La siguiente tabla muestra los resultados obtenidos (se trata de datos simulados) tras la aplicación de un test de 10 ítems dicotómicos a 20 personas.

SUJETO	ÍTEM 1	ÍTEM 2	ÍTEM 3	ÍTEM 4	ÍTEM 5	ÍTEM 6	ÍTEM 7	ÍTEM 8	ÍTEM 9	ÍTEM 10
1	1	1	1	1	0	0	1	1	1	1
2	1	1	1	1	1	1	1	1	1	0
3	0	0	0	0	0	0	0	1	0	0
4	1	1	1	1	1	1	1	1	1	0
5	1	1	1	1	1	1	1	1	1	0
6	1	1	1	1	1	0	1	1	0	0
7	1	1	1	1	1	1	1	1	1	0
8	1	1	1	1	1	1	1	1	1	0
9	1	1	1	1	1	1	1	1	1	0
10	1	1	1	0	1	1	1	1	1	0
11	0	0	0	0	0	0	0	0	0	0
12	1	1	1	1	1	1	1	1	1	0
13	1	1	1	1	0	1	1	1	1	1
14	1	1	1	1	1	1	1	1	1	0
15	0	0	0	0	0	0	0	0	0	0
16	1	0	1	1	1	1	0	1	1	0
17	0	1	1	0	1	1	1	0	1	1
18	0	0	0	0	0	0	0	0	0	0
19	0	0	0	1	0	1	0	0	1	0
20	1	1	1	1	1	1	1	1	1	0

El índice de dificultad puede obtenerse a través del SPSS calculando los estadísticos descriptivos. Sirva como ejemplo los resultados obtenidos para los ítems 1 y 10 que se muestran a continuación.

ítem 1

		Frecuencia	Porcentaje	Porcentaje válido	Porcentaje acumulado
Válidos	0	6	30,0	30,0	30,0
	1	14	70,0	70,0	100,0
	Total	20	100,0	100,0	

ítem 10

		Frecuencia	Porcentaje	Porcentaje válido	Porcentaje acumulado
Válidos	0	17	85,0	85,0	85,0
	1	3	15,0	15,0	100,0
	Total	20	100,0	100,0	

Suponiendo que el valor 1 significa acertar el ítem y el valor 0 fallarlo, los índices de dificultad de ambos ítems serían de 0,7 y 0,15 respectivamente.

En la utilidad del mismo programa de "escalas" y dentro de ella, análisis de la fiabilidad, además del coeficiente de fiabilidad del test se obtiene el índice de discriminación de los ítems, tal y como muestra la siguiente tabla:

	Correlación elemento-total corregida
ítem 1	,866
ítem 2	,866
ítem 3	,954
ítem 4	,668
ítem 5	,687
ítem 6	,668
ítem 7	,866
ítem 8	,702
ítem 9	,784
ítem 10	,074

La tabla muestra el índice de discriminación o de homogeneidad para cada uno de los 10 ítems del test. Todos ellos son elevados a excepción del correspondiente al ítem 10. Su valor, excesivamente bajo, aconseja eliminar el ítem ya que claramente parece estar midiendo algo diferente a lo que midan el resto de los ítems que configuran el test.

El índice de fiabilidad de cada uno de los ítems podría ser fácilmente calculado a partir de la tabla anterior y la siguiente, que da el valor de la desviación típica de cada uno de los 10 ítems:

	Desviación típica
ítem 1	,470
ítem 2	,470
ítem 3	,444
ítem 4	,470
ítem 5	,489
ítem 6	,470
ítem 7	,470
ítem 8	,444
ítem 9	,444
ítem 10	,366

Así, el índice de fiabilidad del ítem 5, por ejemplo, sería igual a $0{,}687 \times 0{,}489 = 0{,}336$, es decir, el resultado de multiplicar el índice de discriminación por la desviación típica del ítem.

Respecto a la dimensionalidad, la alta correlación entre los ítems, parece indicar la existencia de un único factor. Si se repite el análisis eliminando el ítem 10, como parece aconsejable, se obtendrían los siguientes resultados:

	Correlación elemento-total corregida
ítem 1	,885
ítem 2	,843
ítem 3	,937
ítem 4	,683
ítem 5	,735
ítem 6	,683
ítem 7	,843
ítem 8	,724
ítem 9	,766

La anterior tabla muestra los índices de discriminación una vez eliminado el ítem 10. No obstante para estudiar la dimensionalidad conviene llevar a cabo un análisis factorial. Dando por supuesto que sólo conviene dejar en el test los nueve ítems anteriores, se obtienen los siguientes resultados:

Varianza total explicada

Componente	Autovalores iniciales		
	Total	% de la varianza	% acumulado
1	6,331	70,343	70,343
2	,961	10,682	81,025
3	,760	8,442	89,467
4	,469	5,209	94,676
5	,268	2,981	97,657
6	,119	1,323	98,980
7	,058	,639	99,619
8	,034	,381	100,000
9	−1,43E−16	−1,59E−15	100,000

Método de extracción: Análisis de Componentes principales.

Un único factor, explica una gran cantidad de la varianza, en concreto más del 70%.

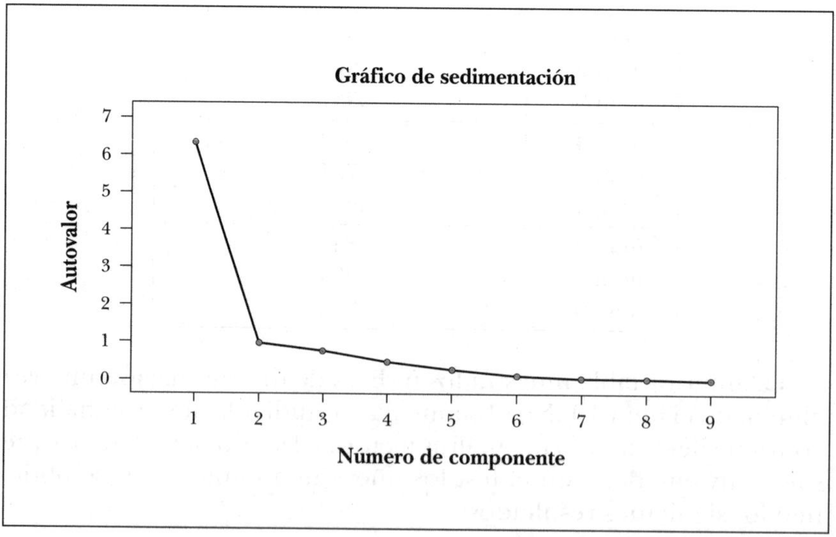

Otro de los criterios para establecer el número de dimensiones es el gráfico de sedimentación que se muestra en la página anterior. En función de este gráfico pueden establecerse tantas dimensiones, siguiendo el criterio de caída propuesto por Cattell (1966) como saltos bruscos de la gráfica hasta mostrar la tendencia al paralelismo con el eje de abscisas. Parece pues sensato, también en función de este criterio, el mantener la idea de una única dimensión.

Los pesos de las variables en este primer factor serían los siguientes:

	Factor
	1
ítem 3	,957
ítem 1	,915
ítem 2	,888
ítem 7	,888
ítem 9	,810
ítem 5	,792
ítem 8	,785
ítem 4	,744
ítem 6	,739

El elevado valor de los pesos redunda también en la idea de la unidimensionalidad.

3.2. Enfoque de la Teoría de Respuesta a los Ítems

Ángel M. Fidalgo

La Ciencia oscila entre lo simple y lo complejo. Busca, de forma ideal, explicar el mayor grado de complejidad de la manera más simple posible. Ese ha sido el objetivo de las teorías físicas, reducir todo el universo a una ecuación. Desgraciadamente, las propiedades emergentes de muchos sistemas, que no pueden explicarse a partir de sus partes, convierten al reduccionismo en el viejo *El dorado* de la ciencia. El estudio de los sucesivos niveles de complejidad que presenta el mundo ha propiciado el nacimiento de teorías como la de sistemas, la de la información o la del caos. La nueva ciencia, como el universo, avanza hacia lo complejo. Las teorías sobre la medición de variables psicológicas siguen la misma tendencia. La Teoría Clásica de los Tests (TCT), a partir de una sencilla ecuación y unos cuantos supuestos, promete estimar el error cometido al medir variables tan etéreas como el autoconcepto. Un modelo simple solo puede apresar algo complejo, perdiendo información. Eso es lo que le pasa a la TCT. La Teoría de Respuesta a los Ítems (TRI) es un modelo bastante más sofisticado que la TCT que permite, gracias a su mayor complejidad, obtener una información más precisa de las variables medidas y de las propiedades psicométricas de los instrumentos de evaluación.

Esperamos que este capítulo, dedicado a presentar someramente el uso y las bondades de la TRI en esto del análisis y construcción de tests, convenza al lector de las ventajas de la complejidad. Un análisis extenso de la TRI puede encontrarse en los siguientes textos: Baker (2001), Hambleton y Swaminathan (1985), Hambleton, Swaminathan y Rogers (1991), Lord (1980), López-Pina (1995), Muñiz (1997a), y Van der Linden y Hambleton (1997). A nivel introductorio véase Navas Ara (2001).

El autor, no sabiendo si el texto será largo en virtudes, ha querido que al menos sea pródigo en ejemplos. Todos ellos, amén de diversa información psicométrica, se encuentran a libre disposición en la siguiente dirección web:

http://*www.psico.uniovi.es/Fac_Psicologia/w3doc/instru_evaluacion/*

3.2.1. *Modelos de Teoría de Respuesta a los Ítems (TRI)*

Los mismos hechos pueden explicarse de muy diferente forma. En ciencia se denominan teorías a las explicaciones plausibles, y si fuera posible comprobables, de algún aspecto de la realidad. Por ejemplo, la teoría de los epiciclos de Ptolomeo y la teoría de Kepler tienen como objetivo común explicar el movimiento de los planetas. Así, también la Teoría Clásica de los Tests y la Teoría de Respuesta a los Ítems tienen como objetivo estimar el error que cometemos al medir ciertas variables de naturaleza psicológica. Ello lo consiguen mediante la formulación de un modelo matemático que, como todo modelo, se asienta en una serie de hipótesis que deben asumirse de partida: los supuestos del modelo. Antes de proseguir, quizá conviniese aclarar qué es un modelo. En la forma más general posible, podemos caracterizar a un modelo como la representación de un sistema real (Fishman, 1973). En última instancia, el modelo de la TCT, y los de TRI, son funciones matemáticas que pretenden explicar, predecir, las respuestas de las personas a un test. La TCT explica la puntuación observada en un test (el sistema real) como la suma de la puntuación verdadera más el error de medida. A partir de dicho modelo ($X = V + \varepsilon$), y unos supuestos muy sencillos, la TCT permite estimar los términos de la ecuación desconocidos, esto es, el error cometido al medir y el verdadero nivel de habilidad del examinado. El objetivo principal de los modelos de TRI, como en la TCT, seguirá siendo estimar el verdadero nivel de habilidad del examinado. Existen, sin embargo, tres diferencias esenciales entre ambos modelos. Primera, la unidad de análisis en el modelo clásico es el test (X es la puntuación observada *en el test*), en tanto la unidad de análisis en la TRI es el ítem. Segunda, la TRI incorpora términos al modelo que describen las características de los ítems. Es decir, que las respuestas de los examinados a los ítems van a estar explicadas, no sólo por su nivel de habilidad, sino también por las características psicométricas de los ítems. Como veremos, estas dos diferencias proporcionarán ventajas a la TRI sobre la TCT en el análisis de los ítems y en la construcción de tests. Finalmente, los supuestos sobre los que descansan ambos modelos son radicalmente diferentes.

SUPUESTOS

Los modelos de TRI asumen que los datos sobre los que se aplicarán los modelos, esto es, las respuestas a los tests, cumplen ciertos supuestos. Los más importantes: unidimensionalidad e independencia local. El primer supuesto exige que la respuesta del examinado al ítem esté determinada por una única variable, denominada genéricamente rasgo latente. Dicho de otra forma, exige que los ítems del test midan una sola aptitud o rasgo. Que por ejemplo, un ítem de un test espacial mida solo habilidad espacial y no ninguna otra cosa. El supuesto de unidimensionalidad es exigible, claro está, a los modelos de TRI unidimensionales que es de los que trataremos, porque también existen modelos de TRI multidimensionales (el lector interesado puede principiar en esa temática con el texto de Maydeu, 1996). Por su parte, el supuesto de independencia local especifica que la probabilidad de responder correctamente a un ítem es independiente de la probabilidad de responder correctamente cualquier otro.

Antes de aplicar los modelos de TRI debemos comprobar que nuestros datos cumplen estos supuestos, si no la información que obtengamos puede estar seriamente distorsionada. En la práctica sólo se somete a comprobación la unidimensionalidad ya que ésta implica necesariamente independencia local[1], y la comprobación de este último supuesto es muy laboriosa (Lord, 1980). Para un análisis de la dimensionalidad empleando el análisis factorial véase en esta misma colección el libro de García Jiménez, Gil Flores y Rodríguez Gómez (2000) y, con carácter más general, Hattie (1985) y Cuesta (1996). A este respecto, lo dicho en la TCT puede aplicarse aquí perfectamente.

MODELOS

La unidad de análisis dentro de la TRI es, como su nombre indica, el ítem, y la principal herramienta para su estudio es la Curva Característica del Ítem (CCI)[2]. La CCI es una función matemática que relaciona la probabilidad de responder correctamente al ítem con el nivel de habilidad que tiene en la variable medida por el ítem quien responde a él. La expresión matemática más empleada para definir la CCI ha sido la función logística[3], cuya fórmula general viene dada por

$$y = \frac{e^x}{1 + e^x} \tag{1}$$

donde,

e: es una constante, la base de los logaritmos neperianos: 2,718
x: es cualquier valor o función

---

[1] Si el supuesto de unidimensional exige que la respuesta del examinado al ítem esté determinada sólo por su nivel en el rasgo latente, es evidente que dicha respuesta no podrá estar influenciada por cómo haya contestado los anteriores ítems (independencia local) o cualesquiera otras variables.

[2] Para que no haya confusión, la CCI es, propiamente, lo que hemos estado llamando modelo de TRI. Es decir, la CCI es el modelo de la TRI.

[3] En Santisteban (1990) pueden consultarse modelos de TRI basados en otros tipos de funciones.

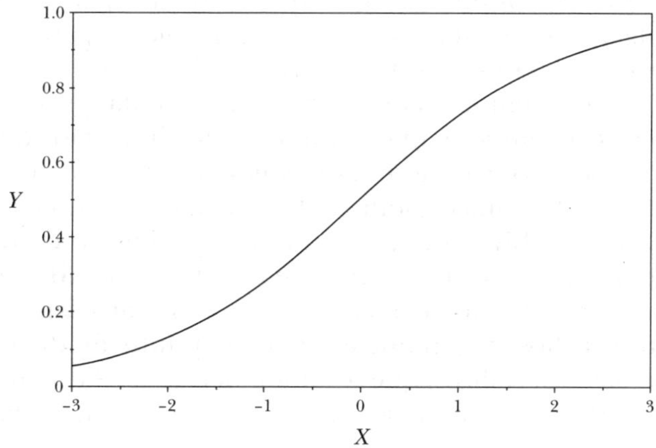

FIGURA 1. *Función logística.*

La representación gráfica de dicha función para infinitos valores de x entre –3 y +3, como puede verse en la Figura 1, es una curva en forma de una suave S. Las CCI adoptarán, por tanto, esta forma. ¿Cómo llegar a los diversos modelos de TRI a partir de la ecuación 1? Primero, es lógico pensar que la probabilidad de responder correctamente el ítem está determinada por el nivel de habilidad que quien responde posea en la variable medida por el ítem, el denominado rasgo; como decimos, es lógico pensar que las personas con mayor nivel de habilidad tendrán una probabilidad mayor de acertar el ítem. Por eso, todos los modelos de TRI incluyen necesariamente un parámetro[4] que representa el nivel de habilidad, denotado habitualmente por una Zeta (θ). Segundo, si todos los ítems de un test tuvieran las mismas propiedades, no necesitaríamos más que este parámetro en el modelo. Todos tendrían, además, la misma CCI[5]. Sin embargo, los ítems suelen diferir, entre otras cosas, en

[4] Todos los modelos se formulan en términos poblacionales, por eso las variables que aparecen en ellos se denominan parámetros.

[5] De hecho, la curva representada en la Figura 1, sería la CCI que se derivaría de un modelo que no especificase parámetros para describir las propiedades de los ítems: $P(\theta) = \frac{e^{\theta}}{1 + e^{\theta}}$.

dificultad, discriminación y probabilidad de ser acertados al azar. Por tanto, necesitaremos en nuestro modelo algunos parámetros que den cuenta de las características de los ítems. Dichos parámetros serán los responsables de las diferencias entre las diversas CCI. El modelo de TRI más simple incorpora para dar cuenta de la respuesta de los sujetos al ítem sólo un parámetro, el de dificultad (denotado por una b), por eso se denomina Modelo Logístico de un parámetro. También se le conoce como modelo de Rasch. El modelo de dos parámetros, o de Birnbaum, incorpora el parámetro de discriminación (denotado por una a) al modelo anterior, y el de tres parámetros, un tercer parámetro, el de aciertos al azar (denotado por una c). Todos ellos exigen que el ítem esté puntuado de forma dicotómica (acierto o fallo) y que sea unidimensional. La formulación matemática de los tres modelos se presenta a continuación:

Modelo logístico de tres parámetros (ML3p):

$$P_i(\theta) = c_i + \left(1 - c_i\right) \frac{e^{Da_i(\theta - b_i)}}{1 + e^{Da_i(\theta - b_i)}} \tag{2}$$

Donde,

- $P_i(\theta)$: Probabilidad de acertar el ítem i para un valor θ.
- b_i: Índice de dificultad del ítem i.
- a_i: Índice de discriminación del ítem i.
- c_i: Índice de pseudoazar del ítem i.
- e: Base de los logaritmos neperianos.
- D: Constante. Cuando toma el valor de 1.7, la función logística se aproxima a la normal acumulada.

Cuando no hay aciertos al azar el parámetro c toma el valor cero y el anterior modelo se convierte en el *Modelo logístico de dos parámetros (ML2p)*:

$$P_i(\theta) = \frac{e^{Da_i(\theta - b_i)}}{1 + e^{Da_i(\theta - b_i)}} \tag{3}$$

Por último, el modelo más sencillo. En el caso de que el parámetro a fuese igual para todos los ítems, es decir, todos tuvieran la misma discriminación, obtendríamos el *Modelo logístico de un parámetro (ML1p)*:

$$P_i(\theta) = \frac{e^{D(\theta - b_i)}}{1 + e^{D(\theta - b_i)}} \qquad (4)$$

PARÁMETROS

Veamos con más detalle el significado de los parámetros que conforman los diferentes modelos.

El parámetro θ

Como en la TCT, el verdadero nivel que el sujeto posee en la característica que mide el test no es observable directamente, debiendo estimarse a partir de sus respuestas en el test. En la TCT nos referíamos a dicho valor con el nombre de puntuación verdadera, en la TRI el parámetro θ representa, más o menos, el mismo concepto. Por tanto, desde un punto de vista sustantivo, θ denota al constructo que mide el test, algo no directamente observable, por eso se le denomina también rasgo latente; y puede ser tanto un constructo de personalidad, como una aptitud o los conocimientos de física cuántica. Que los psicólogos intentemos medir estas cosas, neuroticismo, habilidad espacial, etc..., y no, por ejemplo, pesos o alturas, determina las propiedades métricas de la escala θ. Fundamentalmente, que sólo podamos determinar las posiciones relativas de los individuos en el rasgo latente, sus distancias, y en ningún caso comparar directamente los valores en dicho rasgo. Si a un saco de patatas de 3 kilos le añadimos un kilo más, tenemos 4 kilos de patatas. Además, podemos comprobar físicamente, y de muy diversas formas, que 4 kilos de patatas pesan el doble que 2 kilos. En cambio, si medimos el CI de dos personas, la suma de sus CI no es equivalente al esfuerzo (inteligencia) que para resolver el test realiza una tercera persona con un CI igual a la suma del CI de los dos primeros. Igualmente, una puntuación de CI de 120 no indica el doble de inteligencia que una de 60 (Para una discusión de estos tópicos, véase Meliá (1990), Mitchell (1990) y Van der Linden (1994)). Por decirlo en la terminología al uso, las propiedades métricas de θ se corresponden con las de un escala de intervalo. Por ello, la escala θ, con un rango teórico entre $-\infty$ y $+\infty$, tiene un origen arbitrario pudiendo establecerse cualquier tipo de métrica. No obstante, lo habitual es elegir la escala estandarizada con media 0 y desviación típica de 1 (véase el eje de abcisas de la Figura 2, al respecto). Esta escala es la que emplean por defecto los programas de ordenador empleados para ajustar modelos de TRI. Naturalmente, podemos cambiar la puntuaciones θ originales a cualquier otra escala (θ^*) con la media (β) y la desviación típica (α) que deseemos, realizando la siguiente transformación lineal: $\theta^* = \theta\alpha + \beta$. Debemos tener presente que en tal caso, para que la probabilidad de acertar el ítem sea la misma en ambas escalas $P(\theta) = P(\theta^*)$, deberemos transformar los parámetros de los ítems a la nueva escala aplicando: $b^* = b\alpha + \beta$ y $a^* = a/\alpha$.

EL PARÁMETRO b

El parámetro b representa la dificultad del ítem, y es el análogo en la TRI al índice de dificultad en la TCT. Está medido en la misma escala que el parámetro θ y su valor es, aproximadamente, el del punto en la escala θ al que corresponde una probabilidad de acertar igual a $(1 + c)/2$. Nótese que en el caso de que el parámetro c valga cero, por ejemplo, en los modelos logísticos de uno y dos pa-

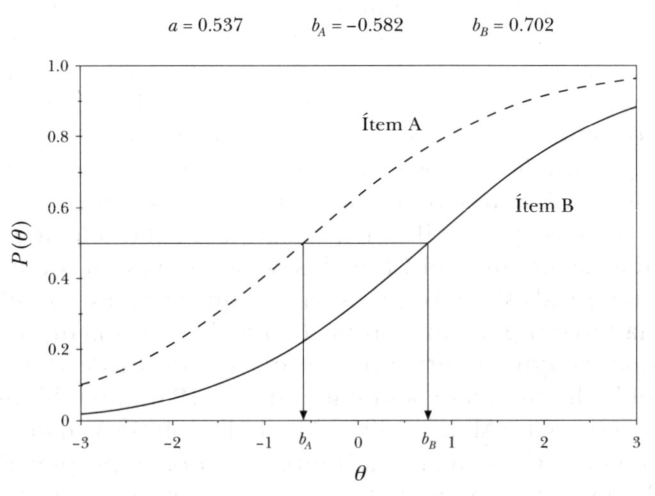

FIGURA 2. *Curvas características de dos ítems con diferentes índices de dificultad (ML1p).*

rámetros, dicha probabilidad toma el valor de 0.5. Cuanto mayor sea el valor de b, más difícil será el ítem, ya que mayor será el nivel de habilidad necesario para tener una probabilidad de acertarlo de 0.5 (con $c = 0$). En la Figura 2 se ilustran estos conceptos.

EL PARÁMETRO a

El parámetro a representa la discriminación del ítem, y es el análogo en la TRI al índice de discriminación en la TCT. Indica en qué medida el ítem diferencia entre examinados con un nivel alto y bajo de habilidad. Cuanto mayor sea el valor de a, mayor será el poder discriminativo del ítem. Su valor es proporcional a la pendiente de la CCI en el punto en que $\theta = b$, es decir, en el punto de la escala θ que toma el valor del parámetro b. Explicado así, el parámetro a es algo bastante abstracto y difícil de entender. Pongamos un gráfico. En la Figura 3 están representados dos ítems de similar dificultad pero diferente discriminación. El ítem B es el más discriminativo, ya que de acuerdo con la definición del parámetro a, es aquel cuya curva presenta una mayor pendiente en el punto en que $\theta = b$.

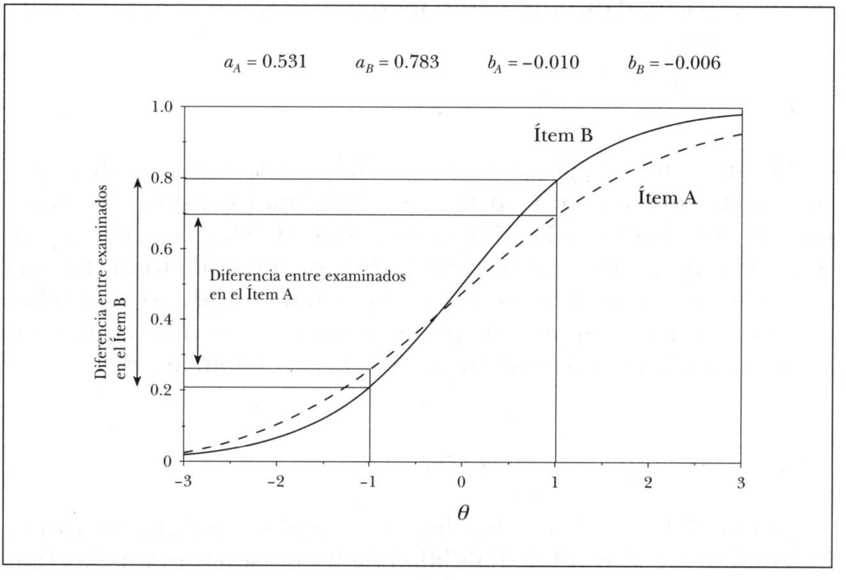

FIGURA 3. *Curvas características de dos ítems con similar dificultad y diferente discriminación (ML2p).*

Si las curvas fuesen sendos toboganes uno se deslizaría mucho más deprisa por el ítem *B* que por el *A*. A simple vista podemos determinar qué ítem es más o menos discriminativo, pero ¿por qué el ítem *B* es más discriminativo que el *A*? Imaginemos que dos personas contestan ambos ítems y que una es más capaz ($\theta = 1$) que la otra ($\theta = -1$). La probabilidad que tiene la persona más capaz de acertar el ítem *B* es de aproximadamente 0.8, en tanto la menos capaz tiene una probabilidad de alrededor de 0.20. La diferencia entre ambas personas a la hora de acertar el ítem es de 0.60. Para el ítem *A* dichas probabilidades de acierto son de aproximadamente 0.70 y 0.25, para el más y el menos capaz respectivamente. La diferencia a la hora de acertar el ítem entre ambas personas es de sólo 0.45. Es decir, que el ítem *B* discrimina, diferencia mucho mejor que el *A*, entre las personas más y menos capaces.

Sabemos que el ítem *B* es más discriminativo que el *A*, pero ¿cuánto de discriminativo es? Grosso modo, podemos establecer como guía interpretativa la siguiente correspondencia entre capacidad discriminativa y rango de valores de *a*: ninguna (0), muy baja (de 0.01 a 0.34), baja (de 0.35 a 0.64), moderada (de 0.65 a 1.34), alta (de 1.35 a 1.69) y muy alta (>1.70). Por lo tanto, el ítem *B* tiene una capacidad discriminativa moderada ($a_B = 0.783$) y el *A* baja ($a_A = 0.531$).

El parámetro c

El parámetro *c* representa la probabilidad de acertar el ítem que tienen las personas con un nivel de habilidad bajísimo. Técnicamente, *c* es el valor de la asíntota inferior de la CCI, es decir, la probabilidad de acertar el ítem cuando $\theta = -\infty$. En esas circunstancias se supone que la persona contesta poco menos que al azar y, por ello, se le denomina parámetro de pseudo-azar. En la TCT su equivalente aproximado es la probabilidad de acertar el ítem al azar.

3.2.2. *Curva Característica del Test*

Los modelos de TRI vistos, las CCI, permiten estimar de forma independiente el nivel de habilidad de las personas evaluadas (parámetro θ) y las propiedades psicométricas de los ítems (parámetros *b*, *a* y *c*). Como puede suponerse, de cara al análisis y construcción de tests, los aspectos más interesantes de la TRI son los relativos a los parámetros de los ítems. No obstante, una compresión cabal de la TRI quedaría manca si no tratásemos, siquiera brevemente, de las puntuaciones que resultan de aplicar estos modelos.

Medir bien no lo es todo. Desde el punto de vista psicométrico los modelos de TRI ofrecen ventajas indudables sobre la TCT; desde el punto de vista de la comprensión intuitiva de los resultados, no tanto. ¿Cómo explicar a un sufrido padre que asiste a la imparable progresión de su hijo por los billares del barrio, que la puntuación zeta de 1 de su vástago es un buen dato? ¿O que se pueden obtener puntuaciones negativas? En general, estamos acostumbrados a escalas de puntuaciones con un rango entre 0 y el número de ítems del tests, n, y no a escalas que van de -3 a $+3$ (en realidad, peor, de $-\infty$ a $+\infty$)[6]. Afortunadamente, la curva característica del test (CCT) permite transformar las puntuaciones θ a una nueva escala, la de las puntuaciones verdaderas, que se encuentra en la escala intuitiva de 0 a n. A continuación se presenta la fórmula que describe la relación entre las puntuaciones θ y las puntuaciones verdaderas (PV):

$$PV_j = \sum_{i=1}^{n} P_i\left(\theta_j\right) \tag{5}$$

donde,

PV_j:	es la puntuación verdadera que corresponde a examinados con un nivel en el rasgo latente de θ_j
n:	es el número de ítems que componen el test, y
$P_i(\theta_j)$:	es el valor correspondiente a cada CCI para $\theta = \theta_j$.

Calculando la ecuación 5 sobre un número elevado e igualmente espaciado de valores de θ (por ejemplo, $\theta_j = -3, -2.9940, -2.9880, \ldots, 2.9940, 3$), obtenemos la CCT que relaciona los valores en θ con las PV. En la Figura 4 podemos ver las curvas características de dos tests destinados a medir el mismo rasgo latente, que

---

[6] La extrañeza no es nada sorprendente, si tenemos en cuenta que en los miles de años de evolución del género *Homo*, no se han podido cazar manadas de –30 antílopes, ni se han encontrado decimales en los racimos de uvas. Si no se le dan bien las fracciones, no se preocupe: está en comunión con el resto de la especie.

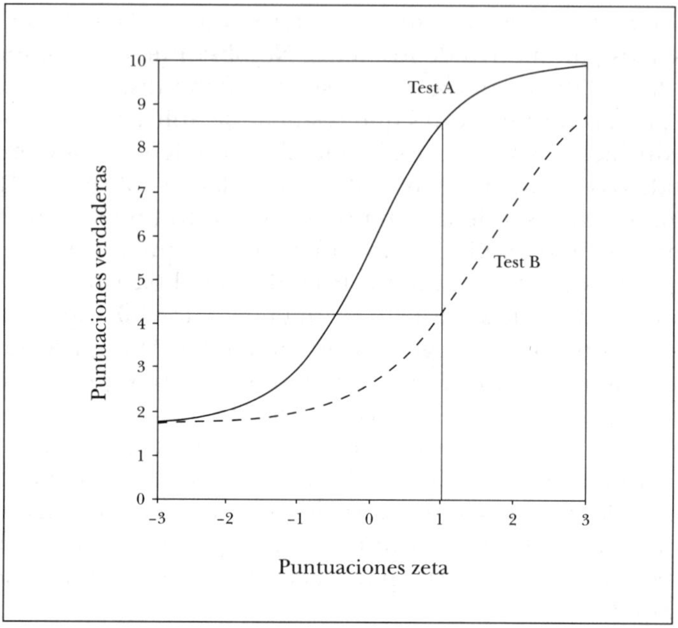

FIGURA 4. *CCT correspondientes a dos tests de diferente dificultad, siendo el test A el más fácil.*

nos van a permitir precisar la relación existente entre las PV y las θ. Añadir que los ítems que componen el test *A*, por término medio, son mucho más fáciles que los del test *B*. A partir de dichas CCT podemos observar cómo personas con el mismo nivel de habilidad ($\theta = 1$) obtienen diferentes puntuaciones verdaderas en cada uno de los tests. Lógicamente, en el test más fácil obtendrán una PV más alta que en el más difícil. Es decir, que las PV están determinadas por el instrumento de medida. La correspondencia que hemos establecido entre las PV y las puntuaciones θ permite explicitar una de las ventajas de la TRI frente a la TCT. Mediante la TCT sólo podemos estimar la PV del sujeto, que como hemos comprobado, están determinadas por el instrumento utilizado para medir. En tanto en la TRI se intenta estimar algo más general, la puntuación θ, de la que un test particular sólo sería un indicador. Es decir, que siempre que se satisfagan los supuestos de la TRI, con independencia del test que empleemos, obtendremos las mismas estimaciones del nivel de habilidad. Una maravilla.

3.2.3. *Funciones de información*

La TRI, al incorporar a sus modelos parámetros que describen las características del ítem, ofrece el marco idóneo para el análisis de los ítems. Esta radical diferencia con respecto al modelo de la TCT tiene consecuencias tan sorprendentes como que, dado determinado nivel de habilidad, podamos conocer qué ítems son los mejores para evaluarlo. Vamos a ello.

Como humanos desde la más tierna infancia conocemos la frecuencia y absoluta ubicuidad de los errores: de todo, en todo y por todos. El proceso de medir no es ninguna excepción y tiene su propio error, el error de medida, que como sabemos, cuantifica la distancia que existe entre lo que hay[7] y lo que el instrumento de medida nos dice que hay. Íntimamente relacionado con el concepto de error de medida está el concepto de información. De hecho, es justamente lo contrario, y de eso vamos a hablar. Matemáticamente, el término información tiene varias acepciones. Una de las teorías más importantes del s. XX, la Teoría de la Información (Shannon, 1948; Shannon y Weaver, 1949), la define en términos de la probabilidad de elección de un mensaje dentro de un conjunto de mensajes. No es ésta la que nos interesa, aunque casi todo lo que hacemos dependa de ella, sino una acepción más antigua, debida a Sir R. Fisher, que define la información como el recíproco de la precisión con la que se puede estimar un parámetro. Llegados a este punto podemos realizar varias aseveraciones ya conocidas. Que el parámetro a estimar en la TCT es la puntuación verdadera y en la TRI el equivalente a estimar es la puntuación θ. Que la diferencia entre el parámetro de interés y su estimación se conoce con el nombre de error de medida $(\varepsilon = \hat{\theta} - \theta)$. Y que un buen indicador de la precisión de dichas estimaciones es, precisamente, la varianza de los errores de medida $(\sigma^2_{(\hat{\theta}|\theta)})$. Así pues, en nuestro caso, de acuerdo con la definición de Fisher, la información que posee determinado ítem a la hora de estimar un valor concreto de θ es igual a:

$$I(\theta) = \frac{1}{\sigma^2_{(\hat{\theta}|\theta)}} \qquad (6)$$

---

[7] Quizá fuese más correcto decir lo que *se supone* que hay.

Hablar de información o del error típico de medida

$$\left(\sigma_{(\hat{\theta}|\theta)} = \sqrt{\sigma^2_{(\hat{\theta}|\theta)}}\right)$$

es hablar de lo mismo desde lados diferentes. Uno se puede definir por el otro, así :

$$\sigma_{(\hat{\theta}|\theta)} = \frac{1}{\sqrt{I(\theta)}} \qquad (7)$$

Una de las principales diferencias entre la TCT y la TRI es que en la primera hay un único error típico de medida por test, que es el mismo con independencia de la PV que pretendamos estimar. Esto implica, ni más ni menos, que los tests miden con la misma precisión todos los niveles de habilidad. Cuesta creerlo. Desde la TRI se asume que ítems y test difieren en la precisión con la que miden los diferentes niveles de habilidad. Es decir, que un ítem o un test presentará diferentes errores típicos, e inversamente, información, según el valor θ a estimar[8]. En este contexto, las funciones de información no son más que unas curvas que ponen en relación los niveles de θ con la precisión (información) con la que el ítem o el test los estima.

FUNCIÓN DE INFORMACIÓN DEL ÍTEM

De lo expuesto anteriormente se deriva que, dado determinado nivel de θ, la información del ítem i-esimo cuantifica la precisión con la que dicho ítem contribuye a estimar ese valor concreto de θ. ¿Cómo calcularla para los modelos de TRI vistos? Rápidamente:

ML1p

$$I_i(\theta) = D^2 P_i(\theta)\, Q_i(\theta)\,, \qquad (8)$$

[8] Los estimadores de θ, siguen una distribución normal asintótica con media θ y error típico dado en la ecuación 7, de forma que a partir de la puntuación estimada a un examinado $(\hat{\theta})$ podemos calcular, con un determinado nivel de confianza, el intervalo en el que se encontrará el valor del parámetro $\left(\hat{\theta} + Z_{\alpha/2}\sigma_{(\hat{\theta}|\theta)}\right) \leq \theta \leq \left(\hat{\theta} + Z_{1-\alpha/2}\sigma_{(\hat{\theta}|\theta)}\right)$.

Donde,

$I_i(\theta)$: Cantidad de información del ítem i en el nivel θ.
D: es una constante de escalamiento: 1.7.
$P_i(\theta)$: es la probabilidad de acierto del ítem.
$Q_i(\theta)$: es igual a $1 - P_i(\theta)$.

ML2p

$$I_i(\theta) = D^2 a_i^2 P_i(\theta)\, Q_i(\theta), \tag{9}$$

Siendo a_i^2 el parámetro de discriminación del ítem i.

ML3p

$$I_i(\theta) = \frac{D^2 a_i^2 Q_i(\theta)\left[P_i(\theta) - c_i\right]^2}{P_i(\theta)\left(1 - c_i\right)^2} \tag{10}$$

Siendo c_i el parámetro de pseudo-azar del ítem i.

Cuando representamos gráficamente la información del ítem para todos los posibles valores de θ, obtenemos la función de información (FI) del ítem. La FI es una herramienta de primer orden en el análisis de los ítems, al permitir conocer qué ítems son los más adecuados para estimar determinado nivel de habilidad. Por ejemplo, si quisiéramos evaluar con mucha precisión el CI de niños superdotados, deberíamos utilizar ítems cuya FI sea máxima para valores altos de θ. Para facilitar aún más la labor se puede determinar a priori para qué nivel de θ el ítem aporta la información máxima y cuánta información aporta. Veámoslo.

Información máxima

En los modelos de uno y dos parámetros, la información aportada por los ítems es máxima cuando $\theta = b$. Quiere esto decir que en estos modelos los ítems proporcionan máxima precisión cuando estiman el nivel de θ que coincide con su parámetro b. Es lógico esperar que ítems demasiado fáciles o difíciles para un examinado con un nivel de habilidad θ, sean menos informativos que aquellos cuya dificultad está alrededor de θ. En la Figura 5 podemos observar cómo la información es máxima para el valor de θ que coincide con el valor de b (alrededor de 0 en ambos ítems). También podemos comprobar como existe una relación directa entre la cantidad de información y el valor del parámetro a: cuanto mayor sea el valor de a, mayor información proporcionará el ítem. De hecho, en los modelos de 1p y 2p la cantidad de información máxima es igual a

$$\mathrm{IM}_i = \left(D^2 a_i^2\right)/4\,, \tag{11}$$

que como queda dicho se encuentra necesariamente en el punto $\theta = b$.

La obtención del nivel de θ para el que el ML3p aporta la información máxima, no es tan inmediata, viniendo dado por la siguiente expresión:

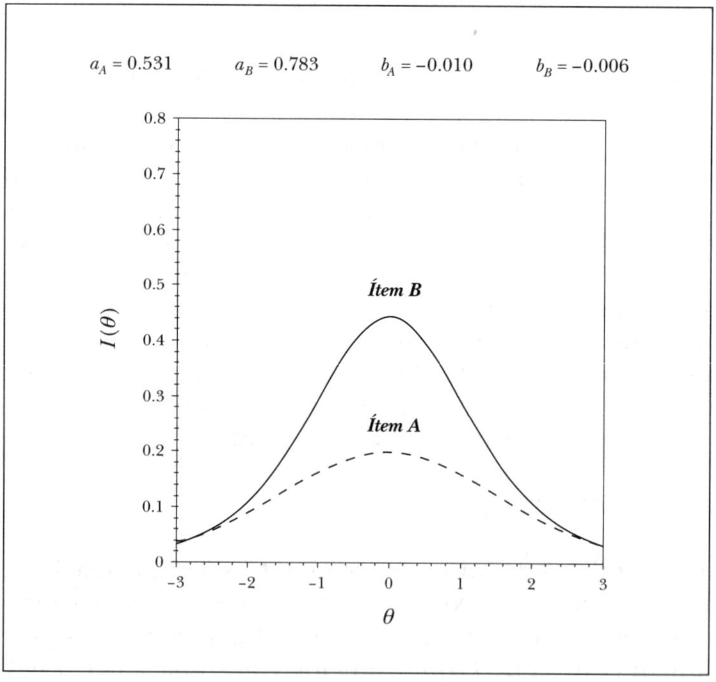

FIGURA 5. *Funciones de información correspondientes a los ítems cuyas CCI se pueden observar en la Figura 3 (ML2p).*

$$\theta = b_i + \left(1/Da_i\right)\left\{\ln\left[1/2 + (1/2)\sqrt{(1+8c_i)}\right]\right\}, \tag{12}$$

siendo la cantidad de información en este punto igual a:

$$IM_i = \frac{D^2 a_i^2}{8\left(1-c_i\right)^2}\left[1 - 20c_i - 8c_i^2 + \left(1+8c_i\right)^{3/2}\right] \tag{13}$$

Como podemos comprobar en la Figura 6, en el modelo de tres parámetros, a igualdad de condiciones, la información se incrementa conforme disminuye el valor de c[9]. Es razonable esperar más información en aquellos ítems que sean más difíciles de acertar al azar.

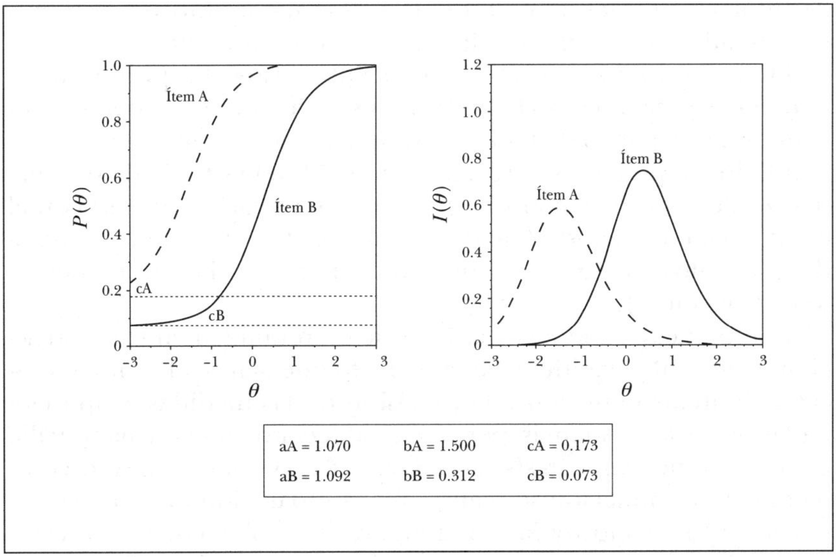

FIGURA 6. *Curvas características y funciones de información correspondientes a dos ítems con valores similares en el parámetro a y valores en c muy diferentes (ML3p).*

---

[9] Quiere esto decir que, al igual que en los modelos de 1p y 2p, se sigue cumpliendo que, cuanto más discriminativo sea el ítem y más próximo se encuentre su parámetro b al valor θ a estimar, más información aportará.

FUNCIÓN DE INFORMACIÓN DEL TEST

La información del test para determinado nivel θ, es el resultado de la suma de la información de los ítems que lo componen a la hora de estimar θ. Es decir:

$$\mathrm{IT}(\theta) = \sum_{i=1}^{n} I_i(\theta) \qquad (14)$$

De ello se deriva que la información proporcionada por un test estará influida por la calidad y el número de ítems que lo integran. Puro sentido común. Calidad: cuanto más discriminativos sean los ítems, más información obtendremos. Cantidad: cuanto más ítems lo compongan, más información habrá, ya que, como hemos dicho, la información del test es aditiva[10]. Como en el caso de la función de información del ítem, la del test describe la información proporcionada por éste para todos los posibles niveles de θ.

En la Figura 7 se ilustran los conceptos vistos. En primer lugar, podemos apreciar cómo la FI de un test formado por 4 ítems es un componente aditivo de las FI de los ítems que lo componen. En segundo lugar, podemos apreciar cómo la FI del test (eje de ordenadas izquierdo y línea continua) guarda una relación inversa con el error típico de medida (eje de ordenadas derecho y línea punteada) asociado a la estimación de determinado nivel de θ (recuérdese la ecuación 7).

Como puede suponerse, la FI es de gran utilidad en la construcción de tests al permitir evaluar el efecto que la introducción o descarte de ítems tiene sobre la precisión de las medidas proporcionadas por el test. Además, permite establecer de una forma sencilla comparaciones entre tests diseñados para evaluar el mismo constructo. A continuación se realiza una comparación de este tipo. A partir de las FI mostradas en la Figura 8, es obvio que si deseásemos evaluar a personas con niveles altos en el rasgo medido, debe-

[10] Relacionado con este tema, un tópico de especial interés es cómo influye la longitud del test sobre el tamaño de muestra necesario para detectar el efecto de determinada intervención (por ejemplo, una terapia o un curso en habilidades sociales) evaluada a través de un cuestionario o test. Como puede suponerse por lo dicho, a mayor longitud del test necesitaremos menor tamaño de muestra para detectar el efecto de los tratamientos, ya que medimos con más precisión. Se recomienda al respecto la lectura del artículo de Holmain, Glass y De Haan (2003).

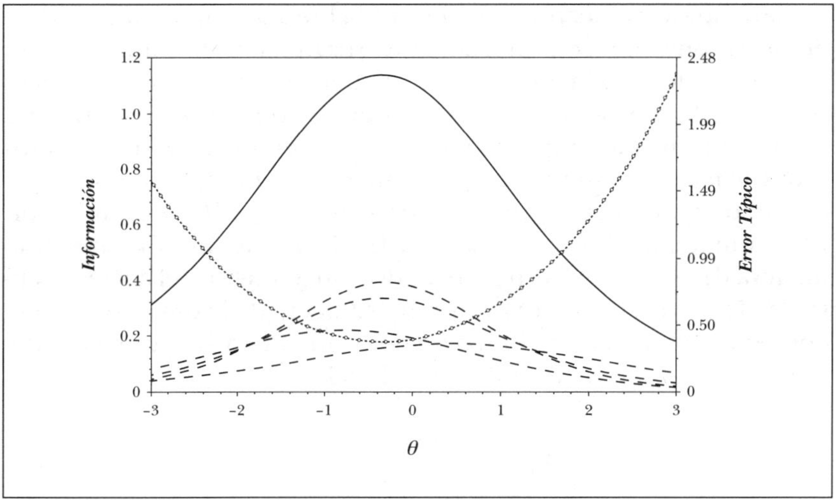

FIGURA 7. *FI de un test (línea continua) y de los 4 ítems que lo componen (líneas discontinuas). El error típico de medida del test está representado por la línea punteada. (ML2p).*

ríamos elegir el test *B*, por medir con más precisión que el *A* cualquier valor de $\theta > 1$. Por el mismo motivo, para evaluar valores del rasgo latente < 1, deberíamos elegir el test *A*.

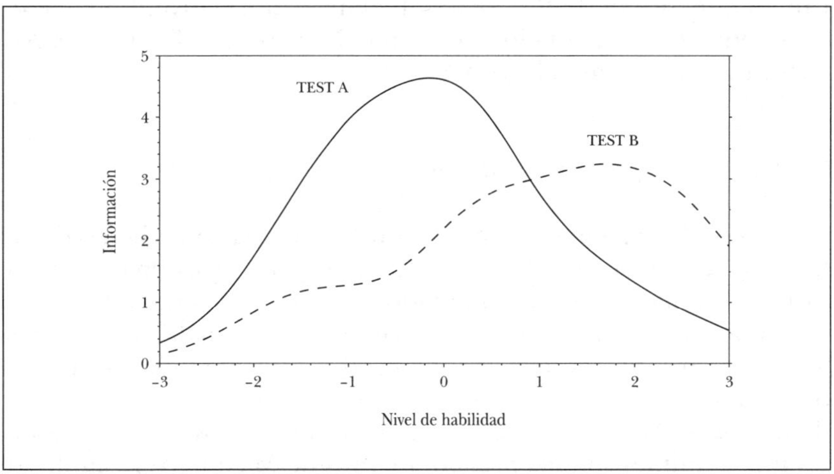

FIGURA 8. *FI de dos tests para medir la misma variable.*

Para no caer en errores de bulto a la hora de comparar las FI de dos tests conviene tener presente que sus funciones de información dependen de la escala en que se encuentran expresados los valores de θ. Por consiguiente, si deseásemos comparar directamente las FI de tests que empleen métricas diferentes de θ, deberíamos transformar las estimaciones a una métrica común, lo que se conoce como equiparación (véase al respecto el cap. 10 de Hambleton y Swaminathan, 1985, y Navas Ara, 1996). Existe, no obstante, una manera de evitarse esos engorros. Afortunadamente, el cociente entre las FI de dos tests sí es invariante respecto de la escala en que se encuentra θ. A esta función, para determinado nivel de θ, se le denomina *eficiencia relativa* (ER), y es igual a:

$$ER(\theta) = \frac{IT(\theta_x)}{IT(\theta_y)} \tag{15}$$

siendo,

$IT(\theta_x)$: la información del test X para el valor θ.
$IT(\theta_y)$: la información del test Y para el valor θ.

Cuando se calcula la eficiencia relativa para todos los posibles valores de θ obtenemos una curva que se denomina *función de eficiencia*. Valores por encima de 1 indican en qué niveles de θ el test X aporta más información que el test Y; valores por debajo de 1 indican en qué niveles de θ es el test Y el más informativo. En la Figura 9 podemos ver la función de eficiencia correspondiente a los dos tests presentados en la Figura 8.

3.2.4. *¿Cómo ajustar un modelo de TRI a nuestros datos?*

Hasta la fecha tenemos unas maravillosas ecuaciones llenas de letras, llamadas CCI o modelos de TRI, que permiten estimar, tanto el nivel de habilidad de los examinados en la variable evaluada, como las propiedades psicométricas de los ítems. Desgraciadamente, todos los parámetros del modelo son valores desconocidos que, por tanto, deberemos estimar a partir de las respuestas al test de una muestra de personas. Aunque existen varios procedimientos de estimación, los más comunes son los procedimientos de Máxima Verosimilitud (Baker, 1992; Martínez Arias, 1995). Dichos procedimientos, por de-

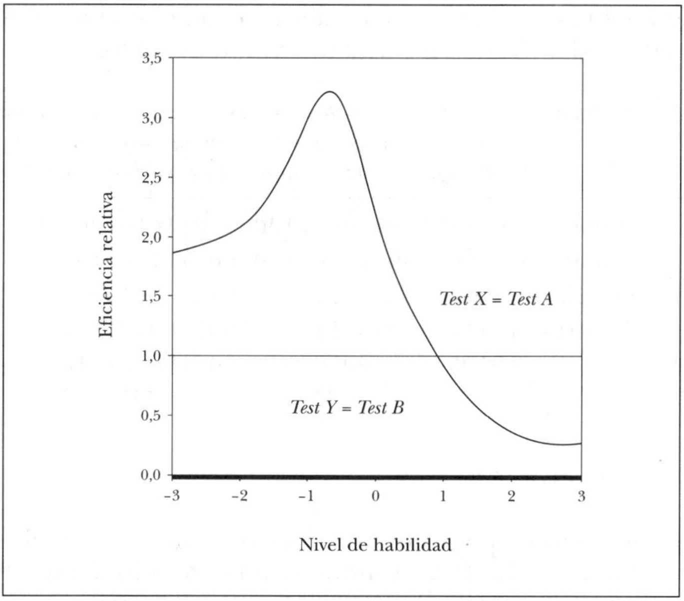

FIGURA 9. *Función de eficiencia correspondiente a los tests de la Figura 8.*

cirlo de una forma muy sencilla, eligen como estimaciones de los parámetros aquellos valores que hacen más probables, más verosímiles, las respuestas que observamos en nuestra muestra. No se preocupe el lector en cómo llegar a convertir las letras (parámetros) en números (estimaciones), ya que los recursos de cálculo que exige este proceso obligan a realizar el milagro mediante programas de ordenador específicos. A continuación veremos cómo ajustar los modelos de TRI expuestos mediante el programa BILOG-MG3 para Windows (Scientific Software International, 2002).

Supóngase que deseamos establecer las propiedades psicométricas de un examen destinado a evaluar los conocimientos de estadística. Supóngase, además, que dicho examen, compuesto por 40 preguntas (ítems) de elección múltiple, fue respondido por una muestra de 1.000 alumnos. En la Tabla 1 se recoge el principio y el final del fichero con las respuestas. Como podemos observar, cada fila corresponde a un sujeto, apareciendo en las tres primeras columnas la identificación del examinado (1, 2, 3, ..., 1.000) y, a continuación, sus respuestas puntuadas dicotómicamente (1 acierto, 0 fallo) a cada uno de los 40 ítems. Para poder utilizarlo con el BILOG, el fichero con los datos debe estar en formato ASCII o de texto.

TABLA 1. *Ejemplo de un fichero con las respuestas de 1.000 examinados a un test de 40 ítems. La base de datos puede obtenerse en la página web señalada al inicio del capítulo.*

```
   10000100101110100110011100000011010100100
   21000000001001100010101100100011110110000
   : : : : : : : : : : : : : : : : : : : : : : : : : : : : : : : : : : : : : : : :
 9991011001101110110101111100100110010110110
10000111000101000100000101010010010010101010
```

SINTAXIS CON EL BILOG

Las instrucciones para ajustar a nuestros datos un modelo de 3p se presentan en la Tabla 2. Aunque la versión utilizada del BILOG opera en un entorno Windows y, por tanto, el usuario simplemente debe seleccionar las opciones que se le presentan en sucesivas ventanas, por cuestiones de espacio presentaremos cómo se realiza el análisis a través de los comandos de sintaxis:

TABLA 2. *Comandos de sintaxis para ajustar un modelo de TRI de 3p con el BILOG.*

```
Ajuste de un modelo de TRI de 3p
#
>GLOBAL DFName = 'C:\ejemplo1.dat',
        NPArm = 3,
        SAVe;
>SAVE CALib = 'ejemplo1.CAL',
      PARm = 'ejemplo1.PAR',
      SCOre = 'ejemplo1.SCO';
>LENGTH NITems = (40);
>INPUT NTOtal = 40,
       NALt = 7,
       NIDchar = 4;
>ITEMS ;
>TEST1 TNAme = 'Ejemplo1',
       INUmber = (1(1)40);
(4A1, 40A1)
>CALIB ACCel = 1.0000;
>SCORE METhod = 1;
```

Comentaremos brevemente el significado de dichos comandos. En primer lugar se especifica la ruta del fichero donde tenemos las respuestas al test (DFName = 'c:\ejemplo1.dat') y que deseamos ajustar un modelo de 3p (NPArm= 3). En el comando SAVE especificamos el nombre de los ficheros de resultados que deseamos guardar: el de la calibración (CALib = 'ejemplo1.CAL'), el de los parámetros de los ítems (PARm = 'ejemplo1.PAR') y el de las puntuaciones (SCOre = 'ejemplo1.SCO'). A continuación se señala que hay 40 ítems en nuestro fichero (LENGTH NITems = 40). En el comando INPUT se señala el número de ítems que vamos a analizar (NTOtal = 40), el número de alternativas de respuesta que tienen los ítems (NALt = 7) y que el código con la identificación del sujeto ocupa 4 columnas en el fichero de datos (NIDchar =4). En el comando TEST1 señalamos el nombre que deseamos dar al test que se analizará (TNAme = 'Ejemplo1'), el número de los ítems que lo componen: del 1 al 40, es decir, todos (INUmber = (1 (1) 40)), y un código que señala como están dispuestos los ítems en el fichero de datos: en las 4 primeras columnas está la identificación del sujeto y a continuación las respuestas del mismo a los 40 ítems (4A1, 40A1). Seguidamente se señala que deseamos que calibre el modelo (CALIB), que realice todos los gráficos posibles (los de las CCIs y las funciones de información que hemos visto), y que estime las puntuaciones θ (SCORE) utilizando un procedimiento de máxima verosimilitud.

RESULTADOS

Para no extraviarnos, conviene recordar que nuestro objetivo principal es realizar un análisis de los ítems que forman el examen de estadística y, en este caso subsidiariamente, estimar las puntuaciones θ de los examinados. El BILOG nos proporcionará dicha información estructurada en tres fases: estadísticos clásicos, calibración y estimación del rasgo latente.

Estadísticos clásicos

Como puede observarse en la parte de los resultados que se muestran más abajo, en la primera fase se calculan los estadísticos del ítem de la TCT: el índice de dificultad (PCT), la correlación ítem-test de

Pearson y la correlación biserial puntual, junto con el número de examinados que responde cada ítem (TRIED) y el número de los que lo aciertan (RIGHT). La información obtenida en esta fase preliminar nos pueden ayudar a determinar qué modelo ajustar a nuestros datos. Si en la salida observamos correlaciones ítem-test bastante homogéneas podremos ajustar un modelo de 1p, en caso contrario, debemos seleccionar el modelo de 2p. Si además los ítems del test fueran de múltiples alternativas, o hubiese indicios de que existen aciertos al azar, deberíamos inclinarnos por un modelo de 3p. En el caso que nos ocupa, la heterogeneidad de las correlaciones nos indican lo inadecuado que sería ajustar un modelo de 1p.

```
ITEM STATISTICS FOR SUBTEST TEST0001

                                                ITEM*TEST CORRELATION
ITEM NAME      #TRIED #RIGHT  PCT  LOGIT/1.7 PEARSON  BISERIAL
---------------------------------------------------------------
  1  ITEM0001 1000.0  512.0  51.2    -0.03    0.208     0.261
  2  ITEM0002 1000.0  343.0  34.3     0.38    0.203     0.262
  3  ITEM0003 1000.0  638.0  63.8    -0.33    0.451     0.579
  4  ITEM0004 1000.0  352.0  35.2     0.36    0.241     0.310
  5  ITEM0005 1000.0  473.0  47.3     0.06    0.521     0.653
  :     :        :       :     :       :        :         :
 40  ITEM0040 1000.0  364.0  36.4     0.33    0.338     0.433
-----------------------------------------------------------------
```

Calibración del modelo

En la segunda fase, llamada de calibración, el BILOG ajusta el modelo de TRI seleccionado a cada uno de los ítems de la escala o escalas evaluadas y proporciona los resultados de dicha calibración. En primer lugar podemos observar el valor final del logaritmo neperiano de la función de verosimilitud (–2 LOG LIKELIHOOD). Dicha cantidad será empleada, como veremos más adelante, por uno de los métodos para detectar el funcionamiento diferencial de los ítems. En segundo lugar, se presentan los parámetros estimados de cada ítem (a = SLOPE, b = THRESHOLD, c = ASYMPTOTE), su correspondiente error típico señalado con un asterisco, y la saturación factorial del ítem en un modelo unifactorial (LOADING). Este último dato es igual a $a_i/\sqrt{1+a_i^2}$, indicando en qué medida el ítem satura en el factor. Por último, se proporciona un test χ^2 de bondad de ajuste para cada uno de los ítems (CHISQ). Si el valor entre paréntesis fuera menor que el nivel de significación elegido, significaría que el ítem no se ajusta al modelo elegido. Como podemos observar, los ítems que aparecen en la parte de resultados aquí reproducida muestran un adecuado ajuste al modelo de 3p al nivel de significación de 0.05, ya que 0.656, 0.923 y 0.609 > 0.05.

```
-2 LOG LIKELIHOOD:         44188.5878

CYCLE     12;    LARGEST CHANGE=   0.00325

SUBTEST TEST0001;   ITEM PARAMETERS AFTER CYCLE  12
```

ITEM	*INTERCEPT* S.E.	*SLOPE* S.E.	*THRESHOLD* S.E.	*LOADING* S.E.	*ASYMPTOTE* S.E.	*CHISQ* (PROB)	DF
ITEM0001	-0.252	0.383	0.657	0.358	0.180	6.8	9.0
	0.166*	0.073*	0.358*	0.068*	0.079*	(0.6562)	
ITEM0002	-1.136	0.654	1.736	0.547	0.205	3.8	9.0
	0.279*	0.160*	0.198*	0.134*	0.040*	(0.9227)	
⋮	⋮	⋮	⋮	⋮	⋮	⋮	⋮
ITEM0040	-1.051	0.974	1.079	0.698	0.174	7.3	9.0
	0.219*	0.171*	0.101*	0.123*	0.031*	(0.6090)	

La estimación de los parámetros del modelo que definen las propiedades psicométricas de los ítems es el corazón de cualquier análisis de ítems dentro de la TRI. Conocidos estos valores, podemos establecer de forma precisa la información que aporta cada ítem y, en función de la misma, seleccionar los ítems de acuerdo con los objetivos del test. Hablaremos de ello cuando tratemos sobre cómo construir test a medida.

Estimación de la habilidad

En la tercera fase se estima la puntuación θ (ABILITY) correspondiente a cada examinado y su error típico (S.E.). Estas estimaciones se encuentran por defecto en la escala de las estimaciones de los parámetros de los ítems obtenidos en la fase anterior. No obstante, el programa ofrece la opción de cambiar la escala de dichas estimaciones. También podemos observar algunos estadísticos calculados sobre la distribución de las puntuaciones estimadas: su media (MEAN), su desviación típica (S.D.) y su varianza (VARIANCE).

```
 GROUP SUBJECT IDENTIFICATION
 WEIGHT    TEST    TRIED  RIGHT  PERCENT   ABILITY   S.E.
---------------------------------------------------------------
  1     1                                |                 |
  1.00    TEST0001   40     16     40.00 | -0.8182  0.3823 |
  1     2                                |                 |
  1.00    TEST0001   40     15     37.50 | -0.7860  0.3790 |
   :        :         :      :       :        :       :
  1   1000                               |                 |
  1.00    TEST0001   40     15     37.50 | -1.0622  0.4107 |
---------------------------------------------------------------
MEANS, STANDARD DEVIATIONS, AND VARIANCES OF SCORE ESTIMATES

 TEST:            TEST0001
 MEAN:           0.0231
 S.D.:           1.0886
 VARIANCE:       1.1850

 EMPIRICAL RELIABILITY:   0.8899
```

Finalmente, observamos en la salida una estimación de la fiabilidad del test (0.89). Dicha fiabilidad se define, al modo clásico, como la razón entre la varianza de las puntuaciones verdaderas (aquí, las puntuaciones θ) y la varianza de las puntuaciones observadas, que es igual a la suma de la varianza verdadera más la varianza error. Por ello, cuanto más próximo a 1 sea dicho valor, menor error de medida tendrá el test.

Gráficos

Además de los ficheros de resultados descritos, el BILOG proporciona abundante información gráfica que permite un análisis visual de las características de los ítems y del test. Entre otras, la CCI y las funciones de información de cada uno de los ítems y del test. Como ejemplo, en la Figura 10 se muestra la CCI y la FI que corresponde al primer ítem.

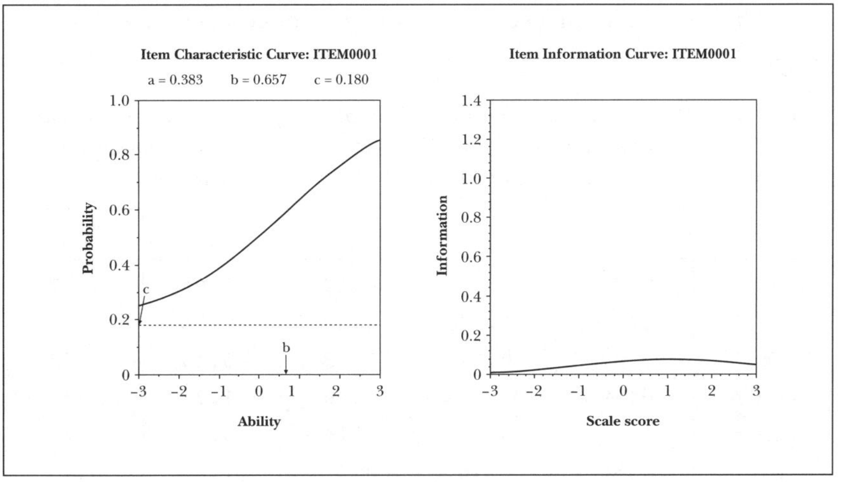

FIGURA 10. *CCI y función de información correspondiente al ítem 1.*

3.2.5. *Construcción de tests a medida*

En el apartado anterior, el resultado de ajustar el ML3p sobre las respuestas dadas al examen de estadística nos permitió, además de estimar el conocimiento de estadística que tiene cada uno de los examinados, estimar los parámetros de los ítems que forman el test. Dicho técnicamente, disponer de un conjunto de 40 ítems calibrados[11]. A partir de ahí, construir tests con objetivos métricos específicos es tan fácil como seleccionar aquellos ítems que proporcionen máxima información para los niveles de habilidad que deseemos medir. Vamos a emplear nuestro escaso banco de ítems para construir dos tests con objetivos muy diferentes. El objetivo del primero será determinar qué estudiantes deberían seguir un curso de formación en estadística antes de empezar un curso sobre TRI. El objetivo del segundo test es determinar qué estudiantes recibirán una beca de especialización en psicometría. Con fines pedagógicos, vamos a imponer el requisito de que ambos tests estén formados por sólo 10 ítems.

---

[11] Al conjunto de ítems calibrados en la misma métrica, es decir, cuyos parámetros han sido estimados en la misma escala, se le denomina banco de ítems. Por tanto, disponemos de un banco de 40 ítems.

En la Tabla 3 se ofrece la información necesaria para determinar qué 10 ítems seleccionaremos para formar cada test.

TABLA 3. *Para cada uno de los ítem calibrados se ofrece el valor estimado de sus parámetros, el nivel de θ para el que ofrece la información máxima y la cuantía de dicha información* (IM).

	$\hat{a}$	$\hat{b}$	$\hat{c}$	θ	*IM*
Ítem 1	0.38	0.66	0.18	1.04	0.07
Ítem 2	0.65	1.74	0.20	1.98	0.21
Ítem 3	0.87	−0.32	0.13	−0.19	0.43
Ítem 4	0.69	1.55	0.20	1.78	0.23
Ítem 5	1.49	0.35	0.14	0.43	1.23
Ítem 6	0.56	0.76	0.22	1.06	0.15
Ítem 7	1.05	0.09	0.13	0.20	0.62
Ítem 8	0.72	−1.04	0.13	−0.88	0.29
Ítem 9	0.75	1.07	0.09	1.18	0.34
Ítem 10	0.74	−1.66	0.16	−1.48	0.29
Ítem 11	0.60	−1.54	0.14	−1.34	0.20
Ítem 12	0.59	0.17	0.18	0.42	0.18
Ítem 13	0.86	−0.58	0.24	−0.37	0.34
Ítem 14	1.15	−1.54	0.14	−1.43	0.73
Ítem 15	1.19	0.03	0.10	0.11	0.84
Ítem 16	0.95	−0.41	0.14	−0.28	0.50
Ítem 17	0.80	0.35	0.11	0.48	0.37
Ítem 18	1.00	0.40	0.17	0.54	0.52
Ítem 19	0.61	2.17	0.14	2.37	0.21
Ítem 20	1.27	−0.80	0.22	−0.67	0.76
Ítem 21	0.92	0.11	0.32	0.34	0.33
Ítem 22	1.11	−1.41	0.14	−1.30	0.68
Ítem 23	0.74	−1.65	0.15	−1.48	0.30
Ítem 24	0.85	0.79	0.15	0.94	0.39
Ítem 25	0.79	1.26	0.15	1.42	0.34
Ítem 26	1.14	−0.03	0.11	0.06	0.76
Ítem 27	1.16	1.54	0.25	1.70	0.60
Ítem 28	0.77	0.62	0.09	0.73	0.36

Ítem 29	0.89	1.41	0.15	1.55	0.43
Ítem 30	0.55	0.16	0.16	0.40	0.16
Ítem 31	0.66	1.05	0.34	1.39	0.16
Ítem 32	0.60	2.28	0.19	2.53	0.18
Ítem 33	0.46	−1.65	0.15	−1.37	0.11
Ítem 34	1.47	2.34	0.17	2.44	1.13
Ítem 35	0.53	−0.97	0.16	−0.72	0.15
Ítem 36	0.96	−0.97	0.15	−0.84	0.50
Ítem 37	0.51	−0.09	0.15	0.16	0.14
Ítem 38	1.16	0.00	0.20	0.14	0.66
Ítem 39	0.43	1.01	0.13	1.28	0.10
Ítem 40	0.97	1.08	0.17	1.22	0.49

La meta del primer test es, como hemos dicho, diferenciar a los examinados en 2 grupos, aquellos que tienen unos conocimientos insuficientes y, por lo tanto, deben asistir al curso de formación, de aquellos que no. Suponiendo que hemos situado dicho punto de corte en la media de la distribución θ, deberemos elegir los 10 ítems que midan con más precisión valores de θ en torno a 0 y que proporcionen la mayor cantidad de información. Estos son los ítems 5, 7, 12, 13, 15, 16, 17, 21, 26 y el 38. El objetivo del segundo test es becar a las personas más preparadas, por tanto, elegiremos los 10 ítems que aporten la máxima información en los niveles más altos de θ, que son el 2, 4, 9, 19, 25, 27, 29, 32, 34 y el 40.

¿Será el primer test mejor que el segundo para discriminar a las personas con un conocimiento deficiente de estadística? Seguro que sí, después de todo está optimizado para ello. ¿Será el segundo test mejor que el primero para discriminar a las personas con un conocimiento excelente de estadística? Por la misma razón que antes, seguro que sí. Pero, ¿serán cada uno de estos tests mejores que el test original para cumplir los objetivos para los que han sido específicamente diseñados? Piensan que sí, pues no. ¿Por qué? En la Figura 11 se presentan las funciones de información de cada uno de los tests. ¿Qué está pasando? En primer lugar, el test inicial, siempre y necesariamente, medirá todos los niveles de habilidad con más precisión que cualquier otro test que sea un subconjunto de sus ítems, ya que como vimos, la FI del test no es más que la suma de las FI de los ítems que lo componen. Y eso es lo que pasa: comparamos la FI de un test compuesto por 10 ítems con la FI de un test compuesto por esos 10 ítems más 30 más. En segundo lugar, también podemos comprobar que el test menos preciso para medir los niveles de habilidad para los que ha sido diseñado es el de las becas. La causa, la baja capacidad discriminativa de la mayor parte de los ítems que lo componen. Dicho de otra forma, que la cantidad de información que aportan sus ítems, por lo general, es muy baja (véase la Tabla 3). Desgraciadamente, no hay otros mejores.

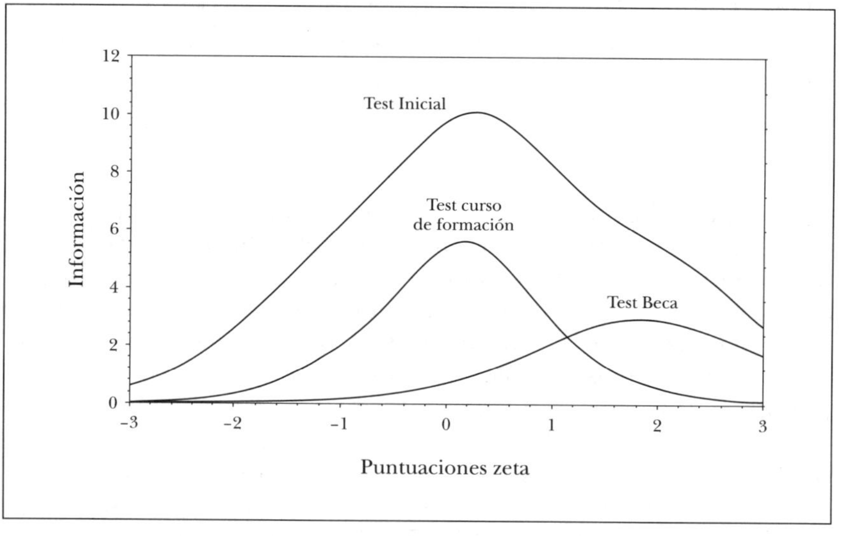

FIGURA 11. *Funciones de información del test inicial (40 ítems) y de los tests específicos (10 ítems cada uno).*

Terminaremos este apartado dando algunas indicaciones sobre los pasos necesarios para construir un test dentro del marco de la TRI. Estas son:

1) Tener una buena comprensión (lo ideal, naturalmente, es tener una buena teoría) del constructo a medir. Requisito indispensable para que los ítems que formulemos reflejen adecuadamente la variable de interés.
2) Escribir, como mínimo, dos veces más ítems de los que compondrán el test final.

3) Realizar un estudio piloto del funcionamiento de los ítems en una pequeña muestra[12] (entre 50 y 100 personas) que nos permita detectar, empleando los estadísticos de la TCT, dificultades de comprensión debidas a una mala redacción, distractores que no cumplen su función, ítems nada discriminativos, etc.
4) Administrar los ítems resultantes del paso anterior a una muestra lo suficientemente amplia para permitir el ajuste de un modelo de TRI (muestra de calibración). Una muestra de 1.000 examinados suele garantizar unas estimaciones precisas en el modelo de 3p; por debajo de 600 no es recomendable ajustar tal modelo. La empresa que comercializa el BILOG, Scientific Software International, señala un tamaño de muestra de 250 adecuado para ajustar un modelo de 2p y tamaños inferiores para ajustar el modelo de 1p. En todo caso, cuanto más, mejor.
5) A partir de los resultados de la muestra de calibración, realizar una selección inicial de los ítems aplicando los estadísticos clásicos. Se eliminarán los ítems con índices de dificultad muy altos o muy bajos, y con correlaciones ítem-test negativas o muy bajas, ya que pueden provocar problemas de estimación al ajustar el modelo de TRI.
6) Analizar la dimensionalidad de los datos. Debe recordarse que uno de los supuestos de los modelos de TRI vistos es la unidimensionalidad del constructo evaluado.
7) Estimar los parámetros de los ítems aplicando un modelo de TRI a los resultados de la muestra de calibración y valorar el ajuste del modelo.
8) Basándonos en el propósito del test especificar una función de información del test objetivo.
9) Seleccionar los ítems que cumplan con la función de información objetivo. Para ello, como hemos visto, utilizaremos la función de información de los ítems.
10) Calcular la función de información del test según vayamos añadiendo ítems, hasta que obtengamos una aproximación razonable a la función objetivo.

---

[12] Todas las muestras a emplear deberán ser, ya supondrá el lector, representativas de la población a la que va destinada el test.

3.2.6. *Tests adaptativos informatizados y bancos de ítems*

A casi nadie se le ocurriría pesar 7 follis de Diocleciano en una romana, ni el coche en la báscula del cuarto de baño, ni 50.000 kilos de trigo en una balanza de superprecisión. A cada peso, su balanza. Parece una cosa sensata adecuar los instrumentos de medida a las características de los objetos medidos, y es muy habitual al medir propiedades físicas. Sin embargo, la mayor parte de las variables psicológicas se evalúan mediante el mismo test para todos los examinados, con independencia del nivel de habilidad que posean en la variable medida. Dichos tests, por lo general, están diseñados para evaluar de forma óptima el nivel de desempeño medio que, de acuerdo con la distribución normal que se le supone a casi todo lo que se mide, es el más común. Por eso, la mayor parte de los ítems de la mayor parte de los tests son de dificultad media. Cuando estos tests se aplican a personas que están en los extremos de la distribución, tal característica puede tener efectos indeseables: que los más capaces se desmotiven porque son muy fáciles, que los menos capaces se desmotiven porque son muy difíciles. En el apartado dedicado a la construcción de tests a medida, hemos visto lo fácil que es dentro de la TRI diseñar tests con objetivos específicos. Tales tests, sin embargo, seguirían estando formados por un *conjunto fijo de ítems.* Esto plantea un serio dilema: si no todos los ítems miden con la misma precisión todos los niveles de habilidad, por qué todas las personas deben contestar los mismos ítems. Dicho de otro modo ¿por qué no construimos los tests además de a medida del objetivo, a medida del sujeto? Como sabemos, aplicando sólo ítems que aporten información máxima para el nivel de θ evaluado, reduciremos el número de ítems necesarios para medir y, además, lo haremos con la máxima precisión.

Los tests adaptativos informatizados (TAI; en inglés CAT: Computer Adaptive Testing) pretenden conseguir eso. Para ello necesitamos un conjunto de ítems calibrados en la misma métrica, un *banco de ítems,* que evalúen la habilidad de interés. Según vaya respondiendo el examinado a cada ítem iremos estimando su puntuación θ y la utilizaremos para determinar qué ítem de nuestro banco será el siguiente en ser aplicado. En principio, aquél que proporcione la información máxima para $\hat{\theta}$. El procedimiento es bien sencillo, de forma más detallada, constará de los siguientes pasos:

1) Dado el nivel de habilidad estimado para el examinado ($\hat{\theta}$) debemos establecer cuál de los ítems del banco será el próximo en serle presentado. Calcularemos para ello la función de información para $\hat{\theta}$ de todos los ítems del banco (Ecuaciones 8, 9, ó 10, según el modelo). Pudiera parecer que lo más adecuado es elegir siempre el más informativo. Sin embargo, existen varios motivos para no obrar así. El principal, que de acuerdo con dicho principio para estimar cada nivel de θ, en el caso extremo, siempre aplicaríamos el mismo ítem (el de información máxima). Otro motivo es que ciertos contenidos deban estar representados proporcionalmente en el test; por ejemplo, que en un test sobre psicometría deba haber un 50% de ítems que traten sobre validez y un 50% que traten sobre fiabilidad.
2) El ítem seleccionado es administrado.
3) Se estima de nuevo el nivel de habilidad de la persona evaluada ($\hat{\theta}$) empleando las respuestas a todos los ítems administrados hasta ese momento.
4) Se repiten los pasos 1 a 3 hasta que se cumple algún criterio. Uno de los más usuales es fijar un nivel de precisión en la medida. Para ello deberíamos estimar la FI del test para $\hat{\theta}$ (ecuación 14) y dejar de administrar ítems cuando alcancemos el nivel prefijado; por ejemplo, un nivel de información de 10, o lo que es lo mismo, un error típico de medida de 0.32.

Ya habrá reparado el lector en que conocemos todas las herramientas matemáticas necesarias para implementar un test adaptativo informatizado, excepto quizá la más importante: ¿Cómo estimar el nivel de habilidad de la persona evaluada según va respondiendo los ítems? Como no podía ser menos, existen programas en el mercado que estiman estos parámetros (Molina, Sanmartín y Pareja, 1999; Hontangas, 1999), por lo que el lector que no esté interesado en los intríngulis de cálculo puede saltarse lo que sigue sin menoscabo de comprensión del resto del capítulo. Para los que deseen ir más allá de la magia del ordenador, vamos a presentar una modificación del procedimiento iterativo de Newton-Raphson (Lord, 1980: 181) relativamente fácil de programar. La ecuación, que deberemos aplicar iterativamente hasta obtener la estimación del nivel de habilidad del examinado, viene dada por:

$$\hat{\theta}_{S+1} = \hat{\theta}_S + \frac{\sum_{i=1}^{n} S_i\left(\hat{\theta}_s\right)}{\sum_{i=1}^{n} I_i\left(\hat{\theta}_s\right)} \tag{16}$$

donde,

$\hat{\theta}_s$: es el nivel de habilidad estimado en la iteración s.
I_i: es la información del ítem i en el nivel de habilidad estimado en la iteración s. (Ecuaciones 8, 9 ó 10, dependiendo del modelo).

Y el término $S_i\left(\hat{\theta}_s\right)$ es igual a $\left[u_i - P_i\left(\hat{\theta}_s\right)\right] \dfrac{P_i'\left(\hat{\theta}_s\right)}{P_i\left(\hat{\theta}_s\right) Q_i\left(\hat{\theta}_s\right)}$, siendo:

u_i: es la respuesta del examinado al ítem i ($u_i = 1$ para una respuesta correcta y $u_i = 0$ para una incorrecta).
$P_i\left(\hat{\theta}_s\right)$: es la probabilidad de acierto del ítem i en el nivel de habilidad $\hat{\theta}$ en la iteración s. (Ecuaciones 2, 3 ó 4, dependiendo del modelo).
$Q_i\left(\hat{\theta}_s\right)$: es igual a $1 - P_i\left(\hat{\theta}_s\right)$.
$P_i'\left(\hat{\theta}_s\right)$: es la primera derivada de $P_i\left(\hat{\theta}_s\right)$,

que, dependiendo del modelo, será igual a:

ML1p : $$P_i'\left(\hat{\theta}_s\right) = DP_i\left(\hat{\theta}_s\right) Q_i\left(\hat{\theta}_s\right).$$

ML2p: $$P_i'\left(\hat{\theta}_s\right) = Da_i P_i\left(\hat{\theta}_s\right) Q_i\left(\hat{\theta}_s\right).$$

ML3p: $$P_i'\left(\hat{\theta}_s\right) = \frac{Da_i Q_i\left(\hat{\theta}_s\right)\left[P_i\left(\hat{\theta}_s\right) - c_i\right]}{\left(1 - c_i\right)}.$$

Siendo $D = 1.7$, y a_i y c_i los parámetros de discriminación y pseudoazar del ítem i.

La lógica del proceso de estimación es tan sencilla como la ecuación 16. Debemos empezar notando cómo el valor $\hat{\theta}_{s+1}$ se obtiene sumando a $\hat{\theta}_s$ una cantidad que vamos a denotar por

$$\Delta\theta = \frac{\sum_{i=1}^{n} S_i(\hat{\theta}_s)}{\sum_{i=1}^{n} I_i(\hat{\theta}_s)}$$

y que el valor $\hat{\theta}_{s+1}$ se convertirá en $\hat{\theta}_s$ en la siguiente iteración. Esto es, iteración 1: $\hat{\theta}_2 = \hat{\theta}_1 + \Delta\theta$, iteración 2: $\hat{\theta}_3 = \hat{\theta}_2 + \Delta\theta$, ... iteración s: $\hat{\theta}_{s+1} = \hat{\theta}_s + \Delta\theta$. En este estado de cosas, si no pusiéramos ningún límite el algoritmo iteraría *ad infinitum*. ¿Cuándo parar el proceso? Un buen criterio es que el algoritmo deje de iterar cuando el término $\Delta\theta$ llegue a ser tan pequeño que el valor $\hat{\theta}_{s+1}$ apenas cambie de iteración a iteración (por ejemplo, una diferencia de 0.01) o que se llegue a un número prefijado de iteraciones. ¿Y cuándo llegará $\Delta\theta$ a ser tan pequeño? Esencialmente todo depende del término $\left[u_i - P_i(\hat{\theta}_s)\right]$ que encontramos en la expresión $S_i(\hat{\theta}_s)$. $\Delta\theta$ disminuirá a medida que la diferencia entre las respuestas[13] del examinado a los ítems del test (u_i) y las probabilidades de una respuesta correcta generadas de acuerdo con el modelo de TRI $\left[P_i(\hat{\theta}_s)\right]$ disminuyen. En definitiva, a medida que disminuye la diferencia entre las repuestas predichas por el modelo y las observadas. ¿Y cuándo disminuye esa diferencia? A medida que $\hat{\theta}_s$ se acerca al verdadero valor de θ, que es el que da razón en los modelos de TRI de las respuestas del examinado. Así de simple. Por eso señalábamos cuando hablamos de los métodos de máxima verosimilitud, que eligen como estimaciones de los parámetros aquellos valores que hacen más probables, más verosímiles, las respuestas que observamos en nuestra muestra.

La calidad de un TAI está determinada, básicamente, por las características técnicas del banco de ítems y por la calidad del programa de gestión y administración del TAI[14]. Los ítems son, por decirlo de alguna manera, la materia prima. A continuación presentamos algunos consejos, muy simples, para valorar un **banco de ítems**.

---

[13] Repárese en el sumatorio de la ecuación 16, por eso hablamos de las respuestas a los ítems del test y no de la respuesta al ítem.

[14] Esto comprende decisiones tan diversas como el criterio para dejar de administrar ítems, restricciones que garanticen la heterogeneidad del contenido, o restricciones que eviten la sobreexposición de los ítems, por citar sólo algunas.

- La FI del banco de ítems permite establecer de forma gráfica y global sus características. Por ejemplo, considerando que el test inicial presentado en la Figura 11 forma un banco de ítems, su FI indica que proporciona bastante información para evaluar niveles de habilidad medios y mínima para valores $\theta < -2$ (con un error típico de medida por encima siempre de 0.63).
- Idealmente debe estar formado por un gran número de ítems altamente discriminativos en cada nivel de habilidad. Si esto se cumpliese, la FI del banco sería una línea recta que cortaría el eje de ordenadas en un nivel de información alto. Como el coste psicométrico y económico de la situación ideal es muy elevado, se debe procurar que la curva que describa la FI sea lo menos apuntada posible y que su máximo coincida con el nivel de habilidad "objetivo" del test, en caso de que lo haya, o con el nivel de habilidad más frecuente en la población a evaluar.
- El rango de discriminación de los ítems de un buen banco debe encontrarse entre $0.53 \leq a \leq 2$.
- Se pueden obtener buenos tests adaptativos informatizados con 100 ítems muy discriminativos y bien distribuidos (Weiss, 1985). Si se añaden requisitos adicionales, como que el contenido del test esté balanceado o se desean construir formas paralelas, el número de ítems deberá ser mucho mayor.

Quien desee profundizar en esta temática puede consultar en español, entre otros, Barbero (1996), Olea y Ponsoda (1996), Olea, Ponsoda y Prieto (1999), y Renom (1993).

3.2.7. *Funcionamiento Diferencial de los ítems*

Sabemos cómo analizar los ítems de un cuestionario. Sabemos cómo establecer las propiedades métricas del test y cómo construir tests a medida y tests adaptativos. Todo ello gracias a una serie de funciones matemáticas que nos permiten conocer y determinar la utilidad de los ítems para evaluar determinada aptitud, actitud o nivel de conocimientos: Curva Característica del Ítem, Curva Característica del Test, Funciones de Información, Función de Eficiencia. Este utillaje parece suficiente para seleccionar los ítems que ofrezcan unas propiedades psicométricas óptimas. Eso parece, pero no es así. Supongamos que deseamos construir un test que mida la aptitud espacial y que vamos a utilizarlo para seleccionar a controladores aéreos. Supongamos que tenemos un conjunto de ítems debidamente calibrados y que aportan información máxima para niveles altos de θ. ¿Qué más podemos pedir? Una cosa más es exigible, que la probabilidad de acertar dichos ítems esté determinada sólo por el nivel de θ que posea quien los responda. Cuando esto no se cumple, y la probabilidad de responder correctamente al ítem es función no sólo de θ sino de cualesquiera otra característica irrelevante, entonces se dice que el ítem funciona diferencialmente. Más concretamente, utilizamos la expresión funcionamiento diferencial de los ítems (DIF) para señalar aquellos ítems cuya probabilidad de acertarlos difiere, a igual nivel de habilidad en la variable medida, entre distintos subgrupos de una población dada. Yendo al caso que nos ocupa, si los ítems del test espacial estuviesen bien diseñados, todas las personas de igual nivel de aptitud, deberían tener la misma probabilidad de acertarlos. Si por el contrario, a igual nivel de aptitud, los hombres tuvieran una probabilidad de acertarlo más alta que la mujeres, diríamos que el ítem funciona diferencialmente contra las mujeres. El DIF, al margen de los problemas éticos y legales que conlleva, es una clara amenaza para la validez de los ítems y del test. Un test o ítem válido dará lugar a medidas idénticas para sujetos o grupos con iguales valores en la variable medida, el DIF se define justamente como lo contrario.

De esta guisa se entenderá que el análisis del DIF sea una parte esencial del análisis de los ítems, algo así como un último control de calidad. ¿Por dónde empezar? Primera pregunta: ¿qué características pueden utilizarse para definir los grupos a comparar en las investigaciones sobre el DIF? En principio, cualquiera; aunque suelen utilizarse características sociodemográficas de los sujetos como la clase social, edad, religión, género, étnia, etc... El número de grupos entre los que se establecen las comparaciones también es variable, pero la mayoría de las investigaciones se llevan a cabo sobre dos grupos. Por convención a estos dos grupos se les denomina *grupo focal* (G_F), para señalar aquel grupo que es el foco de interés y que suele coincidir con el grupo minoritario, y *grupo de referencia* (G_R), que es el grupo que sirve como base de comparación y suele ser el grupo mayoritario. Segunda pregunta: ¿Qué procedimientos emplear para detectar a los ítems que funcionan diferencialmente?

Existen multitud de procedimientos para determinar dentro de la TRI si un ítem presenta DIF, aquí presentaremos sólo dos de ellos: el contraste de las diferencias en *b* y la comparación de modelos. Por último, se expondrá un procedimiento que permite analizar el DIF sin necesidad de ajustar ningún modelo de TRI: el procedimiento Mantel-Haenszel. Para una revisión detallada de este tópico recomendamos la lectura en castellano de los textos de Fidalgo (1996), Fidalgo y Ferreres (2002) y Fidalgo y Muñiz (2001), y en inglés el de Camilli y Shepard (1994).

CONTRASTE DE LAS DIFERENCIAS EN *b*

Veremos sucintamente este método por ser muy fácil de aplicar al estar implementado en el BILOG.

La detección del DIF desde la TRI es conceptualmente muy simple: calcular las curvas características del ítem en cada uno de los grupos sometidos a comparación y determinar si coinciden (ausencia de DIF) o no coinciden (DIF). Como sabemos, la CCI es función de los parámetros que definen al ítem, por lo tanto, en ausencia de DIF los parámetros del ítem en ambos grupos no deberían diferir entre sí más allá de lo esperable por las fluctuaciones aleatorias del muestreo. Así, una estrategia para detectar el DIF será comparar los parámetros del ítem entre los grupos. En el caso más sencillo, el modelo logístico de un parámetro, un ítem funcionará diferencialmente si existen diferencias en el parámetro *b* entre los grupos. Formalmente,

$$H_0 = \Delta b = b_F - b_R = 0 \quad \text{(ausencia de DIF)}$$
$$H_1 = \Delta b = b_F - b_R \neq 0 \quad \text{(DIF)}$$

Donde b_F denota el valor del parámetro *b* en el grupo focal y b_R en el grupo de referencia.

El error típico de la diferencia entre los parámetros *b* viene dado por:

$$S_{\Delta b} = \sqrt{S_{bF}^2 + S_{bR}^2} \qquad (17)$$

Siendo, S_{bF}^2 y S_{bR}^2 la varianza del parámetro *b* en el grupo focal y el de referencia, respectivamente.

Para someter a prueba la hipótesis nula de ausencia de DIF, dividiremos la diferencia entre las estimaciones de *b* en ambos grupos por el error típico de dicha diferencia. Es decir, que utilizaremos como estadístico de contraste:

$$D = \frac{\Delta b}{S_{\Delta b}}, \tag{18}$$

que sigue una distribución normal bajo la H_0 de ausencia de DIF, de tal forma que si $|D| \geq |Z_{\alpha/2}|$, el ítem presenta DIF al nivel de significación α.

Los comandos necesarios para realizar este análisis con el BILOG se presentan a continuación

```
Análisis del DIF. ML1p
_
>GLOBAL DFName = 'C:\dif1p.dat',
        NPArm = 1,
        SAVe;
>SAVE CALib = 'dif1p.CAL',
      PARm = 'dif1p.PAR',
      DIF = 'dif1p.DIF';
>LENGTH NITems = (40);
>INPUT NTOtal = 40,
       NIDchar = 3,
       NGRoup = 2,
       DIF;
>ITEMS ;
>TEST1 TNAme = 'TEST0001',
       INUmber = (1(1)40);
>GROUP1 GNAme = 'GF',
        LENgth = 40,
        INUmbers = (1(1)40);
>GROUP2 GNAme = 'GR',
        LENgth = 40,
        INUmbers = (1(1)40);
(3A1, I1, 40A1)
>CALIB REFerence = 2 PLOT=1;
```

Comentaremos los comandos que hemos añadido para realizar el análisis de DIF. Como se ve, en este caso ajustamos un modelo de 1p (NPArm = 1). Entre los ficheros de resultados que queremos guardar se encuentran los de los análisis de DIF (DIF= 'dif1p.DIF'). A continuación se señala que en nuestra base de datos tenemos las respuestas a 40 ítems, habiendo dedicado 3 columnas a la identificación del examinado, que pertenecerá a alguno de los 2 grupos que hay (NGRoup = 2), y muy importante, que deseamos que nos realice un análisis del DIF (DIF). Unos renglones más adelante indicamos el nombre que queremos asignar al grupo 1 (GNAme = 'GF') y que analizaremos los 40 ítems que hay en la base de datos. Lo mismo para el grupo 2. También se especifica cómo está dispuesta la información en el fichero de datos: (3A1, I1, 40A1). Esto es, que en las 3 primeras columnas está la identificación del sujeto, en la cuarta columna el código del grupo al que pertenece (2: grupo de referencia, 1: grupo focal) y, por último, las respuestas del mismo a los 40 ítems. Para terminar se señala que el código que identifica al grupo de referencia es un 2 (REFerence = 2). En la Tabla 4 se ofrece el comienzo y el final del fichero con los datos.

TABLA 4. *Fichero con las respuestas de 900 examinados del grupo de referencia (2) y 700 del grupo focal (1) a un test de 40 ítems.*

```
  120000101101101111110110100101000010110100
  221011110111100111110111100101011010111111
  :::::::::::::::::::::::::::::::::::::::::
90021010001111101111110111110000010010111100
  111010010100101100010111110101010010111110
  :::::::::::::::::::::::::::::::::::::::::
70010010111101111101110111100000000010110100
```

En los resultados de la fase de calibración encontraremos las diferencias en el parámetro *b* entre los grupos (GROUP 1-2), así como el error típico de dicha diferencia señalado por un asterisco. Una vez tenemos estos datos, sólo nos resta aplicar la ecuación 18 para comprobar si el ítem presenta DIF. Atendiendo a la porción de resultados que se muestran a continuación, podemos concluir que sólo el ítem 40 presenta DIF al nivel de confianza del

95% ($|0.424/0.092| = 4.60 \geq |-1.96|$). Las CCI presentadas en la Figura 12 son bien elocuentes. Como podemos observar las personas que pertenecen al G_R, a igual capacidad que las que pertenecen al G_F (misma puntuación θ), tienen siempre una probabilidad mayor de acertar el ítem.

```
MODEL FOR GROUP DIFFERENTIAL ITEM FUNCTIONING:
 GROUP THRESHOLD DIFFERENCES

   ITEM         GROUP  |   ITEM        GROUP  |   ITEM        GROUP
                1 - 2  |               1 - 2  |               1 - 2
-----------------------+----------------------+-----------------------
 ITEM0001 |  0.011     | ITEM0015 |  0.061    | ITEM0028 | -0.141
          |  0.077*    |          |  0.075*   |          |  0.081*
    :          :       |    :         :       |    :          :
 ITEM0013 | -0.022     | ITEM0027 | -0.156    | ITEM0040 |  0.424
          |  0.081*    |          |  0.106*   |          |  0.092*
---------------------------------------------------------------------
```

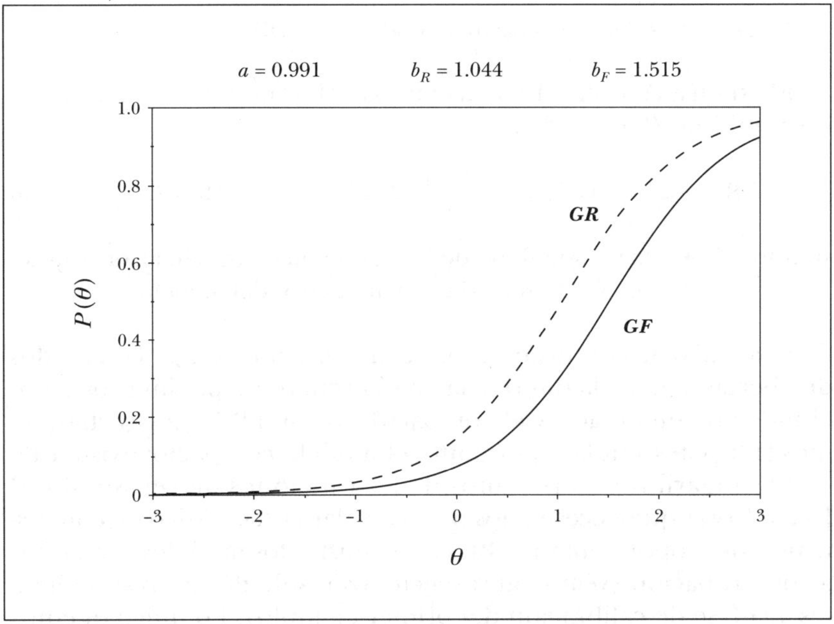

FIGURA 12. *CCI del ítem 40 en el grupo de referencia* (GR) *y focal* (GF).

COMPARACIÓN DE MODELOS

Una alternativa más complicada, pero mucho más flexible que la vista anteriormente, es la comparación del ajuste de modelos. En esta estrategia se compara un modelo en que los parámetros del ítem son iguales para los dos grupos (ausencia de DIF) frente a otro en el que alguno o algunos de los parámetros del ítem difiere entre grupos (DIF). Si el segundo modelo ajusta significativamente mejor a los datos que el primero, concluiremos que hay DIF.

Describiremos el procedimiento en detalle utilizando la terminología empleada por Thissen, Steinberg y Wainer (1993). Tenemos dos modelos a comparar, el modelo compacto o modelo sin DIF (modelo C) y el modelo aumentado o modelo con DIF (modelo A), que incluye todos los parámetros del modelo compacto y alguno más. Deberemos determinar si los parámetros adicionales del modelo A son significativamente diferentes de 0, es decir, si su inclusión mejora significativamente el ajuste del modelo a los datos. En términos de hipótesis nula y alternativa:

H_0 = Los datos se ajustan al modelo C (ausencia de DIF)

H_1 = Los datos se ajustan al modelo A (DIF)

El estadístico utilizado para comparar los modelos es la razón de verosimilitud (LR), dada por:

$$\text{LR} = -2\ln\left[\text{L}(C)/\text{L}(A)\right] = \left[-2\ln\text{L}(C)\right] - \left[-2\ln\text{L}(A)\right], \qquad (19)$$

siendo, L(•) la verosimilitud de los datos dadas las estimaciones máximo verosímiles de los parámetros del modelo.

El estadístico de contraste LR sigue una distribución χ^2 con grados de libertad igual a la diferencia en el número de parámetros entre el modelo aumentado y el compacto. Así, si $\text{LR} \geq {}_{\alpha}\chi^2_{gl}$ rechazaremos la hipótesis nula y, por tanto, el modelo compacto: existe DIF.

Los logaritmos neperianos de las funciones de verosimilitud $[-2\ln\text{L}(\bullet)]$ que necesitamos para calcular el estadístico de contraste nos los proporcionará el BILOG al ajustar los modelos sometidos a comprobación (véanse al respecto los resultados correspondientes a la fase de calibración del primer ejemplo). Lo único que nos resta es saber cómo hacerlo.

Para aclarar estos conceptos vamos a poner un ejemplo. Supongamos que las respuestas de 900 personas a un test de 5 ítems ajustan bien a un modelo de 2p. Tenemos serias sospechas de que el ítem quinto está sesgado contra las mujeres. Consideremos, en primer lugar, los parámetros de los ítems que definen los modelos compacto y aumentado necesarios para evaluar el DIF en el ítem quinto:

MODELO C (ausencia de DIF):

$$\{a_1, b_1, a_2, b_2, a_3, b_3, a_4, b_4, a_5, b_5\}$$

MODELO A (DIF):

$$\{a_1, b_1, a_2, b_2, a_3, b_3, a_4, b_4, a_{R5}, b_{R5}, a_{F5}, b_{F5}\}$$

Los parámetros que definen el modelo compacto son los parámetros a y b de cada ítem que son comunes para ambos grupos. En el modelo aumentado, sin embargo, hemos incluido en el ítem quinto parámetros diferentes para el grupo de referencia y para el grupo focal. Por tanto, el modelo compacto respecto del aumentado impone las siguientes dos restricciones:

$$a_{R5} = a_{F5} = a_5$$
$$b_{R5} = b_{F5} = b_5$$

Una vez definidos los modelos a comparar, vamos a ver los pasos a seguir para intentar falsar la hipótesis de ausencia de DIF. Éstos son:

1. Estimar utilizando la totalidad de la muestra los parámetros del modelo compacto y su función de verosimilitud [L(C)]. Utilizaremos para el ajuste del modelo las respuestas de los 900 examinados a cada uno de los 5 ítems que componen el test.
2. Estimar los parámetros que definen el modelo aumentado y su función de verosimilitud [L(A)]. Los datos que utilizaremos para ajustar este modelo son:

   – Para los ítems en los que no se evalúa el DIF (ítems 1, 2, 3 y 4), la respuesta a los mismos de todos los examinados.

- Para el ítem bajo estudio crearemos dos nuevos ítems, uno con las respuestas en ese ítem de los examinados que pertenezcan al grupo de referencia (5_R), que en este caso serán los 500 hombres, y otro con las respuestas a ese ítem de los examinados que pertenezcan al grupo focal (5_F), esto es, las 400 mujeres. Así tendremos que ajustar el modelo a un test compuesto por los siguientes ítems (1, 2, 3, 4, 5_R y 5_F).
- Una vez obtenidas las funciones de verosimilitud de ambos modelos se calcula el estadístico de contraste de la ecuación 19.

Los comandos de sintaxis necesarios para evaluar el quinto ítem siguiendo esta estrategia se presentan a continuación.

```
Análisis del DIF mediante la comparación de modelos
ML2p

>GLOBAL DFName = 'C:\CM2p.dat',
        NPArm = 2,
        NTEst = 2;
>LENGTH NITems = (5, 6);
>INPUT NTOtal = 7,
       NIDchar = 3,
       KFName = 'C:\CM2p.dat',
       NFName = 'C:\CM2p.dat';
>ITEMS ;
>TEST1 TNAme = 'ModeloC',
       INUmber = (1(1)5);
>TEST2 TNAme = 'ModeloA',
       INUmber = (1(1)4, 6, 7);
(3A1, 1X, 7A1)
>CALIB PLOt = 1.0000,
       ACCel = 1.0000;
>SCORE ;
```

En el comando GLOBAL se señala que ajustaremos un modelo de 2p a dos tests diferentes (NTEst = 2), que estarán formados por los ítems que componen el modelo compacto y aumentado. Con la línea LENGTH NITem = (5, 6) indicamos que el primer test está compuesto por 5 ítems (ítems 1, 2, 3, 4 y 5) y el segundo por 6 (ítems 1, 2, 3, 4, 6 y 7). Nótese que el ítem 6 se corresponde con el que hemos denominado 5_R y el 7 con el denominado 5_F. En el comando INPUT señalamos que en nuestro fichero de datos tenemos las respuestas a 7 ítems (ítems 1, 2, 3, 4, 5, 5_R y 5_F), que la identificación del sujeto ocupa 3 columnas, que en la primera línea del fichero de datos aparecerá el código que señala las respuestas correctas a cada ítem (un 1) (KFName = 'C:\CM2p.dat'), y que en la segunda línea del fichero aparecerá el código empleado para señalar que no hay respuesta (un 9) (NFName = 'C:\CM2p.dat'). A continuación se indican los ítems que componen el modelo compacto (INUmber = (1(1)5)) y el modelo aumentado (INUmber = (1(1)4, 6, 7)). Finalmente, se señala (3A1, 1X, 7A1) que en las 3 primeras columnas del fichero con los datos está la identificación del sujeto, en la cuarta columna el código del grupo al que pertenece (2: grupo referencia, 1: grupo focal) y, por último, las respuestas del mismo a los 5 ítems originales más los 2 que hemos construido. Por consiguiente, el fichero con los datos adoptará la siguiente forma:

```
    1111111
    9999999
  121000119
  220001119
  : : : : : : : : :
50020000009
  111000090
  210000090
  : : : : : : : : :
40011000191
```

Los resultados más interesantes de ajustar ambos tests en la fase de calibración se presentan a continuación:

MODELO COMPACTO

```
-2 LOG LIKELIHOOD:        3717.1810
```

MODELO AUMENTADO

```
 -2 LOG LIKELIHOOD:        3656.4042

 ITEM      INTERCEPT   SLOPE    THRESHOLD  LOADING   ASYMPTOTE
             S.E.       S.E.      S.E.       S.E.       S.E.
--------------------------------------------------------------
   :          :          :         :          :          :

ITEM0006 |  -0.693   | 0.566* |  1.226    | 0.492  |   0.000
         |   0.080*  | 0.093* |  0.171*   | 0.081* |   0.000*
         |           |        |           |        |
ITEM0007 |  -2.161   | 1.303  |  1.658    | 0.793  |   0.000
         |   0.326*  | 0.364* |  0.276*   | 0.221* |   0.000*
--------------------------------------------------------------
                                          * STANDARD ERROR
```

A tenor de lo dicho y de los resultados (3717,18 – 3656,40 = 60.78 > 5,99), rechazamos la hipótesis nula de ausencia de DIF al nivel de significación del 0.05 (${}_{0.05}\chi^2_2 = 5{,}99$). El ítem 5 presenta un funcionamiento diferencial no uniforme entre los grupos. Esto significa que el ítem beneficia a un grupo en unos niveles de θ y en otros le perjudica (véase la Figura 13). Cuando el ítem beneficia sistemáticamente a un grupo a lo largo de todo el rango de θ, se habla de DIF uniforme (La Figura 12 ejemplifica este tipo de DIF).

PROCEDIMIENTO MANTEL-HAENSZEL

Los procedimientos vistos hasta ahora exigen ajustar modelos de TRI, el que sigue no exige ningún modelo de medida específico. Es decir, que puede aplicarse perfectamente dentro de un análisis de los ítems desde la TCT. El procedimiento Mantel-Haenszel (MH) por su sencillez, bajo costo computacional y buenos resultados, es uno de los métodos más utilizados para detectar el DIF. Lo primero que hemos de hacer para aplicar el procedimiento MH es disponer la información con las respuestas de los examinados en el test en m tablas de contingencia de 2×2, siendo m el número de intervalos en los que se divide la puntuación total en el test ($1 \ldots k \ldots m$). Así, para cada nivel de puntuación k, tendremos una tabla de contin-

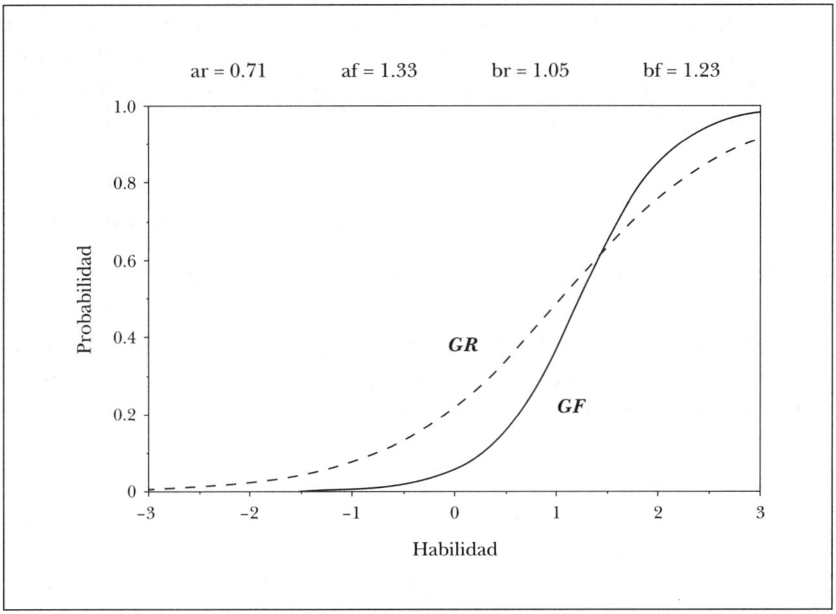

FIGURA 13. *CCI del ítem 5 en el grupo de referencia* (GR) *y focal* (GF).

gencia de 2×2 con la pertenencia al grupo (referencia/focal) en una de las entradas y la respuesta al ítem (acierto/error) en la otra, como se puede observar en la Tabla 5. Los valores de las celdas A_k, B_k, C_k y D_k denotan el número de examinados en cada categoría. Los valores marginales N_{Rk} y N_{Fk} representan el número de examinados en el grupo de referencia y focal, respectivamente; y N_{1k} y N_{0k} representan el número de examinados que han contestado correcta e incorrectamente el ítem, respectivamente. Finalmente, N_k es el número total de examinados en el nivel de puntuación *k*.

TABLA 5. *Tabla de contingencia* 2×2 *para el nivel de puntuación* k.

Grupo	Acierto (1)	Error (0)	Total
Referencia	A_k	B_k	N_{Rk}
Focal	C_k	D_k	N_{Fk}
	N_{1k}	N_{0k}	N_k

La lógica que subyace al procedimiento MH es la siguiente: si el ítem no presenta DIF, la razón entre el número de personas que aciertan el ítem y las que lo fallan debe ser la misma en los dos grupos comparados a lo largo de todos los niveles de puntuación. Formalmente

$H_0 : (A_k / B_k) = \alpha (C_k / D_k)$ siendo $\alpha = 1$ para todo k (Ausencia de DIF)

$H_1 : (A_k / B_k) = \alpha (C_k / D_k)$ siendo $\alpha \neq 1$ en algún k (DIF)

Holland y Thayer (1988) proponen utilizar el estadístico Mantel-Haenszel para someter a prueba la hipótesis nula de ausencia de DIF. Este estadístico viene dado por:

$$\chi^2_{MH} = \frac{\left(\left| \sum_{k=1}^{m} A_k - \sum_{k=1}^{m} E(A_k) \right| - 0.5 \right)^2}{\sum_{k=1}^{m} Var(A_k)} \qquad (20)$$

donde $E(A_k)$ es el valor esperado de A_k
y $\text{Var}(A_k)$ es su varianza,

que son iguales a:

$$\text{E}(\text{A}_\text{k}) = (\text{N}_{\text{Rk}}\, \text{N}_{1\text{k}}) / \text{N}_\text{k}$$

y

$$Var(A_k) = \frac{N_{Rk}\, N_{Fk}\, N_{1k}\, N_{0k}}{N_k^2 (N_k - 1)}$$

El estadístico χ^2_{MH} sigue una distribución χ^2 con un grado de libertad. Si $\chi^2_{MH} \geq {}_{\alpha}\chi^2_1$ el ítem estudiado exhibe DIF con un nivel de confianza de $1 - \alpha$.

Podemos obtener además una medida de la magnitud del DIF presente en el ítem a partir del estimador de α proporcionado por Mantel y Haenszel (1959), denominado razón de razones común $(\hat{\alpha}_{MH})$:

$$\hat{\alpha}_{MH} = \frac{\sum_{k=1}^{m} A_k D_k / N_k}{\sum_{k=1}^{m} B_k C_k / N_k} \tag{21}$$

Como decimos, $\hat{\alpha}_{MH}$ es un estimador de la magnitud del DIF en una métrica que varía entre 0 e ∞. Un valor de 1 representa la hipótesis nula de no DIF. Si es mayor que uno, el ítem estudiado favorece al grupo de referencia; por el contrario, si es menor que uno favorece al grupo focal. Holland y Thayer (1988) transforman $\hat{\alpha}_{MH}$ a la escala delta de diferencias en la dificultad del ítem vía:

$$\text{MH D-DIF} = -2.35 \ln\left(\hat{\alpha}_{MH}\right),$$

donde $\ln\left(\hat{\alpha}_{MH}\right)$ es el logaritmo neperiano de $\hat{\alpha}_{MH}$.

En esta nueva escala la ausencia de DIF viene indicada por valores próximos a 0, los valores negativos indican que el ítem favorece al grupo de referencia y valores positivos que favorece al grupo focal.

Una amplia descripción de este procedimiento puede encontrarla el lector en la entrada que la *Encyclopedia of Statistic in Behavioural Science* dedica a los métodos Mantel-Haenszel (Fidalgo, en prensa). Como se echa de ver atendiendo a las ecuaciones 20 y 21, los cálculos necesarios para obtener los estadísticos MH son muy sencillos. No obstante, quien desee ahorrárselos, puede obtener una copia del programa MHDIF (Fidalgo, 1994) en la dirección web que se indicó al inicio del capítulo.

A continuación se muestra parte de la salida de resultados que ofrece el programa MHDIF aplicado a los datos empleados con el contraste de las diferencias en *b*. Para evitar que la puntuación total de los examinados en el test esté contaminada por los ítems que funcionan diferencialmente, el programa aplica los estadísticos MH en dos etapas. En la segunda etapa ("*DIF detection in the purified test*") el programa calcula la puntuación total en el test empleando sólo los ítems que no hayan sido detectados con DIF en la primera. Por razones obvias, dichos resultados serán los que debamos emplear.

```
DIF detection in the initial test

         MH Alpha  MH D-DIF  MH-CHI2  DIF  % Empty cells  Score cat.
Item01=    0.99      0.02     0.00     0      14.38          40
   ⋮        ⋮         ⋮         ⋮       ⋮        ⋮              ⋮
item40=    1.98     −1.61    18.18     1      16.88          40

The 22.50% of the items display DIF

DIF detection in the purified test

Lowest score = 0      Highest score =32
Mean = 13.62

         MH Alpha  MH D-DIF  MH-CHI2  DIF  % Empty cells  Score cat.
Item01=    1.14     −0.31     0.89     0      14.52          31
Item02=    1.02     −0.05     0.00     0      20.16          31
Item03=    0.89      0.28     0.77     0      16.13          31
   ⋮        ⋮         ⋮         ⋮       ⋮        ⋮              ⋮
item39=    2.53     −2.18    30.08     1      19.53          32
item40=    2.25     −1.91    24.82     1      15.63          32

The 15.00% of the items display DIF
```

3.2.8. *Ventajas de la TRI frente a la TCT*

¿Es lícito hablar mal de una teoría rival? ¿Ha perdido usted el tiempo leyendo el apartado dedicado a la TCT? ¿O lo ha perdido leyendo este apartado? ¿Qué ventajas presenta la TRI frente a la TCT? ¿Cuándo una y cuándo otra? Por partes. De lo que está mal sólo es lícito hablar mal, y la TRI es mucho mejor que la TCT. Lo del tiempo es relativo, pero en general, o lo ha perdido leyendo ambas teorías, o lo ha ganado leyendo ambas. Usted es su mejor juez. De nuevo, ¿qué ventajas presenta la TRI frente a la TCT? Las más importantes:

A) La TRI nos garantiza que si se cumplen los supuestos del modelo, el modelo seleccionado es el apropiado (no existen errores de especificación) y se calibra correctamente (no existen errores de calibración), entonces obtendremos el mismo valor de los parámetros de los ítems con independencia de la muestra utilizada para su calibración. Más precisamente, que las diferencias entre los valores de las estimaciones de ambas muestras no irán más allá de las esperables por las fluctuaciones aleatorias del muestreo (error muestral que es imposible eliminar, pero que disminuirá conforme aumenten los tamaños muestrales). Para comprobar esta invarianza bastaría con aplicar el mismo test a muestras diferentes de sujetos y hallar la correlación entre los parámetros de los ítems estimados en dichas muestras. Muñiz (1997: 82) presenta un ejemplo en que la correlación para el parámetro b (ML1p) fue de 0.96, que no está nada mal sabiendo que el tope está en 1 (ajuste perfecto).

B) La TRI garantiza que la estimación de la capacidad de los examinados (θ) no depende del test utilizado para su evaluación (véase al respecto lo expuesto en el apartado dedicado a la Curva Característica del Test). La TCT sólo de forma aproximada y con procedimientos muy laboriosos satisfizo esta condición (Navas Ara, 1996). La TRI la garantiza desde la misma formulación del modelo, con el ahorro de pejigueras que supone. La comprobación es análoga a la de la invarianza de los ítems, correlacionar las estimaciones de θ obtenidas al aplicar a la misma muestra de sujetos dos tests compuestos por diferentes ítems. Muñiz (1997), presenta un ejemplo con una correlación de 0.98. Nótese cómo la invarianza de θ respecto del instrumento de evaluación es condición necesaria para la construcción de los tests adaptativos, que no tendrían de otra forma ningún sentido.

C) La TRI permite estimar la precisión con que cada ítem y cada test mide los diferentes niveles de habilidad (véase el apartado referido a las funciones de información). Dicho brevemente, no asume el improbable supuesto, necesario en la TCT, de igualdad de los errores de medida.

D) Las antedichas ventajas permiten construir desde la TRI instrumentos de evaluación personalizados mucho más eficientes. Esto es, que estimen con más precisión la variable medida empleando un número mínimo de ítems (recuérdense los epígrafes dedicados a la construcción de tests a medida y a los tests adaptativos informatizados).

La última pregunta, ¿Cuándo aplicar la TCT y cuándo la TRI? Como vimos, los estadísticos clásicos siguen siendo parte imprescindible de cualquier análisis de ítems, incluso dentro de la TRI, donde se emplean en las etapas iniciales. Además, siempre que tengamos tamaños de muestras escasos para ajustar un modelo de TRI, o no se cumplan los supuestos del modelo, la TCT es la opción de preferencia. La TRI constituye el marco ideal para la construcción de nuevos tests, sin embargo, si el objetivo es establecer las propiedades psicométricas de una prueba ya existente, seguramente los costes asociados (esencialmente, el tamaño de muestra) no compensen los beneficios. En definitiva, que aunque idealmente la TRI es siempre mejor que la TCT, hay circunstancias en las que no se puede aplicar, y hay veces en las que aún pudiéndose aplicar, no compensa. En el resto de las ocasiones, elija la TRI.

3.2.9. *Un paso más allá*

La TRI respecto a la TCT es, técnicamente, un avance. Un modelo más complejo para un tarea compleja. Sin embargo, en esto del medir, lo complicado no es el aspecto matemático sino el sustantivo. La pirueta en el aire es conectar las respuestas a unos ítems con el alma de una persona. El caso es que al parecer funciona, eso dicen al menos los psicólogos: los resultados de los tests permiten realizar predicciones sobre el comportamiento humano con cierta precisión. La pirueta estriba, como decimos, en ir de conducta observable (respuesta a unos ítems) a conducta observable (comportamiento emocional estable, rendimiento académico, etc...) a través de variables psicológicas intermedias (neuroticismo, inteligencia, ...)[15]. Y tener buenas teorías sobre las variables intermedias que pretendemos medir y que explican los dos conjuntos de datos observables, no es nada fácil. Pese a la dificultad intrínseca que ello conlleva, la Psicología no se ha arredrado, estableciendo nuevas categorías de clasificación de los especímenes humanos (psicótico, neurótico, ...) y midiéndolas. Las ciencias a veces avanzan volviendo hacia atrás: a la teoría atomista de Demócrito, a los planetas girando alrededor del sol de Aris-

---

[15] Equilibrio, por otra parte, necesario. Se sabe desde antiguo que la principal miseria del alma (llámese si se quiere mente, procesamiento de la información, etc) es que sólo se expresa a través del cuerpo.

tarco de Samos (Fernández-Raña, 1995). ¿Por qué razón la medición psicológica no vuelve a variables tan antiguas y universales como, por ejemplo, los siete pecados capitales: soberbia, avaricia, gula, envidia, lujuria, pereza e ira (Santo Tomás de Aquino, 1956)? En el ámbito universitario se debería añadir, sobre los dichos, diversas formas de estupidez (Fidalgo, 2002, 2003). Extraño, pero ¿por qué no? ¿Acaso no se puede operacionalizar la pereza? ¿Es más difícil conseguir la unidimensionalidad en un test para medir la envidia que en uno para medir la extroversión? ¿Por qué estas variables, debidamente secularizadas, claro está, no son objeto de la psicología diferencial? Repárese en que la TRI sirve lo mismo para analizar tests que midan psicopatía, *mobbing* (Fidalgo y Piñuel, 2004) o pecados. No pretendemos con este final descolocar al lector ni iniciar un debate sobre cuánto hay de historia, de cultura y de moda en lo que miden los psicólogos; sino señalar cómo los avances en la teoría de la medición, sin un avance parejo en las teorías psicológicas, harán que acabemos pescando sardinas con anzuelos de oro. Bien es verdad que, a veces, saber poco tiene sus ventajas. Imagínense conocer el perfil de quienes dirigen el mundo en una batería Aquiniana: ¿quién volvería a dormir a pierna suelta?

4
UTILIZACIÓN DE LOS TESTS

JOSÉ MUÑIZ

No es suficiente con que los ítems de una prueba estén correctamente construidos y los análisis de los ítems se hayan llevado a cabo según lo indicado en el capítulo precedente; además los tests han de utilizarse de forma correcta. Como cualquier otra tecnología profesional, los tests son susceptibles de una utilización inadecuada. En este apartado se abordan dos cuestiones relacionadas con la utilización de los tests, en primer lugar se presenta un cuestionario que permite evaluar de forma sistemática la calidad de los tests. Una información rigurosa sobre el instrumento de medida es esencial para que los profesionales dispongan de los datos necesarios para seleccionar y tomar decisiones acerca del uso de las pruebas. A continuación se ofrecen las directrices elaboradas por la Comisión Internacional de Tests (ITC) para el uso adecuado de los tests. Constituyen una referencia fundamental que guía y orienta acerca del uso de los tests en una amplia gama de situaciones.

4.1. EVALUACIÓN DE LA CALIDAD DE LOS TESTS

Llegados a este punto seguramente el lector tendrá una idea bastante clara de cómo se construyen y analizan los ítems de un test, y estará, por tanto, en condiciones de estimar la calidad de una prueba determinada. Para ayudarle a sistematizar esta evaluación de los tests se incluye a continuación un cuestionario que detalla los distintos aspectos que han de tenerse en consideración a la hora de evaluar un test. El cuestionario está pensado para ser utilizado por expertos y permite obtener una evaluación cuantitativa de las características y propiedades psicométricas más relevantes de un test. Nótese bien cómo la evaluación de la calidad de una prueba constituye un proceso bastante más complejo y minucioso que el mero analizar la calidad de los ítems de forma individualizada. Para una información completa sobre este cuestionario y su aplicación véase el trabajo de Prieto y Muñiz (2000) en el que fue originalmente publicado el cuestionario. Un cuestionario similar a éste, aunque algo más amplio, fue elaborado por la Federación Europea de Asociaciones de Psicólogos (EFPA), el cual puede consultarse en la página web de la asociación: www.efpa.be.

El cuestionario consta de tres grandes bloques de cuestiones:

1. Descripción del test

   En este apartado descriptivo, no valorativo, se incluyen hasta 31 características del test, quedando, por tanto, descritos con exhaustividad los aspectos más relevantes del test, tales como nombre, autores, editores, fecha de publicación, variables medidas, formato de los ítems, cualificación requerida para su utilización, documentación, escalas, precio, etc.

2. Valoración de las características del test

   En este apartado se valoran en una escala tipo Likert de uno a cinco puntos las propiedades psicométricas más relevantes del test, desde el tipo muestra utilizado, hasta la fiabilidad, validez, análisis de los ítems, baremos, etc. Se proponen unos valores numéricos orientativos para ayudar al evaluador a juzgar aspectos como el tamaño de las muestras, cuantía de los coeficientes de fiabilidad y validez, etc. No deben tomarse con carácter absoluto, sino mas bien orientador.

3. Valoración global del test

   Finalmente en este apartado se resumen lo esencial de los apartados precedentes, lo que permite obtener una visión rápida y global de la calidad de las principales propiedades del test, sus puntos fuertes y sus puntos débiles.

4.1.1. *Cuestionario para la evaluación de los tests*

1. Descripción general del test[1]

1.1. Nombre del test:

1.2. Nombre del test en su versión original (si la versión española es una adaptación):

---

[1] Si el test está compuesto de subtests heterogéneos en su formato y características, rellene un cuestionario para cada subtest.

1.3. Autor/es del test original:

1.4. Autor/es de la adaptación española:

1.5. Editor del test en su versión original:

1.6. Editor de la adaptación española:

1.7. Fecha de publicación del test original:

1.8. Fecha de publicación del test en su adaptación española:

1.9. Fecha de la última revisión del test en su adaptación española:

1.10. Clasifique el área general de la o las variables que pretende medir el test[2]

( ) Inteligencia
( ) Aptitudes
( ) Habilidades y Rendimiento académico
( ) Psicomotricidad
( ) Alteraciones neuropsicológicas
( ) Personalidad
( ) Motivación
( ) Actitudes
( ) Intereses
( ) Valores
( ) Otros (Indique cuál: ....)

1.11. Breve descripción de la variable o variables que pretende medir el test:

1.12. Área de aplicación[3]

( ) Psicología clínica
( ) Psicología educativa
( ) Neuropsicología
( ) Psicología forense
( ) Psicología del trabajo y las organizaciones
( ) Psicología del deporte
( ) Servicios sociales
( ) Psicología del Tráfico
( ) Otros (Indique cuál: ....)

1.13. Formato de los ítems[4]:

( ) Respuesta libre
( ) Respuesta dicotómica (si/no, verdadero/falso, etc.)

---

[2] Puede marcar más de una opción.
[3] Puede marcar más de una opción.
[4] Puede marcar más de una opción.

( ) Elección múltiple
( ) Tipo Likert
( ) Adjetivos bipolares
( ) Otros (Indique cuál: ....)

1.14. Número de ítems[5]:

1.15. Soporte[6]:

( ) Administración oral
( ) Papel y lápiz
( ) Manipulativo
( ) Informatizado
( ) Otro (Indique cuál: ....)

1.16. Cualificación requerida para el uso del test de acuerdo con la documentación aportada:

( ) Ninguna
( ) Entrenamiento y Acreditación específica*
( ) Nivel A[7]
( ) Nivel B
( ) Nivel C
( ) Otra (Indique cuál: ....)

* Indique el nombre de la institución que lleva a cabo la acreditación:

1.17. Descripción de las poblaciones a las que el test es aplicable (especifique el rango de edad, nivel educativo, etc., y si el test es aplicable en ciertas poblaciones específicas: minorías étnicas, discapacitados, grupos clínicos, etc.):

1.18. Indique si existen diferentes formas del test y sus características (formas paralelas, versiones abreviadas, versiones informatizadas o impresas, etc). En el caso de que existan versiones informatizadas, describa los requisitos mínimos del *hardware* y *software.*

---

[5] Si el test tiene varias escalas, indique el número de ítems de cada una.

[6] Puede marcar más de una opción.

[7] Algunos países han adoptado sistemas para la clasificación de los tests en distintas categorías, en función de la cualificación requerida por los usuarios. Estos sistemas de clasificación proporcionan a los editores de tests un medio para decidir a quién pueden vender los tests. Un sistema muy utilizado es el que divide los tests en tres categorías: Nivel A (tests de rendimiento y conocimientos), Nivel B (tests colectivos de aptitudes e inteligencia) y Nivel C (tests de aplicación individual de inteligencia, personalidad y otros instrumentos complejos).

1.19. Procedimiento de corrección:

( ) Manual mediante plantilla
( ) Lectora óptica
( ) Automatizada por ordenador
( ) Efectuado exclusivamente por la empresa suministradora
( ) Mediante expertos
( ) Otro (Indique cuál: ....)

1.20. Puntuaciones: (Describa el procedimiento para obtener las puntuaciones directas).

1.21. Transformación de las puntuaciones:

( ) Característica no aplicable para este instrumento
( ) Normalizada
( ) No normalizada

1.22. Escalas utilizadas:

( ) Centiles
( ) Puntuaciones típicas
( ) Cocientes de desviación
( ) Eneatipos
( ) Decatipos
( ) T
( ) Otra (Indique cuál: ....)

1.23. Posibilidad de obtener informes automatizados:

( ) No
( ) Si*

* Breve descripción:

1.24. El editor ofrece un servicio para la corrección y/o elaboración de informes:

( ) No
( ) Si

1.25. Tiempo estimado para la aplicación del test (instrucciones, ejemplos y respuestas a los ítems).

En aplicación individual: ....

En aplicación colectiva: ....

1.26. Documentación aportada por el editor:

( ) Manual
( ) Libros o artículos complementarios
( ) Disketes/CD
( ) Otra (Indique cuál: ....)

1.27. Precio de un juego completo de la prueba (documentación, test, plantillas de corrección; en el caso de tests informatizados no se incluye el costo del *hardware*):

1.28. Precio y número de ejemplares del paquete de cuadernillos (tests de papel y lápiz):

1.29. Precio y número de ejemplares del paquete de hojas de respuesta (tests de papel y lápiz):

1.30. Precio de la corrección y/o elaboración de informes por parte del editor:

1.31. Bibliografía básica acerca del test aportada en la documentación:

2. Valoración de las características del test

2.1. Calidad de los materiales del test (objetos, material impreso o *software*):

* ( ) Inadecuada
** ( ) Adecuada pero con algunas carencias
*** ( ) Adecuada
**** ( ) Buena
***** ( ) Excelente (Impresión y presentación de gran calidad, software muy atractivo y eficiente, etc.).

2.2. Calidad de la documentación aportada:

* ( ) Inadecuada
** ( ) Adecuada pero con algunas carencias
*** ( ) Adecuada
**** ( ) Buena
***** ( ) Excelente (Descripción muy clara y completa de las características técnicas, fundamentada en abundantes datos y referencias).

2.3. Fundamentación teórica:

	( )	No se aporta información en la documentación	
*	( )	Inadecuada	
**	( )	Adecuada pero con algunas carencias	
***	( )	Adecuada	
****	( )	Buena	
*****	( )	Excelente	(Descripción muy clara y documentada del constructo que se pretende medir y del procedimiento de medición)

2.4. Adaptación del test (si el test ha sido traducido y adaptado para su aplicación en España):

	( )	Característica no aplicable para este instrumento	
	( )	No se aporta información en la documentación	
*	( )	Inadecuada	
**	( )	Adecuada pero con algunas carencias	
***	( )	Adecuada	
****	( )	Buena	
*****	( )	Excelente	(Descripción precisa del procedimiento de traducción, de la adaptación de los ítems a la cultura española, de los estudios de equivalencia con la versión original, utilización de la normativa de la International Test Commission, etc.).

2.5. Calidad de las instrucciones:

*	( )	Inadecuada	
**	( )	Adecuada pero con algunas carencias	
***	( )	Adecuada	
****	( )	Buena	
*****	( )	Excelente	(Claras y precisas. Muy adecuadas para las poblaciones a las que va dirigido el test).

2.6. Facilidad para comprender la tarea:

*	( )	Inadecuada	
**	( )	Adecuada pero con algunas carencias	
***	( )	Suficiente	
****	( )	Buena	
*****	( )	Excelente	(Los sujetos de las poblaciones a las que va dirigido el test pueden comprender fácilmente la tarea a realizar).

2.7. Facilidad para registrar las respuestas :

* ( ) Inadecuada
** ( ) Adecuada pero con algunas carencias
*** ( ) Adecuada
**** ( ) Buena
***** ( ) Excelente (El procedimiento para emitir o registrar las respuestas es muy simple por lo que se evitan los errores en la anotación).

2.8. Calidad de los ítems (aspectos formales):

* ( ) Inadecuada
** ( ) Adecuada pero con algunas carencias
*** ( ) Adecuada
**** ( ) Buena
***** ( ) Excelente (La redacción y el diseño son muy apropiados).

2.9. Análisis de los ítems

2.9.1. *Datos sobre el análisis de los ítems*:

( ) Característica no aplicable para este instrumento
( ) No se aporta información en la documentación
* ( ) Inadecuados
** ( ) Adecuados pero con algunas carencias
*** ( ) Adecuados
**** ( ) Buenos
***** ( ) Excelentes (Información detallada sobre diversos estudios acerca de las características psicométricas de los ítems: dificultad o variabilidad, discriminación, validez, distractores, etc.).

2.10. Validez

2.10.1. *Validez de contenido*[8]:

2.10.1.1. Calidad de la representación del contenido o dominio:

* ( ) Inadecuada
** ( ) Adecuada pero con algunas carencias

---

[8] Este aspecto es esencial en los tests referidos al criterio y particularmente en los tests de rendimiento académico. Emita su juicio sobre la calidad de la representación del contenido o dominio. Si en la documentación aportada aparecen las evaluaciones de los expertos, tómelas en consideración.

*** ( ) Adecuada
**** ( ) Buena
***** ( ) Excelente (En la documentación se presenta una precisa definición del contenido. Los ítems muestrean adecuadamente todas las facetas del contenido).

2.10.1.2. Consultas a expertos[9]:

( ) No se aporta información en la documentación
* ( ) No se ha consultado a expertos sobre la representación del contenido
** ( ) Se ha consultado de manera informal a un pequeño número de expertos
*** ( ) Se ha consultado a un pequeño número de expertos mediante un procedimiento sistematizado ($N<10$)
**** ( ) Se ha consultado a un número moderado de expertos mediante un procedimiento sistematizado ($10 \leq N \leq 30$)
***** ( ) Se ha consultado a un amplio número de expertos mediante un un procedimiento sistematizado ($N>30$)

2.10.2. *Validez de constructo*:

2.10.2.1. Diseños empleados[10]:

( ) No se aporta información en la documentación
( ) Correlaciones con otros tests
( ) Diferencias entre grupos
( ) Matriz multirrasgo-multimétodo
( ) Análisis factorial exploratorio
( ) Análisis factorial confirmatorio
( ) Diseños experimentales
( ) Otros (Indique cuales: ....)

2.10.2.2. Tamaño de las muestras en la validación de constructo:

( ) No se aporta información en la documentación
* ( ) Un estudio con una muestra pequeña ($N<200$)
** ( ) Un estudio con una muestra moderada ($200 \leq N<500$)
*** ( ) Un estudio con una muestra grande ($N \geq 500$)
**** ( ) Varios estudios con muestras de tamaño moderado
***** ( ) Varios estudios con muestras grandes

---

[9] Las cifras acerca del tamaño de las muestras y de los estadísticos que aparecerán más adelante tienen un carácter orientativo.

[10] Puede marcar más de una opción.

2.10.2.3. Procedimiento de selección de las muestras*:

( ) No se aporta información en la documentación
( ) Incidental
( ) Aleatorio

* Describa brevemente el procedimiento de selección.

2.10.2.4. Mediana de las correlaciones del test con otros tests similares:

( ) No se aporta información en la documentación
* ( ) Inadecuada ($r<0.25$)
** ( ) Adecuada pero con algunas carencias ($0.25\leq r<0.40$)
*** ( ) Adecuada ($0.40\leq r<0.50$)
**** ( ) Buena ($0.50\leq r<0.60$)
***** ( ) Excelente ($r\geq 0.60$)

2.10.2.5. Calidad de los tests empleados como criterio o marcador:

( ) No se aporta información en la documentación
* ( ) Inadecuada
** ( ) Adecuada pero con algunas carencias
*** ( ) Adecuada
**** ( ) Buena
***** ( ) Excelente

2.10.2.6. Datos sobre el sesgo de los ítems:

( ) Característica no aplicable para este instrumento
( ) No se aporta información en la documentación
* ( ) Inadecuados
** ( ) Adecuados pero con algunas carencias
*** ( ) Adecuados
**** ( ) Buenos
***** ( ) Excelentes (Información detallada sobre diversos estudios acerca del sesgo de los ítems relacionado con el sexo, la lengua materna, etc. Empleo de la metodología apropiada).

2.10.3. *Validez predictiva*

2.10.3.1. Describa los criterios empleados y las características de las poblaciones:

2.10.3.2. Diseño de selección del criterio[11]:

( ) Concurrente
( ) Predictivo
( ) Retrospectivo

2.10.3.3. Tamaño de las muestras en la validación predictiva:

( ) No se aporta información en la documentación
* ( ) Un estudio con una muestra pequeña ($N < 100$)
** ( ) Un estudio con una muestra moderada ($100 \leq N < 200$)
*** ( ) Un estudio con una muestra grande y representativa ($N \geq 200$)
**** ( ) Varios estudios con muestras representativas de tamaño moderado
***** ( ) Varios estudios con muestras grandes y representativas

2.10.3.4. Procedimiento de selección de las muestras*:

( ) No se aporta información en la documentación
( ) Incidental
( ) Aleatorio

* Describa brevemente el procedimiento de selección.

2.10.3.5. Mediana de las correlaciones del test con los criterios:

( ) No se aporta información en la documentación
* ( ) Inadecuada ($r < 0.20$)
** ( ) Suficiente ($0.20 \leq r < 0.35$)
*** ( ) Buena ($0.35 \leq r < 0.45$)
**** ( ) Muy buena ($0.45 \leq r < 0.55$)
***** ( ) Excelente ($r \geq 0.55$)

2.10.4. *Comentarios sobre la validez en general*:

2.11. Fiabilidad

2.11.1. *Datos aportados sobre la fiabilidad*:

( ) Un único coeficiente de fiabilidad
( ) Un único error típico de medida

[11] Puede marcar más de una opción.

( ) Coeficientes de fiabilidad para diferentes grupos de sujetos
( ) Error típico de medida para diferentes grupos de sujetos

2.11.2. *Equivalencia (Formas paralelas)*:

2.11.2.1. Tamaño de las muestras en los estudios de equivalencia:

( ) No se aporta información en la documentación
* ( ) Un estudio con una muestra pequeña ($N<200$)
** ( ) Un estudio con una muestra moderada ($200 \leq N<500$)
*** ( ) Un estudio con una muestra grande ($N \geq 500$)
**** ( ) Varios estudios con muestras de tamaño moderado
***** ( ) Varios estudios con muestras grandes

2.11.2.2. Mediana de los coeficientes de equivalencia:

( ) No se aporta información en la documentación
* ( ) Inadecuada ($r<0.50$)
** ( ) Adecuada pero con algunas carencias ($0.50 \leq r<0.60$)
*** ( ) Adecuada ($0.60 \leq r<0.70$)
**** ( ) Buena ($0.70 \leq r<0.80$)
***** ( ) Excelente ($r \geq 0.80$)

2.11.3. *Consistencia interna*

2.11.3.1. Tamaño de las muestras en los estudios de consistencia:

( ) No se aporta información en la documentación
* ( ) Un estudio con una muestra pequeña ($N<200$)
** ( ) Un estudio con una muestra moderada ($200 \leq N<500$)
*** ( ) Un estudio con una muestra grande ($N \geq 500$)
**** ( ) Varios estudios con muestras de tamaño moderado
***** ( ) Varios estudios con muestras grandes

2.11.3.2. Mediana de los coeficientes de consistencia:

( ) No se aporta información en la documentación
* ( ) Inadecuada ($r<0.60$)
** ( ) Adecuada pero con algunas carencias ($0.60 \leq r<0.70$)
*** ( ) Adecuada ($0.70 \leq r<0.80$)
**** ( ) Buena ($0.80 \leq r<0.85$)
***** ( ) Excelente ($r \geq 0.85$)

2.11.4. *Estabilidad (Test-Retest)*

2.11.4.1. Tamaño de las muestras en los estudios de estabilidad[12]:

( ) No se aporta información en la documentación
* ( ) Un estudio con una muestra pequeña ($N<100$)
** ( ) Un estudio con una muestra moderada ($100 \leq N < 200$)
*** ( ) Un estudio con una muestra grande ($N \geq 200$)
**** ( ) Varios estudios con muestras de tamaño moderado
***** ( ) Varios estudios con muestras grandes

2.11.4.2. Mediana de los coeficientes de estabilidad:

( ) No se aporta información en la documentación
* ( ) Inadecuada ($r<0.55$)
** ( ) Adecuada pero con algunas carencias ($0.55 \leq r < 0.65$)
*** ( ) Adecuada ($0.65 \leq r < 0.75$)
**** ( ) Buena ($0.75 \leq r < 0.80$)
***** ( ) Excelente ($r \geq 0.80$)

2.11.5. *Comentarios sobre la fiabilidad en general*:

2.12. Normas

2.12.1. *Calidad de las normas*:

( ) No se aporta información en la documentación
* ( ) Un baremo que no es aplicable a la población objetivo
** ( ) Un baremo aplicable a la población objetivo con cierta precaución
*** ( ) Un baremo adecuado para la población objetivo
**** ( ) Varios baremos dirigidos a diversos estratos poblacionales
***** ( ) Amplio rango de baremos en función de la edad, el sexo, el nivel cultural y otras características relevantes

2.12.2. *Tamaño de las muestras*[13]:

( ) No se aporta información en la documentación
* ( ) Pequeño ($N<150$)
** ( ) Suficiente ($150 \leq N < 300$)

---

[12] Número de sujetos con ambas puntuaciones (antes-después).
[13] Si hay varios baremos, clasifique el tamaño promedio.

*** ( ) Moderado ($300 \leq N < 600$)
**** ( ) Grande ($600 \leq N < 1000$)
***** ( ) Muy grande ($N \geq 1000$)

2.12.3. *Procedimiento de selección de las muestras**:

( ) No se aporta información en la documentación
( ) Incidental
( ) Aleatorio

* Describa brevemente el procedimiento de selección.

2.12.4. *Comentarios sobre las normas*

3. Valoración global del test

3.1. Con una extensión máxima de 1000 palabras, exprese su valoración del test resaltando sus aspectos positivos y negativos, así como recomendaciones acerca de su uso en diversas áreas profesionales. Indique asimismo cuáles son las características de la prueba que podrían ser mejoradas, carencias de información en la documentación, etc.

3.2. A modo de resumen, rellene las Tablas 1 y 2. La Tabla 1 incluye algunos datos descriptivos del test. En la Tabla 2 se resume la valoración de las características generales del test. Tome en consideración el promedio de las calificaciones emitidas en los apartados que figuran en la segunda columna de la Tabla 2.

TABLA 1. *Descripción del test.*

Característica		**Descripción**
Nombre del test	(apartado 1.1)	
Autor	(apartado 1.3)	
Autor de la adaptación española	(apartado 1.4)	
Fecha última revisión	(apartado 1.9)	
Constructo evaluado	(apartado 1.11)	
Areas de aplicación	(apartado 1.12)	
Soporte	(apartado 1.15)	

TABLA 2. *Valoración del test.*

Característica	**Apartados**	**Valoración**
Materiales y documentación	2.1 y 2.2	
Fundamentación teórica	2.3	
Adaptación	2.4	
Análisis de ítems	2.9	
Validez de contenido	2.10.1	
Validez de constructo	2.10.2	
Análisis del sesgo	2.10.2.6	
Validez predictiva	2.10.3	
Fiabilidad: equivalencia	2.11.2	
Fiabilidad: consistencia interna	2.11.3	
Fiabilidad: estabilidad	2.11.4	
Normas	2.12	

4.2. USO ADECUADO DE LOS TESTS

Hasta ahora se ha expuesto la tecnología psicométrica para construir, analizar y evaluar las características psicométricas de los tests. Si todo se realiza de la forma indicada dispondremos de una prueba técnicamente correcta para evaluar la variable deseada. Que los ítems que componen una prueba sean los adecuados y que ésta en su conjunto resulte fiable y válida es condición necesaria para obtener unos resultados satisfactorios, pero desgraciadamente las propiedades psicométricas por sí solas no garantizan el éxito de los resultados obtenidos. Los tests, como cualquier otra tecnología, son susceptibles de ser utilizados de forma correcta o incorrecta. De modo que por muy bueno que sea un test técnicamente, si no nos aseguramos de que se utiliza de la forma adecuada corremos graves riesgos de malgastar su potencial. Conscientes de ello, las organizaciones e instituciones nacionales e internacionales que velan por un uso ético y correcto de los tests, tales como los colegios de psicólogos, o la International Test Commission (ITC), han diseñado distintas estrategias para potenciar el uso adecuado de los tests. Una revisión de las propuestas desarrolladas puede consultarse en Muñiz (1997b). Aquí ofrecemos las directrices internacionales para el uso adecuado de los tests, elaboradas por la International Test Commission (ITC), y que han sido traducidas y publicadas por el Colegio Oficial de Psicólogos español, al cual agradecemos su permiso para reproducirlas ahora.

4.2.1. *Directrices Internacionales para el uso de los tests*

Las directrices han sido elaboradas originalmente por la *Comisión Internacional de Tests* (*ITC*), bajo la dirección del profesor Dave Bartram. La versión en castellano que presentamos aquí ha sido realizada en el seno de la *Comisión de Tests* del Colegio Oficial de Psicólogos (COP). El Colegio, a través de sus representantes en la citada Comisión Internacional de Tests y en la Comisión Europea sobre Tests de la Federación Europea de Asociaciones de Psicólogos (EFPA), que también ha respaldado las directrices, ha participado activamente en la elaboración de las mismas, consciente de la necesidad de contribuir a mejorar la práctica de los tests en nuestro país.

Los documentos más utilizados en la elaboración de las directrices, junto con otros en castellano, aparecen citados al final; documentación complementaria en castellano puede consultarse en la sección de la *Comisión de Tests* incluida en la página web del COP (http://www.cop.es).

Las directrices reflejan principios generales implicados en el uso adecuado de los tests, pero no pretenden uniformar las diferencias legítimas existentes entre la práctica en los diferentes países o áreas profesionales. Existen bastantes razones por las que se necesitan unas directrices para el uso de los tests con carácter internacional. Veamos algunas de ellas.

a) Los países difieren ampliamente en el grado de control legal que pueden ejercer sobre el uso de los tests y sus consecuencias para las personas evaluadas. Por tanto, la existencia de un conjunto de directrices internacionalmente aceptadas proporcionará a las asociaciones nacionales de psicología y otras organizaciones profesionales una buena base documental para completar directrices ya existentes o proceder a crearlas.

b) El derecho a comprar y utilizar materiales psicométricos varía mucho de unos países a otros. En algunos países el uso de los tests está restringido a los psicólogos, en otros a quienes estén registrados por los distribuidores de las pruebas, e incluso en algunos los usuarios pueden obtener el material psicométrico libremente, sin restricciones.

c) Algunos tests bien conocidos han aparecido en Internet sin la autorización de autores y editores, violando los derechos de *copyright*, y sin ninguna precaución en relación con la seguridad del test.

d) En el ámbito de la psicología del trabajo, el aumento de la movilidad internacional de los trabajadores ha incrementado la demanda de tests para utilizarlos con aspirantes de diferentes países. A menudo los tests son aplicados en un país para empresas ubicadas en otros países.

e) En países como Estados Unidos e Inglaterra, entre otros, se están llevando a cabo trabajos sobre evaluación a distancia vía Internet en las áreas de Trabajo y Educativa. Esto plantea todo un conjunto de problemas en relación con las normas de aplicación, control del proceso de evaluación y seguridad de los resultados.

Por todas estas razones, y otras que se podrían enumerar, parece conveniente disponer de unas directrices internacionales que permita una referencia común a la hora de establecer normas nacionales para la mejora del uso de los tests.

Las presentes directrices recogen el trabajo de especialistas en evaluación psicológica y educativa (psicólogos, psicómetras, editores y constructores de tests) de diferentes países, entre ellos España. La idea no ha sido tanto el inventar nuevas directrices, como juntar las hebras comunes que se encuentran en las distintas directrices, códigos de práctica y estándares ya existentes, formando una estructura coherente que resulte comprensible y de uso práctico.

DIRECTRICES

OBJETIVO

El objetivo fundamental de las directrices es mejorar el uso de los tests, describiendo la forma adecuada de utilizarlos.

Un usuario competente utilizará los tests de forma adecuada, profesional y ética, prestando la debida atención a las necesidades y derechos de las personas implicadas en el proceso de evaluación, y teniendo muy en cuenta las razones para utilizar los tests, así como el contexto en el cual se lleva a cabo su aplicación. Este objetivo se alcanzará asegurándose de que el usuario de los tests tiene las competencias y conocimientos necesarios para llevar a cabo el proceso evaluativo.

ÁMBITO DE APLICACIÓN

Resulta difícil dar una definición muy precisa de *test* o de su *práctica,* pues al hacerlo pueden dejarse fuera algunos procedimientos que debieran incluirse, o, por el contrario, incluir otros que deberían quedar fuera. En estas directrices los términos *test* y *práctica de los tests* se utilizan en sentido amplio. Las directrices son aplicables a muchos procedimientos de evaluación que no suelen denominarse *tests,* o que incluso tratan de evitar su designación como *tests.* Más que proponer una definición cerrada, se describe a continuación el ámbito que tratan de cubrir las directrices.

- Los tests incluyen un amplio abanico de procedimientos utilizados en la evaluación psicológica, educativa y ocupacional.
- Los tests incluyen procedimientos para la medición de conductas tanto normales como anormales o disfuncionales.
- Los tests son procedimientos diseñados para ser aplicados bajo condiciones controladas o estandarizadas, y conllevan la utilización de protocolos de puntuación rigurosos.
- Estos procedimientos proporcionan medidas de ejecuciones y conllevan la obtención de inferencias a partir de muestras de conducta. También pueden incluir procedimientos que proporcionan clasificaciones cualitativas u ordenamientos de las personas.

Cualquier procedimiento utilizado de la forma descrita arriba puede considerarse como un test, independientemente de su forma de aplicación, el tipo de profesional que lo haya construido, o si requiere contestar a ítems o ejecutar ciertas tareas u operaciones.

Los tests deben estar apoyados por datos empíricos sobre su fiabilidad y validez para medir los objetivos que se proponen. Hay que aportar datos que justifiquen las inferencias que se hacen a partir de las puntuaciones de los tests. Estos datos tiene que estar disponibles para los usuarios de los tests, así como para los profesionales e investigadores que deseen llevar a cabo una evaluación o revisión independiente.

Las directrices que se presentan aquí son aplicables a todos los procedimientos descritos, se autodenominen o no tests. Deben tenerse en cuenta para cualquier procedimiento de evaluación utilizado en situaciones en las que la evaluación tiene serias implicaciones para las personas, pudiendo causarles daños personales o psicológicos si no se realiza adecuadamente. Las directrices no se aplican al uso de materiales que pueden tener una semejanza superficial con los tests, pero que los propios participantes reconocen que se utilizan con fines de diversión o entretenimiento (por ejemplo, los cuestionarios de estilos de vida de los periódicos y revistas).

Destinatarios

Las directrices se aplican al uso de los tests en la práctica profesional, por tanto van dirigidas fundamentalmente a:

- Los compradores y vendedores de materiales psicométricos
- Los responsables de elegir los tests y el uso que se hará de ellos
- Quienes aplican, puntúan e interpretan los tests
- Quienes aconsejan a otros basándose en los resultados de los tests (consultores en ámbitos educativos y laborales, orientadores escolares y profesionales, etc.)
- Las personas encargadas de dar información sobre los resultados de los tests a las personas evaluadas
- Los constructores de tests
- Los editores de tests
- Las personas implicadas en el entrenamiento de los usuarios de los tests

- Los propios evaluados y las personas cercanas a ellos (padres, cónyuges, etc.)
- Organizaciones profesionales y otras asociaciones interesadas en el uso de los tests
- Legisladores y responsables políticos
- Usuarios de los tests con fines de investigación

Si bien las directrices no pretenden cubrir todo tipo de técnica o situación evaluativa, muchas de las directrices pueden ser aplicables en situaciones evaluativas que no se identifican estrictamente con la práctica de los tests, tales como los centros de evaluación para la selección de personal, las entrevistas estructuradas y semiestructuradas, orientación escolar y profesional, etc.

Aspectos contextuales

Las directrices son aplicables internacionalmente, pero a la hora de utilizarlas a nivel local en un país determinado deben tenerse en cuenta diversos factores o aspectos que pueden modular su aplicación. Entre otros, estos factores contextuales incluyen:

- Diferencias sociales, políticas, institucionales, lingüísticas y culturales
- La legislación del país en el que se utilizan los tests
- Directrices y estándares ya existentes establecidos por asociaciones profesionales
- Diferencias entre la evaluación individual y la colectiva
- Diferencias en función de la situación evaluativa (educativa, clínica, trabajo, otras)
- Quiénes son los receptores de los resultados (los propios evaluados, los padres o responsables legales, los constructores de los tests, los empleadores, etc.)
- Diferencias según el uso de los resultados de los tests (por ejemplo, toma de decisiones frente a orientación)
- Grado en el que la situación permite la posibilidad de comprobar la precisión de las predicciones y su posible modificación a la luz de los resultados posteriores

Conocimientos

Unos conocimientos psicométricos sólidos y una comprensión profunda de todos los aspectos implicados en el proceso evaluativo constituyen la base fundamental para el uso pertinente de los tests. Los expertos suelen estar de acuerdo en que la causa más importante del uso inapropiado de los tests es una formación deficiente de los usuarios. Los conocimientos concretos requeridos en cada caso variarán en función de la situación y área de aplicación, por tanto no es fácil describir de forma general los conocimientos requeridos para la utilización adecuada de los tests en todas las situaciones; depende de cada caso. Por ejemplo, no se requieren los mismos conocimientos para aplicar un test colectivo a un grupo que para interpretar las puntuaciones, o construir el propio test, por citar un caso obvio. Las directrices no hacen descripciones detalladas de estos conocimientos, ni lo pretenden. No obstante, a la hora de aplicarlas a una situación concreta habrá que tener muy presente y describir con precisión los conocimientos requeridos para el caso. Esta descripción ha de cubrir las distintas áreas de conocimientos implicadas en la situación de que se trate, entre ellas deberían de incluirse las siguientes:

a) Conocimientos sobre teoría de los tests y propiedades técnicas de los tests, tales como fiabilidad, validez, estandarización, sesgo, análisis de ítems, etc.
b) Conocimiento de los tests y principios de la medición para entender adecuadamente los resultados.
c) Conocimientos sobre la teoría, modelos y constructos medidos, que permita una elección pertinente de las pruebas e interpretación de los resultados.
d) Conocer el abanico de tests disponibles, así como los editores correspondientes.
e) Avances técnicos recientes, tales como los tests informatizados, bancos de ítems, etc.

Otros muchos conocimientos específicos han de ponerse en funcionamiento para llevar a cabo una utilización adecuada de los tests, cada una de las directrices puede servir como indicador de la naturaleza de éstos.

1. USO ÉTICO DE LOS TESTS

Los usuarios competentes deberían:

1.1. *Actuar de forma ética y profesional*

1.1.1. Mantener y promover estándares éticos y profesionales
1.1.2. Estar al corriente de los debates profesionales y éticos sobre el uso de los tests en su campo de especialización
1.1.3. Llevar a cabo una política explícita sobre los tests y su uso (véase ejemplo en el Apéndice A)
1.1.4. Asegurarse de que las personas para las que trabajan, o con quienes trabajan, se acogen a estándares éticos y profesionales adecuados
1.1.5. Actuar con el debido respeto para la sensibilidad de las personas evaluadas y de otras personas o instituciones implicadas
1.1.6. Presentar la práctica de los tests de forma positiva y equilibrada cuando interactúan con los medios de comunicación
1.1.7. Evitar las situaciones en las que pueda parecer que existen determinados intereses en los resultados de la evaluación, o en las cuales la evaluación pueda dañar su relación con los clientes

1.2. *Asegurarse de que son competentes para el uso de los tests*

1.2.1. Trabajar de acuerdo con los principios científicos
1.2.2. Establecer y mantener elevados estándares personales de competencia
1.2.3. Conocer los límites de la propia competencia y no actuar fuera de ellos
1.2.4. Mantenerse al día de los cambios y avances en relación con el uso de los tests y de su construcción, incluyendo los cambios de normas y legislación, los cuales pueden influir en los tests y su uso

1.3. *Responsabilizarse del uso que hacen de los tests*

1.3.1. Ofrecer solo servicios y usar tests para los cuales están preparados
1.3.2. Aceptar la responsabilidad por los tests elegidos y por las recomendaciones proporcionadas
1.3.3. Dar una información clara y adecuada a los participantes en el proceso evaluativo sobre los principios éticos y las disposiciones legales que regulan el uso de los tests

1.3.4. Asegurarse de que el contrato entre los evaluados y los evaluadores es claro y se ha comprendido (véase un ejemplo de contrato en el Apéndice B)
1.3.5. Estar atentos a cualquier consecuencia imprevista del uso de los tests
1.3.6. Esforzarse para evitar cualquier tipo de daño o perjuicio a las personas evaluadas

1.4. *Asegurarse de que los materiales del test están seguros*

1.4.1. Asegurar un almacenaje seguro y controlar el acceso a los materiales del test
1.4.2. Respetar el *copyright* y los acuerdos que existan sobre el test, incluyendo cualquier prohibición sobre la copia y transmisión de los materiales, bien sea electrónicamente o de otra forma. Asimismo se respetarán rigurosamente los términos del acceso de otras personas, cualificadas o no, a los materiales.
1.4.3. Proteger la integridad del test, no entrenando a las personas con los propios materiales del test, o con otros materiales de prácticas que puedan influir de forma inapropiada en el rendimiento de las personas en el test
1.4.4. Asegurarse de que la tecnología del test no se expone públicamente de tal modo que su utilidad quede deteriorada

1.5. *Asegurarse de que los resultados de los tests se tratan confidencialmente*

1.5.1. Especificar quiénes tendrán acceso a los resultados y definir los niveles de confidencialidad
1.5.2. Explicar los niveles de confidencialidad antes de dar los resultados
1.5.3. Limitar el acceso a los resultados únicamente a quienes tengan la necesidad y derecho a conocerlos
1.5.4. Obtener las autorizaciones pertinentes antes de proporcionar los resultados a otros
1.5.5. Proteger los datos archivados de tal forma que sólo puedan acceder a ellos quienes tengan derecho a hacerlo
1.5.6. Establecer una directrices claras en relación con el tiempo que se van a mantener archivados los datos
1.5.7. Suprimir el nombre y otros datos identificatorios de los resultados si así lo solicita la persona evaluada
1.5.8. Suprimir el nombre y otros datos identificativos de las bases de datos de los resultados, con fines de investigación, elaboración de baremos, u otros tratamientos estadísticos

2. UTILIZACIÓN ADECUADA DE LOS TESTS

2.1. *Estimar la utilidad potencial de los tests en una situación evaluativa*

Los usuarios competentes deberían:

2.1.1. Ofrecer una justificación razonada para el uso de los tests
2.1.2. Asegurarse de que se ha llevado a cabo un análisis riguroso de las necesidades del cliente, categoría diagnóstica, condiciones, o trabajo para el que se utilizará la evaluación
2.1.3. Comprobar que los conocimientos, destrezas, aptitudes, u otras características, que miden los tests correlacionan con las conductas pertinentes en el contexto en el que se van a llevar a cabo las inferencias
2.1.4. Buscar otras fuentes adicionales de información
2.1.5. Sopesar las ventajas e inconvenientes de utilizar tests frente a otras fuentes de información
2.1.6. Asegurarse de que se utilizan todas las fuentes de información colateral disponibles

2.2. *Elegir tests técnicamente correctos y adecuados a cada situación*

Los usuarios competentes deberían:

2.2.1. Examinar toda la información disponible sobre los tests potencialmente adecuados antes de elegir un test concreto
2.2.2. Comprobar que la documentación técnica sobre el test proporciona suficiente información para evaluar los siguientes aspectos:

a) Amplitud y representatividad del contenido del test, adecuación de los grupos normativos utilizados, nivel de dificultad de los contenidos, etc.
b) Precisión de la medición y fiabilidad para las poblaciones pertinentes
c) Validez para las poblaciones pertinentes y su aplicabilidad para el uso que se hace del test
d) Ausencia de sesgo para los grupos con los que se utilizará
e) Aceptación por parte de quienes están implicados en su uso, incluyendo la pertinencia y validez aparente percibidas

f) Aspectos prácticos, tales como tiempo requerido, coste, o recursos que se necesitan

2.2.3. Evitar el uso de tests que tengan una documentación técnica inadecuada o poco clara
2.2.4. Utilizar tests sólo para aquellos objetivos para los cuales se dispone de una validez empírica adecuada y pertinente
2.2.5. No aceptar un test basándose únicamente en su validez aparente, recomendaciones de otros usuarios, o consejos de quienes tienen intereses comerciales
2.2.6. Responder a las preguntas de las personas implicadas (personas evaluadas, padres, *managers*, representantes legales, etc.), dándoles suficiente información para que entiendan por qué se eligió el test

2.3. *Prestar atención a los aspectos relacionados con el sesgo de los tests*

Cuando los tests se van a utilizar con personas de diferentes grupos (por ejemplo: género, cultura, educación, etnia, origen, o edad, entre otros), los usuarios competentes de los tests harán todos los esfuerzos posibles para asegurarse de que:

2.3.1. Los tests son imparciales y adecuados para todos los grupos evaluados
2.3.2. Los constructos que se están midiendo son relevantes para cada uno de los grupos evaluados
2.3.3. Existen datos disponibles sobre las diferencias de rendimiento de los grupos en el test
2.3.4. Hay datos disponibles sobre el Funcionamiento Diferencial de los ítems cuando ello es pertinente
2.3.5. Hay datos sobre la validez que apoyan el uso del test en diferentes grupos
2.3.6. Se minimizan los efectos de las diferencias grupales no relacionadas con el objetivo de la medición
2.3.7. Las directrices sobre la imparcialidad de los tests se interpretan dentro del marco de la legislación al respecto existente en cada país.

Cuando se utilizan los tests en más de un idioma (idiomas distintos, dialectos, lenguaje de signos, etc.) los usuarios competentes harán todos los esfuerzos posibles para asegurarse de que:

2.3.8. Las versiones de los distintos idiomas o dialectos hayan sido elaboradas utilizando una metodología rigurosa

2.3.9. Los constructores hayan sido sensibles a los aspectos de contenido, culturales e idiomáticos
2.3.10. Quienes aplican los tests sean capaces de comunicarse perfectamente en el idioma en el que se aplica el test
2.3.11. El dominio de la lengua (en la que se aplicará el test) de las personas evaluadas sea comprobado sistemáticamente, utilizándose la versión más adecuada, o una bilingüe si fuese necesario

Cuando se utilizan los tests con personas que tienen alguna discapacidad, los usuarios competentes harán todo lo que sea posible para asegurarse de que:

2.3.12. Se ha recabado consejo de los expertos acerca de los efectos de la discapacidad sobre el rendimiento en el test
2.3.13. Se han consultado las personas a evaluar y se ha dado un tratamiento adecuado a sus necesidades y deseos
2.3.14. Se han llevado a cabo los ajustes oportunos cuando se evalúa a personas con discapacidades auditivas, visuales, motoras, dislexia, u otras
2.3.15. Se ha contemplado la posiblidad de utilizar procedimientos de evaluación alternativos en vez de modificaciones o ajustes de los tests
2.3.16. Se ha solicitado consejo a expertos en el caso de que el grado de modificación requerido por el test esté más allá de la experiencia y conocimientos del usuario
2.3.17. Las modificaciones, cuando sean necesarias, se ajustan a la naturaleza de la discapacidad y se han diseñado para minimizar el impacto sobre la validez de las puntuaciones
2.3.18. La información relativa a cualquier ajuste o modificación hechos en el test o en su aplicación se comunica a quienes interpretan o utilizan las puntuaciones del test, para así facilitar una interpretación apropiada de las puntuaciones

2.4. *Hacer los preparativos necesarios para la aplicación del test*

El usuario competente hará todo lo posible para:

2.4.1. Proporcionar en el momento oportuno una información clara a las personas implicadas en la evaluación acerca de la finalidad del uso de los tests, la mejor forma de prepararse para la sesión de tests y los procedimientos a seguir
2.4.2. Aconsejar a los evaluados acerca de los idiomas y dialectos para los que es apropiado el test

2.4.3. Proporcionar información a quienes van a hacer el test sobre el tipo de práctica permitida, así como la documentación donde pueden encontrar ejemplares y materiales oportunos

2.4.4. Explicar claramente a los evaluados sus derechos y deberes (véase Apéndice B)

2.4.5. Obtener el consentimiento explícito de los evaluados o de sus responsables o representantes legales antes de aplicar los tests

2.4.6. Cuando los tests sean opcionales, explicar a las personas implicadas las consecuencias de hacerlos o no, para que puedan tomar una decisión con fundamento

2.4.7. Hacer los necesarios ajustes prácticos para asegurarse de que:

a) Los preparativos coinciden con los establecidos en el manual del test
b) Los locales y otras facilidades para aplicar los tests se han reservado con antelación, el entorno físico es accesible, seguro, tranquilo, libre de distracciones, y se ajusta a las necesidades
c) Hay suficiente material disponible y se ha comprobado que no han quedado señales de usuarios previos en los cuadernillos o en las hojas de respuestas
d) Las personas implicadas en la aplicación de los tests son competentes
e) Se han hecho los ajustes oportunos para aplicar los tests a las personas con alguna discapacidad (véase Apéndice C)

2.4.8. Prever posibles problemas y solventarlos mediante la preparación de materiales e instrucciones

2.5. *Aplicar los tests adecuadamente*

Los usuarios competentes deberían:

2.5.1. Establecer una buena relación con las personas evaluadas, dándoles la bienvenida y dirigiéndose a ellas de forma positiva

2.5.2. Tratar de reducir la ansiedad de las personas a las que se va a evaluar, evitando crear o reforzar ansiedad innecesaria

2.5.3. Eliminar fuentes potenciales de distracción, tales como alarmas de relojes de pulsera, teléfonos móviles, buscas, etc.

2.5.4. Asegurarse de que todas las personas disponen de los materiales necesarios para responder al test antes de comenzar éste

2.5.5. Supervisar convenientemente la aplicación de los tests

2.5.6. Dar las instrucciones en la lengua dominante de las personas evaluadas siempre que sea posible, incluso cuando el test está diseñado para proporcionar datos sobre el conocimiento o dominio de una lengua distinta de la dominante
2.5.7. Ajustarse estrictamente a las instrucciones del manual del test, haciendo los ajustes pertinentes para las personas con alguna discapacidad
2.5.8. Leer las instrucciones pausada y claramente
2.5.9. Dar el tiempo adecuado para hacer los ejemplos
2.5.10. Observar y anotar las posibles desviaciones de los procedimientos estándar del test
2.5.11. Registrar los tiempos de respuesta con precisión cuando se requiera
2.5.12. Asegurarse de que están todos los materiales al final de cada sesión
2.5.13. Realizar la aplicación de modo que permita una supervisión adecuada y una comprobación de la identidad de cada una de las personas evaluadas
2.5.14. Permitir a los ayudantes hacerse cargo de la aplicación sólo si han sido entrenados adecuadamente
2.5.15. Asegurarse de que durante la sesión aplicación no se dejan desatendidas o sujetas a distracción a las personas evaluadas
2.5.16. Proporcionar una asistencia adecuada a las personas evaluadas que muestran signos excesivos de ansiedad o desazón

2.6. *Puntuar y analizar los resultados de los tests con precisión*

Los usuarios competentes deberían:

2.6.1. Seguir al pie de la letra los procedimientos estandarizados de puntuación
2.6.2. Asegurarse de la precisión al asignar las puntuaciones, especialmente en aquellos casos en los que entra en juego el juicio de los evaluadores. Para cerciorarse de la precisión puede volver a puntuarse una muestra de las personas evaluadas, comprobando así la coincidencia entre las puntuaciones
2.6.3. Llevar a cabo las transformaciones de las puntuaciones directas a otros tipos de escalas pertinentes
2.6.4. Elegir los tipos de escala más convenientes de acuerdo con el uso que se vaya a hacer de las puntuaciones del test
2.6.5. Comprobar la precisión de las transformaciones de las escalas, así como la de cualquier tipo de análisis o tratamiento que se haga con los datos

2.6.6. Asegurarse de que no se sacan conclusiones erróneas debido a la utilización de baremos desfasados, o inadecuados para las personas evaluadas
2.6.7. Calcular las puntuaciones compuestas cuando proceda, utilizando las fórmulas y ecuaciones propuestas en el manual del test
2.6.8. Inspeccionar los resultados para detectar posibles errores o anomalías en las puntuaciones
2.6.9. Describir e identificar con precisión los resultados, normas, tipos de escalas, fórmulas, etc. utilizados

2.7. *Interpretar los resultados adecuadamente*

Los usuarios competentes deberían:

2.7.1. Tener una buena comprensión profesional de las bases teóricas y conceptuales del test, de la documentación técnica y de las directrices para el uso e interpretación de las puntuaciones
2.7.2. Tener una buena comprensión profesional de las escalas utilizadas, de las normas y baremos, así como de las limitaciones de las puntuaciones
2.7.3. Tratar de minimizar cualquier sesgo que pueda existir hacia las personas evaluadas en la interpretación de las puntuaciones del test
2.7.4. Utilizar normas o grupos de comparación apropiados cuando estén disponibles
2.7.5. Interpretar los resultados a la luz de la información disponible sobre la persona evaluada (edad, género, escolaridad, cultura, etc.), teniendo en cuenta las limitaciones técnicas del test, el contexto de la evaluación, y las necesidades de las personas o instituciones con intereses legítimos en el resultado del proceso evaluativo
2.7.6. Evitar la generalización de los resultados de un test a rasgos o características de la persona que no han sido medidos por el test
2.7.7. Tener en cuenta la fiabilidad y el error de medida de cada escala, así como otros factores que puedan alterar artificialmente los resultados a la hora de interpretar las puntuaciones
2.7.8. Tener muy en cuenta los datos disponibles sobre la validez del constructo medido en relación con las características de los grupos evaluados, tales como cultura, edad, clase social, género, etc.

2.7.9. Utilizar puntos de corte en la interpretación de las puntuaciones sólo cuando se disponga de datos empíricos sobre su validez

2.7.10. Ser conscientes de los estereotipos sociales que pueden existir sobre las personas evaluadas (en relación con su cultura, edad, clase social, género, etc.), evitando interpretar los tests de forma que se perpetúen dichos estereotipos

2.7.11. Tener en cuenta cualquier variación individual o colectiva que se haya hecho respecto al procedimiento estándar en la aplicación de las pruebas

2.7.12. Tomar en consideración cualquier experiencia previa que la persona evaluada haya tenido con el test, en el caso de que se disponga de datos sobre los efectos de dicha experiencia sobre el rendimiento en la prueba

2.8. *Comunicar los resultados de forma clara y precisa*

Los usuarios competentes deberían:

2.8.1. Identificar las personas o instituciones pertinentes que pueden recibir los resultados de los tests

2.8.2. Elaborar informes orales o escritos para los receptores de los resultados, siempre con el consentimiento explícito de las personas evaluadas o de sus representantes legales

2.8.3. Asegurarse de que el nivel técnico de los contenidos de los informes es adecuado para su comprensión por los receptores

2.8.4. Dejar muy claro en los informes que los resultados de los tests son confidenciales, y especificar el tiempo que se mantendrán archivados los resultados

2.8.5. Dejar claro que los datos de los tests representan una sola fuente de información que debe analizarse conjuntamente con otras fuentes

2.8.6. Explicar el peso que debe de darse a las puntuaciones de los tests en relación con otras fuentes de información acerca de las personas evaluadas

2.8.7. Proporcionar la información sobre los resultados en un lenguaje comprensible para el receptor, de modo que se minimice la posibilidad de interpretaciones incorrectas

2.8.8. Utilizar una forma y estructura para el informe que encaje en el contexto de la evaluación

2.8.9. Si procede, proporcionar información a quienes toman las decisiones acerca de cómo pueden usar los resultados de los tests para mejorar sus decisiones

2.8.10. Explicar y fundamentar la utilización que se hace de los resultados en los tests para la clasificación de las personas en categorías con fines diagnósticos, u otros
2.8.11. Incluir un resumen claro en los informes escritos, y, cuando sea pertinente, recomendaciones concretas
2.8.12. Dar información a las personas evaluadas de forma constructiva y positiva

2.9. *Revisión de la adecuación del test y de su uso*

Los usuarios competentes deberían:

2.9.1. Seguir y revisar periódicamente los posibles cambios en la población de personas evaluadas, así como los criterios utilizados para la validez
2.9.2. Estar atentos a posibles impactos negativos de los tests
2.9.3. Ser conscientes de la necesidad de reanalizar la utilización de un test si se ha llevado a cabo algún cambio en su forma, contenidos, o forma de aplicación
2.9.4. Tener presente la necesidad de reconsiderar la validez del test si se ha cambiado la finalidad para la que se utilizaba
2.9.5. Siempre que sea posible, validar los tests para los usos para los que fueron elaborados y participar en los trabajos rigurosos de validación que se lleven a cabo
2.9.6. Ayudar en la medida de sus posibilidades a mantener al día la información sobre los baremos, fiabilidad y validez del test, proporcionando los datos pertinentes a los constructores, editores o investigadores

Apéndice A

Directrices para el establecimiento de políticas sobre el uso de los tests

Las directrices que siguen se refieren a la necesidad de las organizaciones de considerar su política sobre la práctica de los tests de forma sistemática, asegurándose de que todas las personas implicadas en la evaluación tienen clara esta política. La necesidad de una política explícita sobre la práctica de los tests no atañe sólo a las grandes organizaciones. Las empresas de tamaño medio o pequeño, al igual que las grandes, deben prestar atención a la política sobre la práctica de los tests, de la misma forma que lo hacen en relación con la salud y seguridad laboral, igualdad de oportunidades, discapacidades, u otras áreas relacionadas con una práctica adecuada en el tratamiento y atención al personal.

Aunque las siguientes consideraciones pueden necesitar una adaptación para su utilización por parte de usuarios individuales de los tests cuando actúan como profesionales, sigue siendo importante que tengan muy clara su propia política y que puedan comunicarla a otros.

Los objetivos de una política sobre el uso de los tests serían:

- Asegurar que se alcanzan las metas personales y organizacionales
- Evitar el posible uso inadecuado de los tests
- Demostrar explícitamente el compromiso con una práctica adecuada
- Asegurar que el uso de los tests se ajusta a los fines establecidos
- Asegurar que los tests se utilizan de forma no discriminativa

- Asegurar que las evaluaciones se basan en información comprensiva y pertinente
- Asegurar que los tests son utilizados por personas cualificadas para ello

Una política sobre el uso de los tests deberá abordar los siguientes aspectos:

- Uso adecuado de los tests
- Seguridad de los materiales y puntuaciones
- Quién puede aplicar, puntuar e interpretar los resultados
- Cualificaciones de quienes van a usar los tests
- Entrenamiento de los usuarios
- Preparación de las personas a evaluar
- Acceso a los materiales y seguridad de los tests
- Acceso a los resultados y confidencialidad de las puntuaciones
- Información sobre los resultados a las personas evaluadas
- Responsabilidades hacia los evaluados, antes, durante y después de la sesión de tests
- Responsabilidades individuales de los usuarios de los tests

Cualquier política que se establezca sobre tests tiene que ser revisada periódicamente, actualizándola de acuerdo con los avances producidos en los tests o en su utilización. Hay que permitir el acceso e informar sobre la política establecida a las partes implicadas en la utilización de los tests. La responsabilidad de la política de una organización debe recaer en un usuario cualificado, que tenga autoridad para asegurar su implementación y cumplimiento.

APÉNDICE B

Directrices para desarrollar contratos entre las partes implicadas en la evaluación

Los contratos entre los usuarios de los tests y las personas evaluadas deben de estar de acuerdo con los criterios de una práctica adecuada, la legislación correspondiente y la política establecida sobre el uso de los tests. Los puntos que siguen se ofrecen como un ejemplo del tipo de aspectos que un contrato de este tipo debe abarcar. Los detalles variarán en función del contexto de la evaluación (ocupacional, educativo, clínico, jurídico, etc.), y de las leyes y regulaciones locales y nacionales.

Los contratos entre los usuarios, las personas evaluadas y otras partes implicadas aparecen con frecuencia implícitos, no formalizados explícitamente, al menos en parte. Dejando claros los objetivos, el papel y las responsabilidades de cada una de las partes ayuda a evitar los malentendidos, los perjuicios y la necesidad de acudir a los tribunales.

El usuario se compromete a:

1. Informar a las personas evaluadas de sus derechos en cuanto a cómo se utilizarán sus puntuaciones de los tests, así como sus derechos de acceso a ellas
2. Advertir con anterioridad suficiente sobre cualquier carga económica que conlleve el proceso de evaluación, quién es el responsable de los pagos y fechas en las que deben de hacerse efectivos
3. Tratar a las personas evaluadas con cortesía, imparcialidad y respeto, independientemente de su raza, género, edad, discapacidad, etc.
4. Utilizar tests de calidad probada, adecuados a las personas evaluadas y a la situación de evaluación

5. Informar antes de la aplicación de los tests sobre la finalidad de la evaluación, el tipo de test, a quién se enviarán los resultados y el uso que hará de ellos
6. Avisar con antelación dónde se aplicarán los tests, cuándo se darán los resultados, y si pueden o no obtener una copia del test una vez hecho, de su hoja de respuestas, o de sus puntuaciones
7. Utilizar personas cualificadas para la aplicación de los tests y la interpretación de los resultados
8. Asegurarse de que las personas a evaluar saben si el test es opcional o no, y, cuando lo sea, asegurarse de que conocen las consecuencias de hacerlo o no hacerlo
9. Asegurarse de que las personas que van a hacer el test conocen las condiciones (si las hubiera) en las que podrían volver a hacer el test, ser calificados de nuevo, o anulárseles la prueba
10. Asegurarse de que las personas evaluadas saben que se les explicarán los resultados después de hacer el test tan pronto como sea posible y en términos que les resulten comprensibles
11. Asegurarse de que las personas evaluadas saben que sus resultados son confidenciales hasta el punto que permitan la ley y una práctica profesional adecuada
12. Informar a las personas evaluadas sobre quiénes tendrán acceso a los resultados y las condiciones bajo las cuales se proporcionarán
13. Asegurarse de que las personas evaluadas conocen los procedimientos para elevar quejas o comunicar algún problema

El usuario comunicará a las personas evaluadas qué se espera de ellas:

14. Un trato cortés y respetuoso con el resto de las personas durante el proceso de evaluación
15. Preguntar antes del test si no están seguras acerca de por qué se aplica el test, cómo se aplicará, qué tienen que hacer exactamente, y qué se hará con los resultados
16. Informar sobre cualquier circunstancia que consideren que puede invalidar los resultados del test, o que deseen que se tenga en cuenta

17. Seguir las instrucciones de la persona que aplica el test
18. Ser consciente de las consecuencias que se siguen de no hacer el test, si deciden no hacerlo, y estar preparado para aceptar dichas consecuencias
19. Si se requiere abonar alguna cantidad para hacer la prueba, los pagos se harán en la fecha acordada

APÉNDICE C

Aplicación de los tests a personas con alguna discapacidad

Cuando se modifica la forma de aplicación de un test para aplicarlo a personas con alguna discapacidad hay que proceder con sumo cuidado y experiencia. Como siempre, si existe alguna legislación local o nacional específica debe respetarse, así como el derecho a la privacidad de la persona evaluada. Cuando se recoge la información sobre los tipos y niveles de discapacidad hay que limitarse a la información relativa a la capacidad de cada persona para llevar a cabo las tareas requeridas por el test. Hay que poner especial cuidado cuando los tests se utilizan en el ámbito ocupacional, bien sea para selección, promoción, u otros fines.

No hay una regla sencilla para aplicar un test correctamente que sea generalizable a todas las personas con algún tipo de discapacidad. Queda a juicio del profesional si es mejor utilizar una forma alternativa de evaluación o modificar el test, o su forma de aplicación. En la práctica no suele ser posible baremar los tests modificados en muestras amplias de personas con discapacidades equivalentes, de modo que se pueda asegurar la comparabilidad del test con la versión estándar. No obstante, cuando haya datos al respecto, por ejemplo, en el caso de los efectos producidos por la modificación del tiempo de aplicación, el uso de Braille, o versiones auditivas de los tests en casete, deben utilizarse como guía para las modificaciones que se lleven a cabo. Aunque una estricta estandarización de la versión modificada tal vez no sea posible, siempre que lo sea deben llevarse a cabo estudios piloto con muestras pequeñas.

Dada la escasez de información sobre el rendimiento en los tests (modificados o no) de las personas con alguna discapacidad, suele ser más adecuado utilizar los resultados de forma más cualitativa. Puede tomarse como una indicación de la característica evaluada, complementándola con información recogida por otros métodos.

En el caso de aplicaciones individuales el evaluador suele poder ajustar los procedimientos evaluativos a las capacidades de la persona evaluada. Sin embargo, en el caso de aplicaciones colectivas aparecen problemas especiales, como ocurre por ejemplo en selección de personal. En estos casos puede haber dificultades prácticas para modificar la forma de aplicación para determinadas personas dentro del marco de una aplicación colectiva. Además, los tratamientos diferenciados podrían ser vistos por algunos como discriminatorios. Por ejemplo, si se concede más tiempo para hacer el test, las personas discapacitadas podrían tener la sensación de que son tratadas de forma *diferente*, mientras que quienes no tienen ninguna discapacidad pueden pensar que el tiempo extra concedido proporciona a los otros una ventaja.

Consejos sobre necesidades especiales pueden obtenerse habitualmente de las organizaciones de discapacitados, así como de las propias personas con discapacidades a las que se van aplicar los tests. Suele ser de gran ayuda dirigirse directamente a las personas y preguntarles si hay alguna circunstancia que consideran que debe tenerse en cuenta. En muchos casos esta consulta va a permitir llevar a cabo las modificaciones oportunas en el contexto de aplicación de la prueba, sin tener que modificar el propio test.

Las siguientes reglas generales pueden utilizarse como guía a la hora de decidir si se modifica el proceso evaluativo y cómo hacerlo.

1. Si la discapacidad no afecta al rendimiento en el test, no es necesario hacer ajustes en la prueba
2. Cuando la discapacidad influye en el rendimiento en el test, hay que distinguir si esta influencia es incidental o forma parte del constructo medido. Si es incidental hay que modificar el test, pero si forma parte del constructo medido no. Por ejemplo, una persona con artritis en las manos tendrá problemas con un test de velocidad que conlleve escribir. Si la capacidad para escribir rápidamente formase parte del constructo medido, entonces no debería de cambiarse el test. Sin embargo, si la finalidad fuese, por ejemplo, medir la rapidez de percepción visual, habría que buscar una forma de respuesta a la prueba más adecuada, pues la artritis estaría influyendo negativamente en el constructo medido.

3. Cuando una discapacidad ajena al constructo medido influye en el rendimiento en el test, deben llevarse a cabo los ajustes convenientes en la prueba
4. Los usuarios y los editores deben consultar siempre el manual del test para buscar información sobre las modificaciones de las pruebas y sobre posibles formatos y procedimientos alternativos
5. Los usuarios de tests deben consultar a las organizaciones correspondientes de discapacitados acerca de las implicaciones de una discapacidad concreta, la documentación sobre la discapacidad, y el tipo de modificaciones que podrían ser convenientes
6. Cualquier tipo de modificación que se haga en el test o en el proceso de aplicación debe estar rigurosamente documentada, exponiendo claramente las razones que justifican la modificación

Documentación complementaria

AMERICAN EDUCATIONAL RESEARCH ASSOCIATION, AMERICAN PSYCHOLOGICAL ASSOCIATION, & NATIONAL COUNCIL ON MEASUREMENT IN EDUCATION (1985): *Standards for Educational and Psychological Testing.* American Psychological Association, Washington, DC.

BARTRAM, D. (1995): The Development of Standards for the Use of Psychological Tests in Occupational Settings: The Competence Approach. *The Psychologist,* May, págs. 219-223.

BARTRAM, D. (1996): Test Qualifications and Test Use in the UK: The Competence Approach. *European Journal of Psychological Assessment,* 12, págs. 62-71.

CANADIAN PSYCHOLOGICAL ASSOCIATION (1987): *Guidelines for Educational and Psychological Testing.* Canadian Psychological Association, Ottawa.

COLEGIO OFICIAL DE PSICÓLOGOS (1987): *Código Deontológico.* Colegio Oficial de Psicólogos, Madrid.

COLEGIO OFICIAL DE PSICÓLOGOS (1999): Página web del COP, Comisión de Tests: http://www.cop.es/tests/

EYDE, L. D., MORELAND, K. L. y ROBERTSON, G. J. (1988): *Test User Qualifications: A Data-based Approach to Promoting Good Test Use.* Report for the Test User Qualifications Working Group. American Psychological Association, Washington, DC.

EYDE, L. D., ROBERTSON, G. J., KRUG, S. E. *et al.* (1993): *Responsible Test Use: Case Studies For Assessing Human Behaviour.* American Psychological Association, Washington, DC.

FERNÁNDEZ BALLESTEROS, R. (1993): Evaluación psicológica en sus contextos de aplicación. *Revista de Historia de la Psicología, 14*, págs. 97-114.

FRANCA TARRAGÓ, O. (1996): *Ética para psicólogos.* Bilbao: Desclée de Brouwer.

FREMER, J., DIAMOND, E. E. y CAMARA, W. J. (1989): Developing a Code of Fair Testing Practices in Education. *American Psychologist*, 44, págs. 1062-1067.

HAMBLETON, R. (1994): Guidelines for adapting educational and psychological tests: A progress report. *European Journal of Psychological Assessment, 10*, págs. 229-244.

JOINT COMMITTEE ON TESTING PRACTICES (1988): *Code of Fair Testing Practices in Education.* Joint Committee on Testing Practices, Washington, DC.

KENDALL, I., JENKINSON, J., DE LEMOS, M. y CLANCY, D. (1997): *Supplement to Guidelines for the use of Psychological Tests.* Australian Psychological Society.

MORELAND, K. L., EYDE, L. D., ROBERTSON, G. J., PRIMOFF, E. S. y MOST, R. B. (1995): Assessment of Test User Qualifications: A Research-Based Measurement Procedure. *American Psychologist*, 50, págs. 14-23.

MUÑIZ, J. (1997): Aspectos éticos y deontológicos de la evaluación psicológica. En A. Cordero (Ed.), *La evaluación psicológica en el año 2000.* TEA Ediciones, Madrid.

MUÑIZ, J. y HAMBLETON, R. K. (1996): Directrices para la traducción y adaptación de los tests. *Papeles del Psicólogo, 66*, págs. 63-70.

RODRÍGUEZ SUTIL, C. (1996): La ética de la devolución en el psicodiagnóstico clínico. *Papeles del Psicólogo, 66*, págs. 91-94.

SCHAFER, W. D. (1992): *Responsibilities of Users of Standardized Tests: RUST Statement Revised.* American Association for Counseling and Development, Alexandria, VA.

VAN DE VIJVER, F. y HAMBLETON, R. (1996): Translating tests: some practical guidelines. *European Psychologist, 1*, págs. 89-99.

5
REFERENCIAS BIBLIOGRÁFICAS

ABAD, F. J., OLEA, J. y PONSODA, V. (2001): Analysis of the optimum number of alternatives from the Item Response Theory. *Psicothema, 13* (1), págs. 152-158.

AMERICAN EDUCATIONAL RESEARCH ASSOCIATION, AMERICAN PSYCHOLOGICAL ASSOCIATION y NATIONAL COUNCIL ON MEASUREMENT IN EDUCATION. (1999): *Standards for educational and psychological testing.* American Psychological Association, Washington, DC.

ANASTASI, A. (1987): *What test users should know about the interpretation of test scores.* Keynote address at Joint Committee on Testing Practices Second Test Publishers Conference, Rockville, Maryland. (Citado de Fremer, 1996).

BAKER, F. B. (1992): *Item response theory: parameter estimation techniques.* Marcell Dekker, New York.

BAKER, F. B. (2001): *The basic of item response theory (second edition).* College Park, MD: ERIC Clearinghouse on Assessment and Evaluation, University of Maryland.

BARBERO, M. I. (1996): Bancos de ítems. En J. MUÑIZ (Coord.), *Psicometría* (págs. 139-170). Universitas, Madrid.

BARBERO, M. I. (1999): Gestión informatizada de bancos de ítems. En J. OLEA, V. PONSODA y G. PRIETO (eds.), *Tests informatizados: fundamentos y aplicaciones.* (págs. 63-84). Pirámide, Madrid.

BARTRAM, D. (1996): Test qualifications and test use in the UK: The competence approach. *European Journal of Psychological Assessment, 12,* págs. 62-71.

BECHGER, M., MARIS, G., VERSTRALEN, H. y BÉGUIN, A. A. (2003): Using Classical Test Theory in combination with Item Response Theory. *Applied Psychological Measurement,* 27 (5), págs. 319-334.

BEJAR, I. (1993): A generative approach to psychological and educational measurement. En N. FREDERIKSEN, R. J. MISLEVY e I. BEJAR (eds.). *Test theory for a new generation of tests* (págs. 323-357). Lawrence Erlbaum, Hillsdale, NJ.

BEJAR, I. I. y BENNET, R. E. (1999): La puntuación de las respuestas como un parámetro del diseño de exámenes: implicaciones en la validez. En J. OLEA, V. PONSODA y G. PRIETO (eds.), *Tests informatizados: fundamentos y aplicaciones.*(págs. 53-59). Pirámide, Madrid

BRACKEN, B. A. y BARAONA, A. (1991): State of the art procedures for translating, validating and using psycho-educational tests in cross-cultural assessment. *School Psychology International, 12*, págs. 119-132.

BRENNAN, R. L. (1983): *Elements of generalizability theory.* American College Testing Program, Iowa City, IA.

BRISLIN, R. W. (1986): The wording and translation of research instruments. En W. J. LONNER y J. W. BERRY (eds.), *Field methods in cross-cultural psychology* (págs. 137-164). Sage Publications, Newbury Park, CA.

BROOKS, J. P. y JOHANSON, J. A. (2003): TAP: Test Analysis Program. *Applied Psychological Measurement,* 27 (4), págs. 303-304.

BRUNO, J. E. y DIRKZWAGER, A. (1995): Determining the optimal number of alternatives to a multiple-choice test item: An information theoretic perspective. *Educational and Psychological Measurement, 55* (6), págs. 959-966.

CAMILLI, G. y SHEPARD, L. A. (1994): *Methods for identifying biased test items.* Sage, London.

CAÑADAS, I. y SÁNCHEZ, A. (1998): Categorías de respuesta en escalas tipo Likert. *Psicothema, 10* (3), págs. 623-631.

CARMINES, E. G. y ZELLER, R. A. (1979): *Reliability and validity assessment.* Sage, Londres.

CATTELL, R. B. (1966): The scree-test for the number of factors. *Multivariate Behavioural Research,* 1, págs. 245-276.

CLAUSER, B. E. (2000): Recurrent issues and recent advances in scoring performance assessment. *Applied Psychological Measurement,* 24, págs. 310-324.

CROCKER, L. y ALGINA, G. (1986): *Introduction to classical and modern test theory.* Holt, Rinehart and Winston, New York.

CRONBACH, L. J. (1951): Coefficient alpha and the internal structure of tests. *Psychometrika, 16,* págs. 297-334.

CRONBACH, L. J. (1975): Five decades of public controversy over mental testing. *American Psychologist, 30,* págs. 1-14.

CRONBACH, L. J. (1985): *Fundamentos de la exploración psicológica.* Biblioteca Nueva, Madrid.

CRONBACH, L. J., GLESSER, G. C., NANDA, H. y RAJARATNAM, N. (1972): *The dependability of behavioral measurement: Theory of generalizability for scores and profiles.* Wiley, Nueva York.

CUESTA, M. (1996): Multidimensionalidad. En J. MUÑIZ (Coord.), *Psicometría* (págs. 239-292). Universitas, Madrid.

DELGADO, A. R. y PRIETO, G. (1998): Further evidence favoring three-option items in multiple-choice tests. *European Journal of Psychological Assessment, 14* (3), págs. 197-201.

DOCHY, F., MOERKERKE, G., DE CORTE, E. y SEGERS, M. (2001): The assessment of quantitative problem-solving skills with "none of the above" items. *European Journal of Psychology of Education, 16* (2), págs. 163-177.

DUDYCHA, A. L. y CARPENTER, J. B. (1973): Effects of item format on item discrimination and difficulty. *Journal of Applied Psychology, 58,* págs. 116-121.

EBEL, R. L. (1965): *Measuring educational achievement.* Prentice-Hall, Englewood Cliffs, N. J.

ELLIS, B. B. y MEAD, A. D. (2002): Item analysis: Theory and practice using classical and modern test theory. En S. G. ROGELBERG (ed.), *Handbook of research methods in industrial and organizational psychology.* Blackwell Publishers, Malden, MA.

ELOSUA, P. (2003): Sobre la validez de los tests. *Psicothema, 15,* págs. 315-321.

EVERS, A. (1996): Regulations concerning test qualifications and test use in The Netherlands. *European Journal of Psychological Assessment, 12,* 2, págs. 153-159.

FERNÁNDEZ-RAÑA, A. (1995): *Los muchos rostros de la ciencia.* Ediciones Nobel, Oviedo.

FIDALGO, A. M. (1994): MHDIF: A computer program for detecting uniform and nonuniform differential item functioning with the Mantel-Haenszel procedure. *Applied Psychological Measurement, 18,* pág. 300.

FIDALGO, A. (1996): Funcionamiento diferencial de los ítems. En J. MUÑIZ (Coord.), *Psicometría* (págs. 371-455). Universitas, Madrid.

FIDALGO, A. M. (2002, septiembre): *¿Qué pasa cuando se hacen públicos comportamientos laborales impresentables? Surrealismo y Censura.* Comunicación presentada al I Congreso Nacional sobre Corrupción en la Universidad Pública Española, Madrid.

FIDALGO, A. M. (2003, septiembre): *Aristóteles, Porfirio y la División del Conocimiento.* Comunicación presentada en el VIII Congreso de Metodología de las Ciencias del Comportamiento y de la Salud, Valencia. Internet: http://www.psico.uniovi.es/Fac_Psicologia/w3doc/instru_evaluacion/aristoteles.pdf.

FIDALGO, A. M. (en prensa): Mantel-Haenszel methods. En B. EVERITT y D. HOWELL (Eds.), *Encyclopedia of Statistic in Behavioural Science.* John Wiley & Sons, London.

FIDALGO, A. M. y FERRERES, D. (2002): Supuestos y consideraciones en los estudios empíricos sobre funcionamiento diferencial de los items. *Psicothema, 2,* págs. 491-496.

FIDALGO, A. M. y MUÑIZ, J. (2002): Líneas de investigación actuales sobre el funcionamiento diferencial de los ítems. *Metodología de las Ciencias del Comportamiento, 4*, págs. 55-66.

FIDALGO, A. M. y PIÑUEL, I. (2004): La escala Cisneros como herramienta de valoración del mobbing. *Psicothema*, 16, págs. 615-624.

FINDLEY, W. G. (1956): A rationale for evaluation of item discrimination statistics. *Educational and Psychological Measurement, 16*, págs. 175-180.

FINK, A. (1995): *How to design surveys*. Sage, Thousand Oaks, CA.

FISHMAN, G. S. (1973): *Concepts and methods in discrete event digital simulation*. John Wiley & Sons, Nueva York. (Traducción española: Conceptos y métodos en la simulación digital de eventos discretos. Limusa, México, 1978).

FREMER, J. (1996): Promoting high standards for test use: developments in the United States. *European Journal of Psychological Assessment*, 12, 2, págs. 160-168.

GARCÍA-CUETO, E. (1993): *Introducción a la Psicometría*. Siglo XXI, Madrid.

GARCÍA-CUETO, E., MUÑIZ, J. y LOZANO, L. M. (2002): Influencia del número de alternativas en las propiedades psicométricas de los tests. *Metodología de la Ciencias del Comportamiento, Supl.*, págs. 201-205.

GARCÍA JIMÉNEZ, E., GIL FLORES, J. y RODRÍGUEZ GÓMEZ, G. (2000): *Análisis Factorial*. La Muralla/Hespérides, Madrid.

GLASS, G. V. y STANLEY, J. C. (1979): *Métodos estadísticos aplicados a las ciencias sociales*. Prentice Hall International, Madrid.

GRONLUND, N. E. (1988): *How to construct achievement tests*. Prentice Hall, Englewood Cliffs, NJ.

HALADYNA, T. M. (2004): *Developing and validating multiple-choice test items*. (3ª edición). LEA, Hillsdale, NJ.

HALADYNA, T. M. y DOWNING, S. M. (1989): The validity of a taxonomy of multiple-choice test item. *Applied Measurement in Education, 1* (1), págs. 51-78.

HALADYNA, T. M., DOWNING, S. M. y RODRIGUEZ, M. C. (2002): A review of multiple-choice item-writing guidelines. *Applied Measurement in Education, 15 (3)*, págs. 309-334.

HAMBLETON, R. K. (1993): Translating achievement tests for use in cross-national studies. *European Journal of Psychological Assessment, 9*, págs. 54-65.

HAMBLETON, R. K. (1994): Guidelines for adapting educational and psychological tests: A progress report. *European Journal of Psychological Assessment, 10*, págs. 229-240.

HAMBLETON, R. K. (1996): Adaptación de tests para su uso en diferentes idiomas y culturas: fuentes de error, posibles soluciones y directrices prácticas. En J. MUÑIZ (Coord.), *Psicometría*. Universitas, Madrid.

HAMBLETON, R. K. y BOLLWARK, J. (1991): Adapting tests for use in different cultures: Technical issues and methods. *Bulletin of the International Test Comission, 18,* págs. 3-32.

HAMBLETON, R. K., MERENDA, P. y SPIELBERGER, C. (Eds.) (2005): *Adapting educational and psychological tests for cross-cultural assessment.* LEA, Hillsdale, NJ.

HAMBLETON, R. K. y SWAMINATHAN, H. (1985): *Item response theory. Principles and applications.* Kluwer, Boston, MA.

HAMBLETON, R. K., SWAMINATHAN, H. y ROGERS, H. J. (1991): *Fundamentals of item response theory.* Sage, Londres.

HATTIE, J. A. (1984): An empirical study of various indices for determining unidimensionality assumption. *Multivariate Behavioural Research,* 19, págs. 49-78.

HATTIE, J. A. (1985): Assesing unidimensionality of test and items. *Applied Psychological Measurement, 9,* págs. 139-164.

HEISE, D. R. y BOHRNSTEDT, G. W. (1970): Validity, invalidity and reliability. En E. F. BORGATTA y G. W. BOHRNSTEDT (Eds.), *Sociological methodology.* Jossey Bass, San Francisco.

HOLMAIN, R., GLASS, C. A. W. y DE HAAN, R. J. (2003): Power analysis in randomised clinical trials based on item response theory. *Controlled Clinical Trials, 24,* págs. 390-410.

HOLLAND, W. P. y THAYER, D. T. (1988): Differential item performance and the Mantel-Haenszel procedure. En H. WAINER y H. I. BRAUN (Eds.), *Test validity* (págs. 129-145). LEA, Hillsdale, NJ.

HONTANGAS, P. (1999): Software para la construcción y administración de tests informatizados. En J. OLEA, V. PONSODA y G. PRIETO (Eds.), *Tests informatizados. Fundamentos y aplicaciones* (págs. 85-108). Madrid: Pirámide.

IRVINE, S. H. y KYLLONEN, P. (Eds.) (2002): *Item generation for test development.* LEA, Hillsdale, NJ.

KELLEY, T. L. (1939): Selection of upper and lower groups for the validation of test ítems. *Journal of Educational Psychology,* 30, págs. 17-24.

LAVEAULT, D. y GRÉGOIRE, J. (1997): *Introduction aux theories des tests en sciences humaines.* De Boeck Universite, Bruselas.

LONNER, W. J. (1990): An overview of cross-cultural testing and assessment. En R. W. BRISLIN (ed.), *Applied cross-cultural psychology* (vol. 14, págs. 56-76). Sage Publications, Newbury Park, CA.

LORD, F. M. (1980): *Applications of item response theory to practical testing problems.* LEA, Hillsdale, NJ.

LÓPEZ-PINA, J. A. (1995): *Teoría de respuesta al ítem: Fundamentos.* PPU, Barcelona.

MANTEL, N. y HAENSZEL, W. (1959): Statistical aspects of the analysis of data from retrospective studies of disease. *Journal of the National Cancer Institute, 22,* págs. 719-748.

MANZANO, V. (1998): Selección de muestras. En A. ROJAS, J. S. FERNANDEZ y C. PÉREZ (eds.) *Investigar mediante encuestas: Fundamentos teóricos y aspectos prácticos.* (págs. 51-98). Síntesis, Madrid.

MANZANO, V. y ANDRÉU, J. (2000): Formatos para ítems en las encuestas electrónicas: Antecedentes y propuestas. *Metodología de Encuestas, 2* (1), págs. 61-101.

MANZANO, V., PÉREZ, J., LOZANO, O. y FERNANDEZ, J. (2003): Medidas subjetivas para formatos de respuestas en encuestas informatizadas. *Metodología de Encuestas,* 5 (2), págs. 213-226.

MARRELLI, A. F. (1995): Writing multiple-choice test items. *Performance and Instruction, 34 (8),* págs. 24-29.

MARTÍNEZ ARIAS, R. (1995): *Psicometría: Teoría de los tests psicológicos y educativos.* Síntesis, Madrid.

MARTÍNEZ, R., MORENO, R, MARTÍN, I, TRIGO, E. y LÓPEZ, J. (2004): *Evaluation of Multiple-choice Item-Writing Guidelines.* Comunicación presentada a la VII European Conference on Psychological Assessment. Málaga.

MAYDEU, A. (1996): Modelos multidimensionales de teoría de respuesta a los ítems. En J. MUÑIZ (Coord.), *Psicometría* (págs. 811-868). Universitas, Madrid.

MELIÁ, J. L. (1990): *Introducción a la medición.* Cristóbal Serrano, Valencia.

MITCHELL, J. (1990): *An introduction to the logic of psychological measurement.* Lawrence Erlbaum, Hillsdale, NJ.

MOLINA, J. G., SANMARTÍN, J. y PAREJA, I. (1999): Desarrollo de un sistema informático orientado a la construcción y gestión de bancos de ítems. En J. OLEA, V. PONSODA y G. PRIETO (Eds.), *Tests informatizados. Fundamentos y aplicaciones* (págs. 85-108). Pirámide, Madrid.

MORENO, R. y MARTÍNEZ, R. (2003): Construcción de items de elección múltiple: El estado de la cuestión. *Comunicación al VIII Congreso de Metodología de las Ciencias Sociales y de la Salud.* Valencia.

MORENO, R., MARTÍNEZ, R. J. y MUÑIZ, J. (2004): Directrices para la construcción de ítems de elección múltiple. *Psicothema, 16* (3), págs. 490-497.

MUELLER, D. J. (1975): An assessment of the effectiveness of complex alternatives in multiple choice achievement test items. *Educational and Psychological Measurement, 35,* págs. 135-141.

MUÑIZ, J. (Coord.) (1996): *Psicometría.* Universitas, Madrid.

MUÑIZ, J. (1997a): *Introducción a la Teoría de Respuesta a los Ítems.* Pirámide, Madrid.

MUÑIZ, J. (1997b): Aspectos éticos y deontológicos de la evaluación psicológica. En A. CORDERO (Coord.), *La Evaluación psicológica en el año 2000.* TEA Ediciones, Madrid.

MUÑIZ, J. (2003): *Teoría Clásica de los Tests.* Pirámide, Madrid.

MUÑIZ, J. (2004): La validación de los tests. *Metodología de las Ciencias del Comportamiento, 5* (2), págs. 121-141.

MUÑIZ, J. y FERNÁNDEZ-HERMIDA, J. R. (2000): La utilización de los tests en España. *Papeles del Psicólogo, 76,* págs. 41-49.

MUÑIZ, J. y GARCÍA-MENDOZA, A. (2002): La construcción de ítems de elección múltiple. *Metodología de las Ciencias del Comportamiento.* Monográfico, págs. 416-422.

MUÑIZ, J. y HAMBLETON, R. K. (1996): Directrices para la traducción y adaptación de los tests. *Papeles del Psicólogo, 66,* págs. 63-70.

MUÑIZ, J., PRIETO, G., ALMEIDA, L. y BARTRAM, D. (1999): Test use in Spain, Portugal and Latin American countries. *European Journal of Psychological Assessment, 15*(2), págs. 151-157.

NAVAS ARA, M. J. (1996): Equiparación de puntuaciones. En J. MUÑIZ (Coord.), *Psicometría* (págs. 293-370). Universitas, Madrid.

NAVAS ARA, M. J. (Coord.) (2001a): *Métodos, diseños y técnicas de investigación psicológica.* UNED, Madrid.

NAVAS ARA, M. J. (2001b): Las teorías de los tests. En M. J. NAVAS ARA (Coord.), *Métodos, diseños y técnicas de investigación psicológica* (págs. 175-212). UNED, Madrid.

NAVAS ARA, M. J. (2001c): La validez como criterio métrico de la calidad global del test. En M. J. NAVAS (Coord.), *Métodos, diseños y técnicas de investigación psicológica.* UNED, Madrid.

NUNNALLY, J. C. y BERNSTEIN, I. J. (1995): *Teoría psicométrica.* McGraw-Hill, México.

OLEA, J. y PONSODA, V. (1996): Tests adaptativos informatizados. En J. MUÑIZ (Coord.), *Psicometría* (págs. 729-784). Universitas, Madrid.

OLEA, J., PONSODA, V. y PRIETO, G. (1999): *Tests informatizados. Fundamentos y aplicaciones.* Pirámide, Madrid.

OSTERLIND, S. J. (1998): *Constructing test items: Multiple-choice, constructed-response, performance, and other formats.* (2nd ed.). Kluwer Academic Publishers, Boston.

PADILLA, J. L., GONZÁLEZ, A. y PÉREZ, C. (1998): Elaboración del cuestionario. En A. ROJAS, J. S. FERNANDEZ y C. PÉREZ (eds.) *Investigar mediante encuestas: Fundamentos teóricos y aspectos prácticos.* (págs. 115-140). Síntesis, Madrid.

PARSHALL, C. G. y BALIZET, S. (2001): Audio-computer-based tests: A initial framework for the use of sound in computerized tests. *Educational Measurement: Issues and Practice, 2,* págs. 5-15.

PAZ, M. D. (1996): Validez. En J. MUÑIZ (Ed.), *Psicometría.* Universitas, Madrid. (págs. 49-103).

PRIETO, G. y DELGADO, A. R. (1996): Construcción de ítems. En J. MUÑIZ (Ed.), *Psicometría.* Universitas, Madrid.

PRIETO, G. y MUÑIZ, J. (2000): Un modelo para evaluar la calidad de los tests utilizados en España. *Papeles del Psicólogo, 77*, págs. 65-71.

PRIETO, J. M. y GOUVEIA, V. V. (1997): Psicología telemática. En A. CORDERO (Ed.), *Evaluación psicológica en el año 2000* (págs. 347-378). TEA Ediciones, Madrid.

PRIETO, J. M. y SIMON, C. (1997): Network and its implications for assessment. En N. ANDERSON y P. HERRIOT (Eds.), *International handbook of selection and assessment* (págs. 97-124). Wiley, Chichester.

RENOM, J. (1993): *Tests adaptativos computerizados: fundamentos y aplicaciones.* PPU, Barcelona.

RENOM, J., SOLANAS, A., DOVAL, E. y NÚÑEZ, M. I. (2002): *Piert. Tutorial multimedia para el diseño de pruebas de rendimiento.* Universidad de Barcelona, Barcelona.

REVUELTA, J. y PONSODA, V. (1999): Generación automática de items. En J. OLEA, V. PONSODA y G. PRIETO (eds.). *Test informatizados* (págs. 227-248). Pirámide, Madrid.

ROGERS, W. T. y HARLEY, D. (1999): An empirical comparison of three- and four-choice items and tests: Susceptibility to testwiseness and internal consistency reliability. *Educational and Psychological Measurement, 59* (2), págs. 234-247.

SANTISTEBAN, C. (1990): *Psicometría. Teoría y práctica en la construcción de test.* Norma, Madrid.

SANTO TOMÁS DE AQUINO (1956): *Summa Teológica.* Biblioteca de Autores Cristianos, Madrid.

SCIENTIFIC SOFTWARE INTERNATIONAL (2002): *BILOG-MG V3.0.* Author, Chicago, IL.

SHANNON, C. E. (1948): The mathematical theory of communication. *Bell System Technical Journal, 27*, págs. 379-423 y 623-656.

SHANNON, C. E. y WEAVER, W. (1949): *The mathematical theory of communication.* University of Illinois Press, Urbana, IL.

SHERMIS, M. D. y BURSTEIN, J. C. (2003): *Automated essay scoring.* LEA, Hillsdale, NJ.

SIMNER, M. L. (1996): Recommendations by the Canadian Psychological Association for improving the North American safeguards that help protect the public against test misuse. *European Journal of Psychological Assessment, 12*, págs. 72-82.

SINAR, E. F. y ZICKAR, M. J. (2002): Evaluating the Robustness of graded response model and classical test theory parameter estimates to deviant items. *Applied Psychological Measurement*, 26 (2), págs. 181-191.

SUÁREZ FALCÓN, J. C. (2001): Evaluación de la calidad métrica de los elementos del test: Análisis de ítems. En M. J. NAVAS ARA (Coordinadora): *Métodos, diseños y técnicas de investigación psicológica.* UNED, Madrid.

SWAMINATHAN, H., HAMBLETON, R. K., SIRECI, S.G., XING, D. y RIZAVI, S. M. (2003): Small sample estimation in dichotomous item response models: effects of prior based on judgmental information on the accuracy of item parameters estimates. *Applied Psychological Measurement, 27,* págs. 27-51.

THISSEN, D., STEINBERG, L. y WAINER, H. (1993): Detection of differential item functioning using the parameters of item response models. En H. WAINER y H. I. BRAUN (Eds.), *Test validity* (págs. 147-169). Lawrence Erlbaum, Hillsdale, NJ.

THORNDIKE, R. L. (1989): *Psicometría aplicada.* Limusa, México.

TYLER, B. (1986): Responsibility in practice: Some implications of the BPS survey on test use. *Bulletin of the British Psychological Society, 39,* págs. 410-413.

VAN LEEST, P. F. y BLEICHRODT, N. (1990): Testing of college graduates from ethnic minority groups. En N. BLEICHRODT y P. J. DRENTH (eds.), *Contemporary issues in cross-cultural psychology.* The Netherlands: Swets and Zeitlinger, Amsterdam.

VAN DE VIJVER, F. J. R. y HAMBLETON, R. K. (1996): Translating tests: Some practical guidelines. *European Psychologist, 1 & 2,* págs. 89-99.

VAN DE VIJVER, F. J. R. y LONNER, W. (1995): A bibliometric analysis of the Journal of Cross Cultural Psychology. *Journal of Cross Cultural Psychology, 26,* págs. 591-602.

VAN DE VIJVER, F. J. R. y POORTINGA, Y. H. (1991): Testing across cultures. En R. K. HAMBLETON y J. ZAAL (eds.), *Advances in educational and psychological testing* (277-308). Boston, MA: Kluwer Academic Publishers.

VAN DER LINDEN, W. J. (1994): Fundamental measurement and the fundamentals of Rasch measurement. En M. WILSON (Ed.), *Objetive measurement: Theory into practice (vol 2).* Ablex Publishing Corporation, NJ.

VAN DER LINDEN, W. J. y HAMBLETON, R. K. (1997): *Handbook of modern item theory.* Springer Verlag, Nueva York.

WANG, W. C. y HUNG. L. F. (2002): An objective procedure for determining if items have good discrimination. *Chinese Journal of Psychology,* 44 (2), págs. 253-262.

WEISS, D. J. (1985): Adaptive testing by computer. *Journal of Consulting and Clinical Psychology, 53,* págs. 774-789.

WESTBURY, I. (1992): Comparing American and Japanese achievement: Is the United States really a low achiever? *Educational Researcher,* 21, págs. 10-24.

WILLS, C. E. y MOORE, C. F. (1994): A controversy in scaling of subjective states: Magnitude estimation versus category ratings methods. *Research in Nursing and Health, 17,* págs. 231-237.

YELA, M. (1997): *La técnica del análisis factorial.* Madrid: Biblioteca Nueva.

ZENISKY, A. L. y SIRECI, S. G. (2003): Technological innovations in large-scale assessment. *Applied Measurement in Education, 15,* págs. 337-362.

Cuadernos de Estadística
Dirección: Juan Etxeberria Murgiondo
Francisco J. Tejedor Tejedor

Títulos publicados:

1. R. Martínez Arias: *El análisis multivariante en la investigación científica.*
2. M. Escobar: *Análisis gráfico/exploratorio.*
3. F. J. Tejedor: *Análisis de varianza.*
4. J. Etxeberria: *Regresión múltiple.*
5. L. Joaristi y L. Lizasoain: *Análisis de correspondencias.*
6. J. M. Batista y G. Coenders: *Modelos de ecuaciones estructurales.*
7. E. García Jiménez, J. Gil Flores, G. Rodríguez Gómez: *Análisis factorial.*
8. M. C. Ximénez y R. San Martín: *Análisis de varianza con medidas repetidas.*
9. M. J. Valderrama, A. M. Aguilera, F. A. Ocaña: *Predicción dinámica mediante análisis de datos funcionales.*
10. Mª J. Rivas López y J. López Fidalgo: *Análisis de supervivencia.*
11. C. Rodríguez Morilla: *Análisis de series temporales.*
12. J. Gil, E. García Jiménez y G. Rodríguez Gómez: *Análisis discriminante.*
13. R. Ardanuy y F. J. Tejedor: *Tablas estadísticas.*
14. J. E. Real Deus: *Escalamiento multidimensional.*
15. A. M. Aguilera: *Tablas de contingencia bidimensionales.*
16. R. Clairin y Ph. Brion: *Manual de muestreo.*
17. A. Hernández Bastida, Mª C. Martel Escobar y F. J. Vázquez Polo: *Métodos estadísticos en auditoría de cuentas.*
18. L. Hernández Encinas: *Técnicas de Taxonomía numérica.*
19. Q. Martín Martín: *Contrastes de hipótesis.*
20. F. Javier Díaz-Llanos y Sainz-Calleja: *El análisis de datos en el cierre de ventas.*
21. A. D. Correa Piñero: *Análisis logarítmico lineal.*
22. J. Revuelta y V. Ponsoda: *Simulación de modelos estadísticos en ciencias sociales.*
23. J. Serrano Angulo: *Iniciación a la estadística bayesiana.*
24. F. J. Tejedor Tejedor: *Aplicaciones diversas del análisis de varianza.*
25. Mª L. Pérez Delgado y Q. Martín Martín: *Aplicación de las redes neuronales artificiales a la estadística.*
26. P. Morales, B. Urosa y A. Blanco: *Construcción de escalas de actitudes tipo Likert.*
27. L. C. Silva Ayçaguer e I. Mª Barroso Utra: *Regresión logística.*
28. J. L. Valencia y F. J. Díaz-Llanos y Sainz-Calleja: *Métodos de predicción en situaciones límite.*
29. J. L. Gaviria Soto y María Castro Morera: *Modelos jerárquicos lineales.*
30. J. Muñiz, Á. M. Fidalgo, E. García-Cueto, R. Martínez y R. Moreno: *Análisis de los ítems.*

INDUSTRY, TRADE, AND PEASANT SOCIETY
The Jute Economy of Eastern India, 1900–1947

INDUSTRY, TRADE, AND PEASANT SOCIETY

THE JUTE ECONOMY OF EASTERN INDIA, 1900–1947

OMKAR GOSWAMI

DELHI
OXFORD UNIVERSITY PRESS
BOMBAY CALCUTTA MADRAS
1991

Oxford University Press, Walton Street, Oxford OX2 6DP

New York Toronto
Delhi Bombay Calcutta Madras Karachi
Petaling Jaya Singapore Hong Kong Tokyo
Nairobi Dar es Salaam
Melbourne Auckland
and associates in
Berlin Ibadan

SBN 0 19 562701 6

Printed by Rekha Printers Pvt Ltd, New Delhi 110020
and published by S. K. Mookerjee, Oxford University Press
YMCA Library Building, Jai Singh Road, New Delhi 110001

For
Mago, Baba, and Radha,
their book.

The Jute Mills of Bengal were not built to satisfy any economic conditions [of the province]; they were built to pay good dividends to their owners; let us get that undeniable truth firmly fixed in our minds and all our troubles will vanish.

J. Sime, Andrew Yule & Company, January 1931.[1]

There seems to be a weird and strange idea in the minds of some people that the Jute Mills are the oppressors of the raiyats. That we manipulate the market for our own selfish needs and do not give the raiyats a fair deal. Nothing could be farther from the truth.

C. G. Cooper, Indian Jute Mills Association,
Bengal Legislative Assembly,
September 1, 1937.[2]

There is no industry in the world which knows so little of its business as the jute industry.

Report of the Research Sub-committee of
Indian Jute Mills Association,
June 5, 1933.[3]

[1]The Indian Jute Mills Association (IJMA), *Report of the Committee 1930* (Calcutta 1931), p.9.

[2]Government of Bengal (GOB), *Bengal Legislative Assembly Proceedings 1937*, vol.2, p.849.

[3]IJMA, *Report of the Committee 1933* (Calcutta 1934), p.304.

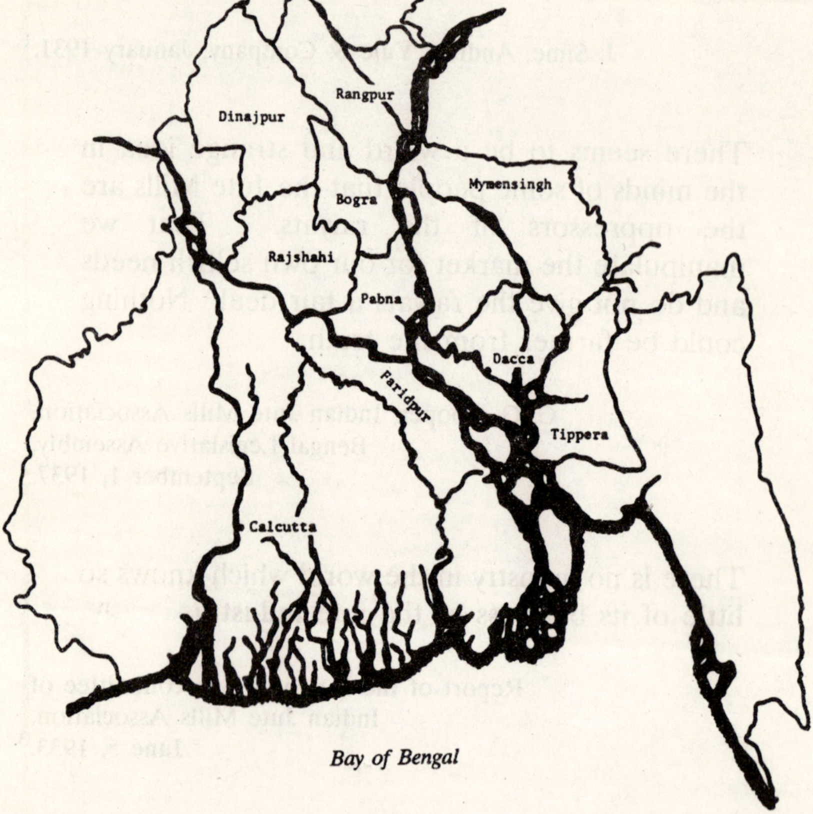

MAP 1 : UNDIVIDED BENGAL

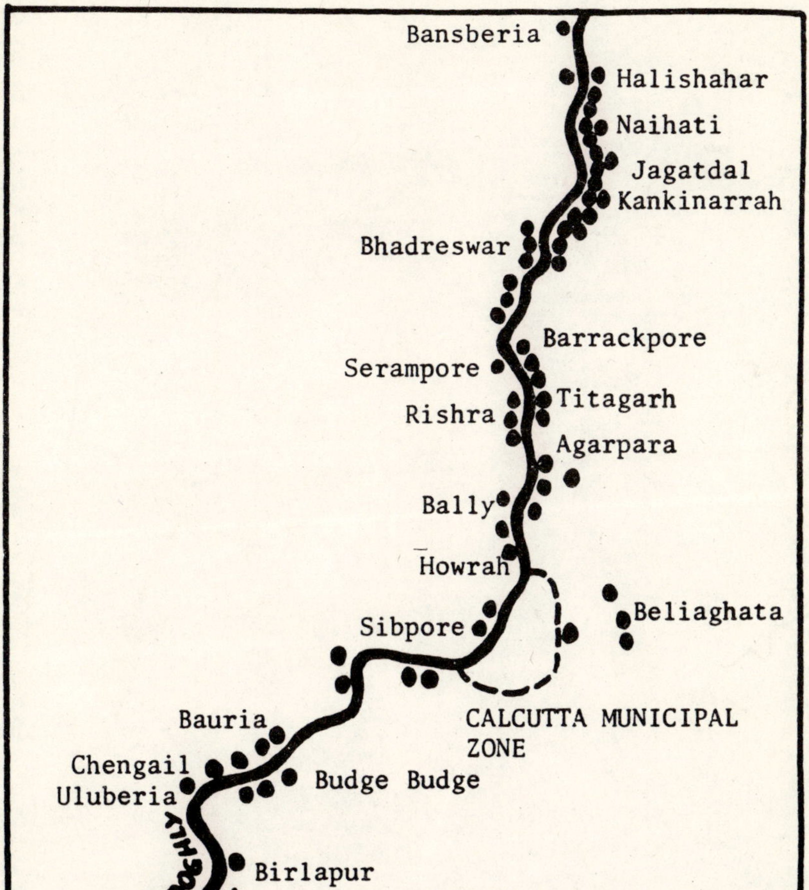

MAP 2 : THE JUTE MILLS AROUND CALCUTTA

CONTENTS

LIST OF TABLES AND CHARTS

Tables

Charts

PREFACE

Like the song, this book has been 'a long time coming'. Its core was presented as a D.Phil thesis at Oxford University in 1982. Since then, it remained in partial hibernation, with chapters being revised and hived off as articles, awaiting a time when I could sit back and re-write the thesis as a book. Such a time came in 1989, when Rutgers University offered me a Visiting Professorship for almost two years with a low teaching load, a computer, and plenty of time for one's own research. I am, thus, most grateful to the Department of Economics at Rutgers for this opportunity.

Given the long hiatus between starting research for the D.Phil and writing this book, it is natural that, like the small peasants of Bengal, I am deeply in debt. Even the abridged list is long. I am grateful to Manmohan Aggarwal, Amiya Bagchi, Sabhyasachi Bhattacharyya, Sugata Bose, Pramit Chaudhuri, Partha Chatterjee, J. Krishnamurty, Dharma Kumar, Morris D. Morris, Saugata Mukherji, Rajat Ray, Amartya Sen, Asok Sen, Sanjay Subrahmanyam, Shanti Tangri, Tom Tomlinson, and Eugene White for reading and commenting on the different articles that came out of the thesis. Patrick O'Brien and Tapan Raychaudhuri went through one tedious chapter after another for three years, and tried to teach me how to look at various issues. Teaching economic history to brilliant and highly motivated graduate students at the Delhi School of Economics and the Jawaharlal Nehru University has made me re-think and sometimes radically alter my position on several issues. In this, the long – and often heated – debates with Pramathesh Ambastha, Ashish Arora, Jehangir Aziz, Nitasha Devasar, and Aseem Shrivastava were most helpful. Aseem has a more important role: he is the co-author of a paper that we wrote on supply responses, which has been generously used in Chapter 3 of the book.

Without the help of Sarit Ray of the Indian Jute Mills Association (IJMA) and Parimal Majumdar of the Bengal Chamber of Commerce, I would never have had access to a rich repository of data that now collects dust in the Chamber's under-staffed library. I am also grateful to Ashok Sen, Nirode Ghosh, and Nilratan Sengupta of the West Bengal State Archives at the Writers' Building, the staff of the National Library, Calcutta, the Nehru Memorial Museum and Library, New Delhi, the India Office Library, London, the Indian Institute and the Bodleian

Library, Oxford, and the Centre for South Asian Studies, Cambridge for offering excellent library and archival facilities.

The D.Phil was done at Balliol College thanks to a generous scholarship given by the Inlaks Foundation. The Radhakrishnan Memorial Bequest and the Beit Foundation offered much needed supplementary grants, for which I am grateful. Anyone who has studied at Balliol knows how convivial the atmosphere is for uninterrupted research, and I thank Anthony Kenny, Ronald Robinson, and others at Balliol for their support.

I also wish to thank the editors and publishers of the *Indian Economic and Social History Review*, *Modern Asian Studies*, *Journal of Asian Studies*, *Itinerario*, and *The Struggle for Freedom: Myth and Reality* for granting me permission to use substantial portions of articles that are published in these journals.

The list of acknowledgement will by no means be complete without a mention of the landlords and the house rents of New Delhi. Since the universities are unable to house their underpaid faculty, economists frequently engage in outside consulting to pay the hefty monthly rents of Delhi. I was no exception, and a major reason for delaying this book can be found in the bank accounts of several landlords. Curiously enough, I am grateful to the New Delhi rentiers, for they unwittingly gave me the time to re-cast many of the earlier hypotheses and reject much of the rhetoric of the D.Phil thesis.

Despite his seemingly 'laid-back' looks, Rukun Advani of the Oxford University Press is an incredibly efficient editor. He got the manuscript refereed in a jiffy, and encouraged me to computer typeset it in the U.S. with a laser printer – thereby saving precious publishing time. In the process, I discovered that designing camera ready copies of this book was far more creative a process than writing it.

As far as Radha is concerned, this is her book.

New Brunswick,
May 25, 1990.

SOME TERMS AND CONVERSION FACTORS

There are certain terms that are commonly used in the book and need to be stated at the very beginning.

1. Unless otherwise stated, Bengal refers to undivided Bengal which, in contemporary terms, covers all of West Bengal and Bangladesh, excluding the district of Sylhet. It refers to the geographical area covered by the administrative divisions of Burdwan, Presidency, Rajshahi, Dacca, and Chittagong, plus the city of Calcutta, excepting the princely states of Cooch Behar and Tripura.
2. A rupee (Re. in singular and Rs. in plural) consisted of 16 annas and an anna consisted of 12 pice. So, Rs.12–4–6 should be read as twelve rupees, four annas and six pice. Whenever possible, I have decimalized annas in units of 1/16. Thus, more often than not, Rs.10–4 is given as Rs.10.25, and Rs.5–14 as Rs.5.88.
3. Raw jute was weighed either in *maunds* or bales. I tend to favour *maunds*.
   1 *maund* = 40 *seers* ≈ 82.286 lbs.
   1 (*pucca*) bale = 5 *maunds* ≈ 411.4 lbs.
   1 ton ≈ 27.222 *maunds*.
4. In measuring area under cultivation, I have opted for acres, although the commonly used Bengali measure is a *bigha*, and 1 acre = 3 *bighas*.
5. Whenever possible, I have avoided using Indian numerical terms such as crores, lakhs, or lacs. These terms, however, show up in some quotes.
   1 crore = 10 million.
   1 lakh or lac = 100,000.
6. In the footnotes, all archival material, government documents, and other primary sources have been fully cited. For secondary sources and references, I have followed the convention of only citing the name of the author, the year of publication, and the page reference, e.g. Wallace (1928), p.26. I have also avoided using 'op.cit.' because of the inconvenience that it causes.

1 : INTRODUCTION

1.1 : Before 1900 – A Bird's Eye View

In 1854, an event unrelated to India started the growth of a very important industry in the sub-continent, and drew the economy of Bengal into the folds of world commodity trade. The event was the Crimean War (1854–1856), which abruptly cut off the supply of Russian flax and forced the flax mills of Dundee, in Scotland, to search elsewhere for packaging material. The substitute that rapidly gained in importance was jute, a crop cultivated in the sweltering heat of the riverain plains of east Bengal.

Raw jute (*corchorus capsularis* and *c. olitorious*) was not entirely unknown to Europe before the mid-nineteenth century. Frequent naval blockades during the Napoleonic Wars had resulted in erratic supplies and high prices of flax, and the mills in Dundee had started examining the possibility of using jute as a substitute. However, there was a technological problem. Jute was a coarse and brittle fibre that needed to be softened and strengthened before it could be used for high speed spinning and weaving. In 1832, the firm of Balfour and Melville overcame the problem by sprinkling raw jute with a suspension of whale oil and water.[1] The new process was put to the test in 1838, when the Dundee mills were awarded a large Dutch order for manufacturing Javanese sugar bags. The jute bags were accepted, and burlap came to stay.[2]

Nevertheless, the Crimean War was undoubtedly the most important factor in accelerating the switch to jute. At a time when the volume of world trade was growing at 5 percent per year, Dundee could ill afford to sit out the war, especially when a commercially viable alternative was available from a colony. The process of substitution was hastened by the American Civil War, in which the long supply lines and trench warfare increased the Union's as well as the Confederacy's requirement for burlap sacks and sandbags. Consequently, the average export of raw jute increased from a mere 12,000 cwt. in 1828–1832 to more than 2.6 million cwt. per year during 1863–1867, and the bulk of this

[1] *The London Times Weekly Review*, 1952, Survey of the U.K. Jute Industry, pp.3-4.

[2] Indian Central Jute Committee (ICJC), *Report on the Marketing of Jute and Jute Products* (Calcutta 1941), p.12.

growth occurred after 1850.[3]

With raw jute exports increasing in leaps and bounds, prospective British entrepreneurs were quick to realize that the laws of comparative advantage that made raw material exports so profitable could make local processing, manufacture, and export of burlap bags and cloth even more lucrative. In the first place, world trade was steadily increasing, and there seemed to be a perennial excess demand for packaging. Second, the raw material was within easy reach, since jute was grown only in east and north Bengal, no more than 400 miles from Calcutta. Third, power driven spinning and weaving methods were simple to the point of being rudimentary, and could easily be picked up by the native labour force at wages substantially lower than Dundee's.[4] Fourth, Calcutta was full of wealthy landlords, gentry, and Marwari *gomashtha*s (sales agents) who were only too keen to invest in European companies. In the late nineteenth century capital was so easy to come by that 'it was only necessary to issue a prospectus of a jute mill to have all the shares snapped up in a forenoon'.[5] Moreover, Calcutta had a good deep water port, adequate barge facilities that allowed mills to be set up on the banks of the Hooghly, and a well developed financial market with a thriving Stock Exchange. Finally, working in India under *pax Britannica* – where the expatriate merchants, bankers, capitalists, and mandarins rubbed shoulders at the Bengal Club – offered many more tangible as well as subtle advantages to a British entrepreneur than operating at home.

Not surprisingly, 1855 saw the setting up of the first jute mill by George Ackland at Rishra, on the river Hooghly north of Calcutta.[6] Although four more mills were founded, the first fifteen years saw little progress. Matters changed thereafter.

[3]Government of Bengal (GOB), *The Bengal Jute Commission, 1873* (Calcutta 1877), p.71.

[4]At 10 shillings per week, the Dundee rate was not particularly high. However, this compared very favourably with the *highest* Indian wage rate, which was 3 sh 6 d per week: John Leng, *Letters from India and Ceylon* (Dundee n.d), p.105.

[5]Wallace (1928), p.30.

[6]Ibid., pp.8-9.

During 1870–75 these five mills 'simply coined money', and raised their weaving capacity from 950 to 1,250 looms.[7] By the end of 1875, thirteen new firms were founded – of which eleven were floated as rupee companies in the Calcutta Stock Exchange – and loomage increased to 3,500. With domestic demand being limited, this sudden growth in capacity forced the mills more than ever to compete with Dundee in the Australian, North and Latin American primary product markets. By the late 1870s, the Calcutta industry was successful in capturing the major share of three important Dundee preserves: Australia, New Zealand and the U.S. for cornsacks, branbags, woolpacks, and burlap wheat bags. Table 1.1 shows the growth of the Indian industry.

TABLE 1.1: CALCUTTA'S JUTE INDUSTRY, 1872 TO 1900–1901.

	Looms	Workers	Export of Gunny bags (000 bags)	Export of Gunny cloth (000 yds)
1873	1,250	NA	32,768*	
1875–1879	4,113	NA	34,087	4,667
1880–1884	5,814	42,814	58,054	6,396
1885–1889	7,149	53,490	79,352	19,706
1890–1894	8,592	66,472	120,737	54,198
1895–1899	12,486	91,537	176,207	222,789
1900–1901	15,340	111,272	202,908	365,215

Sources: Wallace (1928), p.95; Government of India (GOI), *Financial and Commercial Statistics of British India* (Calcutta 1901), p.356; GOI, *Annual Statement of Sea-Borne Trade and Navigation of British India*; GOB, *The Bengal Jute Commission 1873* (Calcutta 1877), Appendix L. NA: not available. * : The data do not distinguish between bags and cloth.

The growth in world demand for burlap led to a rapid expansion of the area under jute cultivation in east and north Bengal. Unfortunately, there are no data on the acreage under

[7]The Barnagore Company, for instance, steadily declared dividends at 20 percent the face value of its ordinary share. Ibid., p.29.

cultivation until the late 1890s, and the figures thereafter are notoriously incorrect. However, assuming a stable yield of 15 to 16 *maunds* per acre (1 *maund* ≈ 82.29 lbs), it would seem that international trade brought about an increase in jute cultivation from around 550,000 acres in 1875 to at least 1.6 million acres by the turn of the century. Table 1.2 indicates the growth in raw jute acreage and output estimated from trade data.

TABLE 1.2: RAW JUTE ACREAGE AND OUTPUT, SELECTED YEARS, 1876 TO 1896

	Raw jute inflow (mill *mds*)	Calcutta mill consumption (mill *mds*)	Export (mill *mds*)	Area under jute using 15 *mds*/acre (mill acres)
1876–77	8.30	2.07 [25%]	6.23	0.553 (100)
1881–82	12.34	3.25 [26%]	9.09	0.823 (149)
1886–87	12.26	2.73 [22%]	9.53	0.817 (148)
1891–92	14.97	4.63 [31%]	10.34	0.998 (180)
1896–97	24.15	9.42 [39%]	14.73	1.610 (291)

Source: GOB, *Report on the Internal Trade of Bengal 1876–77* (Calcutta 1877) to *1896–97* (Calcutta 1898), title changes.
Note: One *maund* approximately equals 82.29 lbs. The figures in [ ] give share of Calcutta mill consumption in total raw jute inflow. The figures in ( ) are index numbers of acreage under jute. In addition to the export of raw jute and mill made gunny bags and cloth, there was a substantial foreign trade in handloom woven jute bags. In 1876–77 as many as 14.34 million hand-woven bags were exported. With the growth of the factory sector this declined to 6 million bags in 1896–97, and came to an end by the early twentieth century. Hence, the acreage estimated here are lower bounds. If handloom exports are taken into account, the acreage would have been greater.

To paraphrase, the last quarter of the nineteenth century witnessed significant growth in jute and gunny trade, excellent profits, and a solid expansion of industrial capacity as well as the area under raw jute. By 1900–1901, Calcutta could boast of having 35 mills with a capacity of 315,000 spindles and 15,340 looms. At the turn of the century, the industry already had a paid-up capital worth Rs.41 million (for the rupee companies) and £1.6 million (for the sterling firms). The mills consumed over 12 million *maunds* of raw jute to produce 440,000 tons of gunny and burlap valued at Rs.140 million, of which more than 85 percent was consigned overseas.[8] Besides directly employing over 110,000 workers, the industry was a source of livelihood for over four million peasant households and the *raison d'etre* of thousands of middlemen – from the itinerant petty village peddlers (*faria*s) of east Bengal to the Marwari speculators and *fatka* traders who hedged and traded in jute futures in the back-alleys of Dalhousie Square in Calcutta. Within twenty-five years this cash crop based industry had grown to become one of the two largest factory industries in the sub-continent, the most important foreign exchange earner in colonial India, and a critical determinant of the economic well being of Bengal.

1.2 : The Issues

The period covered in this book starts at a time when the jute mills of Calcutta had become a force to reckon with in the international primary product packaging market. The book ends with 1947, when 75 percent of the jute growing area went to East Pakistan while all the mills remained in India. The time span chosen is quite remarkable for its exogenous cycles and shocks: the nineteenth century trade boom was interrupted by World War I; the buoyancy of the 1920s was succeeded by an intense depression; finally, there was World War II followed by partition.

At the broadest level, the book attempts to analyze the effects of these and other shocks on a cash crop based, export dependent, intermediate goods industry operating in a colonial milieu. Such an appraisal is not easy for there were many actors, ranging from the small peasant households to the powerful managing agencies of Calcutta. Within the agrarian economy itself there were vast

[8]GOI, *Statistical Abstract of British India*, 7th issue (Calcutta 1915), vol.1, p.73; GOI, *Financial and Commercial Statistics of British India*, 8th issue (Calcutta 1901), p.356; Indian Jute Mills Association (IJMA), *Report of the Committee 1949* (Calcutta 1950), pp.97-101, 114-15; Sivasubramonian (1977), pp.447-48.

differences in landholding, tenurial relations, access to credit, and economic and political power. For instance, there were at least three major forms of agricultural credit, each having a distinctly different impact on the control of output and peasant surplus. Between the fields and the final consumers, jute went through seven to nine layers of intermediaries, three transport systems, the mill sector with its conflicting entrepreneurial groups, speculators, shippers, balers, eleven industry and trade associations, and importers with varying degrees of countervailing power.

Besides the obvious difficulties in dealing with a multiplicity of actors, there is the additional problem of coming to terms with the spatial and economic diversity of Bengal. The area of Bengal (excluding Cooch Behar and Tripura) was over 80,000 square miles, or one and a half times the size of England. The jute growing heartland consisted of more than 31,000 square miles. Although the jute belt was more or less homogeneous in terms of soil and climatic conditions, there were wide variations in population density, in the composition of the peasantry, in holding sizes, in the patterns of rural credit, and in the power hierarchies within villages. For example, in 1931, the population density varied from a high of 1,265 per square mile in the district of Dacca to 355 in Jalpaiguri, which rendered averages quite meaningless; and there was very little in common between a permanently occupied settled *raiyat* who owned ten acres of land in Mymensingh and a *bargadar* (sharecropper) in Jalpaiguri.

Most of this book is the story of the jute economy from the fields to the mills – which is essentially a study of the interactions between an export oriented, capitalist manufacturing sector and various types of peasant economies. It is a fascinating story in itself, particularly because it has not been told before.

Since jute was an important foreign exchange earner and a seemingly archetypal primary product in centre–periphery trade, one should expect a large volume of research on the subject. This is not so. There is really no major work that examines the evolution of the jute economy from the late nineteenth century until decolonization. The existing literature can be placed into three broad categories: chapters or sections in wider economic studies;[9] articles or monographs written by contemporary observers;[10] or articles in journals dealing with specific aspects of the jute economy.[11] While some of this literature is important, one does not have a comprehensive picture of the evolution of an integrated system over a long period of time.[12]

In contrast, the focus here is on *interdependence*. Throughout the book, I have attempted to answer four questions.

1. How did the continuities and sudden shifts in the pattern of world primary product trade affect demand for gunny bags and cloth?
2. What were its effects on the manufacturing sector, and on the various entrepreneurial groups in Calcutta?
3. How, and to what extent, did the mill sector put pressure on raw jute traders and suppliers?
4. Finally, what were the implications of these changes on the agrarian economy – on landholding, credit, indebtedness and tenurial relations?

The book is divided along chronological as well as thematic lines. Chapter 2 is a resumé of the structure of eastern India's jute economy at the turn of the century. It touches upon the industrial sector, and then goes on to describe the agricultural crop cycle and tenurial relations in east and north Bengal. The chapter then explains the mechanics of internal trade in raw jute, and how the crop moved from the villages to the terminal markets in Calcutta. This is followed by a brief appendix on the manufacturing process.

Chapter 3 is in two parts. In the first, I trace the development of the industry from 1900 until the eve of World War I, and estimate the profits made from manufacturing and raw

[9]For instance, Bagchi (1972), Buchanan (1934), Dasgupta (1965), Gadgil (1944), and Morris (1983).

[10]Bhattar and Nemenyi (1936), Chaudhuri (1908), Murray (1934), and Wallace (1928), to name a few.

[11]Such as Chacko (1961), Chatterjee and Sinha (1941), Chaudhry (1958), Goswami (1982, 1984, 1987, 1989), Islam (1978), Mukherji (1982), Rabbani (1964) and Stern (1962).

[12]The only exception that I know of is Hesseltine (1981), but he covers an earlier period.

jute trade. The second part consists of measuring the price responsiveness of the jute cultivating peasants and examining a popular hypothesis that jute cultivation resulted in 'forced' commercialization and a steady immiserization of the peasantry.

Chapter 4 concentrates on the shock of World War I, and highlights its differential impact on industry and agriculture. While huge profits were made through manufacturing and trade, the agricultural sector experienced two massive price shocks that underlined the high risks faced by small peasants cultivating an uncertain export crop.

Chapter 5 examines the trade boom of the 1920s. It traces the emergence of Indian entrepreneurs and the conflicts that such entry created in what was hitherto a British enclave. Thereafter, I analyze the changes that occurred in the agricultural sector brought about by population pressure on land, creeping indebtedness, and a gradual change in the forms of rural credit.

Chapter 6 focuses on the depression of the 1930s, which was a watershed for the jute economy. I first outline the extent of the price and quantity shocks, and then examine their effects on the industrial sector. Specifically, I look at a major cartel failure within the industry, and the serious conflicts that emerged between the established British controlled companies and the newer Indian units. I then show how the mills imposed a severe oligopsonistic squeeze on the raw jute traders. In evaluating the effects of the depression on the agricultural sector, my focus is on the rapid increase in indebtedness, changes in credit relations, large scale polarization of landholding through distress sales, and the widespread emergence of landless labourers and pauperized sharecroppers.

Chapter 7 concludes the chronological sections of the book. It evaluates the impact of World War II on the manufacturing and agrarian sectors. This is a study in contrasts: while the mills managed to recover from the depression, the agricultural sector deteriorated to a point where it was overwhelmed by a famine that left behind three million dead.

Chapter 8 concentrates on two aspects of the jute economy: technological change, and the role of the state. It looks at the reasons for a conspicuous absence of technical progress in the colonial period. Regarding government intervention, it is argued that the state did everything it could for the capitalists in Calcutta, and nothing whatsoever for the poorer cultivators in the jute growing heartland. If anything, state policies actually worsened the position of the small peasants and, thus, indirectly helped the industry to procure its raw material as cheaply as possible.

This is followed by Chapter 9 which outlines the major findings and then concludes with some comments on the continuities and changes witnessed by this export driven, cash crop economy in the course of the first fifty years of this century.

Readers will notice that there is hardly any mention of the jute mill workers, management–labour relations, and the trade union organizations. Incorporating these themes would have made the book unwieldy. Moreover, after the works of Dipesh Chakrabarty and Ranajit Dasgupta, there is little that one can add to the subject.

2 : STRUCTURE OF THE JUTE ECONOMY

In Chapter 1 I had touched upon the integrated nature of the jute economy and the need to evaluate the changes in the industrial, trading, and agricultural sectors in a unified way. To understand the scale of interdependence, it is useful to start with a broad overview of the structure of the economy from the countryside to the factories.

Structures change over time, and jute was no exception. This chapter describes the jute economy at the turn of the century. In the concluding chapter, I shall outline how this economy changed over forty-seven years. Section 1.1 describes the industrial sector. Then there is an overview of the various types of tenurial arrangements that existed in the jute growing areas. Section 2.3 gives the details of jute cultivation, the crop cycle, and the various forms of rural credit. This is followed by an analysis of internal trade, or how the crop moved from the villages to Calcutta. The chapter ends with a brief appendix on the manufacturing process.

2.1 : The Industrial Sector

First, a brief quantitative background of the industry at the turn of the century. In 1900–1901, there were thirty-five jute mills packed along a sixty-five mile strip on the banks of the Hooghly, running from the north to the south of Calcutta. Consisting largely of rupee companies floated in the Calcutta Stock Exchange, the industry's paid-up capital stood at Rs.41 million plus £1.6 million sunk in a handful of sterling firms. The manufacturing capacity consisted of 315,000 spindles and 15,340 looms, and the factories employed over 110,000 workers. The Calcutta mills consumed 12.26 million *maunds* of raw jute (around 450,000 tons), or 38 percent of the crop, to produce 440,000 tons of gunny – of which 80 percent or more was sent overseas. At constant prices, the gross and net value added in the mill sector were, respectively, Rs.127 million and Rs.52 million. Gunny accounted for 7.4 per cent of total Indian exports, and the industry earned foreign exchange to the tune of Rs.79 million.[1]

[1]GOI, *Statistical Abstract of British India*, 7th issue (Calcutta 1915), vol.1, p.73; GOI, *Financial and Commercial Statistics of British India*, 8th issue (Calcutta 1901), p.356; GOI, *Annual Statement of Trade and Navigation in British India 1900-01* (Calcutta 1901); IJMA, *Report of the Committee 1949* (Calcutta 1950), pp.97-101, 114-15; Sivasubramonian (1977), pp.447-48.

Although the numbers look impressive in absolute terms, they did not amount to much in the context of the national economy. In 1900–1901 the secondary sector, consisting of factories, manufacturing, mining, and small scale industries, accounted for just 11.7 percent of national income and 10 percent of the labour force. The share of the factory sector was pitifully small: it accounted for 18.2 percent of secondary sector output and a mere 2.1 percent of national income. The jute industry was smaller still. The mills contributed to only 17.4 percent of value added in factory sector manufacturing, 3.2 percent of secondary sector output, and a trifling 0.4 percent of national income. In contrast, the small scale sector was significantly larger in size. Its shares in secondary sector output and national income at the turn of the century were 76.4 percent and 8.9 percent respectively.[2]

To put it bluntly, India at the beginning of the century was hardly an industrialized nation in any sense of the term. If the relative size of the industrial sector is any indicator of development and modernization then India in 1900–01 was more backward than Britain in 1801, Germany in the 1840s, and France and the U.S.A. in the 1860s and 1870s.[3] Although the jute industry was undoubtedly one of the two most important factory sector activities in colonial India, it could scarcely be called an engine of growth.[4]

Despite its smallness, there are good reasons to analyze the jute industry. For one, the sector had notable indirect effects on national income via agriculture. Second, raw jute and gunny together accounted for the largest share of exports in colonial India, and it is important to examine how the sector fared in periods of extreme instability. Third, the jute industry grew at a fairly impressive pace. Between 1900–1901 and 1946–47, the number of mills increased from 35 to 106; looms more than quadrupled from 15,340 to 66,020; employment almost trebled from 110,000 to 319,300 workers. In the forty-seven years under

[2]Sivasubramonian (1965, 1977) and Krishnamurty (1983), p.535

[3]Kuznets (1971), pp.144-48.

[4]The other major industry was cotton textile. Jute and cotton mills together accounted for 52 percent of the value added in the factory sector: Sivasubramonian (1965, 1977).

survey, value added at constant prices grew at a compound trend rate of 1.34 percent per year.[5] It is important to examine the conflicts and tensions that accompanied such growth.

Like the cotton mills of Bombay and Ahmedabad, the jute industry was run entirely by managing agencies. Peculiar to India, the managing agency houses came into being in the mid-nineteenth century, and were in some ways similar to holding companies.[6] Unlike cotton – where there were Indian as well as British entrepreneurs – the managing agencies that ran the jute mills in 1900–01 consisted of European firms, mostly of Scottish and English pedigree. The 1911 Census noted that all the fifty jute mills then in business were managed exclusively by 'Europeans and Anglo-Indians'.[7] In spite of such powerful European control, just a small fraction of the equity came from Britain. In 1900–1901, only seven of the thirty-one joint stock mill companies were floated outside India, and accounted for less than a quarter of paid-up capital. By 1946–47, only six out of eighty-five companies continued to be registered in Britain, and accounted for no more than 12 percent of the industry's equity capital.[8]

The manner in which the expatriate British entrepreneurs came to control almost all the large firms in eastern India despite limited ownership is a story of corporate finesse. A managing agency would float different companies through the Calcutta Stock Exchange, and its reputation ensured an oversubscription of

[5]Computed from Sivasubramonian (1965, 1977), GOI, *Statistical Abstract, India 1949* (Calcutta 1950) and IJMA, *Report of the Committee 1949* (Calcutta 1950).

[6]Interestingly, the first managing agency, Carr, Tagore and Company, was the brainchild of a Bengali entrepreneur, Dwarkanath Tagore. By the late nineteenth century there were only a handful of Indian managing agencies in eastern India. All the important ones were Scottish or English. For the origin of the managing agency system and Dwarkanath Tagore, see Kling (1966, 1976). The working of managing agencies in the nineteenth century is well outlined in Rungta (1970, 1985).

[7]GOI, *Census of India 1911*, vol.1(1), p.446. In fact, there were no Anglo-Indians at all. All the mills were managed by Europeans.

[8]GOI, *Statistics of British India*, 10th issue (Calcutta 1921), vol.1, p.74, and GOI, *Statistical Abstract, India, 1949* (Calcutta 1950), vol.2.

shares.[9] A small percentage of the shares was bought by the agency. With oversubscription, the company would divide the remaining shares so that no single person or body had a large holding. The agency would then acquire enough proxy votes of the small shareholders to speak for the majority. At the first general meeting of the company, a vote would be taken to ratify the board of directors that consisted wholly of the partners of the agency and trusted members. Invariably, the first act of the new board was to appoint the agency to look after the affairs of the company. For this service, the managing agency got a hefty commission on gross profits or sales and, of course, its share of the dividend income.[10]

This method ensured corporate control with minimal ownership. Andrew Yule – one of the two largest managing agencies of eastern India – ran ten jute mills in spite of owning less than 30 percent of the equity in any one of these firms. In seven of the ten mills controlled by the Bird–Heilgers group, the parent company held less than 25 percent of the equity. Jardine, Skinner and Company controlled four mills; in three of them the managing agency's ownership varied from 6 percent to 21 percent of paid-up capital. In three of the four mills controlled by McLeod and Company, the agency actually owned between 1 percent to 18 percent of the share capital. And, Begg, Dunlop and Company owned 10 percent and 13 percent of the equity of two of its four mills.[11]

Jute manufacturing was not the only activity of the British managing agencies. These firms were also involved in collieries, tea plantations, brick and tile factories, mica mines, oil mills, machinery and engineering workshops, printing presses, and transportation companies. For instance, in 1911, Andrew Yule managed six jute mills, eleven collieries, ten tea plantations, a major river transport company, and several smaller firms.

[9]In the words of a contemporary economist, 'The imprimatur of a managing agency was ... essential for the successful flotation of any public limited company in India': Lokanathan (1935), p.23.

[10]In Chapters 5 and 6, I shall analyze the weaknesses of this system of control.

[11]Lokanathan (1935), p.187.

Similarly, Bird–Heilgers controlled ten jute mills, eighteen collieries, a fire clay unit, an engineering unit, and other less important companies.[12] Such horizontal integration led to complementarities and stable business. Jute mills and river steamers created demand for collieries; the steamer companies enjoyed the benefits of shipping raw jute and coal; and all goods and assets were underwritten by the managing agency's own insurance company. Regular agreements between the jute mills and the inland steamer companies for shipping raw jute from east Bengal to the mill quays exemplified these complementarities. For instance, the two largest steamer companies were managed by Andrew Yule and Macneill, both having substantial interest in jute mills. Besides, most mills insisted that the raw jute be shipped in steamers controlled by their managing agency, and insured by their affiliated company at premia which were often ten percent higher than the going rates.[13]

Although the Calcutta mills were controlled by expatriate Scotsmen, India's jute industry was hardly an appendage to Dundee's. From the very beginning, Calcutta and Dundee looked at each other as competitors, not collaborators. As early as 1894 Dundee alleged that the Calcutta mills were securing unfair cost advantages in third countries thanks to low wages and inhuman working conditions.[14] In 1908, the Calcutta mills lobbied against the existing shipping rates that favoured exports of raw jute over gunny, and succeeded in reversing the rate structure.[15] During the depression of the 1930s, the Indian jute mills endorsed the Ottawa

[12]Bagchi (1972) p.177.

[13]GOB, *The Bengal Jute Enquiry Committee 1939 (Fawcus)* (Alipore 1940), vol.II, evidence of the Bengal Jute Dealers Association, pp.170-71 and p.173.

[14]These allegations led to Sir John Leng, the M.P. from Dundee, visiting Calcutta on a fact finding study in the winter of 1895. The good Sir John was so lavishly wooed by the expatriates, that he wrote eloquently about the prosperity of the jute mill workers, of the heavy silver ornaments worn by women, of the smiling faces of child labour – the 'bright looking boys from nine to twelve years of age' – and gave the industry a clean chit. Wallace (1928), pp.53-59 and John Leng, *Letters from India and Ceylon 1895-96* (Dundee, n.d).

[15]IJMA, *Report of the Committee 1908* (Calcutta 1909), p.12.

Agreement on the condition that there would be no restrictions on bilateral trade with non-Empire nations. Dundee opposed this vehemently, but lost to Calcutta.[16] Finally, in 1937 when Dundee was pressing for tariffs and quotas against Indian burlap, the Calcutta industry threatened to retaliate by asking the Indian Government to remove export duties on gunny and increase those on raw jute.[17] These instances demonstrate that, despite their racial affinity, the Scottish and English millowners of Calcutta were hardly subservient to their counterparts at home.

Within the expatriate British managing agencies some were first among equals. At the summit stood Andrew Yule and the Bird–Heilgers group, each with ten mills. The other three important agencies were Jardine Skinner, Thomas Duff, and McLeod, with four mills each.[18] Towards the beginning of the century, concentration was not all that marked with as many as seventeen agencies controlling the thirty-five existing jute mills. Thereafter, every burst of investment saw the 'big five' – Yule, Bird–Heilgers, Jardine, Duff, and McLeod – expand and consolidate their position by increasing capacities, constructing new units, and buying off existing mills.

Table 2.1 shows the role of the big five during 1900–1925. The table neither includes the share of the big five in total loomage, nor does it show how these firms expanded capacities in their existing units. If these are taken into account, the share of these five companies becomes larger. By 1925, for instance, these five agencies controlled 52 percent of the industry's weaving capacity. Moreover, their managing directors held the chairmanship of the apex industrial body, the Indian Jute Mills Association (IJMA), for thirty of the forty-seven years under

[16]GOB, *Commerce and Labour Department, Commerce Branch*, File 1T/15, April 1939, Progs.223–234B, Secretary, IJMA–Secretary, Government of India, August 18, 1936.

[17]Centre for South Asian Studies, Cambridge, (CSAS), *Papers of Sir Edward C. Benthall*, hereafter referred to as the *Benthall Papers*, Box XI, E. C. Benthall–A. P. Benthall, June 17, 1937, and W. Palmer–E. C. Benthall, May 26, 1937.

[18]By the 1920s, McLeod's control increased to six mill companies.

study.[19]

TABLE 2.1 : NEW MILLS AND THE 'BIG FIVE' MANAGING AGENCIES, 1900–1924

Years	New Mill Companies	Of which big five controlled
1900–1904	0	0
1905–1909	9	8
1910–1914	3	2
1915–1919	3	3
1920–1924	9	4

Sources: Wallace (1928), pp.96–97 and ICJC, *Report on the Marketing of Jute and Jute Products* (Calcutta 1941), pp.267–69.

Industrial and trading interests in Calcutta were organized along representative associations. The most important of these was the Indian Jute Mills Association (IJMA). In 1900–01, all the mills in existence were members of the IJMA; and even in its weakest years the Association could claim to speak for 90 percent of India's loomage, and over 85 percent of the output.

The idea of an industry association was first mooted in March 1884 in response to a drop in profits brought about by a short recession and fresh entry. Worried about entry, the jute barons decided to form a cartel, put a damper on competition, and maintain high profits by regulating supply in line with world demand. In July 1884, the IJMA was duly constituted with 19 members and became affiliated to the Bengal Chamber of Commerce, the most powerful European industry-cum-trade association in eastern India.[20]

Usually, industry associations and cartels rarely reveal their true intentions. In this respect, the IJMA was refreshingly honest.

[19]Loomage data from IJMA, *Report of the Committee 1925* (Calcutta 1926). For the chairmanship of the IJMA, one has to look through every annual *Report of the Committee* from 1900 to 1946–47.

[20]Wallace (1928), pp.47-48.

From its inception, the Association never fought shy of stating its basic objectives, which were:

a) To impose restrictive conditions on the conduct of the trade.
b) To adjust production of the mills in the membership of the Association to the demand in the world market.
c) To protect members of the Association against competition.[21]

On the whole, the IJMA favoured quantity adjustments to price controls. The most favoured instrument was the 'short time working agreement' which reduced supply through shorter working hours. The first such agreement came into force in February 1886. The Association clearly held short time agreements in great esteem for these remained in force during all but three of the forty-seven years under survey.[22] In times of severe recession, the short time agreement was supplemented by closing mills for a specified number of days per month.[23] Yet another output restricting instrument was 'loom sealing', which temporarily shut down a certain percentage of looms of member mills. This was used somewhat sparingly – first in 1890, then during the depression of the 1930s, and finally in 1939–45. A longer term production controlling device was the 'investment restriction clause', which forbade members from setting up new plant and machinery during the tenure of any working time agreement. First used in 1890, this soon accompanied all short time agreements.

The success of these restrictive instruments is analyzed in Chapters 5 and 6. In fact, throughout the 1920s and 1930s the IJMA was plagued by free-riding and cheating. Despite periods of cartel failure in the product market, the IJMA was remarkably successful in the purchase of raw jute. Between 1900–1901 and 1946–47, consumption of jute by the Calcutta mills grew from 38

[21]Articles I.b, I.c and II.a of IJMA's 'Statement of Objectives'.

[22]Wallace (1928), pp.49-50 and ICJC, *Report on the Marketing of Jute and Jute Products* (Calcutta 1941), pp.270-74.

[23]In the early years, the IJMA ruled that 'all hands whose work stopped during the days mills were closed ceased to be paid for that time', IJMA, *Report of the Committee 1924* (Calcutta 1925) p.242. Later, mills paid the involuntarily laid-off workers an allowance or *khoraki* that was less than half the normal wage – which was a cause of several strikes. IJMA, *Report of the Committee 1930* (Calcutta 1931), pp.23-24.

percent to 68 percent of the total crop, and sudden changes in working time agreements could send ripples across the trading sector to the up-country markets. The Association soon learnt how to use output restrictions to drive down raw jute prices, employing ingenious methods that are examined in Chapter 6.

Although the IJMA was the most powerful association within the jute economy, it was not the only one. There were other trade associations that enjoyed lesser patronage, and were divided along racial lines. In 1900–1901 when the expatriates predominated, bodies such as the Calcutta Jute Dealers Association, the Calcutta Baled Jute Association, the Jute Fabric Brokers Association, and the Calcutta Jute Fabric Shippers Association were affiliated to the British dominated Bengal Chamber of Commerce. With the growth of Indian traders and entrepreneurs after World War I, rival bodies came into being, such as the Bengal Jute Dealers Association, the Gunny Trades Association, the East India Jute Association, and the Hatkhola Banijya Sabha. These were affiliated to Indian associations, such as the Indian or the Bengal National Chamber of Commerce.

In their representations to various government bodies, the Europeans complained of the state of trade and industry, but rarely discussed agrarian issues. The Indian trade bodies invariably couched their demands in an altruistic, nationalist light and posed as protectors of the peasantry – a ploy that prompted an astute civil servant to remark that:

> Were I a Bengali ryot [peasant] I should intensely fear jute brokers, bazar dealers, managing agents of mills and all such people, when they bear gifts for my own salvation. For I should know that in their good times I am about the last person whose interests [they] take to heart.[24]

[24]GOB, *Commerce Department, Commerce Branch*, File 2–J–1, September 1932, Progs.87–134B, Confidential memorandum of R. N. Gilchrist.

2.2 : Tenurial Structures

It is impossible to give anything but a brief sketch of the various tenurial systems that existed in the jute growing tracts of east and north Bengal. I shall, therefore, highlight only those features that are of importance to the book.

In 1793, the East India Company's pressing need for a stable tax base led to the introduction of the Permanent Settlement of land revenue in Bengal. The objectives behind the Settlement were manifold. Among others, it was supposed to:

1. Create a western style, hence a civilized 'rule of property' for Bengal.
2. Confer absolute, hereditary, saleable, and transferable property rights on the soil.
3. Yield a fixed revenue from a limited number of estates. This would, on the one hand, allow for easier collection and ensure a stable inflow for the Company while, on the other, induce the *zamindar*s (landlords) to raise productivity, plant higher value commercial crops, and increase profits.
4. Eliminate exactions as well as the judicial, legal, and policing powers of the hereditary *zamindar*s.
5. Help in the creation of a stable, wealthy, and collaborative manorial class in Bengal, like the gentlemen farmers and squires of England.[25]

Because the Settlement was the first instance of colonial law in the subcontinent, it has been a topic of long and heated debates. To most nationalist historians the Settlement led to the entry of 'sharks and rapacious businessmen' from the cities who invested their capital in land, and profited from rack renting and usury. This, in turn, led to commercialization, fragmentation of land, indebtedness, and rapid pauperization of the peasantry.[26]

The most elegant representation of the nationalist view can be found in Bhaduri (1976). He argues that by levying high and

[25]For the best account of the ideas and the intellectual underpinning of the Permanent Settlement, see Guha (1963).

[26]The phrase 'sharks and rapacious businessmen' is Rajani Palme Dutt's: Dutt (1949), p.216. The argument, however, is common to many authors, such as Alavi (1980), Bhaduri (1976), Chandra (1966), Dutt (1970), Mukherjee (1957, 1971), Sinha (1962), to name a few.

inflexible demands for land revenue, the Permanent Settlement resulted in massive defaults on the part of the landlords. This led to a couple of things. First, the Company auctioned off estates to cover the default and, in the process, new buyers entered the market. Second, some of the wilier *zamindars* (such as the Burdwan Raj in west Bengal) created insurance mechanisms to hedge against the risk of default. These landlords often divided their estates into manageable lots, and apportioned them to powerful intermediate tenure holders (such as *patnidars* or *darpatnidars*) for fixed revenue payments which were greater than the Company demand. In this manner, there soon emerged a large market for land rights, with a bewildering number of intermediate tenures between the *zamindar* and the actual cultivator enmeshed in what has been described as 'an incredible maze of criss-cross relationships'.[27] In Bhaduri's words, this was 'fragmentation from above'.

Until this point, one cannot fault the nationalistic argument. The research of Sirajul Islam (1972) and Ratnalekha Ray (1979) shows that there was a substantial transfer of land rights during the first couple of decades after the Settlement.[28] It is at the next stage of the thesis that Bhaduri errs along with other nationalists. He argues that the new landholders charged high rents, forced many peasant households to take progressively larger loans from moneylenders at usurious interest rates, and appropriated an increasing proportion of the surplus. These trends, in turn, forced the cultivators to first distress sell crops, and then sell parts of their land to meet the debts. Thus, 'fragmentation from above'

[27]This is how Tapan Raychaudhuri described the district of Bakarganj (Barisal) in east Bengal, where there were as many as twenty different grades of intermediate tenures between the *zamindar* and the cultivators: Raychaudhuri (1969), p.167.

[28]According to Islam (1972), land rights accounting for 68 percent of the land revenue changed hands: Islam (1972), Appendix B. However, Islam as well as Ray (1979) show that very few buyers were 'outsiders' i.e. commercial men from the cities. Instead, they were either people connected to the old *zamindari* or richer peasants of the area. It should be noted that purchase by 'outsiders' is not at all germane to an argument for or against commercialization and indebtedness. 'Insiders' could just as easily lend at usurious rates and set off debt peonage.

started off a process of 'fragmentation from below'.

What is misunderstood by Bhaduri and many others is that there were two domains in the countryside – consisting of the market for land *rights*, and actual trade in cultivable land among peasant households – and it is all too easy to equate one with the other.[29]

To understand this, it is necessary to clarify the distinction between *zamindars* and intermediate tenure holders on the one side, and cultivators on the other. The Permanent Settlement vested upon the *zamindars* the ownership rights over given tracts of land. They had the right to collect rent from their tenant cultivators, and the duty to pay land revenue to the state. Within a few decades, the British realized that the countryside was not a binary entity – consisting only of *zamindars* and tenant farmers. In between, there were many intermediate tenure holders who, like the *zamindars*, enjoyed hereditary rent collecting rights, paid revenue, but did not cultivate the land. The sale of *zamindari* rights during the first quarter of a century after the Settlement, and the continuous fragmentation of old *zamindari* properties led to an enormous growth in the number of intermediate tenure holders. Eventually, the Patni Regulation of 1819 recognized the existence of these tenure holders, and conferred upon them legal rights to collect rent and pay revenue. The point to be noted is that in east Bengal neither the *zamindars* nor the intermediate tenure holders actually cultivated land; they collected rents and paid revenue.

The actual cultivators could also be ranked according to their legal status. At the top of the pyramid were the so-called permanently occupying settled *raiyats* (POSR). This referred to peasants

i) who were permanent tenants of the *zamindars* or the intermediate tenure holders,
ii) whose tenancy and right to cultivate were recognized and protected in perpetuity by the Bengal Tenancy Act of 1885,
iii) who could not be evicted as long as rents were regularly paid,
iv) who were protected from arbitrary rent increases, and,

[29]In a similar context, this distinction has also been pointed out by Bose (1986), p.4 and pp.9-11.

v) who paid a nominal cash rent to the tenure holder – a quit rent that was fixed irrespective of the value of the crop.

Below the POSRs were two more classes of peasants: the under-*raiyats* who paid cash rent to the permanent *raiyat* and enjoyed limited legal rights under the Tenancy Act, and sharecroppers (*bargadars* or *adhiars*) who paid produce rents to the occupancy *raiyat*, but were tenants-at-will without any legal status whatsoever.

In such a complex scheme, the ability of *zamindars* and intermediate tenure holders to indiscriminately raise rents depended entirely upon the countervailing legal rights of the cultivators. Two examples from our times illustrate the different outcomes. Consider a house consisting of five apartments, each occupied by a tenant family, whose tenancy rights are recognized by the law. Originally the house was owned by a single person. After his death, the rights were divided between his wife, four sons, three daughters, and two nephews – the intermediate tenure holders. Even if the new owners acted in a unified way, they would probably not succeed in increasing rents with impunity. The tenants would go to court and obtain a stay order. Moreover, the sub-division of ownership rights on the house ('fragmentation from above') would probably neither affect rents nor the number of tenants ('fragmentation from below'). In the other example, consider a single landlord and a single tenant, the latter having tenancy rights over all five apartments – a substantial *jotedar*. The tenant sub-lets four apartments to under-tenants who have no *de jure* status. The law regulates the amount of rent that the landlord can charge his tenant, but says nothing about how much the tenant can extract from his sub-tenants. The first example characterizes east Bengal around 1900–01 – where highly fragmented and complex systems of intermediate tenurial rights coexisted with a fairly egalitarian, homogeneous, and stable distribution of land among peasant families. The second describes north Bengal – where polarized and grossly inequitable structures of landholding were overlaid by a simple system of intermediate tenurial rights.

If all landlords held absolute power over the *raiyats*, then fragmentation from above could certainly lead to the splintering of actual landholdings among the cultivators. The Tenancy Act, however, derailed any possibility of such a uni-directional flow of power. It not only curtailed the powers of the proprietors and protected the rights of the permanent occupancy *raiyats*, but also gave the POSRs virtually unchecked authority over their sub-tenants. This asymmetry created three broad types of agrarian structure:

i) Powerful *zamindars* versus relatively weak permanent *raiyats*, such as in Burdwan, Birbhum, and parts of Midnapore, in west Bengal.
ii) Relatively weak *zamindars* and a large number of intermediate tenure holders confronting an army of small, but legally informed, occupancy *raiyats*, as in Dacca, Faridpur, Tippera, Mymensingh, and parts of Pabna and Bogra.
iii) Weak *zamindars* counterpoised against powerful occupancy *raiyats* who also held intermediate tenurial rights, had large landholdings, and exercised enormous power over their sub-tenants and sharecroppers, as in north Bengal.[30]

By 1900–1901, then, intermediate tenurial rights in east Bengal had become highly fragmented, and were distributed among a large number of Hindu gentry (*bhadralok*) and some upper class *ashraf* Muslim rentier families. Ranged against them were vast numbers of Muslim and low caste Hindu peasants (*krishaks* or *chashis*), who were protected by the Tenancy Act. Since the permanent *raiyats* enjoyed the right to cultivate their landholdings or *jotes*, they were sometimes called *jotedars*. The POSRs of east Bengal at the turn of the century were a far cry from the popular perception of *jotedars* – highly exploitative, large kulaks who cultivate through sharecroppers and tenants-at-will. J. C. Jack, the Settlement Officer of Faridpur, described an east Bengal district thus:

[30]Admittedly, I have belaboured this point. However, there still exists a great deal of confusion in understanding the two domains – the market for legally recognized rent collecting rights versus the actual distribution of cultivable land across peasant households – and it is necessary to highlight the dichotomy. There is an unanswered question. If an increasing mass of intermediate tenure holders could not extract larger rents from the POSRs, why was there such a growth in intermediate tenurial rights? On the supply side, deaths frequently led to the division of tenurial rights between the survivors. On the demand side, buyers paid progressively smaller prices for such rights.

> The cultivators are a homogeneous class ... the agricultural wealth of the district is divided with considerable fairness in such a way that the great majority of the cultivators have a reasonable share. This is no country of capitalist farmers with bloated farms and an army of parasitic and penurious labourers.[31]

Jack was painting too arcadian a picture. There were differences in economic and political power among peasants, especially between POSRs on the one end, and under-*raiyat*s and sharecroppers on the other. Nevertheless, in 1900–1901, east Bengal could be described as a relatively egalitarian small peasant system. For most of the occupancy *raiyati* households there was no remarkable inequality in land use. Agriculture depended largely upon household, cooperative and, for some activities, hired labour, not on sharecropping. Substantial kulak–*jotedar*s were very much in the minority. Moreover, in relative terms, under-*raiyat*s and sharecroppers were less important compared to north Bengal.

The extent of 'flatness' in landholdings and the small peasant structure of the east Bengal countryside shows up in Table 2.2. The table also suggests that while the occupancy *raiyat*s formed the backbone of east Bengal's peasant society, they had very little land to till. The average holding per *raiyati* interest varied from 3.08 acres in Mymensingh to a trifling 1.59 acres in Dacca. Although, in principle, peasant families could own more than one interest, most *raiyat*s held no more than 4 acres of land. In 1900–1901, the net cultivable area per rural family was just a little over 3.25 acres.[32]

In parts of north Bengal, particularly the districts of Dinajpur and Jalpaiguri, the tenurial structure was radically different. Here, the central feature was a gross inequality in landholding and socio-economic status within villages. The big *jotedar*s not only held superior rights but actually possessed total control over vast tracts of land, and so dominated agriculture in no uncertain terms. At the top were the giant *jotedar*s, who held hundreds, even

[31]Jack (1916), pp.81-2, also quoted in Bose (1986), p.9.

[32]GOI, *Census of India 1901*, vol.6(1), pp.2-4, and GOB, *Agricultural Statistics of Bengal 1900-1901* (Calcutta 1901), pp.6-13.

thousands of acres. Most of the *jotedars* owned more modest holdings of forty to a hundred acres – areas that were small compared to their wealthier north Bengal counterparts, yet vast when likened to the holdings of a typical POSR of east Bengal.

TABLE 2.2: PROPRIETORS, PERMANENTLY OCCUPIED SETTLED *RAIYATS* AND UNDER-*RAIYATS* IN THE MAJOR JUTE GROWING DISTRICTS OF BENGAL

	% of Total Interests under			% of Total Land under			Average Acres per *Raiyati* Interest
	Prop	Posr	Undr	Prop	Posr	Undr	
Dacca	14.5	71.7	6.5	8.9	77.7	1.1	1.59
Mymensingh	13.2	74.8	7.5	8.0	71.2	3.3	3.08
Faridpur	7.1	63.0	13.8	2.9	64.6	9.1	1.39
Tippera	2.7	73.7	6.7	3.8	80.8	2.8	2.03
Pabna	1.5	74.8	10.5	7.4	73.2	4.0	1.91
Rangpur	1.2	71.2	12.8	6.8	77.2	6.9	2.35
Bogra	1.6	64.6	17.5	4.6	78.2	6.9	2.52

Sources: GOB, *Dacca Settlement Report [SR]* (Calcutta 1917), *Mymensingh SR* (Calcutta 1920), *Faridpur SR* (Calcutta 1916), *Tippera SR* (Calcutta 1920), *Pabna and Bogra SR* (Calcutta 1930), and *Rangpur SR* (Alipore 1940).

Notes: Prop: Proprietors, i.e. *zamindars* and intermediate tenure holders. This defined land held under proprietary or intermediate tenurial rights, and farmed only by hired labour, not by tenant cultivators. In general, it referred to the *khas* land held by the *zamindars* and other landholders. Posr: Permanently occupying settled *raiyat* whose tenancy was settled by Settlement Officers, and recognized as well as protected by the Bengal Tenancy Act. Undr: Under-*raiyats* who enjoyed limited recognition and protection under the Bengal Tenancy Act, and paid rents to POSRs instead of intermediate tenure holders or *zamindars*. An 'interest' is a land deed stating a peasant's terms of tenancy, his rental obligations, and his cultivating rights.

The *jotedari* system of north Bengal had two distinct features. First, almost all *jotedars* used *bargadars* and *adhiars* to cultivate their lands, and extracted produce rents valued at one half of the gross produce. Second – and this was different from the share tenancy contracts in other parts of Bengal – the *jotedars* also decided what crop should be grown.[33] The *bargadars* and *adhiars* were the poor cultivators who usually had very little *raiyati* land, and had to lease in additional land at exorbitant rents. Poorer *adhiar* families often repaid debts by doing unpaid menial labour on a *jotedar*'s farm, and were regarded as little better than serfs.[34] To summarize, most of the land in these two north Bengal districts was held by large *jotedars* – the classic kulaks – who were not only rentiers but also moneylenders as well as grain and jute traders. By interlinking land, capital, and the product markets, these *jotedars* virtually controlled the labour of the poorer sharecroppers.

While it is necessary to highlight the exploitative structure in Jalpaiguri and Dinajpur, it should also be noted that these were marginal jute growing areas. In 1900–1901, these two districts accounted for less than 10 percent of the total crop – a proportion that did not increase over time – and 12.6 percent of the rural population in the jute belt.[35] Overall, the dominant picture at the turn of the century was that of small peasant agriculture that had its economic and social inequalities, but did not show any blatant skewness in the distribution of land and power.[36]

With tiny holding sizes, most *raiyati* families found it hard to make ends meet. Here lay the crux of the basic agrarian problem of the jute economy. In years of generous rainfall and good jute and paddy prices, the fertility of the soil ensured a reasonable surplus for a 4 acre *raiyati* household. However, with small holdings, the surplus was never sufficient to tide off a series of bad years. It was precisely this uncertainty that made farmers

[33] *Dinajpur Settlement Report*, p.22, quoted in Bose (1986), p.14.

[34] For an excellent summary of the differences in tenurial systems, see Bose (1986), Ch.1.

[35] The jute belt consisted of Dacca, Mymensingh, Faridpur, Tippera, Rangpur, Bogra, Pabna, Rajshahi, Dinajpur and Jalpaiguri.

[36] A very exaggerated version of this structure could be found in the *mauza* (locality) of Hazra Dighi in Bogra where 529 acres were divided among 4,829 interests! GOB, *Pabna and Bogra SR, 1920-29* (Calcutta 1930).

exceedingly dependent on the post-harvest farmgate prices and rural credit which, in turn, affected future tenurial conditions, organization of production, and modes of crop procurement.

2.3 : The Crop Cycle, Prices, and Rural Credit

There are two types of jute plants – white (*corchorus capsularis*) and *tossa* jute (*c. olitorious*). In both the fibre is contained within the central stem. White jute grows to a height of ten to twelve feet, can be cultivated in high, medium as well as low land, is the sturdier of the two varieties, and produces a fibre that is greyish white in colour. *Tossa* is taller than white jute and, hence, has a higher fibre yield. However, it cannot withstand waterlogging and can only be grown on well drained medium and high land. The *tossa* fibre is yellowish to golden in colour, finer, stronger and more lustrous than white jute, and fetches a higher price than *capsularis*.

Both varieties of jute are monsoon crops, and require moist heat for good growth. The mean summer temperature in the jute belt is 85° to 90° Fahrenheit and the average relative humidity is 80 to 90 percent. The crops grow best in light soils or recent alluvium enriched by silt, and the foremost regions were the low *char* (river bed) lands contained by the Brahmaputra, Meghna, and Padma river systems. Like most crops, jute is very susceptible to wide variations in rainfall. Good growth depends on fixed doses of rainfall at different stages, especially in the first 11 to 24 days in the seeding phase, and 55 to 69 days in the growing period.

White jute was sown between late February and late March in the low lands and between mid-March and mid-April in medium and high land.[37] Depending upon rainfall, it was harvested around mid-July to late August, after which the fibre was extracted from the stems. This was done by a process called retting: stems were immersed in water for two to three weeks, which gradually decomposed the central stalk and allowed the fibre to be stripped off. Retting, stripping, and drying the fibre prior to farmgate sales took up to a month after harvest. *Tossa* was sown between April

[37]The jute crop gets destroyed if wholly submerged in water. Earlier sowing in low land ensured that the crop would reach a sufficient height before the onset of the monsoon floods.

and May, and harvested between late August and early October.

The peasant households did not *exclusively* cultivate jute. Even in the jute season, the fibre competed with the substitute crop, autumn (*aus*) paddy. *Aus* was a coarse paddy crop that was sown around the middle of March and harvested in August, and its acreage depended on the expected harvest price and profit ratios of jute to autumn rice.[38] The major food crop was winter (*aman*) paddy, and this was complementary to jute. It was sown in small plots of prime land between late July and early August, the shoots were transplanted in September after the jute crop harvest, and finally reaped in December or early January. Although jute was the most important cash earner, *aman* was venerated as the most important crop of the agricultural calendar. It was, after all, the principal food crop and had been the source of well being long before the advent of jute. The exalted status given to *aman* was evident from the peasants' willingness to forego the more remunerative *tossa* for white jute even on high land. The reason was simple. Although *tossa* fetched better prices, its harvest clashed with the *aman* paddy transplant, and cultivators would not risk the winter rice crop by altering the transplant period for the extra jute money. Where cultivated, *tossa* was generally harvested before it had reached full height, lest it impinge upon the *aman* transplant. Chart 2.A gives the crop cycle.

CHART 2.A : THE CROP CYCLE IN EAST BENGAL

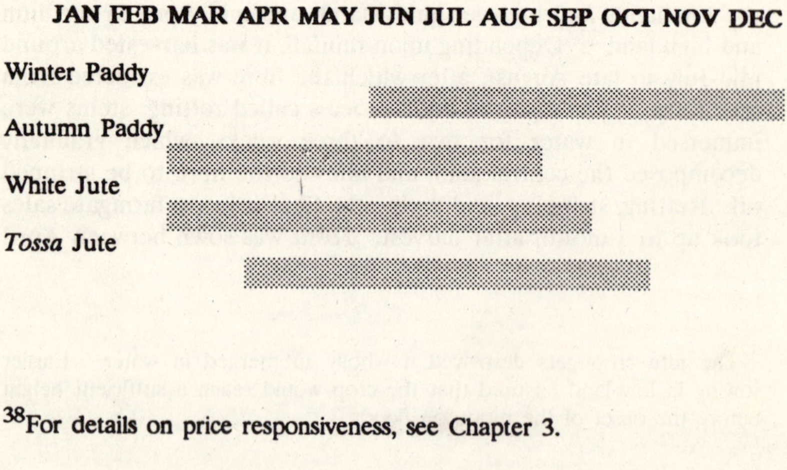

[38]For details on price responsiveness, see Chapter 3.

CHART 2.B: HARVEST PRICE OF JUTE 1900-01 TO 1939-40

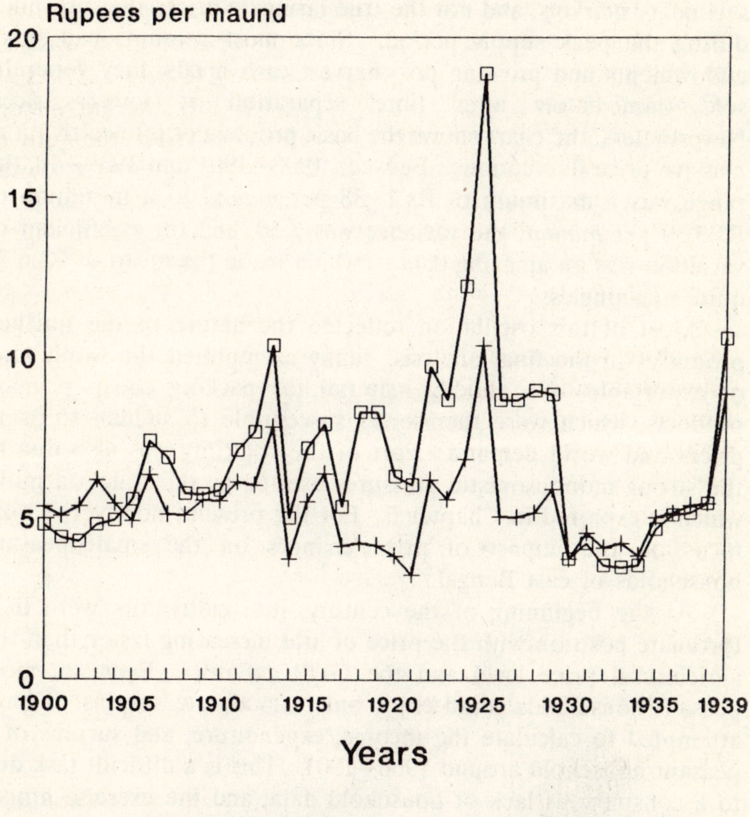

Real Price: 1938-39 = 100

It is possible to integrate the crop cycle and the small landholdings of most peasant families with harvest prices and rural credit. Chart 2.B plots the nominal and real harvest prices of jute from 1900–1901 to 1939–40. These 'harvest' prices were in fact the annual unweighted averages of quotations in the up-country secondary markets, and not the true farmgate prices that prevailed during the peak supply period. Since most peasants had small endowments and pressing post-harvest cash needs, they generally sold immediately after fibre separation at lower prices. Nevertheless, the chart shows the basic problem of jute cultivation: massive price fluctuations. Between 1900–1901 and 1939–40, the range was a maximum of Rs.18.88 per *maund* to a minimum of Rs.3.50 per *maund*; the variance was 8.30, and the coefficient of variation was an amazing 0.43 – which made the mean of Rs.6.70 quite meaningless.

Most of this oscillation reflected the nature of the finished product. In the final analysis, gunny exemplified the worst kind of exportable – a shoddy material for packing cheap primary products, which were themselves susceptible to sudden shifts in prices and world demand. Part of the volatility was also due to the strong monopsonistic pressures exerted by the Calcutta mills, which is explored in Chapter 6. For the present, however, I shall focus on the impact of price changes on the small peasant households of east Bengal.

At the beginning of the century, jute cultivators were in a fortunate position with the price of jute increasing faster than the agricultural price level and the GDP deflator. Even so, most peasant households could enjoy only a moderate surplus. I have attempted to calculate the income, expenditure, and surplus of a peasant household around 1900–1901. This is a difficult task due to a conspicuous lack of household data, and the exercise hinges upon several assumptions. To simplify matters, I have only looked at a relatively fortunate group of farmers – the permanently occupied settled *raiyat*s having 4 acres of land. The estimates are based on the following assumptions:

a) The farmer planted three crops: jute and autumn paddy in the jute season, and winter paddy thereafter. During the jute season, half an acre (or an eighth of the land) was set aside for sowing *aman* paddy, and the shoots were transplanted in October, after the jute harvest. The remaining 3.5 acres were allocated to jute and autumn rice according to relative prices and profits. In 1900–01, for the jute districts as a whole, 43.6 percent of the net cultivated area was under jute, and the remainder under autumn paddy. If the 'typical' *raiyat* followed a similar pattern, approximately 1.5 acres were allocated to jute and 2 acres to autumn rice.

b) The jute yield was 15 *maunds* per acre and the winter rice yield (after husking) was 11 *maunds* per acre. In order to purposely overstate the result, I have assumed that autumn rice, too, yielded 11 *maunds* per acre, and fetched the same price as winter rice.[39] In 1900–1901 the harvest prices of jute and *aman* rice were, respectively, Rs.4.81 and Rs.3.56 per *maund*.

c) The average rural household size in Bengal in 1901 was 5.18 persons.[40] Taking women and children into account, I have assumed a per capita rice consumption of 4 *maunds*, which translates to a little under a pound per person per day. Therefore, the family's rice consumption need was 20.72 *maunds*. This quantity is deducted at source.

d) Since the peasant was a POSR paying nominal cash rents, I have taken the mean cash rent for the period as the *raiyat*'s rental charge. In 1900–1901, this was around Rs.4 per acre.[41]

e) The most difficult item to estimate is the debt servicing cost. I have used the estimates of debt calculated by two excellent settlement officers, Jack's for Faridpur and Ascoli's for Dacca.[42] The principal was approximately Rs.50, and the interest rate on secured loans was 37.5 percent per annum. I also assume that, in good years, the peasant repaid the principal plus interest before contracting fresh debts – he rolled over a constant debt.

[39]In fact, autumn rice yield was around 9 to 10 *maunds* per acre, and its price was usually 25 percent lower than that of *aman*.

[40]GOI, *Census of India 1901*, vol.6(2), pp.2-4.

[41]This is borne out by the observations of F. D. Ascoli, the Settlement Officer of Dacca. GOB, *Revenue Department, Agriculture Branch*, File 1–J/15, 1914, Progs.15–32, Ascoli–French, Dacca, August 22, 1914.

[42]GOB, *Faridpur SR*, and GOB, *Revenue Department, Agriculture Branch*, File 1–J/15, 1914, Progs.15–32, Ascoli–French, Dacca, August 22, 1914.

f) Data on cultivation costs are available from two sources: first, the research of Ascoli, and second, from the *Bengal Provincial Banking Enquiry Committee* of 1929–30.[43] I have used the agricultural sector deflator computed by Sivasubramonian to reconcile these two data sets, and define everything in terms of the 1900–1901 prices. Moreover, it is assumed that most agricultural operations were carried out using family or cooperative labour. The only exceptions were weeding, reaping, separation of fibre, and rice husking, which always required a complement of hired labour.

g) The average expenditure of a typical cultivating family can be found in the *Bengal Provincial Banking Enquiry Committee* of 1929–30.[44] These have been set to the 1900–1901 level by using Sivasubramonian's agricultural price deflator.

Armed with these assumptions, one can get an idea of the surplus of a four acre jute cultivating peasant household at the beginning of the century. This is clearly an approximation, but it shows that even in fairly good times, relatively better off peasants could earn only a nominal surplus. Table 2.3 gives the estimates.

If anything, Table 2.3 makes assumptions that tend to make the surplus greater than what it was. For instance, I have used the official 'harvest prices' which were unweighted annual averages, and ranged 15 to 20 percent higher than the true post-harvest farmgate prices. Despite this and other biases, the table highlights the central problem of the jute cultivating small peasant households – their limited flexibility. In good times, their small holdings generated moderate profits. However, a few bad years or large expenditures for a marriage were sufficient to ensure a deficit which had to be covered by consumption loans. This knife edge position made most *raiyat*s acutely dependent on timed doses of rural credit, to which I shall now turn.

[43]GOB, *Report of the Bengal Provincial Banking Enquiry Committee* (Calcutta 1930), vol.I, pp.33-35.

[44]Ibid., pp.80-81.

TABLE 2.3 : INCOME, EXPENDITURE AND SURPLUS OF A PERMANENTLY OCCUPIED SETTLED *RAIYAT* WITH 4 ACRES OF LAND, c.1900–1901.

INCOME		
a) **Jute:**	1.5 acres of land @ 15 *maunds* per acre at Rs.4.80 per *maund*.	Rs.108
b) **Rice:**	(*Aus*: 2 acres @ 11 *maunds*) plus (*Aman*: 4 acres @ 11 *maunds*) less 20.72 *maunds* for family subsistence consumption Rs.3.56 per *maund*.	Rs.161
TOTAL CASH INCOME		**Rs.269**
EXPENDITURE		
a) Rents @ Rs.4 per acre per annum		Rs. 16
b) Debt Servicing: Initial debt of Rs.50 with interest at 37.5% p.a.		Rs. 19
c) *Abwabs* and other customary levies		Rs. 4
Jute Cultivation Costs		
a) Plough and cattle, Rs.6 per acre in 1914, deflated to 1900–1901		Rs. 6
b) Weeding @ Rs.15 per acre in 1914, deflated		Rs. 15
c) Reaping and fibre separation @ Rs.10 per acre in 1914, deflated to 1900–1901		Rs. 10
Autumn Rice Cultivation Costs		
a) Plough and cattle, Rs.4 per acre in 1914, deflated		Rs. 5
b) Reaping @ Rs.3 per acre in 1914, deflated		Rs. 4
c) Husking @ 1 anna per *maund* of rice in 1914		Rs. 1
Winter Rice Cultivation Costs		
a) Plough and cattle, Rs.4 per acre in 1914, deflated		Rs. 11
b) Reaping @ Rs.3 per acre in 1914, deflated		Rs. 8
c) Husking @ 1 anna per *maund* of rice in 1914,		Rs. 2
TOTAL COST OF JUTE AND RICE CULTIVATION		**Rs.101**
Other Cash Expenditure		
a) Non–rice food expenditure, Rs.78 in 1929–30, deflated		Rs. 47
b) Clothing, Rs.35 in 1929–30, deflated		Rs. 21
c) Repair of homestead, Rs.12 in 1929, deflated		Rs. 7
d) Social/religious ceremonies, Rs.15 in 1929, deflated		Rs. 9
e) Miscellaneous, Rs.22 in 1929, deflated		Rs. 13
TOTAL, OTHER CASH EXPENSES		**Rs. 97**
TOTAL EXPENDITURE		**Rs.198**
TOTAL SURPLUS		**Rs. 71**

Sources: Prices of jute and rice from GOI, K. L. Datta, *Report on the Enquiry into the Rise of Prices in India*, (Calcutta 1914), vol.II, pp.136–39.

Rent from GOB, *Revenue Dept, Agriculture Branch*, File 1–J/15, 1914, Progs.15–32, Ascoli–French, Dacca, August 22, 1914. Debts from GOB, *Revenue Dept, Agriculture Branch*, File 1–J/15, 1914, Progs.15–32, Ascoli–French, Dacca, August 22, 1914, and GOB, *Faridpur SR*. Jute cultivation costs from GOB, *Revenue Dept, Agriculture Branch*, File 1–J/15, 1914, Progs.15–32, Ascoli–French, Dacca, August 22, 1914; winter paddy from GOB, *Bengal Provincial Banking Enquiry Report* (Calcutta 1930), vol.I, p.35. Other cash expenditure from GOB, *Bengal Provincial Banking Enquiry Report* (Calcutta 1930), vol.I, pp.80–81. Deflation carried out using agricultural sector deflator, 1938–39=100 from Sivasubramonian (1965).

Notes: Here, and throughout the book, the normal consumption of a peasant family is what a household expects to consume in a 'normal' agricultural year. This is made up of two components: (a) rice and non–rice food consumption; (b) other consumption. The former is treated as invariant, and is 'subsistence' in the theoretical sense of the term. The latter may be income sensitive – in very bad years peasant families can forego some of this consumption without affecting labour power. However, while this is possible as a response to temporary crises, it cannot continue for long periods without adversely affecting future labour power. 'Surplus' defined here and elsewhere is income minus 'normal consumption'.

A closer look at the jute–winter rice crop cycle is needed to understand the timing of rural credit. During the month of *Chaitra* (March–April) the land was ploughed for sowing jute. If the winter rice crop had fetched a good price, a peasant would have the cash to see him through ploughing and the early growing period. On the other hand, a poor *aman* harvest could lead to cash or rice shortages within a few months of jute sowing, which meant a trip to the village moneylender or *mahajan*.

Without doubt, interest rates were extremely high – the average interest rate charged to a POSR against a land collateral was 37.5 percent per year.[45] Such a usurious rate had little to do with the lender's risk of default. Since defaults accounted for less than 5 percent of the value of loans, the adjusted interest rate would be 30.6 percent – which was much higher than the going rate of interest in any organized credit market. Interest rates varied according to credit worthiness of the customers as well as the timing, length, and type of the loan. For large landowners,

[45]GOB, *Bengal Provincial Banking Enquiry Committee* (Calcutta 1930), vol.I, pp.197-98.

interest on short term cash loans could be as low as 12 to 15 percent per annum. Most lesser peasants, under-*raiyat*s, and sharecroppers, however, were charged monthly interests that often compounded to over 300 percent per year.

The extent to which credit was tied to the crop cycle is evident from the variation in interest rates throughout the agricultural year. Immediately after the winter rice harvest (the months of *Paus* and *Magh*), interest on cash loans was 2 to 3 percent per month. Somewhat later, during the jute sowing season (*Chaitra*), the rates would climb to 5 to 6 percent per month. The next cash demand took place in *Baisakh* and *Jaistha*, during weeding – an operation that required the use of hired labour – and interest would rise to 7 to 8 percent per month. The process of harvesting and fibre separation also required hiring agricultural labour, since all household labour was tied up in two important agricultural activities – jute harvest and the winter rice transplant. In these months (*Sravan*, *Bhadra*, and *Aswin*) the short term rates would jump to 16 percent per month.[46] For poorer peasants, cash loans had to be supplemented by grain advances, and for these the standard maxim was '*bhojer derhi*' or an interest of 50 percent per year.[47]

Several cash obligations fell due by the time the jute crop was ready for the market. First, there were the rental payments. Second, debts had to be repaid, and creditors were particularly inflexible about the post-harvest payment. Third, many peasant families had to buy rice at higher retail prices because of their inability to hold back the entire year's consumption out of the winter rice crop. Finally, the month immediately after harvest coincided with Id and Durga Puja, the two most important festivals of the region, which meant expenses on several items, especially clothing. The net result was that small peasant households had to dispose of their crop as quickly as possible, and the common knowledge of their pressing liquidity needs put the cultivators in a weak bargaining position versus the jute

[46]Ibid., (Calcutta 1930), vol.II, evidence of Basu, Sub-divisional Officer, Munshiganj, Dacca, pp.193-94.

[47]Ibid., vol.I, p.198.

traders.[48] Small wonder then that 64 percent of the crop in east and north Bengal was sold immediately after fibre separation, and almost 75 percent of the total crop was sold by cultivators at their homesteads rather than at the nearby primary markets or *hat*s.[49]

British district officers often claimed that the Bengali *raiyat*'s precarious liquidity reflected his litigious behaviour, improvidence, fecklessness and ceremonial extravagances. Without these expensive habits many a peasant household would have been free of debt. Characteristic of 'rational' western rhetoric on 'irrational' oriental behaviour, this view was full of inaccuracies. Litigations typically centred around rent. A look at the civil suits records filed in the interior courts shows that the overwhelming majority consisted of rent suits filed by landlords, intermediate tenure holders, and wealthier *raiyat*s; small peasant households accounted for very few lawsuits.[50] Social and religious ceremonies added up to no more than six percent of total debts.[51] If the British district officers spread out such seemingly extravagant expenses over a peasant's life-cycle, they would have found that these items accounted for less than five percent of total expenditure.[52] Moreover, British commentators failed to understand the role of such ceremonies and their connexion to rural credit. A peasant's ability to borrow depended upon his social standing in the community which, in turn, demanded his inviting the entire village (even neighbouring villages) for his son's or daughter's wedding. Far from being a 'senseless extravaganza', such a ceremony strengthened social ties and extended the reservoir from which

[48]The popular adage among jute traders, '*Pat kinba pujar shomoi*', or 'Buy jute during the puja', reflected the pressing cash demands of most peasants.

[49]ICJC, *Report on the Marketing and Transport of Jute in India* (Calcutta 1940), p.61, p.68.

[50]GOB, *Report on the Administration of Civil Justice in the Province of Bengal, 1902* to *1914* (Calcutta, annual). A survey of 52 peasant households in the district of Bogra showed that litigations accounted for less than one percent of total debts. GOB, *Bengal Provincial Banking Enquiry Committee* (Calcutta 1930), vol.I, p.72.

[51]GOB, *Bengal Provincial Banking Enquiry Committee* (Calcutta 1930), vol.I, p.72.

[52]Ibid., pp.80-81.

credit and cooperation could be drawn in the future.

At a broad level, there were three types of rural creditors. The first may be called the 'cash–for–cash village *mahajan*', or a village moneylender in the simplest sense of the term. These people were almost always non-agriculturists and interested in land only as collateral, not as a factor of production. A *mahajan* of this type was much more concerned in recovering his principal plus interest and rolling over his capital than in attaching a part of the debtor's land. In cases of default, the *mahajan* would generally execute a fresh bond at higher interest rates instead of divesting the peasant of his hypothecated land.

Richer peasants or *jotedars* constituted the second group of creditors. Being farmers, the *jotedars* appreciated the importance of land control at a time when land was rapidly becoming a scarce asset. Usually, *jotedari* loans carried with them the right to usufructuary mortgage: in the case of default, the *jotedar* could make the debtor work as a sharecropper on the mortgaged land, and take up to a half of the gross produce as repayment. An important feature of the *jotedari* credit system was that the two factor incomes – interest and rent – were closely interlinked. Moreover, the system tended to be self perpetuating. Once a *raiyat* was even partly reduced to the status of a sharecropper, his surplus would shrink and the risk of default increase – a process that often set peasants on a path to debt peonage.

Dadandars, or trader–moneylenders were the third type of creditors, who lent cash only to facilitate crop purchase. A *dadan* merchant advanced money to peasants (executed a *dadan*) against a post-harvest repayment in crop. In theory, interest on a *dadan* loan was payable only in the case of default. In fact these transactions concealed a very high interest implicit in the credit price at which the crop was pledged. Charts 2.C and 2.D are translations of contemporary *dadan* contracts. The first, executed in 1920, bound the debtor to deliver 16.5 *maunds* of jute against a loan of Rs.33, i.e. at Rs.2 per *maund*, at a time when the average harvest price during the past three years was Rs.7.65 per *maund*. This deed was executed towards the end of November against a jute crop that was to be delivered at the end of August of the following year. The implicit interest rate, therefore, was 375 percent per annum. The second contract was effected in March 1925 for Rs.60 against the delivery of 12 *maunds* of jute during August–September. If the credit price of Rs.5 per *maund* is compared to the triennial average free market price of Rs.13.25 per *maund*, the implicit interest rate turns out to be 330 percent per year.

To be fair, around 1900–1901 *dadan*s and *jotedari* credit under usufructuary mortgage were quite rare in most jute growing districts. In 1914, describing a district as highly commercialized as Dacca, Ascoli wrote, 'I doubt if one cultivator in 1,000 is dependent in any way on the *aratdar*, *bepari* or jute merchants for loans and advances. This [*dadan*] experiment has been tried in this district but has been definitely abandoned'.[53] This was equally true in Mymensingh, Faridpur, Tippera and Pabna. Except in parts of north Bengal – particularly in Jalpaiguri, Dinajpur and some pockets of Rangpur – most peasant households went to the traditional 'cash–for–cash' *mahajan*. Although a *mahajan*'s interest was by no means low, it was not as high as a *dadandar*'s; nor were *mahajani* loans as harmful to future surplus as *jotedari* credit. In the hierarchy of loans, peasants preferred going to the *mahajan*; only when this credit line was exhausted did they look towards the richer *jotedar*s and *dadandar*s.

To summarize then, small holdings and fluctuations in raw jute prices made most cultivators depend on rural credit. In order to complete the picture, we need to examine how the crop moved from the farmgates through the up-country markets to the mills and the ports of Calcutta and Chittagong.

[53]GOB, *Revenue Department, Agriculture Branch*, File 1–J/15 of 1914, Progs 15–32, Ascoli–Kerr, Dacca, April 27, 1914.

CHART 2.C : A *DADAN* DOCUMENT, EXHIBIT 1

Suit No.1552 of 1927
Second Munsif's Court
Filed, 28th October, 1927 in
Kishoreganj, District Mymensingh.
(Sd/. Asrab Ali)

Be this known,

Written to Sri Mohammad Saral and Sri Mohammad Aripuddin Munshi by Sri Asrab Ali, son of the late Sheikh Ujir Mahmud, of Charkaonia village, thana Manohardi, district Dacca, this letter or agreement to sell new jute. Thus begins the transaction.

I have received directly from Mohammad Saral and Mohammad Aripuddin Munshi an advance of rupees thirty-three only (Rs.33) in cash on security of the next jute crop. For that value I shall deliver without any objection 16 *maunds* and 20 *seers* of fully dried jute at the rate of Rs.2 per *maund* in the coming month of Aswin [September–October]. If I fail to deliver, interest will accrue at the rate of one anna per rupee per month *on the value of the pledged jute at the market rate at the time of sale*. For this I execute this agreement for selling jute.

Thus endeth the document.

Dated 4th Aghryan, 1327 B.S [end of November, 1920].

Scribe: Muhammad Asiruddin, Resident of Charkaonia.

Witnesses: Ayubulla Sheikh Bande Ali, Residents of Charkaonia.

Source: GOB, *Bengal Provincial Banking Enquiry Committee* (Calcutta 1930), vol.I, pp.346–49, emphasis mine.

CHART 2.D : A *DADAN* DOCUMENT, EXHIBIT 2

Suit No.42 of 1928
Third Munsif Court
Filed, 9th January 1928 in
Kishoreganj, District Mymensingh
Sd/. Chandra Nath Kapali
for Sheikh Nur Hussein and Sheikh Mahmud Hussein

To the magnanimous and glorious Srijukta Muhammad Abdul Bepari Sahib. Written and executed by Sri Nur Hussein and Sri Mahmud Hussein, sons of the late Sheikh Chhamir, of Kajla village, Tappe Hazardi. Thus begins the agreement.

We borrow today from you rupees sixty only (Rs.60) in cash. For the said sum, we shall deliver to you 12 *maund*s of No.4 jute within the month of Bhadra [August–September] of 1333 B.S. [1925]. If we do not deliver to you the said jute according to the stipulation, then we agree to pay interest at the rate of two annas per rupee per month *on the market value of the jute* till the full payment is made. If we still do not pay, you are at liberty to institute a suit against us. No objection on our part will be valid.

After receiving the whole amount of the cash, we have executed this *dadan* in your house.

Thus endeth the transaction.

Dated 11th Falgun, 1332 B.S. [March 1925].

Witnesses: Chandra Nath Kapali, Sheikh Umed Ali, Sheikh Atar Ali, Sheikh Mabulla, Bichuni, residents of village Kajla, Tappe Hazardi.

Source: GOB, *Bengal Provincial Banking Enquiry Committee* (Calcutta 1930), vol.I, pp.346–49, emphasis mine.

2.4 : From the Fields to Calcutta

Post-harvest cash needs of the *raiyat*s plus the fact that jute was inflammable and could not be stored safely in peasant homesteads compelled many cultivators to sell the crop immediately after preparation. Almost three-quarters of the harvested fibre was sold in the villages; only a fifth was sold directly by growers at the primary markets or *hat*s; and a mere five percent was sold directly at the up-country secondary markets.[54]

In villages, the unpledged crop was bought by itinerant jute peddlers called *faria*s or, more colloquially, *phorey*s. Typically, *faria*s belonged to the cultivating class, were slightly better off than the average grower, and could be distinguished by little else other than a notebook and pen in their *fatua* pockets, a pair of sandals, and a ubiquitous umbrella. There were three types of *faria*s: self-financed agents working as petty commodity traders, those who operated on a commission basis for the larger *bepari*s and *aratdar*s, and were financed by such buyers; and those who were salaried employees of the larger traders. Of the three, the freelance *faria*s were most common, and handled 40 percent of the total crop.[55]

In buying jute, the peasants were invariably charged a deduction called *dhalta*, a weight discount to compensate for the allegedly excessive moisture in jute. Although it was recognized that, except in serious short crop years, the peasants never watered the jute, *dhalta* was universally applied and was an integral part of the pricing process.[56] The discount varied according to custom and the relative strength of the peasantry. In the prosperous district of Mymensingh it was a nominal half *seer* per *maund* (or 1.25 percent of weight), but in Rangpur it was as high as 4 *seers*

[54]ICJC, *Report on the Marketing and Transport of Jute in India* (Calcutta 1940), p.68.

[55]Ibid., p.69.

[56]GOB, *Revenue Department, Agriculture Branch*, File 1–J/1 of 1906, Progs 45–46, Marr–Commissioner, Dacca Division, October 24, 1906.

per *maund* (or 10 percent by weight).[57]

Dhalta was not the only deduction charged by the *farias*. A far more effective form of cheating was the manipulation of weights and measures. The standard *maund* consisted of 40 *seers*, and each *seer* was made up of 80 *tolas*.[58] In the trade, however, there existed a bewildering array of *maunds*. A government committee in 1913–14 found seventeen different *maunds* varying from as little as 52 to as much as 96 *tolas* per *seer*.[59] Quite often the scales were fiddled so that an 84 or 88 *tola maund* could be passed off as an 80 *tola maund* – an artful dodge that allowed some *farias* to procure 5 to 9 percent of their jute literally free of charge.[60]

A third of the jute bought by the *farias* was sold in the weekly primary markets or *hats*, and the rest was shipped directly to the nearest secondary market. In the *hats*, the sellers were mostly *farias* and the wealthier peasants, while the buyers were the relatively better off traders (*beparis*), the agents of *aratdars* (or secondary market merchants), and representatives of up-country jute balers. Half the *hat* crop was bought by the balers's agents, 40 percent by *beparis*, and the remaining 10 percent by the *aratdars*' agents. Larger traders generally avoided *hats* and shipped their jute directly to the secondary markets. Charts 2.E and 2.F show the flows from the villages to Calcutta.

[57]Ibid., pp.106-07, and GOB, *Report of the Bengal Jute Enquiry Committee (Finlow)* (Alipore 1934), vol.2, p.446. Since the average rainfall in Rangpur during the jute harvesting season was much less than in Mymensingh, there ought to have been less water in Rangpur jute. The higher *dhalta* simply reflected the relatively poorer status of the Rangpur peasants.

[58]180 grains troy = 1 *tola*; 80 *tola* = 1 *seer* ≈ 2.057 lbs; 40 *seers* = 1 *maund* ≈ 82.29 lbs.

[59]GOI, *Report of the Weights and Measures Committee 1913-14* (Simla 1914), pp.37-38.

[60]ICJC, *Report on the Marketing and Transport of Jute in India* (Calcutta 1940), p.226. Such cheating does not imply that the peasants were ill informed or incapable of operating in a commercialized market. It only shows that small holdings and cash needs limited a cultivator's ability to resist the manipulations.

CHART 2.E : INTERNAL TRADE IN RAW JUTE, I

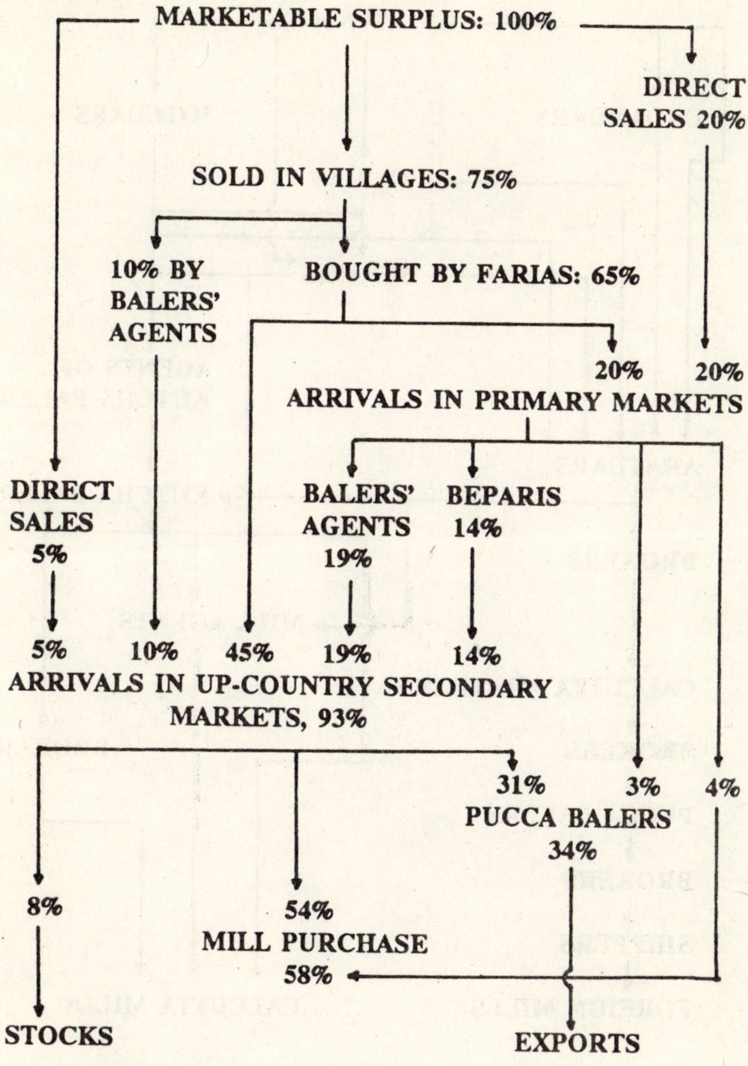

Source : ICJC, *Report on the Marketing and Transport of Jute in India* (Calcutta 1940), pp.84–5.

CHART 2.F : INTERNAL TRADE IN RAW JUTE, II

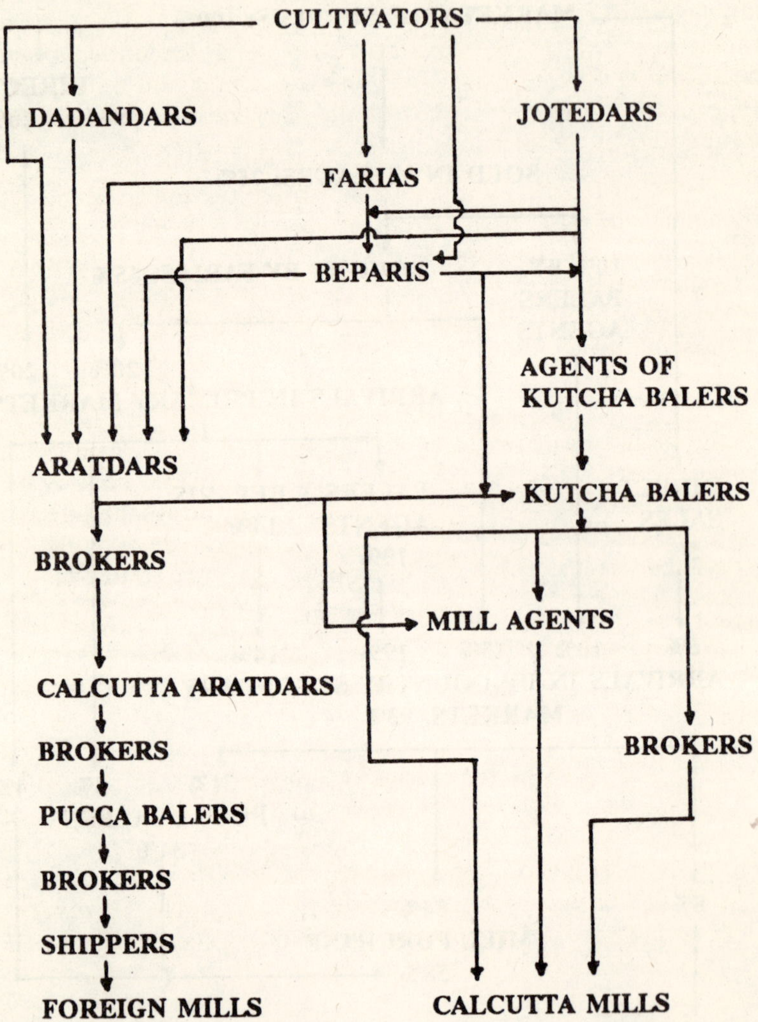

Source : ICJC, *Report on the Marketing and Transport of Jute in India* (Calcutta 1940), pp.84–5.

From the villages and *hats* the fibre was shipped to the more important secondary markets, which were located on the banks of navigable rivers or at railheads.[61] Here the next round of transactions took place, with the buyers being the *aratdars*, and the *kutcha* and *pucca* balers (who baled for mills and for exports, respectively). A late nineteenth century observer vividly described negotiations at the Sirajganj mart:

> The dalal [broker] tells the mahajan [aratdar] what is the number of maunds of jute in his client's boat and where it comes from; he offers a sample and then they put their hands together under a cloth. Offers and demands are made by tracing Bengali figures expressing the rate per maund on the palm of the person concerned, no one else being able to know what amount is to be given or received. If the parties come to terms, a little jute from the sample is delivered by way of sign that the bargain is complete ... The bargain made on the broker's boat is seldom adhered to when the bepari actually brings the jute to the mahajan's ghat. He is told ... that it is not as good a quality as the sample, and the price has to be settled all over again.[62]

Many more deductions were levied at the secondary markets, some in terms of quantity and others in cash. The two most important quantity deductions were:

a) *Bachhat*, a further safeguard against weight loss, which varied from 3/20 of a *seer* per *maund* at Sirajganj (or 0.16 percent by weight) to 2.25 *seers* per *maund* in Jiaganj (5.6 percent of weight).
b) *Kabari*, a deduction apparently for the benefit of the *aratdar*'s staff which was anywhere between 5 *seers* per 100 *maunds* (one eighth of a percent) at Netrakona, Mymensingh to 35

[61]The more important markets in east Bengal were Ashuganj, Bhairab Bazar, Brahmanbaria, Chandpur, Daudkandi, Goalundo, Iswarganj, Jagannathganj, Kaliganj, Kapasia, Madaripur, Manikganj, Nawabganj, Narainganj, and Sirajganj.

[62]GOB, *Report on the Inland Trade of Bengal 1876-77* (Calcutta 1877), pp.64-5.

seers (7/8 of a percent) at Nayargaon, Tippera.

The cash deductions were:

c) *Aratdari*, a commission charged by *aratdars* for storing jute in their sheds, usually levied at 2 annas per *maund*.

d) *Dalali*, or brokerage fee borne by the sellers which could be, at times, as high as one and a half annas per *maund*.

e) *Koyali*, a payment made by the sellers to apparently compensate the weighmen at the *aratdars'* sheds, which was generally pocketed by the *aratdars*. This varied from half a pice to one anna per *maund*.

f) Office expenses, charged by the *kutcha* balers to meet current expenses, usually levied at half anna per *maund*.

g) *Jachandari*, levied by the buyers ostensibly for the benefit of the raw jute assorters, which was usually three pice per *maund*.

h) *Britti* or *ishwarbritti*, intended for religious charity but pocketed by the *aratdar*, and levied at half anna per *maund*.[63]

To examine the impact of these deductions on the peasantry, it is necessary to treat 'harvest' prices as what they truly were – annual average secondary market prices. Thus, for 1900–1901, I assume that jute was transacted at around Rs.5.00 per *maund* at the secondary marts. Table 2.4 translates this secondary market price to farmgate prices. In this, I have taken into account

i) the deductions levied in different markets,

ii) the transport cost from villages to secondary markets, which was 1.5 pice per mile per *maund* over an average distance of 15 miles, and

iii) profits of the *farias* and *beparis* which are assumed at one anna (Re.0.06) per *maund*.

As far as the traders were concerned, the deductions were by no means exorbitant. Between villages and the secondary market, the mark-ups ranged from 15.5 to 11.9 percent, which were no different from those in other bulk primary product trade. There were literally thousands of *farias*, *beparis*, *aratdars*, brokers, commission agents, and balers across the jute tract competing for

[63]ICJC, *Report on the Marketing and Transport of Jute in India* (Calcutta 1940), pp.106-09. Not all deductions were levied in each and every secondary market. Moreover, the rates varied considerably according to local customs.

TABLE 2.4 : TRADE DEDUCTIONS UP TO THE SECONDARY MARKETS c.1900–1901

Districts/ Markets	Trans Cost	Cash Dedn	Profit	Quant Dedn	Valued at	Total Dedn	Farmgate Price
	(Rs/*md*)			(*sr/md*)	(Rs/*md*)	(Rs/*md*)	(Rs./*md*)
Mymensingh							
Netrakona	0.12	0.19	0.06	2.55	4.63	0.49	4.33 *9.8%* **15.5%**
Iswarganj	0.12	0.22	0.06	2.10	4.60	0.46	4.36 *9.2%* **14.7%**
Dacca							
Narsingdi	0.12	0.21	0.06	1.75	4.61	0.41	4.41 *8.2%* **12.8%**
Tarpassa	0.12	0.14	0.06	2.75	4.68	0.46	4.36 *9.2%* **13.7%**
Faridpur							
Charmugaria	0.12	0.13	0.06	3.00	4.69	0.48	4.34 *9.6%* **15.2%**
Pabna							
Sirajganj	0.12	0.17	0.06	1.55	4.65	0.35	4.47 *7.0%* **11.9%**

Source: ICJC, *Report on the Marketing and Transport of Jute in India* (Calcutta 1940), pp.106–109.

Note: At the secondary markets, the price is assumed to be Rs.5 per *maund*. I have then subtracted the cash deductions (levied as rupees per *maund*), transport charges, and the profits of the *farias* and *beparis* to arrive at the price prior to quantity discounts. The deductions in quantity (*seers* per *maund*) are then translated to price rebates. The two sets of discounts are added up to get total deductions. The farmgate price is Rs.5 minus total deductions, transport costs, and petty trader profits. The figures in italics give the deductions as a percentage of the secondary market price. The figures in boldface give the mark-up as a percentage of true farmgate price.

tiny market shares; and the intensely competitive nature of the markets, as well as the monopsonistic powers of the mills kept the mark-up in line. Being on the receiving end, the peasants viewed things rather differently. For a *maund* of unpledged jute to fetch a secondary market price of Rs.5, the farmgate price had to be 10.6 to 13.4 percent lower. To a permanently occupying settled *raiyat* cultivating 1.5 acres of jute, this meant a revenue loss of at least Rs.10, or a 14 percent contraction of his annual surplus, which was not a trifling proportion.

Until the secondary markets, the fibre was offered as unassorted bundles. At the up-country marts the assorters arranged the jute according to the various grades and specifications. Raw jute for the Calcutta mills was baled into loose 3.5 *maund kutcha* bales and then shipped to the factories, with or without the mediation of a broker or a mill agent. The exportable fibre was pressed into 5 *maund pucca* bales and went through a few more intermediaries before reaching foreign shores (see Chart 2.F).

In the early years, when the entire crop was grown in the Brahmaputra–Padma–Meghna belt, more than two-third of the raw jute was shipped to Calcutta and Chittagong by country boats. Rapid expansion of cultivation in north Bengal – an area relatively inaccessible by waterways – led to the development of railway lines linking faraway secondary markets such as Haldibari, Domar, Nilphamari, Kurigram, Raiganj, and Dinajpur to the important riverside entrepôt points. Steamer and barges came next, and the traders were soon offered a combined service: the fibre was shipped by rail to river ports, transferred onto barges that carried the cargo downriver to the deltaic belt and up the Hooghly to the mills.[64] This service suited the mills for they were not only assured of a reliable supply schedule, but also of an end to the problems of settling with each and every boatman, many of whom were prone to dishonour contracts. It also turned out to be a boon for Andrew Yule and Macneill, since they controlled

[64]The combined service finished off the country boats. By the end of World War I, the share of jute traffic carried by country boats had fallen to less than 5 percent by volume. IJMA, *Report of the Committee 1949* (Calcutta 1950), p.126 and GOB, *Report on the Workings of the Jute Futures Markets in Calcutta* (Alipore 1944), Statistical Appendix, p.14.

two of the largest steamship companies that accounted for more than 50 percent of the jute carried by river.[65]

What was the price spread between the villages and Calcutta? In Table 2.4, I had estimated the spread between villages and the secondary markets. To this one must add the mark-ups in the next stage. Transport costs on the combined service during the busy season (July–November) were around 7 annas per *maund* (Re.0.44); the cost of loading, unloading and cartage, grading, baling, and additional commissions together amounted to 5 annas (Re.0.31). Therefore, the Calcutta price was around Rs.5.75 per *maund.*[66] Consequently, the price spread between the villages and Calcutta was anything from Rs.1.25 to Rs.1.44 per *maund.* In other words, the buyers at Calcutta and at the mill gates paid 29 to 33 percent more than the village prices.

A few points need to be noted. First, although *ishwarbritti*, *dhalta*, and *bachhat* were plain and simple short-changing devices, most other deductions were payments for services rendered. The competitive nature of the secondary markets did not allow buyers to force exorbitant discounts on sellers. Only two sets of agents had more power than others. At one end of the spectrum, the mills and the Calcutta exporters wielded considerable power over the sellers. At the other end, so too did the *faria*s and *bepari*s over the cultivators. But, in between, the trading structure was very competitive and atomistic, and this played a major role in keeping the mark-up under control. Of course, the price spread varied from year to year. In short crop periods, traders could get away with larger profits, while in years of excess supply the mills could drive down prices with utmost ease.

Second, it should be recognized that many intermediaries were redundant and existed only due to the forces of tradition. This was particularly true of the plethora of brokers and middlemen who operated at all levels, from the *hat*s through Calcutta. The brokers who liaised between the up-country *aratdar* and the balers, the ones who mediated between secondary market and Calcutta *aratdar*s, the Indian under-brokers who took a quarter percent

[65]ICJC, *Report on the Marketing and Transport of Jute in India* (Calcutta 1940), p.139.

[66]Ibid., pp.76-78, 88-90, 106-09, 111-12, 115-16, 120-29, 134-58.

commission from European brokers, and those who operated between balers and mill agents were clearly products of the days of poor communication, and ought to have been eliminated with the coming of the telegraph. They existed because of kinship ties and the force of the past.

Third, though there were some important European baling houses, almost all of the raw jute trade was in Indian, mostly Marwari, hands. In the secondary markets and in Calcutta virtually all *aratdar*s were Marwaris. Most notable was the Marwari presence at the upper end of the scale – among raw jute exporters. As early as 1903, 70 of the 133 jute exporting firms that were members of the elite Calcutta Baled Jute Association were of Indian origin, and 45 were owned by Marwaris.[67] The natives, therefore, were already major players in the jute trade.

Fourth, almost all the deductions were specific, not *ad valorem*; nor did they adjust in any significant way over time. From the point of view of the traders, with unstable jute prices specific rates were safer than *ad valorem* deductions. For the peasantry, it cut both ways. When prices soared in short crop years the incidence was quite low. By the same token, however, the deductions hit them badly when prices crashed, as they did through the 1930s.

Finally, why did the Calcutta mills tolerate so many intermediaries and the inefficiencies of small peasant production? One option – that of transforming the jute cultivating area into a plantation economy – was clearly infeasible. Unlike plantation areas which were previously unpopulated jungles, east Bengal had a history of commercial agriculture and small peasant cultivation that long predated jute. Converting a large mass of settled peasants into plantation labourers was beyond the realm of wishful thought. Moreover, subjugating peasants to a capitalistic wage labour system was not necessary for procuring jute at low prices. With small holdings, most peasants had to offload their jute immediately after preparation. Since the mills were few in number, organized under a single body, and bought a large share of the crop, they could always apply a squeeze whenever the need arose. Despite the profusion of intermediaries, the trading system

[67]The Calcutta Baled Jute Association (CBJA), *Report of the Committee 1903* (Calcutta 1904), pp.26-7.

served its purpose. On the one hand, it supplied an increasing volume of raw jute at competitive prices; on the other, it offered farmgate prices which were sufficient to encourage further cultivation of the crop. Small wonder, then, that the mills never considered it necessary to eliminate middle-men and radically transform the structure of up-country trade.

APPENDIX I

The Process of Manufacture

The jute mills in India were composite units, engaged in spinning as well as weaving. The basic manufacturing process consisted of first transforming individual fibre of varying length, thickness, colour, and strength into a uniform yarn, and, second, weaving this yarn into cloth. This involved six stages: batching, preparing, spinning, winding, weaving, and finishing.

Batching: Different grades of raw jute were first selected according to the type of cloth that would eventually be woven. Making a good 'batch mix' was decisive in reducing costs, for the objective was to obtain a yarn that met the minimum quality standards at the lowest raw jute cost. After a batch was finalized, it was softened. This process involved laying out the bundles of fibre one on top of the other and sprinkling the different layers with an emulsion consisting of mineral oil and water. Left in such a state for a week or two, the suspension softened the fibre and made it malleable for spinning.

Preparing : The softened fibre then passed through different stages of preparation prior to spinning. The purpose was to transform fibre of uneven length into progressively narrower and more homogeneous slivers of uniform length, colour, strength, and width. First, the fibre was passed through two sets of carding machines – the breaker and the finisher – where the raw jute was combed and drawn out, and the tangles removed. Thereafter, the sliver went through a drawing machine which, as the name suggests, drew out the fibre yet further and, thus, reduced the width. This was done by a simple device consisting of two sets of rollers, with the output roller revolving faster than the input. The difference in revolution between the rollers and their distance determined the draw of the sliver. After drawing, the much narrower sliver was further drawn out on a roving machine which also imparted a twist to increase the spinning strength. At the end of the roving phase, the slivers were wound into bobbins.

Spinning : The bobbins were then placed on the top of double sided spinning frames which could accommodate 80 spindles that revolved at speeds varying from 1,450 to 3,000 revolutions per minute. The rove was threaded through the eyes of flyers attached to each spindle and onto the receiver bobbins. The width of the eye and the revolution determined the fineness of the yarn. Simultaneously, the amount of twist imparted in spinning determined the strength. After spinning, the yarn was unwound from bobbins onto reels.

Winding : At the spinning stage, the roves were separated according to warp (longitudinal) or weft (latitudinal) yarn. The warp yarn was wound onto spools, each capable of holding 14,000 yards, while the weft was transferred into cops of 10 inches length and 1.6 inches width – a size tailor-made to fit the shuttle of a loom. Since gunny was a packing medium, the longitudinal yarn was subject to more stress than the transverse threads. Hence, the warp yarn was further strengthened by a process called 'dressing', which was none other than coating the yarn with starch, steam pressing, drying, and then winding it on cylindrical beams.

Weaving : Gunny was woven in a way similar to any other cloth. The warp beams were fitted to the back of the loom and the yarn ends drawn tight across the bed of the loom. Every weaving action involved the simultaneous raising and lowering of alternate warp threads, thereby creating a path for the shuttle, containing the weft yarn, to move from side to side. The cloth thus woven was measured in pieces or 'cuts', varying from 90 to 125 yards in length.

Finishing : After weaving the cloth went through a series of processes geared to improve the appearance. The first was called cropping, where the fabric was stretched tightly across a machine. Sharp blades initially sheared off knots and loose ends; thereafter, rotary brushes cleaned the cloth. The fabric was then 'calendered', which was just a fancy name for high speed steam ironing.

Once the finishing was over, hessian and sacking cloth were separated. Hessian – sold as burlap cloth – was lapped, and folded. Sacking – sold as gunny bags – was cut and stitched by women working at extremely low wages. Both goods were then baled, hooped, and sent to the sheds for final shipment.

3 : THE NINETEENTH CENTURY CONTINUUM 1900–1901 TO 1913–14

3.1 : Year after Year our Trade Increases

The expansion in world income and primary product trade that occurred during the second half of the nineteenth century carried on right until the beginning of World War I. Being a packaging industry, Calcutta's jute mills were comfortably locked into this long boom. In 1870–1913 the volume of world trade in three major primary products – wheat, cotton and wool – grew at compound annual trend rates of 1.79, 3.28, and 1.59 percent respectively.[1] Over the same period, the volume of gunny bag export from India increased from 1.8 million to a little under 369 million bags, at a trend rate of 6.8 percent per year.[2] Even more impressive was the growth of burlap, or hessian cloth, exports. In 1890, when it was first introduced, the total export from India amounted to 29.7 million yards. During 1890–1913, the volume of burlap exports increased more than thirty-five times and, in 1913, 1.06 billion yards of burlap was sent abroad.[3] Charts 3.A and 3.B show the growth of world primary goods trade and gunny exports from India. Quite justifiably, the Chairman of the IJMA exulted, 'Year after year our trade increases'.

[1]The data are from Lewis (1978), pp.276-299.

[2]From GOI, *Annual Statement of Trade and Navigation in British India 1875-76* to *1913-14*, title varies. A double logarithm regression of gunny bag exports on the volume of world trade in cotton, wheat, and wool bears out the close correspondence. For 1875-1913, the ordinary least square estimate was:

$$LGBAG = -10.06^{*} + 0.99^{*}LCOT + 0.82^{*}LWHEAT + 1.38^{*}LWOOL$$

Adjusted $R^2 = 0.9475$; $DW = 1.60$; $F = 210.6$.

LGBAG is the logarithm of gunny bag export (in volume), LCOT is the logarithm of world trade in cotton, LWHEAT the logarithm of world trade in wheat, and LWOOL the logarithm of world trade in wool, all in volume. The * indicate that the estimates are statistically significantly different from zero with 95% probability over the two tails of the t-distribution. The regression shows that, during 1875-1913, a 1 percent increase in volume of world trade in cotton, wheat and wool resulted in, respectively, a 0.99, 0.82 and 1.38 percent increase in demand for Indian gunny.

[3]The semi-log trend rate of growth was 15.3 percent per year.

CHART 3.A : WORLD TRADE IN WOOL, WHEAT AND COTTON, Volume, 1870-1913

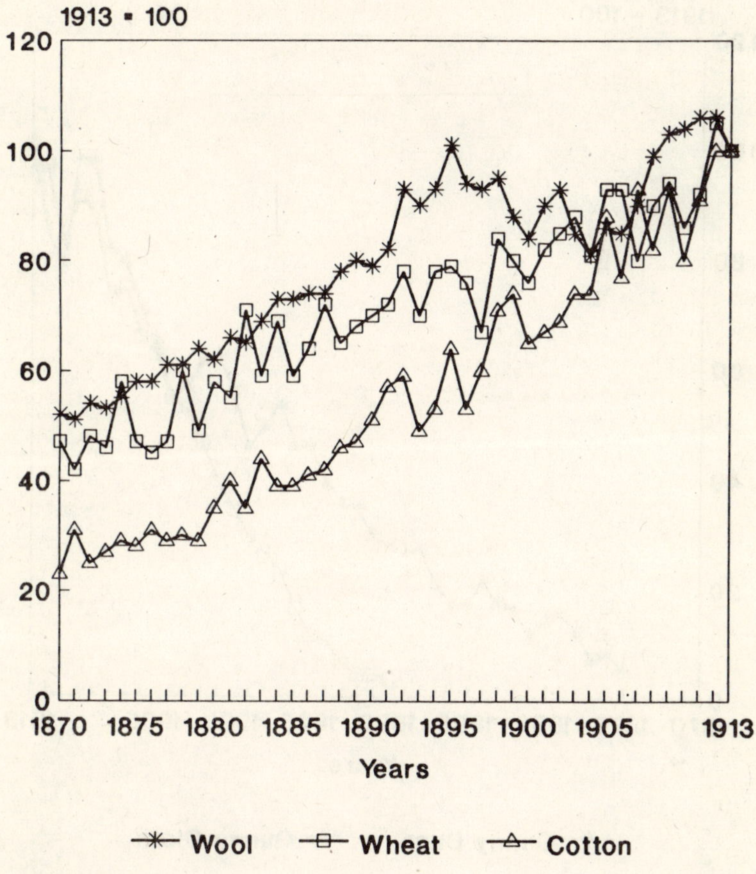

CHART 3.B : EXPORT OF GUNNY BAGS AND CLOTH, Volume, 1875-1913

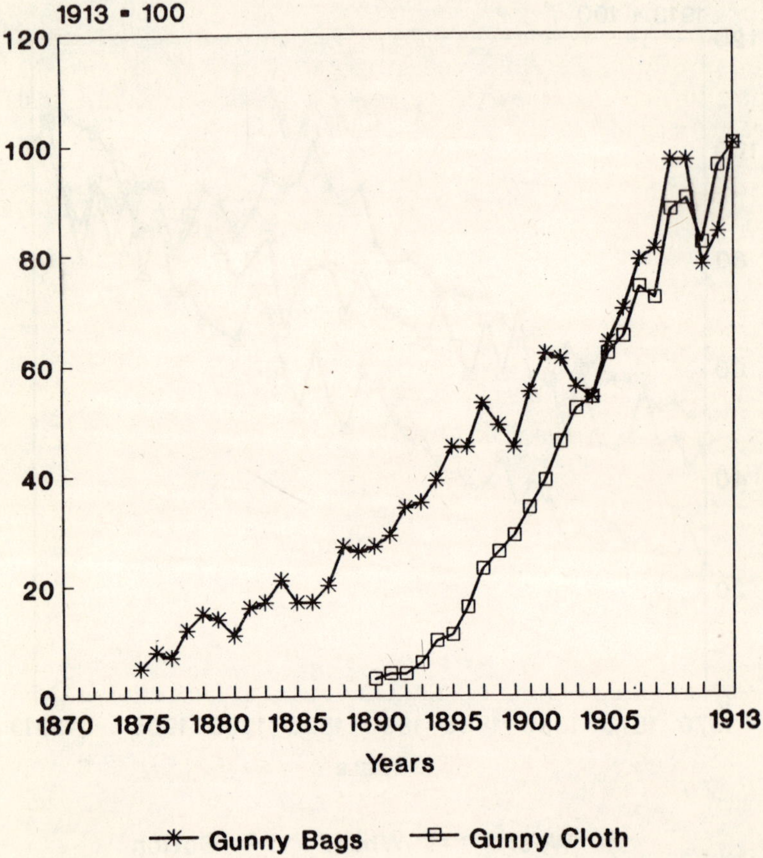

The trade boom was accompanied by four major developments in the manufacturing sector. First, the growth in burlap exports was spurred on by a significant widening of markets, especially in the non-Empire countries, which culminated in the United States becoming the major importer of Calcutta's gunny. Second, the period witnessed a substantial expansion of capacity, not only of the existing units but also through the erection of new mills. Third, this was an era of excellent industrial profits. Finally, the boom ushered in certain cartel problems within the IJMA that were to magnify in the years to come. Analysis of these four aspects forms the core of this section.

From the industry's early years, the Scots of Calcutta had recognized that their prosperity depended upon market diversification and on competing with Dundee in third countries. In the nineteenth century this was done by developing sales within the Empire: Australia for woolsacks, cornbags and branbags, New Zealand for woolsacks, the Strait Settlements for sugarbags, and Egypt for cottonpacks. Towards the end of the century, Calcutta successfully entered the major wheat and cotton markets of the Americas: Buenos Aires and Montevideo in South America, and Chicago, San Francisco, and Savannah in the U.S.A. Initially the U.S. imported burlap bags. By the late 1890s a large number of bag stitching factories were set up on the Atlantic and Pacific seaboards, and the U.S. became the largest importer of burlap cloth. By 1913, the United States alone accounted for 40 percent of the total value of Indian gunny exports. This was not an unmixed blessing, for Calcutta soon became thoroughly dependent on the demand of a single national market. Moreover, the U.S. purchases were controlled by a handful of importers in New York and Savannah – of whom Bemis Brothers was the largest – and these firms soon had the strength to wield considerable pressure on the Calcutta mills.

Table 3.1 indicates the growing importance of non-Empire trade in gunny and the size of the U.S. burlap market. By 1900–1902, the United States, importing only burlap cloth, began to absorb 31 percent of the value of *total* gunny exports from India, i.e. including gunny bags and cloth. In 1912–1914, this share had increased to 40 percent.

The table shows that even for gunny bag exports, there was a general shift away from British colonies to non-Empire countries.

TABLE 3.1: GUNNY EXPORTS TO THE EMPIRE AND THE NON–EMPIRE COUNTRIES AND THE USA, 1900–1901 TO 1914–15, 3 YEAR AVERAGES

	Gunny bags		Gunny cloth		Share of the U.S of total gunny exports
	Emp	N–Emp	Emp	N–Emp	
1900–1902	64	36	22	78	31
1903–1905	54	46	11	89	32
1906–1908	50	50	12	88	36
1909–1911	44	56	12	88	37
1912–1914	40	60	13	87	40

Source: GOI, *Annual Statement of Sea–borne Trade and Navigation of British India, 1903–04* to *1914–15*.
Note: All data are in percentages of respective values.

This occurred due to a growth in the demand for cotton bags in Turkey and China, saltpetre bags in Chile, and A–Twill sugar bags in Java. Thus, by the eve of World War I, Calcutta's jute industry could no longer be passed off as yet another example of colonial centre–periphery trade. Britain certainly supplied all the capital goods for the mills, but accounted for only a small proportion of Calcutta's exports. The shift to non-Empire nations helped Calcutta to emerge from the shadow of Dundee, and the Indian mills soon overtook Scotland to become the largest gunny exporter in the world.

The growth in demand led to a flurry of investments. During the period 1900–1914, as many as twenty-eight new mills were founded, and the weaving capacity increased from 15,340 to 36,050 looms, at a compound rate of 6.6 percent per year.[4] Quite simply, the capacity that took over thirty years to set up more than doubled in less than a decade and a half of the twentieth century.

[4]Computed from GOI, *Statistics of British India*, 10th issue, vol.I (Calcutta 1921), p.74.

Consequently, the consumption of raw jute of the Calcutta mills increased from 12.25 to 22 million *maunds* per year, output almost doubled from 440,000 to 803,000 tons, and employment increased by 5 percent per year, from 111,000 to 216,000 workers.[5]

The mills expanded in spurts. Between 1896 and 1900 ten new companies were set up. Then there was a lull until 1905: no new mills were floated, although existing firms rapidly increased their capacities. From 1906 to 1910 there was another burst of investment that led to the commissioning of nine new firms, which was followed by a smaller spurt in 1912–14 when three more companies came into being.[6] During this phase of growth the five big managing agencies – Andrew Yule, Bird–Heilgers, Jardine, Thomas Duff, and McLeod – became even more important. Through mergers, takeovers, new flotations, and rapid expansion, the 'big five' came to account for 60 percent of the loomage by the eve of World War I.[7]

Despite the investment restriction clause, the Indian Jute Mills Association turned a blind eye to this rapid growth in capacity. For one, the seemingly unending growth in world demand spawned excellent profits, and no one felt the need to restrict entry. The jute barons described 1901–08 as years 'of continued prosperity to our trade'.[8] In boom years such as 1904–07, dividends ranged between 20 and 25 percent of the face value of ordinary shares. For the better firms such as Budge Budge and National (under Yule), Standard and Union (Bird), Kanknarrah (Jardine), Fort Gloster (Kettlewell Bullen), and Gourepore (Barry), these could be as high as 35 percent.[9] The portfolio choice of Indian investors was limited to banks, collieries, cotton, tea, and jute. Although coal and tea occasionally offered better returns than

[5]Ibid. and IJMA, *Report of the Committee 1949* (Calcutta 1950), pp.97-9 and p.114.

[6]Wallace (1928), pp.63-4, p.69. A mill company could have more than one mill under its control.

[7]In 1914, Bird controlled 20 percent of the industry's loomage, Jardine 15 percent, Duff 11 percent, Yule 9 percent, and McLeod 5 percent. IJMA, *Report of the Committee 1914* (Calcutta 1915), Table on Looms.

[8]IJMA, *Report of the Committee 1907* (Calcutta 1908), p.ii.

[9]*The Investor's India Year Book (IIYB), 1919* (Calcutta 1920), pp.68-111.

jute, the most attractive feature of investing in a jute company was the prospect of earning steady returns. In 1911, after a couple of mediocre years, the *Investor's India Year Book (IIYB)* advised investors to examine the average returns over a number of years, and guaranteed that a shareholder in the jute industry 'can be fairly certain of not less than 7 percent on his money'.[10] Table 3.2 computes the net profit as a percentage of paid-up capital for 29 rupee companies and a sterling firm during the 1909–1914. Even in poor trading years such as 1909 and 1910 – when one company shut down and another went into liquidation – the average profit rate for the industry was, respectively, 18 and 15 percent.

Good profits were certainly a reason why the IJMA chose to ignore entry. No less important was the fact that it was unable to prevent entry. In the final analysis, the Association's decisions depended on its members. With each member expanding capacity, no one was willing to grant IJMA the mandate to deter entry. This does not mean that the Association failed as the apex industry association. All the Calcutta mills were members of the IJMA, and to outsiders the Association had the appearance of being a tightly knit group of expatriate businessmen. It had three notable successes during the period. First, the mills appointed IJMA as the representative body to negotiate common freight rates for shipping raw jute by the combined steamer–rail service. In 1905–06, the Association successfully arrived at an agreement that remained in force until 1918.[11] Second, the Association devised a common purchase contract for raw jute, and succeeded in making all sections of the trade abide by it. Third, it prevailed upon the government to treat the IJMA as the sole representative body for the jute manufacturing sector.

Nevertheless, the IJMA fared poorly in what seemed to matter the most: restricting competition and output. From 1899 to 1905 the member mills were bound to a short time working agreement,

[10]Bagchi (1972), p.271. This is borne out by the fact that most jute mills issued preference shares that carried a fixed return of 7 percent per year. Also, during 1909–14, more than three-quarters of the jute mill companies declared dividends that were greater than 7 percent: *IIYB 1919*, pp.68-111.

[11]ICJC, *Report on the Marketing and Transport of Jute in India* (Calcutta 1940), p.140.

TABLE 3.2 : NET PROFIT OF JUTE MILLS, 1909–1914

Companies	1909	1910	1911	1912	1913	1914
Andrew Yule						
Albion	NA	NA	NA	30	40	32
Belvedere	12	11	–3	27	25	11
Budge Budge	28	23	9	28	41	32
Delta	19	13	–4	27	45	34
National	32	48	7	47	98	56
Bird–Heilgers						
Auckland	NA	9	11	29	34	–1
Clive	16	5	12	27	30	9
Dalhousie	11	8	10	22	25	4
Kinnison	21	26	20	34	51	41
Lansdowne	30	1	11	22	22	4
Lawrence	18	12	11	28	30	13
Naihati	17	16	10	35	48	30
Northbrook	7	14	13	36	37	6
Standard	18	11	13	39	40	8
Union	17	12	15	68	74	18
Jardine Skinner						
Howrah	19	12	1	24	29	1
Kamarhatty	25	7	9	19	28	17
Kanknarrah	11	18	16	34	64	34
Reliance	12	14	2	15	33	12
McLeod						
Empire	NA	NA	NA	NA	NA	23
Kelvin	10	18	21	52	61	37
Soorah	14	7	7	26	14	17
Begg Dunlop						
Alexandra	NA	10	23	36	35	2
Alliance	15	10	31	47	61	24
Kettlewell Bullen						
Fort Gloster	23	25	25	32	37	19

(continued)

TABLE 3.2 (concluded)

Companies	1909	1910	1911	1912	1913	1914
George Henderson						
Barnagore (£)	21	19	9	29	48	14
Gillanders Arbuthnot						
Gondalpara	NA	0	1	15	19	5
Hooghly	NA	NA	NA	NA	NA	13
Barry						
Gourepore	9	9	2	27	24	2
Average Profit	**17.6**	**14.5**	**10.8**	**31.7**	**40.5**	**17.8**

Source: *IIYB 1919* (Calcutta 1919), pp.68–111. NA: Data not available.

but that turned out to be a dead letter. In 1906 the factories agreed to curtail output by working only during the daylight hours, and nothing much came of that either. A minor trade recession forced the IJMA into short time working in 1908. Although the Association's Chairman congratulated the members for having 'attained combined action embracing the whole trade', there were bitter complaints that 'during the period of depression ... the wishes of the great bulk of trade for further curtailment of production have been opposed by a small minority'.[12] Many members discovered that the 'gentlemanly agreements' were quite ineffective, and in 1911 the Association hired an American 'well grounded in organising industrial combines' to devise more workable policy instruments. A comprehensive plan was drawn up but shelved since the market picked up in 1912.[13]

The Association's questionable efficiency as a product market

[12] IJMA, *Report of the Committee 1908* (Calcutta 1909), p.iii, and *Report of the Committee 1910* (Calcutta 1911), p.iv.

[13] Wallace (1928), p.67.

cartel did not affect the successes of the period. World trade grew steadily, markets widened, industrial capacity rapidly expanded, and good profits were earned. The mood of the era was of unfettered optimism, and a belief existed that 'the limits of the expansion of our trade are yet undreamt of'.[14]

3.2 : Agriculture – Boom or Immiserization?

There are many Indian economic historians who argue that the commercialization of agriculture and the growth of cash crops occurred not as a result of the profit motive, but due to the pressures of rent and agrarian indebtedness. Left to themselves, most peasant households would have been better off cultivating foodgrain primarily for household consumption instead of growing non-food crops for distant markets. Commercialization was *forced* in that it led to *welfare losses*.

As far as Bengal is concerned, the best treatment of this view can be found in the works of Saugata Mukherji (1971, 1976). He argued that *dadan*, fluctuations in raw jute prices, short-changing by intermediaries, small holding sizes, and indebtedness combined to bring about a steady immiserization of rural Bengal during 1901–21 – the litmus test being the decline in per capita rice availability in the absence of any real increase in population.

If correct, Mukherji's hypothesis is a powerful indictment of the benefits of export led agricultural commercialization under the *raj*. This section closely examines the Mukherji thesis. To do so, I shall first discuss the data on agricultural output, area and yields. Thereafter, I will test an econometric model of acreage supply response to ascertain the role of relative prices and the profit motive. Third, I shall attempt to calculate the real surplus available to a jute cultivating peasant household having four acres of *raiyati* land. Finally, I shall discuss why my results run counter to Mukherji's.

It was an avowed policy of the British government to collect all manner of data on the agricultural sector, especially in the twentieth century. Despite this commitment to statistical information, the state had neither the funds nor the organization to carry out such tasks with any degree of accuracy. This was

[14]IJMA, *Report of the Committee 1906* (Calcutta 1907), p.iii.

especially true in Bengal. Since most of the land revenue was permanently settled, there were no fiscal incentives for accurately collecting data on acreage, yield, and output of various crops. At the village level, the *de facto* data collector was the local watchman or *chaukidar*. Villagers all over the world are very suspicious of government. Since the peasants were unsure of the motives behind collecting data, the *chaukidar* invariably under-reported the area, yield, and output statistics. The first independent checking was done by the local *thanadar* or circle officer, an underpaid person who dealt with units of 200 to 400 villages – areas that were too large for him to make any correct judgement.[15]

These inaccuracies were compounded at the district headquarters due to chronic staff shortages but, more significantly, as a result of serious methodological errors. To begin with, the acreage data were under-reported. Worse still, the output data that finally got published were not direct observations, but estimates arrived at by the formula that output equals acreage multiplied by 'standard' yield times the 'condition factor'. The so-called standard yields were estimated by infrequent crop cutting experiments that were carried out without the slightest regard to sampling techniques. For jute, until the 1940s the standard yield was maintained at a constant 16.8 *maunds* per acre, a number that everyone considered to be a gross over-estimate.[16] Worse still were the estimates of the condition factors. The notion of an optimal cultivating condition was entirely subjective, and wholly dependent on the judgement of district officers who were not connected to agriculture.

Therefore, the official data clearly need to be revised. Islam (1978) did this for 1920–1946. The question is whether Islam's

[15]See Islam (1978), pp.20-8.

[16]See the evidences of district officers, traders and farmers's associations in GOB, *The Bengal Provincial Banking Enquiry Committee* (Calcutta 1930), vols.II and III, GOB, *The Bengal Jute Enquiry Committee (Finlow)* (Alipore 1934), vol.II, and GOB, *The Bengal Jute Enquiry Committee (Fawcus)* (Alipore 1940), vol.II. A series of independent studies carried out by P. C. Mahalanobis revealed that in 1916–1942 the standard yields of winter rice, autumn rice and jute were over-estimated by 43 to 55 percent, 32 to 56 percent and 21 percent respectively. Islam (1978): p.31.

revisions were valid. This is not a trivial issue for if Islam's series are nearer the truth, then one should use his revised data. I shall argue that the method outlined by Islam is incorrect and, hence, his data series are no more accurate than the official figures.

As a part of a 'grow more food' campaign in the aftermath of the 1943 famine, the government appointed H. S. M. Ishaque to carry out an extensive plot–by–plot survey of agricultural land in Bengal.[17] For 1944–45, the year of Ishaque's survey, there are two sets of acreage data for any crop: Ishaque's (I) and the official government estimate (G). Islam defined the ratio (I/G) as the *constant* acreage revision factor, and multiplied this with the official acreage data for 1920–1946 to arrive at his revised acreage series.[18] If the official acreage data were unreliable, there seems to be no *a priori* reason to believe that these were under-estimated by a *constant* revision factor (I/G) for twenty-seven years – an assumption that makes mathematicians out of *chaukidars* and *thanadars*. A valid methodological case for revision could have been made if there were three to four more independent assessments such as Ishaque's over the period under survey. Since there were none, revising a twenty-seven year time series on the basis of a single observation is as bad as leaving the data unchanged. In what follows, I use the government's rice acreage series as they were published, on the ground that while revisions are desirable, existing data do not allow us to do so in an acceptable manner. Moreover, I assume that while the official data might lower the intercept, they do not significantly affect the slope or the trend.

Although it is impossible to revise the data on rice, one can do so for jute. Being such an important crop, the IJMA kept detailed records of mill purchases, exports and market stocks on an annual basis. Using these data it is possible to estimate a revised raw jute output series.[19] To convert the revised output

[17]GOB, H. S. M. Ishaque, *Agricultural Statistics by Plot-to-Plot Enumeration in Bengal, 1944-45* (Calcutta 1946), 3 vols.

[18]Islam (1978), pp.39-42.

[19]Specifically, this is Indian mill consumption of raw jute + exports + a small consumption by the handloom sector + changes in stocks in mills, in the Calcutta bazaar, and in the up-country markets.

to acreage, one needs to make assumptions about the yield. I have assumed a constant yield of 15 *maunds* per acre for jute for a couple of reasons. First, evidence from diverse sources at different points of time – such as the settlement reports, the *Bengal Provincial Banking Enquiry Committee*, the *Fawcus* and *Finlow Committees*, the *Ishaque Report*, the *Bengal Paddy and Rice Enquiry Committee*, the *Floud Commission*, and others – squarely point to this particular yield estimate. Second, the yield data given in Islam (1978) for 1920–1946 show neither a positive nor a negative trend.[20] Table 3.3 gives the official as well as the revised jute output and acreage, and Chart 3.C shows the acreage.

TABLE 3.3 : ACREAGE AND OUTPUT OF JUTE, 1900–1914

	Total Acreage (in 000 acres)		Total Output (in 000 *maunds*)	
	Govt	Revised	Govt	Revised
1900–1901	2096	2164	32000	32465
1901–1902	2266	2455	32000	36825
1902–1903	2111	2166	26400	32490
1903–1904	2465	2386	31640	35790
1904–1905	2909	2368	36340	35515
1905–1906	3129	2531	40440	37965
1906–1907	3474	2813	45635	42190
1907–1908	3127	2811	49100	42170
1908–1909	2766	2854	31555	42805
1909–1910	2673	2830	36035	42450
1910–1911	2751	2241	39660	33615
1911–1912	2996	3002	41175	45035
1912–1913	3226	3476	49215	52135
1913–1914	3034	3164	44905	47460

Sources: GOI, *Agricultural Statistics of British India 1904–05* to *1914–15* and IJMA, *Report of the Committee 1949* (Calcutta 1950), pp.97–101.

[20]If a semi-logarithmic time trend is regressed using Islam's yield data for 1920-46, the annual trend growth rate is 0.31 percent, but with a standard error of 0.25 and a coefficient of determination of 0.06. So, one cannot reject the hypothesis that jute yield remained constant over the period.

CHART 3.C
REVISED AREA UNDER JUTE, 1900-13

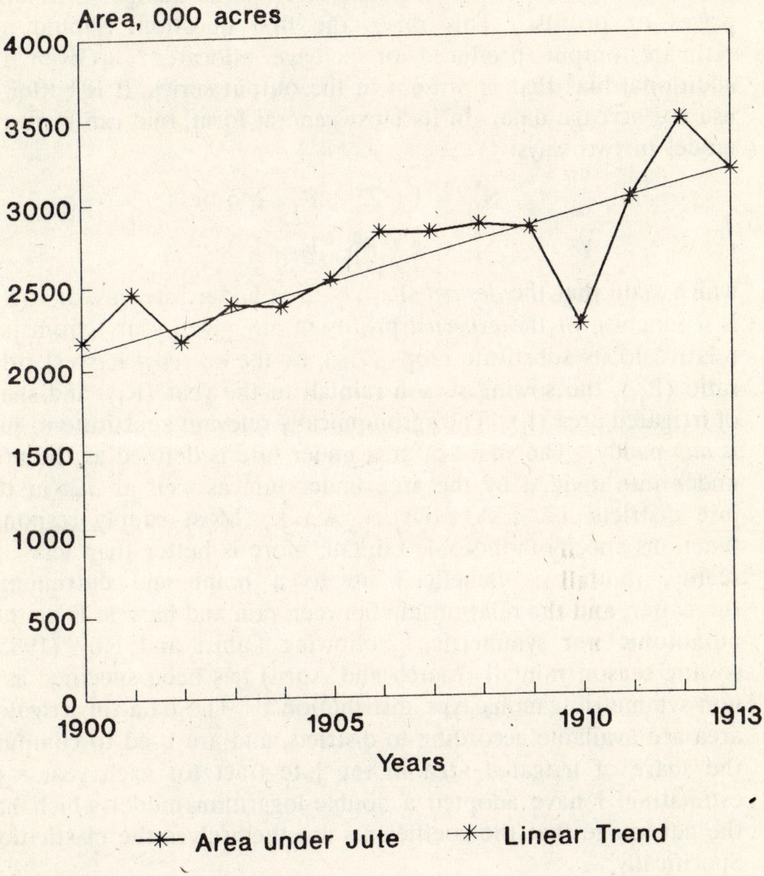

Despite fluctuations, the point-to-point compound rate of growth of jute acreage between 1900–01 and 1913–14 was an impressive 2.9 per year. Can this be explained by the relative profit and price motives of the peasants of east and north Bengal? Testing this with quantitative rigour requires an estimable model that captures the output response of crops to changes in relative prices or profits. This raises the first question: Should one estimate output produced or acreage allocated? Given the additional bias that is present in the output series, it is better to use the acreage data. In its most general form, one can state the model in two ways:

$$S^*_{jt} = f\ (\ Z^e_{jt}\ , R_t\ , I_t\ )\ \text{or}$$

$$S^*_{jt} = g\ (\ P^e_{jt}\ , R_t\ , I_t\ ),$$

which state that the *desired* share of area under jute in year t (S^*_{jt}) is a function of the *expected* profits in any given year t from jute relative to its substitute crops (Z^e_{jt}), or the *expected* harvest price ratio (P^e_{jt}), the sowing season rainfall in the year (R_t), and share of irrigated area (I_t). The agronomically relevant substitute to jute is *aus* paddy. The share of area under jute is defined as the area under jute divided by the area under jute as well as *aus* in the jute districts, i.e. [A_j / (A_j + A_r)]. Most supply response functions specify monotonic rainfall: more is better than less. In reality, rainfall is beneficial up to a point and detrimental thereafter, and the relationship between rain and harvest is neither monotonic nor symmetric. Following Lahiri and Roy (1985), sowing season rainfall (March and April) has been specified as a non-symmetric gamma type distribution.[21] The data on irrigated area are available according to districts, and are used to compute the share of irrigated area in the jute tract for each year. In estimating, I have adopted a double-logarithm model which has the advantage that the coefficients are themselves the elasticities. Specifically,

[21]Here, the specification is $k.e^{-\mu R}.R^{\phi}$, where $\mu > 0$, and $\phi > 0$. Realism aside, the added advantage of using a single peaked distribution allows one to calculate the *optimal* rainfall from the estimates themselves.

$$LS^*_{jt} = \alpha_0 + \alpha_1 LZ^e_{jt} + \alpha_2 LR_t - \alpha_3 R_t + \alpha_4 LI_t + u_t$$
$$LS^*_{jt} = \beta_0 + \beta_1 LP^e_{jt} + \beta_2 LR_t - \beta_3 R_t + \beta_4 LI_t + v_t$$

where L denotes natural logarithms, and u and v are the random error terms. The two unobservables in the model, namely the desired and expected values, are transformed to observables using the approach of partial adjustment and adaptive expectation. In other words:

$$LS_{jt} - LS_{jt-1} = \lambda\,(LS^*_{jt} - LS_{jt-1})\,, \qquad 0 < \lambda \leq 1$$
$$LZ^e_{jt} - LZ^e_{jt-1} = \theta\,(LZ_{jt-1} - LZ^e_{jt-1}), \qquad 0 < \theta \leq 1$$

and similarly for expected relative prices. The first relationship states that acreage gradually adjusts to the desired level – the proportion λ adjusting in one year, and the remainder in subsequent years. The second says that expectations are revised upwards or downwards depending upon past performance. If the past was better than expected, current expectations are revised upwards by the proportion θ, and *vice versa*.

Allowing for partial acreage adjustment but assuming static profit expectations ($\theta = 1$) reduces the estimating model to:

$$LS_{jt} = \gamma_0 + \gamma_1 LZ_{jt-1} + \gamma_2 LR_t - \gamma_3 R_t + \gamma_4 LI_t + \gamma_5 LS_{jt-1} + \epsilon_t$$
$$LS_{jt} = \delta_0 + \delta_1 LP_{jt-1} + \delta_2 LR_t - \delta_3 R_t + \delta_4 LI_t + \delta_5 LS_{jt-1} + \omega_t.$$

These models can be estimated by ordinary least squares.

I have aggregated the district level data on jute and autumn rice acreage for 1900–1939. Regarding the area under autumn rice, I have taken only the figures for the ten major jute growing districts.[22] Monthly rainfall data are available for every meteorological station in India, and I have used the March–April figures for the east and north Bengal zone. The agricultural statistics give data on irrigated area. The district level figures are deflated by the gross area under jute and autumn rice to get the proportion of irrigated area. In Bengal, this was a small percentage of total gross cultivated area.

Harvest price data are available annually for the period. As far as yields are concerned, I have already explained why jute yield

[22] These are Dacca, Mymensingh, Faridpur, Tippera, Pabna, Bogra, Rajshahi, Rangpur, Dinajpur, and Jalpaiguri.

is assumed constant at 15 *maunds* per acre. For similar reasons, I have assumed the yield of autumn rice (after husking) to be a constant 9 *maunds* per acre.[23] This simplifies things enormously, for relative revenue per acre is now nothing other than relative prices multiplied by a constant relative yield ratio. The cost side is more difficult to estimate for there are only a few observations. I have used the per acre cost data given in Table 2.3 (Chapter 2) and assumed that the cost of growing autumn paddy was no more than that of cultivating winter rice. A time series on costs has been generated by using the agricultural sector price deflator given in Sivasubramonian (1965).[24] Revenue minus costs for the two crops gives the ratio of profits per acre of jute to autumn rice. This ratio is the Z_{jt} of the estimating equation.[25]

For the period 1901–1939 the results are:

$$\underset{}{\text{LSAJB}} = \underset{(0.335)}{1.9273^*} + \underset{(0.034)}{0.2687^*\text{LPIJRB-1}} + \underset{(0.086)}{0.2027^*\text{LRB}} - \underset{(0.017)}{0.0369^*\text{RB}}$$
$$- \underset{(0.045)}{0.1108^*\text{LSIRB}} + \underset{(0.085)}{0.4766^*\text{LSAJB-1}}$$

Adjusted R–Square = 0.7316 ; DW = 2.0325 ; F = 26.0065 ; H statistic = −0.12 (no autocorrelation). Figures in ( ) give the standard errors. LSAJB: Log of share of area under jute. LPIJRB-1 : Log of the relative profit, jute to *aus* rice, lagged by a year. LRB: Log of sowing season rainfall. LSIRB: Log of share of irrigated area.

[23]Again, Islam's revised data for 1920-46 show no trend for autumn rice yields. The compound rate of growth is 0.17 percent per year with a standard error of 0.27 and a coefficient of determination of 0.02.

[24]This is not the ideal way of arriving at cost estimates, but happens to be the best that can be done given the data. For India, the lack of time-series cost data forces researchers to use relative prices. Implicit in this is the assumption that relative costs are such that relative prices and profits move in the same direction.

[25]The data are given in Appendix II. It should be noted that static expectations (i.e. $LZ^e_{jt} = LZ_{jt-1}$, and $LP^e_{jt} = LP_{jt-1}$) is just a simplifying assumption. If the estimates based on this assumption are robust and sensible, the premise is vindicated. In fact, it is possible to get meaningful and statistically significant estimates with partial acreage adjustment and static price expectations.

When relative profits are replaced by relative price ratios (jute-to-autumn rice), we get:

$$\underset{}{LSAJB} = \underset{(0.351)}{1.8614^*} + \underset{(0.054)}{0.3976^*LPRJRB\text{-}1} + \underset{(0.090)}{0.2191^*LRB} - \underset{(0.018)}{0.0402^*RB} - \underset{(0.047)}{0.1230^*LSIRB} + \underset{(0.089)}{0.4982^*LSAJB\text{-}1}$$

Adjusted R–Square = 0.7451 ; DW = 1.8975 ; F = 23.2106 ; H statistic = 0.38 (no autocorrelation). LPRJRB: Log of relative price of jute to autumn rice.

The estimated equations are quite impressive and show that relative profits and prices played significant roles in determining crop allocation throughout the jute belt. The first regression indicates that a percent increase in relative profits from jute in the previous year induced a 0.27 percent increase in the share of area under jute in the current year, all other things being equal. Second, almost 52 percent of the acreage adjustment occurred in a single year. Third, optimal sowing season rainfall was 5.49 inches: anything less, or more, adversely affected the share of area under jute. The only coefficient that seems to have the wrong sign is the elasticity with respect to the share of irrigated area. This is purely due to agronomic reasons. Autumn rice was much more dependent on a *stable* water supply than jute. Thus, all other things being the same, an expansion in irrigation shifted acreage in favour of paddy.[26]

In relative price regression, the elasticity of acreage with respect to the jute-to-autumn rice price ratio was almost 0.4, which is to say that, *ceteris paribus*, a percent increase in the relative price of jute contributed to a 0.4 percent expansion in the share of acreage under the crop. Charts 3.D and 3.E plot the observed and estimated values for the two regressions.

The regression estimates indicate that there was nothing 'other-worldly' about the peasants of east and north Bengal. They

[26]This shows up in the regression of the share of area under autumn rice against the same set of explanatory variables. The elasticity with respect to share of irrigated area is positive (0.0005). Though the coefficient has a small magnitude, it is statistically significant at 10 percent, the standard error being 0.0002.

CHART 3.D
OBSERVED & ESTIMATED JUTE AREA
Using Relative Profits

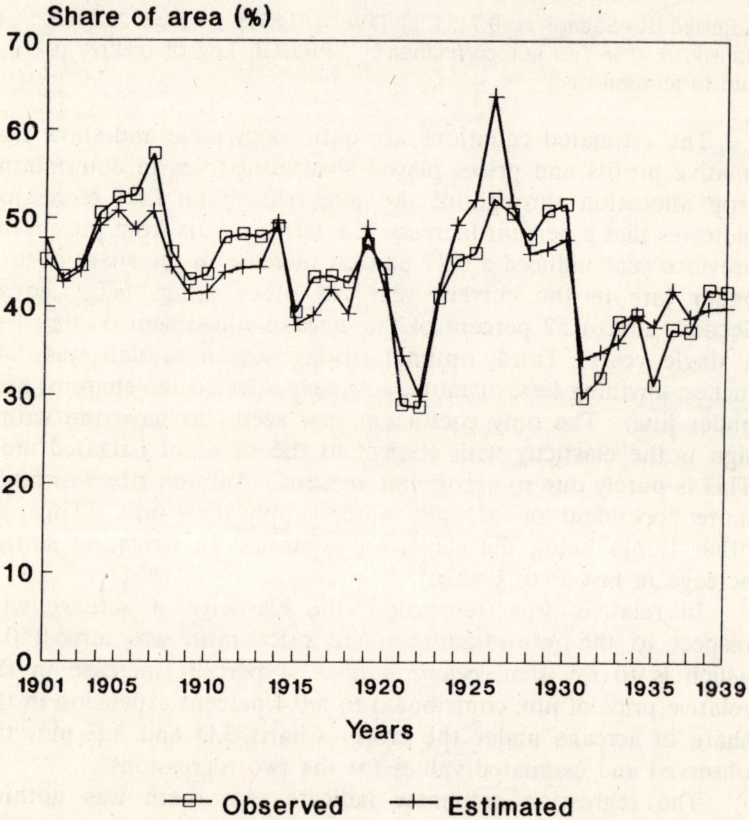

CHART 3.E
OBSERVED & ESTIMATED JUTE AREA
Using Relative Prices

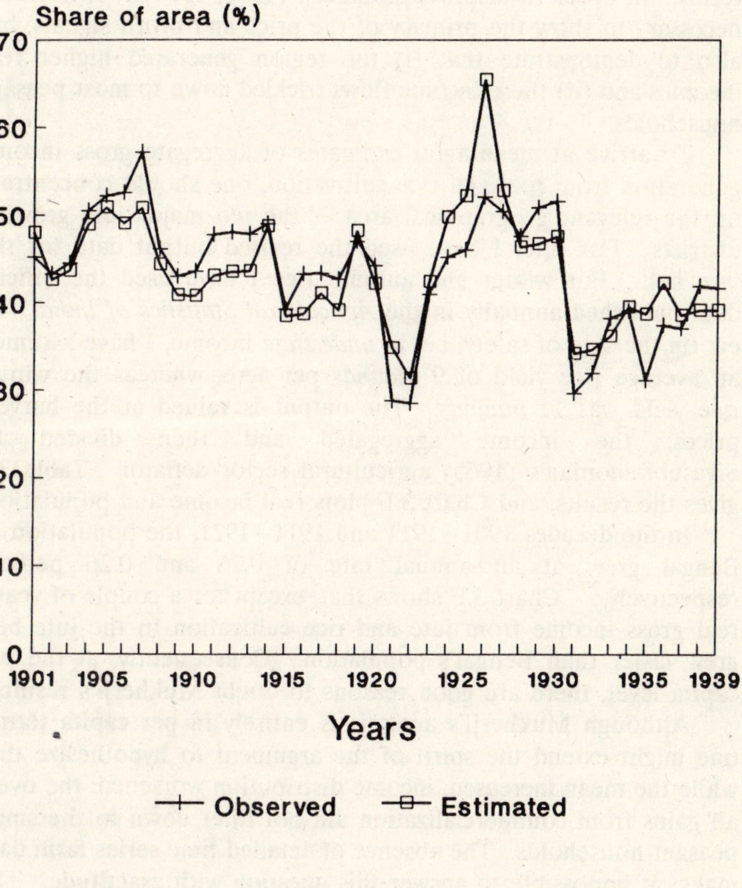

cultivated their major commercial crop – jute – according to relative prices and profit incentives and, in this respect, were no different from commercialized peasants in other parts of the world. However, the results are not necessarily incompatible with immiserization. In theory, peasants may respond to *relative* prices and profits, but the *absolute* surplus might be shrinking in real terms. In order to disprove Mukherji (1971, 1976) it is not only necessary to show the primacy of the price and profit signals, but also to demonstrate that (i) the region generated higher real incomes and (ii) these income flows trickled down to most peasant households.

To arrive at meaningful estimates of aggregate gross income generation from jute and rice cultivation, one should concentrate on the relevant geographical area – the ten major jute growing districts. For jute, I have used the revised output data for the jute belt. For winter and autumn rice I have used the official data published annually in the *Agricultural Statistics of India*. To err on the side of safety, i.e. to *understate* income, I have assumed an average rice yield of 9 *maunds* per acre, whereas the winter rice yield was 11 *maunds*. The output is valued at the harvest prices, the income aggregated and then divided by Sivasubramonian's (1965) agricultural sector deflator. Table 3.4 gives the results, and Chart 3.F plots real income and population.

In the decades 1901–1911 and 1911–1921, the population of Bengal grew at an annual rate of 0.76 and 0.26 percent respectively.[27] Chart 3.F shows that, except for a couple of years, real gross income from jute and rice cultivation in the jute belt grew faster than Bengal's population. Consequently, at the per capita level, there are good reasons to doubt Mukherji's results.

Although Mukherji's analysis is entirely in per capita terms, one might extend the spirit of the argument to hypothesize that while the mean increased, income distribution worsened: the overall gains from commercialization did not filter down to the small peasant households. The absence of detailed time series farm data makes it impossible to answer this question with exactitude. The surplus of a peasant household depended not only on soil fertility but also on tenurial relations, access to credit, type of crop sales,

[27]GOI, *Census of India 1931*, vol.V(2), p.4.

TABLE 3.4 : REAL GROSS INCOME FROM JUTE AND RICE CULTIVATION, JUTE DISTRICTS, 1900–1913

	Output Rice	Output Jute	Income Rice	Income Jute	Total Income	Real Income
1900–01	82.57	28.00	239.45	134.90	374.35	418.52 (100)
1901–02	82.66	31.40	271.12	137.43	408.55	471.91 (113)
1902–03	84.30	27.54	266.39	117.83	384.22	484.35 (116)
1903–04	83.34	27.69	238.55	133.74	372.09	479.87 (115)
1904–05	85.07	28.60	233.09	123.31	356.40	394.24 (94)
1905–06	84.27	29.95	284.83	170.40	455.23	401.92 (96)
1906–07	84.80	32.43	408.74	240.31	649.05	557.05 (133)
1907–08	79.24	37.95	435.82	315.38	751.20	559.46 (134)
1908–09	74.64	33.01	401.56	225.65	627.71	554.34 (132)
1909–10	82.20	32.46	369.90	230.00	599.90	580.18 (139)
1910–11	83.30	25.60	300.71	214.54	515.25	486.59 (116)
1911–12	84.92	34.29	310.81	276.93	587.74	506.07 (121)
1912–13	84.84	34.09	355.48	312.60	668.08	523.62 (125)
1913–14	78.90	33.24	419.74	408.66	828.40	625.96 (150)

Sources: GOI, *Agricultural Statistics of India 1904–05* to *1914–15*; IJMA, *Report of the Committee 1949* (Calcutta 1950) pp.97-101 and 116-17; GOI, K. L. Datta, *Report on the Enquiry into the Rise of Prices in India* (Calcutta 1914), vol.II, pp.136-39; GOB, *The Bengal Paddy and Rice Enquiry Committee Report* (Alipore 1939), vol.I, p.24; and Sivasubramonian (1965).
Notes : Output measured in million *maunds*; income in million rupees; real income deflated using agricultural prices, 1938–39 = 100. ( ) are indices of real income, 1900–01 = 100.

and several other factors that affected revenues as well as costs. To get around these problems, I need to make some reasonable assumptions.

Instead of examining the surplus generated across various strata of the peasantry, I have concentrated on a single category. Specifically, I look at permanently occupied, settled *raiyat*s (POSR) having four acres of cash rent paying land. During the period, such households formed the modal class. Did they earn profits from jute and rice cultivation?

CHART 3.F : INDEX OF REAL INCOME AND RURAL POPULATION GROWTH, 1900-13

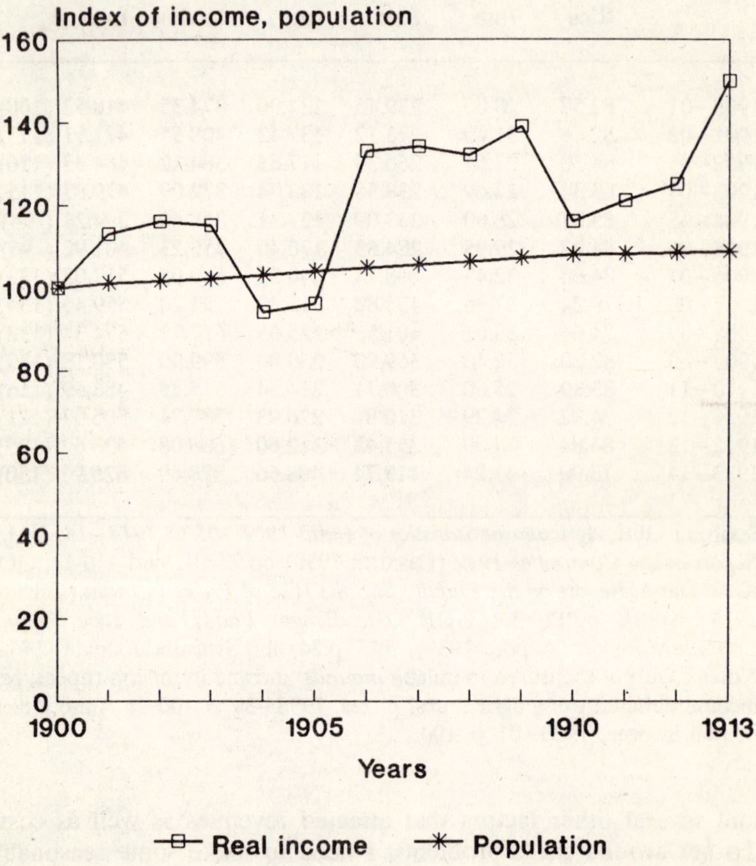

I have used the same methodology as in Chapter 2. To repeat, for costs (net of debt servicing), I have used the data given by Ascoli and Jack given in Chapter 2, Table 2.3. For non-rice consumption expenses, I use the data given in *The Bengal Provincial Banking Enquiry Committee*. Regarding debt servicing, I have assumed that a four acre *raiyat* had an initial debt of Rs.50 and was charged an annual interest rate of 37.5 percent.[28] Moreover, I have presumed that in normal and good years the *raiyat* rolled over his debt, i.e. he repaid principal and interest before contracting the same debt once again. In bad years, when the income from jute and rice cultivation did not cover his 'normal' expenditure, the *raiyat* would contract additional debts, which would enter in the following season's debt servicing costs.[29] Following Ascoli and Jack, I have assumed the annual cash rent to be Rs.4 per acre, and *abwab*s and other customary levies to be Rs.4 per year. These have been assumed constant for the period 1900–1913.[30] Since the cash rents of a POSR were fixed in nominal terms and accounted for a small proportion of total costs, the assumption of constancy would not alter the result.

During the jute–*aus* rice cultivating season, a peasant holding four acres of land set aside half an acre for sowing winter rice shoots that were transplanted in October. Thus, the area available for cultivating jute and *aus* paddy was 3.5 acres. For winter paddy the entire 4 acre plot was cultivated. The allocation of 3.5 acres between jute and autumn rice took place in the same proportion as it did for the jute belt as a whole, i.e. according to the overall share of area under jute – the dependent variable that is used in

[28]This squares up with Jack's estimate for Faridpur (GOB, *Faridpur Settlement Report*), Sachse's for Mymensingh (*Mymensingh Settlement Report*) and Momen's for Jessore (*Jessore Settlement Report*). The interest rate of 37.5 percent is quoted in several Settlement Reports, and also in GOB, *Report of the Bengal Provincial Banking Enquiry Committee* (Calcutta 1930), vol.I, pp.63-5.

[29]In fact, for the period the peasant household always earned a real surplus and, hence, such an occasion did not arise. It should be noted that in the calculations I have assumed away partial repayment. Although this might have often been the case, one cannot construct variable repayment profiles without having any knowledge of how much was being repaid.

[30]See Chapter 2, Table 2.3.

the supply response regression (S_{jt}). There is no such allocation problem for winter rice, since the entire land was used for cultivating this crop. Therefore:

Output of Jute: $OJ_t = (3.5.S_{jt}.15)$.

Output of Rice: $OR_t = [3.5.(1 - S_{jt}).11] + 44$.

To arrive at an estimate of the marketable surplus of rice, I have deducted the peasant household's rice consumption needs. During the period, the average family size was 5.18,[31] and the average rice consumption was approximately a pound per person per day, or around 4 *maunds* per capita per year. Therefore,

Marketable Surplus of Rice: $MR_t = OR_t - 20.72$.

The revenue from jute and rice is:

$$REV_t = OJ_t.P_{jt} + MR_t.P_{rt}$$

where P_j and P_r are the harvest prices of jute and rice respectively.

Costs consisted of five components: (i) jute, C_{jt}, (ii) autumn rice, C_{at}, (iii) winter rice, C_{wt}, (iv) rents, debt servicing, and *abwabs*, FC_t, and (v) non-rice consumption expenses, $CONS_t$. The data on jute and cultivating costs per acre are from Ascoli for 1914 (Chapter 2, Table 2.3). For jute and autumn rice, these are calculated by using the ratios S_{jt} and $(1 - S_{jt})$, and then annualized for the period 1900–1901 to 1913–14 with the agricultural price deflator given in Sivasubramonian (1965). Non-rice household consumption expenditures are available from Jack (1916) as well as the *Report of the Bengal Provincial Banking Enquiry Committee*. After standardizing for a household size of 5.18, these are annualized. Rents, debt servicing costs and *abwabs* have been treated as constants. Thus, the surplus is defined as:

$$S_t = REV_t - C_{jt} - C_{at} - C_{wt} - FC - CONS_t.$$

Finally, the real surplus (RS_t) is S_t divided by the agricultural sector deflator. The results are in Table 3.5 and Chart 3.G.

Despite its limitations, Table 3.5 shows that under reasonable assumptions, a permanently occupied settled *raiyat* cultivating jute,

[31]GOI, *The Census of India 1901* (Calcutta 1902), vol.VI(2), pp.2-4.

TABLE 3.5 : ESTIMATES OF SURPLUS FROM JUTE AND RICE CULTIVATION FOR A PERMANENTLY OCCUPIED, SETTLED RAIYAT HOLDING 4 ACRES OF LAND, 1900–1913.

	OJ	MR	REV	COST	SURPLUS	
1900–01	22.88	45.00	270.26	198.16	72.11	**80.62** (100)
1901–02	23.74	44.37	287.70	193.92	93.81	**108.36** (134)
1902–03	22.74	45.11	269.17	180.03	89.18	**112.43** (139)
1903–04	23.40	44.62	267.39	177.45	89.99	**116.06** (144)
1904–05	26.53	42.32	271.16	203.70	67.48	**74.64** (93)
1905–06	27.43	41.67	310.82	246.52	64.25	**56.73** (70)
1906–07	27.64	41.51	418.61	252.77	165.78	**142.28** (177)
1907–08	30.03	39.76	435.22	289.07	146.05	**108.77** (135)
1908–09	24.22	44.02	404.11	242.26	161.80	**142.89** (177)
1909–10	22.59	45.22	370.65	222.64	147.99	**143.13** (178)
1910–11	22.90	45.00	333.49	227.45	106.11	**100.32** (124)
1911–12	25.09	43.38	388.44	248.64	139.74	**120.32** (149)
1912–13	25.27	43.25	421.81	269.57	152.16	**119.26** (148)
1913–14	25.13	43.35	491.06	277.95	213.02	**160.96** (200)

Notes: OJ: Output of jute (in *maunds*). **MR**: Marketable surplus of rice (in *maunds*). **REV**: Revenue from jute and rice sales (in rupees). **COST** and **SURPLUS** in rupees. Figures in bold are real surplus, using 1938-39 agricultural prices as base. Figures in ( ) are index numbers, 1900–01 as base.

aus, and *aman* rice over four acres of land earned a surplus above his minimum consumption expenditure. Moreover, the real surplus in the five years prior to the war was much greater than what it was at the turn of the century. Still more significant was that the profits from jute, *aus*, and *aman* rice cultivation were, on an average, 27 percent *greater* than the alternative – farming only *aus* and *aman* rice. In other words, as far as most peasants were concerned, jute cultivation led to a *welfare gain* – which is the opposite of Mukherji's thesis.

The estimates do not imply that all peasant households gained equally from the process of commercialization. Under-*raiyat*s and sharecroppers were certainly worse off compared to our 'modal' peasant. In Jalpaiguri and Dinajpur, the gains from jute cropping

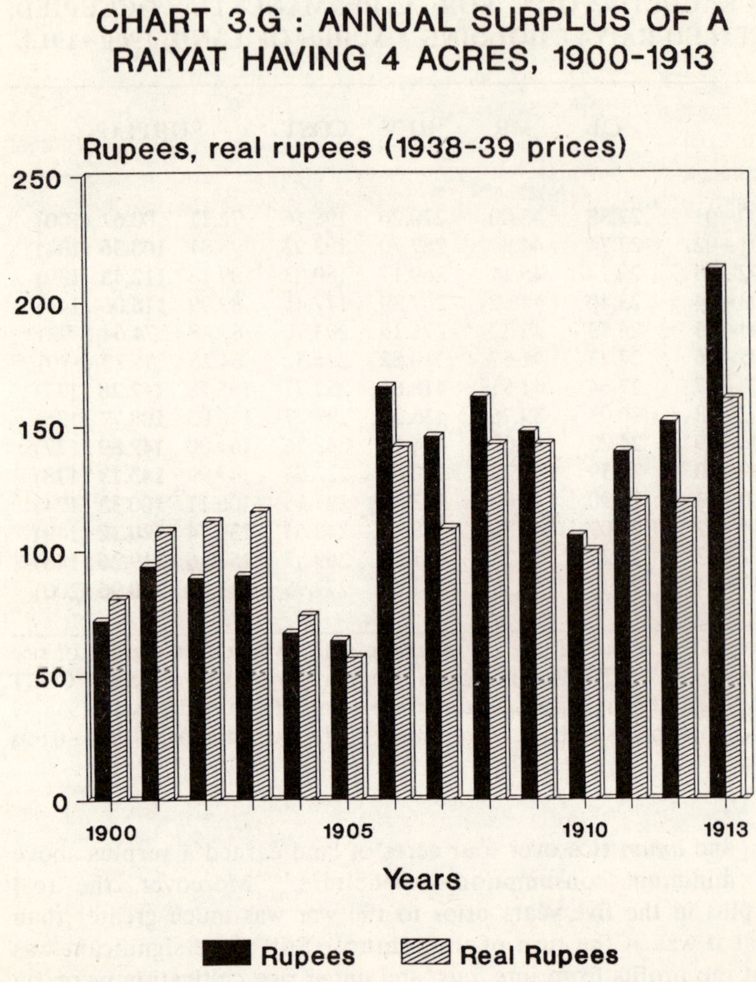
CHART 3.G : ANNUAL SURPLUS OF A RAIYAT HAVING 4 ACRES, 1900-1913
Rupees, real rupees (1938-39 prices)
250
200
150
100
50
0
1900
1905
1910
1913
Years
Rupees
Real Rupees

accrued almost entirely to the powerful *jotedars*, and in parts of east Bengal there was a marked tendency to force smaller peasants into the status of sharecroppers or tenants–at–will.[32] Despite such developments, it would be correct to say that in east Bengal under-*raiyati* and *barga* tenures were more of an exception than a rule. If anything, the evidences of Settlement Reports, District Gazetteers and local government officials all point to a general growth of *raiyati* income from jute cultivation. In 1907, a rural poet sang praises of jute – the wonder crop:

Balo bhai, nailyar shaman kirshi nai.
Nailya bepari, satkhanda bari,
Joanshaiya thuni diya banchhe choari.[33]

How, then, did Mukherji arrive at his startling result of declining per capita rice availability? I can offer a plausible explanation. Mukherji estimated per capita rice availability by deflating output plus net imports with the population. His trade figures were based on an annual government publication, *Report on the Trade Carried by Rail and River in Bengal*, that was discontinued after 1920–21. In these Bengal was divided into trade blocks, and the North Bengal and Dacca trade blocks corresponded to the jute belt. For these two blocks, Mukherji showed that per capita rice availability fell, respectively, by 27 and 24 percent respectively between 1902–03 and 1920–21.[34]

The relative prosperity of the jute belt belies the possibility of a secular decline in per capita rice availability. Mukherji's conclusion might well reflect a serious drawback in his data set.

[32]Milligan, the Settlement Officer of Jalpaiguri, noted an enormous growth in the *barga* system between 1905 and 1910, and estimated that more than 30 percent of the area under cultivation was cropped by sharecroppers under the control of *jotedars*. GOB, *Jalpaiguri SR* (Calcutta 1919), p.90 and App.2, pp.ii-iii. Ascoli noted that in parts of Dacca 'produce paying tenancies are increasing at a very rapid rate and where such a tenancy is created, the tenant is denied all [legal] rights': GOB, *Dacca SR* (Calcutta 1917), pp.75-6.

[33]'O, brother, there is no crop like *nailya* [jute]. One who deals in jute has seven huts in his home and his home is built with strong Joanshahi timber, not bamboos': Bose (1986), p.80.

[34]Mukherji (1971), vol.II, Appendix Tables V.1 - V.4.

There were three major methods of shipping rice – by rail, steamers, and country boats. Trade carried out by the first two modes of transport were recorded, but inter-block trade by country boats was not.[35] This is a major omission, since the entire east Bengal region consisted of rice surplus and deficit areas, separated only by rivers. Nadia, 24–Parganas, Jessore, Khulna, Bakarganj, and parts of Faridpur were the surplus zones, while the north Bengal and Dacca trade blocks were jute growing, rice deficit zones. These zones were criss-crossed by an extensive, navigable river system, consisting of the Padma, the Ganga, the Brahmaputra and their tributaries, and rice freely moved from surplus to deficit area in country boats. One evidence suffices to illustrate the significance of country boat traffic. Between the years 1890–91 and 1899–1900 – when the *Report*s published the data on country boat traffic – almost 50 percent of the rice imported to Calcutta arrived in country boats. This share would have been much higher in the rural areas, since the steamer companies avoided short haul traffic. The importance of boat traffic shows up later as well. In 1942, fearing Japanese invasion from Burma, the government initiated a 'boat denial policy' that impounded country boats south of a line running from Chandpur (in Tippera) to Kharagpur (in Midnapore) – encompassing a third of the river system. This led to the confiscation of 66,563 boats, a number that clearly underscores the role of country crafts in east Bengal.[36] Mukherji's result, then, is probably flawed by this omission. Were he able to include the data on rice carried by country boats, the conclusions might have been quite different.

To conclude, the period 1900–1914 certainly resulted in gains from jute cultivation. There was considerable expansion in jute acreage, the cultivators were remarkably responsive to changes in relative prices and profits, and the economy witnessed an overall growth in real income as well as in the surplus accruing to most *raiyati* households. Even in the context of a small peasant economy, these were, indeed, the boom years. The boom also

[35]GOB, *Report on the Trade Carried by Rail and River in Bengal 1905-06* (Calcutta 1907), explanatory note, p.i.

[36]GOI, *Report of the Famine Enquiry Commission, Report on Bengal* (Delhi 1945), p.26.

reflected in raw jute trade, which is the subject of the next section.

3.3 : Internal Trade in Raw Jute

To an economic historian the most serious problem regarding the movement of raw jute from the fields to Calcutta is the lack of detailed time series data. Unlike the mills, the trading companies were partnerships or private firms, and were not required to publish business records. Thus, it is virtually impossible to construct data sets on mark-ups, profitability, spatial distribution of storage capacity, market shares, operating costs, scale effects, and other related indices. Moreover, most trading establishments, particularly the Marwari firms, were involved in a number of related activities such as loose jute trade, baling, *aratdari*, up-country purchase, moneylending, gunny trade, speculation, and forwards trading. Given these interlinkages, it is impossible to closely analyze one aspect – loose jute trade – without examining the others. Losses in raw jute trade in a particular year could easily be balanced by profits from gunny trade and hedging; and since these firms were paradigms of discretion, there is no satisfactory way of estimating overall profitability.

Nonetheless, all indicators point to a boom in internal trade. First, between 1900–1901 and 1913–14 raw jute shipment to Calcutta and mill warehouses increased from 27.5 to 44.9 million *maunds* per year, at an annual rate of 3.8 percent. Table 3.6 shows this growth in the volume of trade. The table also illustrates the importance of steamers and railroads, which made the combined steamer–rail service a very profitable business. In fact, the steamer companies did well enough to pay 'an unfailing dividend of 8 percent' and receive 'a return of 11 to 12 percent per annum on their capital'.[37]

Second, there were frequent situations of excess demand, when traders made a killing by selling adulterated jute. Numerous complaints were made by the IJMA regarding the excessive watering of jute. Watering increased the weight of a bale by as much as 15 percent and, in these years, the practice was rampant

[37] IJMA, *Report of the Committee 1904* (Calcutta 1905), pp.viii-ix.

enough for the IJMA to request government intervention.[38]

TABLE 3.6 : RAW JUTE INFLOW TO CALCUTTA AND MILL STATIONS, 1900–1913

	Total Inflow	Index Number	Share of Rail and Steamers
1900–01	27.50	100	87.2
1901–02	33.28	121	84.6
1902–03	24.30	88	86.0
1903–04	30.28	110	86.5
1904–05	29.97	109	86.3
1905–06	34.96	127	85.4
1906–07	38.72	141	83.9
1907–08	39.61	144	86.6
1908–09	38.30	139	88.0
1909–10	39.73	144	87.3
1910–11	35.20	128	86.5
1911–12	42.79	156	86.8
1912–13	45.88	167	86.6
1913–14	44.90	163	91.5

Source: IJMA, *Report of the Committee, 1932* (Calcutta 1933), Statistical Appendix.
Note: Inflow in million *maunds*, share in percentages.

Third, the boom reflected in the growth of trading firms. There is no detailed census on the size of the raw jute trading as a whole. However, there are data on the organized sector, which show an impressive growth. In 1903–04, the Calcutta Baled Jute Association (CBJA) – consisting of important shippers, balers, and brokers affiliated to the Bengal Chamber of Commerce – had 133 members. By 1908–09 the membership had risen to 170, and

[38]GOB, *Revenue Department, Agriculture Branch*, File 1–J/1 of 1906, August 1907, Progs.1–46. The government refused on the ground that mills and balers made 'the purchases with their eyes open' and that this was of no concern of the government: Prog.18.

in 1918–19 the Association had 217 firms in its roster.[39] A remarkable feature of this expansion was the emergence of large Marwari trading firms. In 1903–04, 70 out of the 133 members of the CBJA were Indians; of these, 45 were Marwari enterprises. By 1908–09, there were 95 Marwari members of CBJA, and they accounted for 56 percent of the total membership. Among them were Ghanshyamdas Birla, Sarupchand Hukumchand, Surajmull Nagarmull, and Ramdutt Ramkissendas – businessmen who were to enter the exclusively European manufacturing sector in the 1920s.[40] The growth of Marwari traders was much more pervasive outside the undocumented domain of the Bengal Chamber.

Fourth, the proliferation of Marwaris in the jute trade brought with it an innovation – *fatka* – or speculation and hedging in raw jute and gunny. It started in the short crop season of 1905–06, when six Marwari traders decided to introduce futures contracts and hedge transactions. Within six years *fatka* had attracted intense public participation, largely because the unit of transaction was as low as 5 bales, or 25 *maunds*. The original *fatka* bazaar in Afim Chowrasta was jammed from nine in the morning to nine at night by speculators of all shades and hues. There were no regulations, no proper record of contracts, no organized clearing houses and, yet, instances of cheating or non-payment were rare. By 1912 *fatka* or *bhitar–bazaar* had become so popular that almost everyone – 'members of the Bar Library, tramway conductors, businessmen, *babus* and *bhistis* [watermen]' – was having a little flutter.[41] A contemporary described the *fatka* bazaar thus:

> The impression that will be made is not likely to be forgotten... Originally there were only fifteen Marwari jute sharks [*sic*] in the premises. Today every inch of space in every floor is occupied. The number of shops have increased to over one hundred and ... accommodation is

[39]CBJA, *Report of the Committee 1903-04* (Calcutta 1904), pp.26-7, *Report of the Committee 1908-09* (Calcutta 1909), pp.26-8, *Report of the Committee 1918-19* (Calcutta 1919), pp.19-22.

[40]CBJA, *Report of the Committee 1903-04* (Calcutta 1904), pp.26-7, and *Report of the Committee 1908-09* (Calcutta 1909), pp.26-8.

[41]CBJA, *Report of the Committee 1912-13* (Calcutta 1913), p.3.

more valuable than in Threadneedle Street.[42]

Fatka not only signalled the emergence of Marwaris, but also created buying problems for the jute mills. For decades the mills had bought raw jute on a spot basis, without the slightest idea about forwards trade and hedge markets. Soon, the *fatka* quotations were being telegraphed up-country and formed the basis of pricing, which put the mills off-balance for many years. Anti-*fatka* diatribes of European traders and mills abounded. In 1911 the IJMA asked the government to ban *fatka* because it was 'making legitimate trade something of a huge gamble' and 'the price of jute was maintained at a level above its proper value'.[43] A trader went further and said that 'The Commissioner of Police or the CID [Criminal Investigation Department] would be doing signal public service if they would investigate into the methods of these jute swindles and make an example of one or two of the ringleaders'.[44] The government did nothing, the Europeans remained confused about hedge deals for a long time to come, and *fatka* became a permanent feature of the jute trade.

The period, therefore, was unambiguously one of prosperity to virtually all sections of the jute economy. There was a rapid growth in manufacturing capacity, output, and exports, which led to excellent industrial profits. Buoyant jute prices induced expansion in the area under the crop, and contributed to a growth in real income in the countryside. Trade thrived in this environment. It required the war to give this bullish economy its first taste of a proper exogenous shock.

[42]GOB, *Commerce Department, Commerce Branch*, File 2G/1, July 1916, Progs.212–215B, letter by E.A.Gubbay, undated.

[43]IJMA, *Report of the Committee 1911* (Calcutta 1912), pp.9-10.

[44]GOB, *Commerce Department, Commerce Branch*, File 2G/1, July 1916, Progs.212–215B, letter by E.A.Gubbay, undated.

4 : THE FIRST SHOCK, 1914–1918

4.1 : The Agricultural Sector

There were two immediate consequences of World War I: the loss of the German and Austro-Hungarian markets, and a severe shortage of shipping space. In the very first year, raw jute exports slumped to 14.8 million *maunds*, which was 35 percent lower than the average for the triennium 1911–13.[1] The fall in exports coincided with the 1914 harvest, and the cultivators – used to a decade of excellent prices – found the bottom falling out of the raw jute market. In 1914–15 the annual secondary market price of jute crashed to Rs.5 per *maund* from an average of Rs.8.38 in 1911–13.[2] Things were, in fact, much worse. Since the slump occurred at the time of reaping and separation of the fibre, actual farm gate prices fell even further – precisely at a time when the cultivator's cash needs were the greatest.

The situation was ideal for a squeeze. Spurred on by high prices in the previous years the farmers had expanded the area under jute in 1914, and there was an excess supply of around 11 million *maunds*, or approximately 20 percent of the crop. This gave the jute traders a godsent opportunity to slash prices. The Secretary of the Narainganj Chamber of Commerce, an association of large jute traders, 'made no secret of the fact that the principal objective of the Chamber [was] to cause a fall in prices'.[3] He informed the District Magistrate of Dacca that the Chamber had

> decided to make the best use that they could of this opportunity to permanently reduce the price of jute ... They had hoped to get the price down this year ... and finding the opportunity of the war, they intend to do whatever they can to reduce the price as low as possible.[4]

Traders did everything possible to cut prices. In Rangpur, the Marwari merchants refused to buy any jute unless it was offered

[1]IJMA, *Report of the Committee 1949* (Calcutta 1950), p.99.

[2]Ibid., p.116.

[3]GOB, *Revenue Department, Agriculture Branch*, File 1–J/15 of 1914, February 1915, Progs.15–32, Birley–French, August 17, 1914.

[4]Ibid., Progs.15-32.

at less that Rs.5 per *maund*.[5] Distress sales soon became the order of the day. In Sibpur *thana* of Dacca, no more than 150 *maunds* of jute were sold per day during the peak trading month of October – that too at a price of Rs.3 per *maund*, compared to an estimated cultivating cost of around Rs.4. *Farias* and *beparis* nursed the panic by spreading rumours that no more ships would set sail from India.[6] Even in a prosperous district such as Mymensingh where, in the previous season, the price was as high as Rs.12 per *maund*, 'the condition of the jute market was one of complete stagnation' with the price ruling at Rs.4 per *maund*. In Madaripur, Faridpur's most important jute growing sub-division, the price had fallen to Rs.4 per *maund*, which was less than the cost of cultivation.[7]

By October 1914, the situation in east Bengal was serious enough for the District Magistrate of Dacca to request Rs.225,000 from the Government of Bengal's distress relief fund.[8] The Narainganj Chamber got wind of this and promptly opposed the move. To the Chamber, the crash signalled a welcome 'return to a normal price based on costs of production'. It denounced cash relief because it would give an impression that 'the Government is trying to protect the *raiyat* so that he may obtain a higher price for his jute'.[9] The Narainganj Chamber and its parent body, the Bengal Chamber of Commerce, lobbied very effectively. The government aid was soon reduced to Rs.85,000, and was set aside only for peasants who could prove that their jute was unsold or sold below cost.[10]

Although raw jute prices picked up in the next few years, the 1917–18 season saw yet another sharp drop. Besides, the period

[5]Ibid., Gupta–Rankin, August 17, 1914.

[6]Ibid., Progs.19–20, Birley–French, October 5, 1914, and August 17, 1914.

[7]Ibid., Spry–French, August 11, 1914, Woodhead–French, September 5, 1914.

[8]Ibid., Progs.19–20, Birley–French, October 5, 1914.

[9]Ibid., Progs.26–27, Secretary, NCC–Secretary, GOB, October 6 and October 10, 1914.

[10]Ibid., Prog.23 and 31–2, Cable of Secretary, GOB–Collector, Dacca, October 17, 1914.

was inflationary, and real prices were much lower than the pre-war quinquennium. Table 4.1 shows this quite clearly.

TABLE 4.1 : NOMINAL AND REAL UP-COUNTRY RAW JUTE PRICES, 1909–10 TO 1918–19 (Rs./*maund*)

	Nominal Price	Deflator	Real Price
1909–10	5.75	1.034	5.56
1910–11	5.88	1.059	5.55
1911–12	7.12	1.161	6.13
1912–13	7.69	1.276	6.02
1913–14	10.38	1.323	7.85
Mean 1909–13	**7.36**		**6.22**
1914–15	5.00	1.339	3.73
1915–16	7.19	1.299	5.54
1916–17	7.94	1.239	6.41
1917–18	5.38	1.296	4.15
1918–19	8.31	1.954	4.25
Mean 1914–18	**6.76**		**4.82**
% Decline	**8.15%**		**22.51%**

Sources: Nominal Price from GOI, K. L. Datta, *Report on the Enquiry into the Rise of Prices in India* (Calcutta 1914), vol.II, pp.138–39 and IJMA, *Report of the Committee, 1949* (Calcutta 1950), pp.116–17; agricultural sector deflator from Sivasubramonian (1965), base year 1938–39.

The price slump brought with it a sharp fall in the nominal as well as the real surplus accruing to peasant households. Between 1914–15 and 1918–19 the average real surplus of a permanently occupying settled *raiyat* with four acres of land was around Rs.73 per year – 43 percent less than the average of 1909–13.[11] As a matter of fact, the second price crash of

[11]The same method used in Chapter 3 gives estimates of the real surplus for the war years. These were: 1914-15: Rs. 66.04; 1915-16: Rs.117.48; 1916-17: Rs.134.38; 1917-18: Rs. 49.73; 1918-19: Rs. –4.91. For the time series from 1900-01 to 1939-40, see Appendix III.

1917–18, forced many cultivators into the red. To an extent, the accumulated profits of the pre-war years helped some peasant households to tide over the crisis. However, many *raiyati* families had already spent most of this either for consumption or on investments that did not yield immediate returns. The gains from the ante-bellum years had financed marriages, religious feasts, repair and replacement of roofs, building of extra rooms, purchase of milch cows, and, occasionally, digging of ponds. These investments certainly improved the quality of life, but did not yield rapid financial returns to counteract the slump of the war years.

Not surprisingly, *dadan* started cropping up in areas where it was previously a rarity. Writing from Dacca before the war, Ascoli had doubted whether 'one cultivator in thousand' was indebted through *dadan*.[12] Yet, by the end of 1916, *dadan* was widely prevalent in the Narainganj sub-division, Dacca's most important jute belt. The practice of pledging the standing crop was also gaining a foothold in Pabna and Rangpur, where the *dadandar*s were Marwari traders. Even in Mymensingh, *dadan* loans had become important enough to warrant official cognizance.[13]

The sudden growth in *dadan* purchases was closely related to the fall in prices. Prior to 1914, the expansion of cultivation was generally financed by loans from the traditional *mahajan*s against land collateral. For smaller peasant households, the sudden slump in prices not only led to a proportionately higher debt burden, but also a fall in collateral values. Debt repayment schedules became more inflexible, with the *mahajan*s demanding greater margins and higher interests. This shows up in the interior court records. The number of money suits for Rs.100 or less rose by 23 percent, from

[12]GOB, *Revenue Department, Agriculture Branch*, File 1–J/15 of 1914, Progs.15–32, Ascoli–Kerr, Dacca, April 27, 1914.

[13]GOB, *Revenue Department, Agriculture Branch*, File 1–J/5, September 1916, Progs.36–7, note by Kenneth MacLean, Progs.33–4, Collector, Rangpur–Commissioner, Rajshahi Division, September 17, 1916, and Collector, Pabna–Commissioner, Rajshahi, June 19, 1916, and Woodhead–French, July 5, 1916.

182,703 in 1914 to 225,475 in 1917.[14] Many small peasant households were forced to go to the other creditors such as the *jotedar*s and *dadan* merchants. However harsh the terms, the *raiyat*s got much needed cash. For the *dadandar*s, *dadan* was profitable as long as the market price of jute in the following season did not crash by more than 50 percent.

For the peasants, the war ushered in not just a decline in real income. For the first time in many decades they witnessed the downside of cultivating an export oriented primary crop – the risk of unexpected shocks in distant markets. The villagers' anger against an unfair world was directed against the outsiders, particularly the Marwari merchants. A rural poet of Mymensingh wrote:

> When jute came to this country, the Marwari conquered us ... Now, see, they have all the money. They couldn't care less about the Bengalis. Those who could not even get to eat *chhatu* now eat *ballam* rice. Just think of it! And the Bengalis do not even get Rangoon rice.[15]

Abed Ali Mian blamed the crop and the greed of the peasants:

> *Eto pat dili keno tui chasha? / Ebar pater chasey desh dubali, orey buddhinasha. / Bujhli na tui, burar beta, Abeder katha noiko jhuta/ Khetey hobey pater gora, thik janish mor bhasha. / Money korechho nibo taka, / Shei asha tor jabey phanka / Panchiser poya hobey tor, hriney porbi thasha.*[16]

Before the war, Abed would have been discounted as a crank. By the end of the war, there was a prophetic, clairvoyant quality

[14]Rent suits increased by 30 percent from 244,880 in 1914 to 318,616 in 1917. GOB, *Report on the Administration of Civil Justice in Bengal, 1915* to *1917*.

[15]Abdul Samed Mian, *Krishak Boka* (Mymensingh 1921) quoted in Chatterjee (1982), p.25.

[16]Translation: 'Why did you grow so much jute, you peasant? Now the countryside is ruined by jute cultivation. You ought to have known that Abed never lies. Mark my words! You will finally have to eat your jute. You hoped to make money, was it not? Those hopes will be dashed and you will be neck deep in debt'. Abed Ali Mian, *Desh Shanti* (Rangpur 1925).

to his warning, which was to come true with much greater force in the 1930s.

4.2 : The Making of a Corporate Dream

In sharp contrast to the countryside, the war heralded a period of unprecedented and never to be repeated prosperity for the jute mills. Since the war was fought mainly in trenches, there was a huge demand for sandbags. In the very first year, the government ordered 50 million gunny bags per month, and the IJMA rescinded its working time agreements to meet this production target.[17] When this was not enough, the government suspended several provisions of the Factories Act and permitted the mills to work 24 hours a day without the workers getting a proportional increase in wages.[18] Between 1915 and 1918 the IJMA affiliated mills supplied 1.38 billion sandbags, 713 million yards of gunny cloth, 5 million yards of canvas, and a million pounds of twine as war orders for Britain, India, Australia, and other Allied nations. In addition, the industry supplied 1.96 billion gunny bags and 5.07 billion yards of gunny cloth for commercial and semi-military use to the allies and other neutral countries.[19] In terms of volume alone, exports of gunny bag and cloth during the war were, respectively, 100 and 18 percent above the pre-war quinquennium. Table 4.2 speaks for itself.

The table shows that the source of the boom was not so much in higher volume but in prices. For the war orders, the Calcutta mills maintained steady prices: the average price of gunny bags in 1914–18 was only 2.4 percent more than in 1910–13. The killing was made on commercial gunny cloth, for which the weighted and unweighted prices rose by 64.5 and 54.7 percent respectively. Shortage of shipping space had drastically reduced the supply of raw jute to Dundee, and created excess demand all around. With Dundee starved of its raw material, and the U.S. buyers desperate for burlap, the scene was set for price hikes. The Scots in Calcutta made hay.

[17]IJMA, *Report of the Committee 1914* (Calcutta 1915), p.2.

[18]Ibid., pp.5-6.

[19]IJMA, *Report of the Committee 1918* (Calcutta 1919), p.iii.

TABLE 4.2 : GUNNY EXPORTS IN VOLUME AND VALUE, WORLD WAR I

	Gunny Bags		Gunny Cloth		Prices		Real
	Vol	Val	Vol	Val	Bags	Cloth	Value
1910–13 Average	332.8	95.9	977.4	113.4	28.81	11.60	216.26
1914–15	397.6	125.9	1057.3	131.1	31.66	12.40	219.62
1915–16	794.2	201.5	1192.3	176.7	25.37	14.82	358.79
1916–17	805.1	213.4	1230.9	200.9	26.51	16.32	374.49
1917–18	758.4	194.7	1196.8	230.7	25.67	19.28	361.60
1918–19	583.1	223.3	1103.2	296.9	38.30	26.91	322.78
1914–18 Average	667.7	191.8	1156.1	207.3	29.50	17.95	327.46
Rate of Growth	**100.6%**	**100.0%**	**18.3%**	**82.8%**	**2.4%**	**54.7%**	**51.4%**

Sources: GOI, *Annual Statement of Trade and Navigation of British India, 1910–11* to *1919–20* and Sivasubramonian (1977). Volume in million bags or yards, value in Rs. million, prices in rupees per 100 bags or yards and real value in Rs. million, deflated by secondary sector prices, base year 1938–39.

Lower raw jute prices, better capacity utilization, and higher gunny prices led to a phenomenal growth in corporate profits. Table 4.3 shows the net profit as a percentage of paid-up capital for thirty-three mill companies. By 1918, three digit profit rates had become common place. Only five jute mills listed in the *Investor's India Year Book 1919* earned two digit profit rates; nine earned profits between 100 and 150 percent of paid-up capital; another nine between 151 and 200 percent; seven between 201 and 250 percent; and three mills raked in profits that were more than 250 percent of paid-up capital. During the war, seven new companies were floated. However, with severe shipping problems in Britain the machinery could not be imported, and only two mills – Caledonian and Lothian – were commissioned during the

TABLE 4.3 : NET PROFIT AS A PERCENTAGE OF PAID-UP CAPITAL, JUTE MILLS, 1909–1918

Companies	1909-1914	1915	1916	1917	1918
Andrew Yule					
Albion	34[a]	45	65	44	166
Belvedere	14	46	73	61	192
Budge Budge	27	52	85	59	196
Caledonian	nb	nb	nb	52	176
Delta	23	81	99	70	226
Lothian	nb	nb	nb	5	68
National	51	161	71	52	155
New Central	na	na	80	65	208
Bird–Heilgers					
Auckland	16	46	75	52	108
Clive	15	57	67	48	114
Dalhousie	14	51	81	53	78
Kinnison	34	109	168	147	267
Lansdowne	12	52	61	38	97
Lawrence	19	59	93	62	112
Naihati	28	72	98	88	225
Northbrook	21	48	80	52	87
Standard	22	58	99	74	159
Union	37	122	182	114	222
Jardine Skinner					
Howrah	13	57	93	71	211
Kamarhatty	16	79	113	60	284
Kanknarrah	27	83	128	81	276
Reliance	15	47	56	45	107
McLeod					
Empire	23[b]	82	110	82	150
Kelvin	38	116	138	107	212
Soorah	14	47	56	45	107
Begg Dunlop					
Alexandra	21	67	80	65	122

(continued)

TABLE 4.3 (concluded)

Companies	1909-1914	1915	1916	1917	1918
Alliance	35	88	109	86	170
Kettlewell Bullen					
Fort Gloster	24	85	145	66	242
Fort William	na	na	67	62	132
George Henderson					
Barnagore	24	37	57	50	63
Gillanders Arbuthnot					
Gondalpara	8	48	45	38	140
Hooghly	13[b]	46	99	43	120
Barry					
Gourepore	12	60	62	31	156
Average	**22.4**	**69.0**	**91.5**	**61.1**	**162.0**

Notes: a : Average, 1912–14; b : Only for 1914; na : Data not available; nb : Mill not built.
Source: *Investor's India Year Book 1919* (Calcutta 1919), pp.68–111.

war. Thus, the gains from the boom were not diluted by fresh entry. The most emphatic index of the war boom was that, despite being a new unit with high capital costs, the Caledonian Mill earned a net profit of 228 percent of paid-up capital in the first two years of its operation.

With shipping constraints, Calcutta could not order new machinery, and the profits either went into reserve funds or were distributed as phenomenal dividends. In 1915–18, dividends on ordinary shares ranged from 100 to as much as 330 percent of the par value. The mean dividend in 1918 alone was above 150 percent of the face value of an ordinary share.[20] Consequently, the shares of jute mill companies were being quoted at eight to ten times their face value. Edward Benthall, who was soon to be the Chairman and Senior Partner of Bird and Company was astounded by the frenzied bullishness of the war years. In his diary, Benthall wrote:

> Flotations of every kind were proceeding apace ... and the share of any flotation jumped to an immediate premium; partners, assistants and friends of the firm who were given allotments were able to sell at a profit and did so without delay ... The general spirit of the times is illustrated by the head of a technical department who, when engaging a man, said to him, 'Don't worry about the pay, son. You can make far more on the Stock Exchange and any time you like you can walk across and double your salary.' ... In the easy days of profit making during the war anything seemed possible.[21]

For the mills, these were, indeed, years of intense bliss.

[20]*The Investor's India Year Book (IIYB)*, section on jute.

[21]Harrison (1964), pp.133-34.

5 : TENSIONS IN A BOOM, 1919–1929

5.1 : The Mills, A Statistical Overview

Thankfully for the industry the war boom did not peter out after 1918, but carried on to a lesser degree throughout the 1920s. During the first few post-war years large orders were placed for gunny bags to ship food and other essentials across a war ravaged Europe. There was a minor hiccup in 1921–22 and 1922–23, and then the industry smoothly shifted to a peacetime boom. With a steady transition from war to peace, the Calcutta mills had 'no reason to take anything but an optimistic view of the near future of the jute industry in India'.[1]

The optimism was well founded. Although the performance in the 1920s was not as awesome as in the war years, the era was a bullish one – reflecting the global trade boom of the period. The average annual production of the Calcutta mills during 1919–29 was 25 percent above the 1909–13 level; and the real value of exports was almost 15 percent higher. Moreover, phenomenal wartime profits had swollen the industry's *declared* reserve funds to more than Rs.75 million, or almost 60 percent of the current value of its paid-up capital.[2] With such a strong cash position, the mills were fully prepared to face a few years of poor trading if the need arose. Such a need did not arise and, by any canon, the 1920s were years of unqualified success for the industry.

Between 1919–20 and 1929–30, the number of mills increased from 76 to 98, and loomage grew by 31 percent from a little over 41,000 to 53,900.[3] The number of daily workers increased by 22.5 percent from 280,000 to 343,000. Gunny output in 1929–30 was almost 37 percent greater than in 1919–20. The growth in output mirrored a further expansion of the export market. The volume of gunny bags and burlap cloth export increased by 52 and 29 percent respectively, and the real value of exports grew by 19 percent. Table 5.1 gives some relevant data.

[1] IJMA, *Report of the Committee 1918* (Calcutta 1919), p.v.

[2] *Investor's India Year Book 1919* (Calcutta 1919), section on jute. In addition, millions were stashed away under different accounting heads.

[3] The official loom figures were gross underestimates. Throughout the 1920s the mills covertly installed a large number of unreported looms in violation of the IJMA's agreements. For more of this, see Section 5.2.

TABLE 5.1 : GROWTH OF THE JUTE INDUSTRY, 1919–1929

	Mills	Looms	Gunny Output	Gunny Export	Real Export	Workers Employed
1909–13 Average		33,519	770	na	216.20	208
1919–20	76	41,045	833	653	210.32	280
1920–21	77	41,588	1004	833	162.11	288
1921–22	81	43,025	778	641	155.99	288
1922–23	86	47,528	848	672	201.08	321
1923–24	89	49,038	918	747	232.37	330
1924–25	90	50,359	1013	813	313.15	342
1925–26	90	50,503	981	811	331.77	331
1926–27	93	51,061	987	861	263.85	334
1927–28	93	52,221	1035	885	315.39	336
1928–29	95	52,509	1080	912	293.34	344
1929–30	98	53,900	1141	945	250.44	343

Sources: IJMA, *Report of the Committee 1949* (Calcutta 1950), pp.114-17; GOI, *Statistical Abstract of British India 1920–21* to *1930–31*; Sivasubramonian (1977) pp.447-48.
Notes: Output and export measured in 000 tons; real export in Rs. million using the secondary sector deflator, base year 1938–39. Employment in units of thousands. Na : Data not available.

Although corporate profits were not as lucrative as in the war years, they were quite substantial. During the decade, thirty-two of the forty-one rupee companies earned net profits that were above 20 percent of paid-up capital. The nine exceptions were new or recently capitalized firms. In good years profit rates increased to over 100 percent and the average for the decade was a little under 55 percent per year – an excellent figure by any criterion. The net profit rates are computed in Table 5.2. In the midst of this boom era, there emerged conflicts within the industry that gradually weakened the strength of IJMA and created conditions leading to a cartel failure in the 1930s.

TABLE 5.2 : NET PROFIT AS A PERCENTAGE OF PAID–UP CAPITAL, JUTE MILLS, 1919–1929

	19	20	21	22	23	24	25	26	27	28	29
Andrew Yule											
Albion	33	90	28	28	44	43	53	29	35	42	30
Belvedere	69	134	31	31	73	83	58	33	65	78	61
Budge Budge	71	114	34	32	45	41	41	29	52	67	42
Caledonian	48	131	29	44	44	64	53	23	57	72	48
Cheviot*		6	10	27	43	46	44	19	40	46	35
Delta	43	151	38	44	55	70	54	46	62	69	56
Lothian	40	102	31	34	44	49	35	21	48	55	38
National	63	107	41	27	42	41	43	22	32	41	32
New Central	46	109	43	24	36	48	47	21	41	51	39
Orient*				29	47	55	45	27	43	53	45
Bird–Heilgers											
Auckland	78	84	12	29	26	67	50	33	77	71	40
Clive	57	77	9	27	25	46	32	7	44	38	24
Dalhousie	59	82	15	33	26	45	35	28	55	51	36
Kinnison	160	151	106	80	80	84	93	42	80	84	70
Lansdowne	46	72	0	31	28	42	27	3	23	33	21
Lawrence	92	97	18	40	36	64	46	28	58	53	36
Naihati	62	89	11	50	41	84	61	33	84	78	52
Northbrook	88	100	26	31	26	42	34	23	44	42	33
Standard	77	108	18	35	30	52	38	30	49	46	30
Union	133	142	3	62	54	107	98	55	110	100	58
Jardine											
Howrah	64	94	67	32	55	52	51	12	45	54	40
Kamarhatty	95	158	35	29	55	80	56	38	68	71	55
Kanknarrah	71	133	29	30	54	56	52	32	60	67	52
Reliance	61	99	70	39	44	67	63	45	61	68	66
McLeod											
Empire	51	127	38	29	36	46	50	29	38	54	50
Kelvin	108	192	57	40	49	60	69	36	48	69	63
Soorah	54	38	13	15	14	26	32	12	24	33	29
Presidency*						19	25	15	23	29	25

(continued)

TABLE 5.2 (concluded)

	19	20	21	22	23	24	25	26	27	28	29
Begg Dunlop											
Alexandra	121	76	20	30	20	33	29	- 4	40	46	32
Alliance	90	110	20	44	33	59	36	- 4	42	55	20
Waverley*						4	13	12	4	14	11
Craig*						1	8	7	0	8	8
K. Bullen											
Fort Gloster	187	194	55	53	77	102	101	2	107	82	54
Fort William	69	78	21	28	18	49	5	0	69	53	-10
Barry											
Gourepore	82	154	51	39	60	65	66	1	49	53	53
Nuddea*					7	13	19	- 5	15	22	20
Others											
Ganges*	75	45	8	9	13	15	16	20	12	30	35
India*	63	52	21	4	8	7	9	5	1	14	16
Meghna*							16	14	-10	27	18
Birla*					10	10	20	14	12	20	34
Hukumchand*					15	20	25	17	34	39	27

Source: *Investor's India Year Book, 1919* to *1932–33*.
Note: * : Mill set up in or after 1918.

5.2 : Fissures among Mills

The prosperity of the 1920s led to the establishment of many new mills. Seven new companies had been floated during the war, of which only two were commissioned before the armistice.[4] The remaining five became operational in the early 1920s. Because of this sudden growth, the industry's weaving capacity in 1921–22 had exceeded the 1909–13 average by 28 percent. This was only the beginning. Driven by war-time profits and visions of ever

[4]These were Caledonian and Lothian, both managed by Andrew Yule and Company.

increasing demand, as many as seventeen more units were set up in the 1920s.[5] Moreover, the existing mills constantly added looms and, by 1929–30, the official weaving capacity stood at 53,900 – more than 60 percent greater than the average for 1909–13.

This growth in capacity created a major problem for the Jute Mills Association. In a nutshell, the industry reached a stage of chronic excess capacity. Between 1900 and 1929, looms increased at a compound trend rate of 4.1 percent per year. Simultaneously, raw jute consumption by the mills – a proxy for output in the absence of technical change – grew at a lower rate of 2.8 percent. As a result, the ratio of looms to raw jute consumption increased at the rate of 1.23 percent per annum.[6] Table 5.3 and Chart 5.A show this trend.

Excess capacity was not something new to the industry. Until World War I, however, the unutilized capacity remained within tolerable bounds – a certain percentage that was kept in reserve to meet sudden spurts in demand.[7] However, chronically large excess capacities became a permanent feature only in the 1920s. Individually, every entrepreneur wanted to set up new mills and expand capacities of the existing units. Yet, despite the bullishness, overall demand did not rise rapidly enough to absorb the additional capacity. By the end of the 1920s the industry was at a stage where 30 percent of its capacity was permanently unutilized – and this soon became a source of aggravation within the IJMA.

Excess capacity was not the only issue. A related problem was that real setting up costs of the units commissioned in the 1920s were much higher compared to the pre-war mills. During the five years preceding World War I, the real capital cost of setting up an average sized mill was roughly Rs.5,500 per loom. Post-bellum inflation significantly increased the capital outlays. The real equity

[5]ICJC, *Report on the Marketing of Jute and Jute Products in India* (Calcutta 1941), pp.267-69 and Bagchi (1972), p.277.

[6]Semi-log trend rates have been computed from Bagchi (1972), p.277 and IJMA, *Report of the Committee 1949* (Calcutta 1950), pp.97-100.

[7]In fact, this additional capacity came very handy during the war, for it allowed the mills to produce higher output, and profit from the sudden growth in demand.

TABLE 5.3 : THE GROWTH OF EXCESS CAPACITY IN THE JUTE INDUSTRY, 1900–1929

	Looms	Raw Jute Cons	Rog of Looms	Rog Jute Cons	Full Cap Cons	Excess Capacity
1900–04	17,407	13,716			12,533	9.4%
1905–09	27,091	18,098	55.6%	31.9%	20,090	11.0%
1910–14	34,912	21,350	28.9%	18.0%	25,137	17.7%
1915–19	37,862	26,504	8.4%	24.1%	27,260	2.9%
1920–24	46,308	24,841	22.3%	-6.3%	33,342	34.2%
1925–29	52,039	28,476	12.4%	14.6%	37,468	31.6%

Source: Bagchi (1972), p.277, IJMA, *Report of the Committee 1949* (Calcutta 1950), pp.97-101.

Note: Two independent sets of evidence have been used to arrive at full capacity consumption. In 1926–27, the Chairman of IJMA declared that if the Association mills with a capacity of approximately 50,000 looms worked 81 hours per week, the industry would consume 40.5 million *maunds* of jute: IJMA, *Report of the Committee 1926* (Calcutta 1927), p.3. Therefore, a loom could convert 810 *maunds* of jute per year. In 1941, the Indian Central Jute Committee stated that at peak productivity mills could produce 6,614 tons of gunny per million loom hours. Allowing for a 5 percent conversion loss and assuming 81 hours per week, the maximum jute consumption per loom would have been 798 *maunds* – which compares favourably with the 1926 estimate: ICJC, *Report on the Marketing of Jute and Jute Products* (Calcutta 1941), p.115. I have used an average of 800 *maunds* per loom, and assumed that 10 percent of the capacity was kept aside for routine maintenance. Therefore, the multiplier is 720 *maunds* per loom. This is used to calculate full capacity raw jute consumption.

and debenture cost per loom of nine new mills erected in the 1920s varied from Rs.7,000 to Rs.12,300.[8] Moreover, the new units were generally larger than the older ones and, hence, the capital costs were much greater. Edward Benthall of Bird and Company observed that with the rise in machinery prices 'capital

[8]Real cost is computed by using the secondary sector deflator with 1938–39 as the base year.

CHART 5.A : RATIO OF LOOM TO RAW JUTE CONSUMPTION, 1901-1929

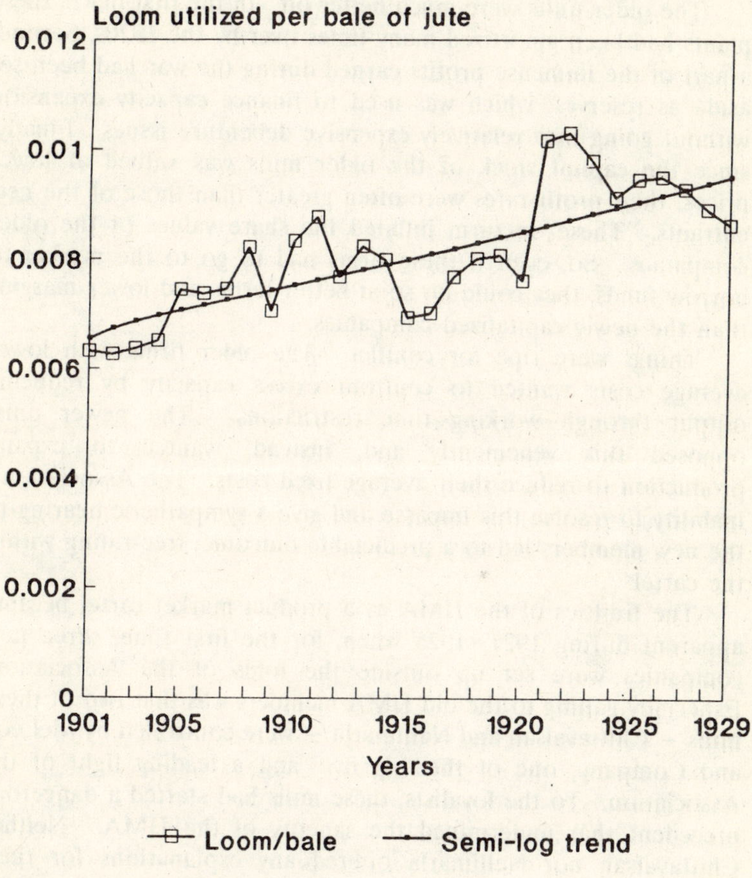

costs were underestimated' and 'insufficient capital was raised'. To cover the gap, new companies either issued debentures at 7 percent interest, or went into 'heavy short term borrowing for long term purposes on the assumption that profits would be as easily made as in the war years'.[9]

The older units were much better off. In the first place, these plants had been amortized many times over by the 1920s. Second, a part of the immense profits earned during the war had been set aside as reserves, which was used to finance capacity expansion without going into relatively expensive debenture issues. Finally, since the capital stock of the older mills was valued at lower prices, their profit rates were often greater than those of the new entrants. These, in turn, inflated the share values of the older companies. So, even if these firms had to go to the market to borrow funds, they could do so at better terms and lower margins than the newly capitalized companies.

Things were ripe for conflict. The older firms with lower average costs wanted to confront excess capacity by reducing output through working time restrictions. The newer units opposed this vehemently and, instead, wanted to expand production to reduce their average fixed costs. The Association's inability to resolve this impasse and give a sympathetic hearing to the new members led to a predictable outcome: free-riding within the cartel.

The frailties of the IJMA as a product market cartel became apparent during 1921–1925 when, for the first time, three new companies were set up outside the folds of the Association. Especially galling to the old IJMA members was that two of these mills – Chittavalsah and Nellimarla – were controlled by McLeod and Company, one of the 'big five' and a leading light of the Association. To the loyalists, these mills had started a dangerous precedent that undermined the sanctity of the IJMA. Neither Chittavalsah nor Nellimarla offered any explanations for their conduct. The third unit, Ludlow, an American company, tried to justify its action by quoting U.S. anti-trust legislation – a point of dubious validity since such laws did not cover overseas U.S.

[9]Harrison (1964), pp.133-34.

firms.[10]

The IJMA members failed to realize that the 'investment restriction clause' could, at best, limit the expansion of existing firms.[11] It could hardly prevent new entry. As a matter of fact, there were no barriers to entry. The technology of converting raw jute to gunny was extremely simple; there was no dearth of funds thanks to the trading and speculative profits of the war; and, despite a rise in machinery prices, the setting up costs were not all that exorbitant. Among the potential entrants were the Marwaris, who had extensive experience in raw jute trade as well as burlap exports, and possessed all the acumen necessary to supervise the working of a jute mill. The strongest threat in IJMA's arsenal was to ask the European raw jute dealers affiliated to the Calcutta Jute Dealers Association (CJDA) to black-ball potential Indian entrants. But, by the 1920s, there were far too many Marwari jute dealers outside the CJDA for such a sanction to have any meaning.[12]

It was bad enough that renegade 'white' mill companies had started working outside the IJMA. The entry of natives in what was exclusively an expatriate preserve was a much more bitter pill to swallow. Buoyed by the speculative profits of the war years, Ghanshyamdas Birla and Sarupchand Hukumchand set up modern jute mills in 1922 – Birla's at Budge Budge, and Hukumchand's at Halishahar.[13] That Birla and Hukumchand readily joined the IJMA (unlike the three other mills) did little to allay the Association's fears. The older members expected other natives to follow. In the post-Rowlatt Act and Jalianwalla Bagh era, they feared that competition from the Indians was just another guise

[10]Centre for South Asian Studies (CSAS), *Benthall Papers*, Box I, Godfrey– Benthall, December 13, 1928.

[11]To recollect, the clause stated that no member mill could install additional plant or machinery during the tenure of a working time agreement.

[12]The Marwari dealers were affiliated to the Bengal Jute Dealers Association, the Hatkhola Banijya Sabha, and the East India Jute Association Limited. By the 1920s they handled the bulk of the raw jute sold to the Calcutta mills.

[13]ICJC, *Report on the Marketing of Jute and Jute Products in India* (Calcutta 1941), pp.267-69.

for rampant nationalism. 'Indians are determined to get into *our* industry', wrote Benthall in 1928, 'which will mean survival of the fittest in due course'.[14] Because of his closeness to Gandhi, Birla was singled out as the arch villain. 'Monty' Thomas, a partner of Bird and Company remarked, 'If he [Birla] can't get us out by kicking us out, he will try to get us out by unfair competition'.[15] Over time more Indian mills were set up. Although the units accounted for no more than 5 to 6 percent of total capacity and 6 to 8 percent of total output, they were, indeed, the ubiquitous black entrants in what was until recently a white men's club. Table 5.4 shows the growth of mill companies in the 1920s.

In the setting up of new units, the Indians were minor league players in a game dominated by the colonial expatriates. What has been overlooked by researchers is the second form of entry: steady purchases of shares in companies controlled by European managing agencies to a point where Indians, especially the Marwaris, could force their way into the board rooms. To understand how this came about, one needs to appreciate the essential weakness of the European managing agencies.

A managing agency was either a privately held joint-stock company or a partnership firm. On the strength of its past managerial performance, the agency would float the shares of a new jute mill in the Calcutta Stock Exchange. Given the prestige of the managing agency, the stock was invariably oversubscribed, which made it simple for any managing agency to control the company in spite of owning as little as 10 percent of the stock. All it had to ensure was a large percentage of relatively small stockholders, friends or otherwise, who would gladly give their voting rights to the managing agency for steady annual dividends. It seemed as if the managing agencies had perfected a way of controlling companies and reaping benefits with minimal outlay.

There was a snag. With such narrow ownership bases, control depended on the proxy votes which, in turn, hinged on dividends. In the best of times, dividend is a poor instrument to maintain control over the small shareholders. In the event of low dividends

[14] CSAS, *Benthall Papers*, Box I, marginal notation by Benthall, Mokandlall–Benthall, December 3, 1928, emphasis mine.

[15] CSAS, *Benthall Papers*, Box I, Thomas–Benthall, December 12, 1928.

TABLE 5.4 : GROWTH OF INDIAN JUTE MILL COMPANIES IN THE 1920s

	New Mills	Indian Mills	New IJMA Members
1919	1. Nellimarla	None	None
1920	1. Cheviot 2. Orient 3. Ludlow	None	Cheviot Orient
1921	1. Craig 2. Nuddea 3. Presidency 4. Waverley	None	Craig Nuddea Presidency Waverley
1922	1. Birla 2. Hukumchand 3. Megna	Birla Hukumchand	Birla Hukumchand Megna
1925	1. Raigarh 2. Ganges	Raigarh	 Ganges
1926	1. Chittavalsah	None	None
1927	1. Gagalbhai 2. Shree Krishna 3. J. Kamlapat	Gagalbhai Shree Krishna J. Kamlapat	Gagalbhai
1929	1. Adamjee 2. Agarpara 3. Premchand 4. Hanuman 5. Bajrang	Adamjee Agarpara* Premchand Hanuman Bajrang	Adamjee Premchand Hanuman

Source: ICJC, *Report on the Marketing of Jute and Jute Products*, 2nd. ed. (Calcutta 1952), pp.321–23.
Notes: The years refer to the commissioning dates. * : Agarpara was controlled by an Armenian managing agency, B. N. Elias and Sons.

share prices tend to dip, and the uncommitted middle often chooses to sell out instead of taking further losses. On the other hand, if a company does exceptionally well and declares greater than expected dividends, share prices shoot up and many sell in order to make large capital gains. Corporate control through dividend manipulation implies that the firm has to declare the expected dividend year after year, which must be just enough so that share holders do not sell out of fear or greed.

Such a strategy is difficult to monitor in theory, and virtually impossible to sustain in practice. Proxy votes were certainly advantageous in attaining control with minimal ownership, but they were also Damoclean swords, ready to drop when there were sharp oscillations in share prices. In the tumultuous inter-war years it would have been a superhuman task to control share prices through dividends, and the failure to do so led to a growing presence of Marwaris on the boards of hitherto 'whites-only' companies.

Two factors explain this sudden influx of the dhoti-clad, turbanned, 'unsophisticated' Marwaris into the rarefied atmosphere of British boardrooms. First, Marwaris rapidly purchased enough equity through the Stock Exchange to demand seats. The sellers were the smaller shareholders or the 'uncommitted middle' – friends of partners, elderly widows, pensioners, and company executives – who sold for windfall profits.

The other method of boardroom entry is even more revealing, for it shows how strong the Marwaris were compared to the colonial firms, despite the apparently subservient postures of the former in the presence of the latter. From the late nineteenth century, certain Marwari families had developed close commercial links with expatriate managing agencies. The Jatias were the *bania*s of Andrew Yule and Company (and their patriarch, Onkarmull, was a close friend of David Yule), the Kanorias of McLeod and Company, Rameshwar Nathany of Jardine, and the quartet of Bajoria, Bangur, Sohanlall Doodwawalla, and Goenka did business for Bird–Heilgers. During the inflationary years of the early 1920s, many expatriate companies found themselves undercapitalized, strapped for funds, and in need of cash to expand capacity in their jute mills. The Marwari *bania*s offered them loans at interests that were a point or two below the going rate of return on company debentures. As collateral they took blocks of jute mill shares. Through the 1920s most managing agencies had cash shortages and the Marwaris continued to refinance these companies, held on to the shares, and got themselves on boards.[16]

The extent to which Marwaris entered the industry through the bourse can be seen by a detailed examination of the records of mill companies. In 1918 only three out of 114 directorships of jute companies were held by Marwaris. Six years, later 16 out of the 46 companies controlled by expatriate managing agencies had at least one Marwari on their boards, and 5 had two Marwari directors. By December 1930, 59 percent of the jute mill companies run by European managing agencies had Marwari directors, and 60 percent of all jute mills had at least one Marwari in the boardrooms.[17]

Thus, with direct entry and acquisition of jute mill shares, the Indians had established a bridgehead in the industry even before the 1930s. Were these directorships mere window dressing, doled out here and there by the Britons to appease nationalistic sentiments? If so, the expatriate mercantile community would not have been totally distrustful of the Marwaris and made them subjects of nasty racial epithets. From the early 1920s, the Marwaris were being referred to as 'mugs with money' who were always 'up to some dirty work'. They were the 'pirates', the 'outsiders', the 'corner boys of our great trade', and the 'short sighted industrialists'.[18] Birla was the prime suspect, darting hither and thither, planting the dangerous seeds of economic nationalism, 'acting bobbery [*sic*]', and doing 'more to encourage new mills than anyone'.[19] Even Benthall, who was far less racist than his colleagues, was exasperated to a point where he later longed 'to see one of the upstart [Marwari] mills going into liquidation .. and coming back to British management, whoever it

[16]This was noticed at the time by R. N. Gilchrist, a civil servant of the Government of Bengal. Gilchrist was not only very perceptive but also, unlike many other mandarins, had no sympathy for the British commercial houses. For Gilchrist's detailed noting, see GOB, *Commerce Department, Commerce Branch*, File 2–J–1, September 1932, Proceedings 87–134B and Goswami (1982), p.154.

[17]*Investor's India Year Book 1919, 1926* and *1930*, sections on jute. This section is largely from Goswami (1985, 1989).

[18]Goswami (1982), p.157, and Goswami (1985), p.234.

[19]CSAS, *Benthall Papers*, Box I, Thomas–Benthall, December 12, 1928.

may be'.[20] Given these attitudes, it seems unlikely that the Marwaris were cordially invited to be puppet directors in European firms. They were in boardrooms by virtue of having bulldozed their way in.[21]

The strength of Indian entrepreneurs during the inter-war era can also be inferred from the growth of Indian trade associations. On the ascendancy, the Marwaris set up rival organizations such as the Bengal Jute Dealers Association, the Jute Balers Association, and the East Indian Jute and Hessian Exchange. Perhaps the most important index of Indian entrepreneurship was the founding of the Indian Chambers of Commerce (ICC). Under Birla's initiative, the ICC was set up in 1926 to 'speak for Indian business and political interests'. Biria was the first president. Dominated and energized by Birla, the ICC started orchestrating Marwari opposition to the European controlled Bengal Chamber of Commerce. Soon, an all-India Federation of Indian Chambers of Commerce and Industry (FICCI) was formed with entrepreneurs such as Birla, Purshottamdas Thakurdas, Dinshaw Petit, Walchand Hirachand, Lala Shri Ram, Juggilal Singhania, M. C. T. Muthia Chettiar, and others.[22] FICCI came as a rude shock to the expatriate mercantile community. In the late 1920s and early 1930s strenuous efforts were made by Europeans to dissolve FICCI and incorporate Indian businessmen in their chambers of commerce. By then the rift was far too wide to be healed, and

[20]CSAS, *Benthall Papers*, Edward–Paul Benthall, December 12, 1928.

[21]In contrast, many aristocratic Bengalis were invited by the Britons to serve as dummy directors. They were invariably *zamindars* who wore tweed, smoked pipes, knew all about thoroughbreds, and went to Ascot as guests of earls and counts. Prominent among these western educated *babus* were Manindra Chandra Nundy, Bhupendra Narayan Sinha, Bejoy Prasad Singh-Roy, Lord Sinha of Raipur, the Maharajah of Santosh, and the Maharajah of Burdwan (the last better known as a celebrated party giver, racehorse owner, and dipsomaniac than as a director). Of these directors one hears only high praise. That was to be expected. After all, the Bengali gentry knew what 'correctness' was all about and never threatened to take over firms run by the British.

[22]Ray (1979), pp.306-07.

years of racial slander had taken its toll.[23] When the Secretary of the Bengal Chamber of Commerce approached Debi Prasad Khaitan, a Marwari industrialist, to help forge an alliance among the various partners in Empire, he was told 'that was not to be, as the political convictions of Indians and Britishers (in their present mentality) are quite wide apart'.[24]

Marwari entry was certainly an eyesore to the *burra sahibs*, but this was not the central problem of the IJMA. The basic issue was that capacity was expanding faster than demand, which was due to interloping and systematic free-riding by European as well as Indian firms. 'There are persistent rumours about projected new mills in Calcutta', warned J. Sime of Andrew Yule in 1927 as the Chairman of IJMA.[25] According to Sime, the mills were converting some 27 million *maunds* of jute. He estimated that if the work time restrictions were violated, the IJMA members alone could end up using 40 million *maunds* of jute to produce 770 million bags, and 2.16 billion yards of burlap. 'No one', admonished Sime, 'however intimate a knowledge he might have of the world market ... can visualise a demand large enough and continuous enough to absorb these quantities'.[26]

Sime's counsel went unheeded. Constrained by the investment restriction clause, the IJMA mills could not overtly increase working hours or capacity. Instead, they took to covert but systematic cheating. This took two forms. One was to set up new units outside the membership of the Association. An example of

[23]The racial slurs were manifold. Birla, for instance, was banned from entering the Sale Room of the London Jute Association and had to employ English brokers - any 'Tom, Jack or Ragstraw', to quote Birla – to conduct business on his behalf: Nehru Memorial Museum and Library (NMML), *Purshottamdas Thakurdas Papers*, Birla–Thakurdas, November 19, 1928. At a lesser level, colonialism sometimes meant poking canes at natives who stood in the way of Britons promenading down the Chowringhee, in Calcutta. This practice was fondly recalled by J. A. Mckerrow, a partner of Bird and Company, as an example of the idyllic life led by Englishmen before World War I: CSAS, *Benthall Papers*, Box XIV.

[24]NMML, *Thakurdas Papers*, D.P.Khaitan–Thakurdas, September 9, 1927.

[25]IJMA, *Report of the Committee 1926* (Calcutta 1927), p.3.

[26]Ibid., pp.3-4.

this was the duplicity of McLeod and Company. When its senior partner, Harry Burn, was appointed as Chairman of the IJMA, he pleaded for creating a 'water–tight association' with hundred percent membership. Yet, as McLeod's chief executive, he was instrumental in setting up the Chittavalsah and Nellimarla mills outside the IJMA. Likewise, Macneill's Rameshwara mill was not a member of the Association.

The other form of violation was plain and simple free-riding. In 1925, Gobindlall Bangur, an influential gunny dealer with large stock holdings in Kettlewell Bullen and Company, informed the IJMA Chairman that 'most single shift mills work double shift ... and double shift mills are also reported to work longer hours daily than permitted by law and agreement'.[27] Bangur estimated that these violations accounted for more than 10 percent of the output sold in the market. Soon free-riding was considered serious enough to be included in the annual public address of the Chairman of the Association. In January 1927, in front of a packed hall, Sime roundly chastised his members:

> The days of the tricks of the cornerboys in our great trade should be abandoned for ever ... We should realise that stealing 15 minutes in the beginning, 15 minutes in the middle and 15 minutes at the end of the day or to erect a loom or more in the odd dark corners is as likely to cause disaster as the erection of new mills.[28]

The 'odd dark corners' came to light in 1930. According to the rules of the Association, every member mill had to submit to the IJMA its annual statistics on the number of looms and gunny production. It soon became disconcertingly obvious that the latter did not square up with the former: 'either some looms were capable of unheard of production or there were more looms in existence than were officially declared'.[29] By 1930 the discrepancy became large enough for the IJMA to appoint two firms of chartered accountants to conduct an independent loom census.

[27]IJMA, *Report of the Committee 1925* (Calcutta 1926), pp.12-13.

[28]IJMA, *Report of the Committee 1926* (Calcutta 1927), p.4.

[29]GOB, *Commerce Department, Commerce Branch*, File 2–J–1, September 1932, Progs.87–134B, Appendix II, note by R. N. Gilchrist, April 22, 1932.

The result was staggering. Against a reported IJMA capacity of 52,929 looms, the firms counted 58,639 looms. Quite simply, almost 10 percent of the *actual* capacity consisted of looms concealed in the odd dark corners! It was a humiliating public revelation for Mr. Sime since his company, Andrew Yule, was the biggest 'cornerboy' of them all, with 24 percent unreported looms. With the Chairman of the IJMA being shown to be a cheat, the investment restriction clause became 'something of a joke'.[30]

Using the same methodology as in Table 5.3 one can estimate the extent of cheating within the IJMA. Table 5.5 and Chart 5.B show (a) the actual consumption of raw jute by the IJMA mills, and (b) what consumption ought to have been had all units scrupulously adhered to IJMA's restrictions. The difference is the extent of free–riding.

The Indian entrepreneurs became convenient whipping boys. 'I do not see how we can enjoy the present prosperity for very long when the Indians are out to break rules and have a greater share in the output', commented Benthall in 1928.[31] The natives were not virtuous angels. But, in the 1920s, they accounted for no more than 5 to 6 percent of capacity, and could not have supplied the entire excess output in the industry – even if they wanted to.[32] For instance, in 1928–29, if *all* the Indian mills cheated and worked 81 hours a week (instead of the IJMA stipulated 54) and, simultaneously, if *all* expatriate units conscientiously followed the agreement, the excess raw jute consumption would have been only 500,000 *maunds*. In fact, the additional consumption was around 5 million *maunds* – or ten times the Indian violation. It was precisely this sort of rampant free-riding that set the stage for a bitter confrontation during the depression of the 1930s.

[30] Ibid., note by Gilchrist, April 22, 1932. Sime could have taken comfort in the fact that Jardine and Bird were also big free-riders having, respectively, 10 and 7 percent unaccounted looms.

[31] CSAS, *Benthall Papers*, Box I, marginal comment by Benthall, Mokandlall-Benthall, December 13, 1928.

[32] Privately, British directors conceded that 'white' companies were the prime violators. For instance, it was commonly known that Gillanders Arbuthnot and Company did 'more swindling regarding working hours ... than any other mill'. CSAS, *Benthall Papers*, Box I, Thomas–Benthall, December 4, 1928.

TABLE 5.5 : FREE RIDING BY IJMA MILLS 1920 TO 1938

	Actual Jute Consumed	Consumption According to Working Time	Excess Consumption (Cheating)
1919–20	25410	19702	29.0%
1920–21	27335	19962	36.9%
1921–22	21180	20652	2.6%
1922–23	23075	22813	1.1%
1923–24	25020	23538	6.3%
1924–25	27595	24172	14.2%
1924–26	26720	24241	10.2%
1926–27	26870	24509	9.6%
1927–28	28165	25066	12.4%
1928–29	29395	25204	16.6%
1929–30	31230	28747	8.6%
1930–31	22185	20543	8.0%
1931–32	20750	17854	16.2%
1932–33	21225	17025	24.7%
1933–34	20985	17025	23.3%
1934–35	22270	18500	20.4%
1935–36	24365	19058	27.8%
1936–37	29465	24064	22.4%
1937–38	32510	27510	18.2%

Sources: IJMA, *Reports of the Committee 1919* to *1937*, and *1949*.
Notes: The method used is the same as in Table 5.3. From IJMA's *Reports of the Committee* one can get the data on (a) the current working time regime and (b) looms. To arrive at the estimates of consumption according to working time, I have assumed that all IJMA mills adhered to the restrictions, while all non-IJMA mills worked the maximum number of hours under the Factories Act, i.e. 81 per week. Units are in 000 *maunds*. Interestingly, the excess consumption estimates for 1925–26 and 1926–27 compare favourably with Bangur's assertion that 10 percent of the gunny sold in the market was the product of free-riding and other violations.

CHART 5.B : FREE-RIDING WITHIN THE IJMA, 1919-1937

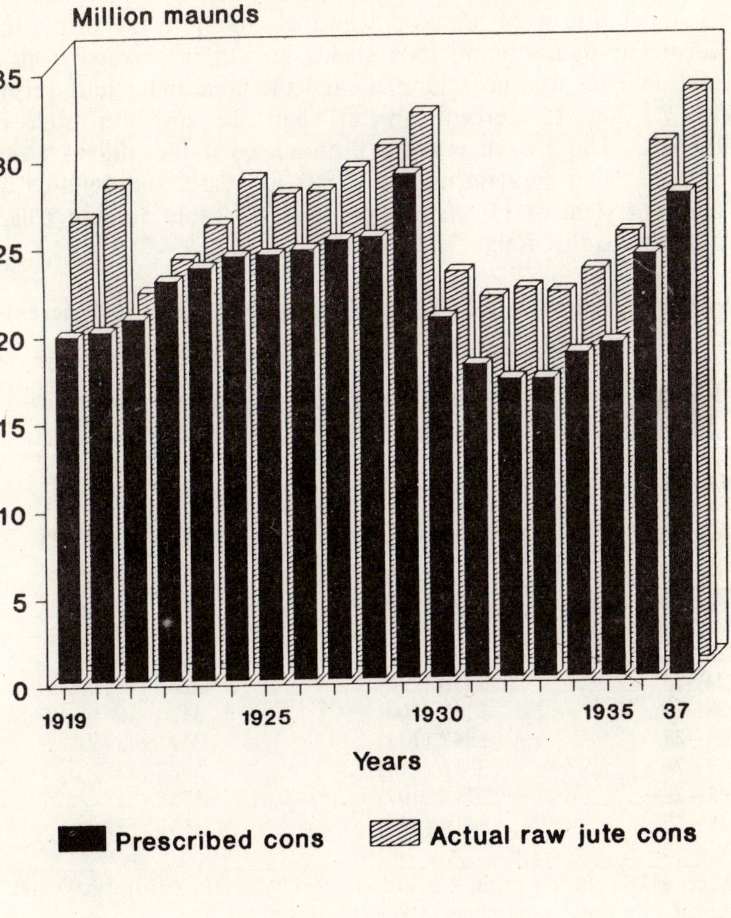

5.3 : The Agrarian Scene, 1919–1929

Overall, the jute tracts enjoyed the benefits of a growing demand for gunny. The countryside gradually recovered from the shock of the war and the acreage under jute slowly climbed back to the pre-war levels. As mentioned earlier, the official estimates of the area under jute were biased downwards. Despite the error, the government figures point to a steady growth in acreage from a trough in 1922 to a peak in 1926, and the area under jute during 1925–29 was 15 percent greater than the previous high in 1909–13. The growth is more pronounced if the official series is revised using the data on actual raw jute sales and deflated by a constant yield of 15 *maunds* per acre.[33] Table 5.6 and Chart 5.C illustrate this trend.

TABLE 5.6 : ACREAGE UNDER JUTE, 1919–1929 (000 acres)

	Official Acreage	Revised Acreage
1909–13	2936 (100)	2943 (100)
1919–20	2822 (96)	2980 (101)
1920–21	2509 (85)	2770 (94)
1921–22	1518 (52)	2568 (87)
1922–23	1800 (61)	2672 (91)
1923–24	2787 (95)	3092 (105)
1924–25	2770 (94)	3280 (111)
1925–26	3115 (106)	3120 (106)
1926–27	3847 (131)	3441 (117)
1927–28	3374 (115)	3673 (125)
1928–29	3144 (107)	3736 (127)
1929–30	3415 (116)	3731 (127)

Source: IJMA, *Report of the Committee 1949* (Calcutta 1950), pp.99-100.
Notes: ( ) are index numbers, 1909–13 = 100.

[33] See Chapter 3, Table 3.3, for the method of revision.

CHART 5.C : OFFICIAL AND REVISED AREA UNDER JUTE, 1909-1929

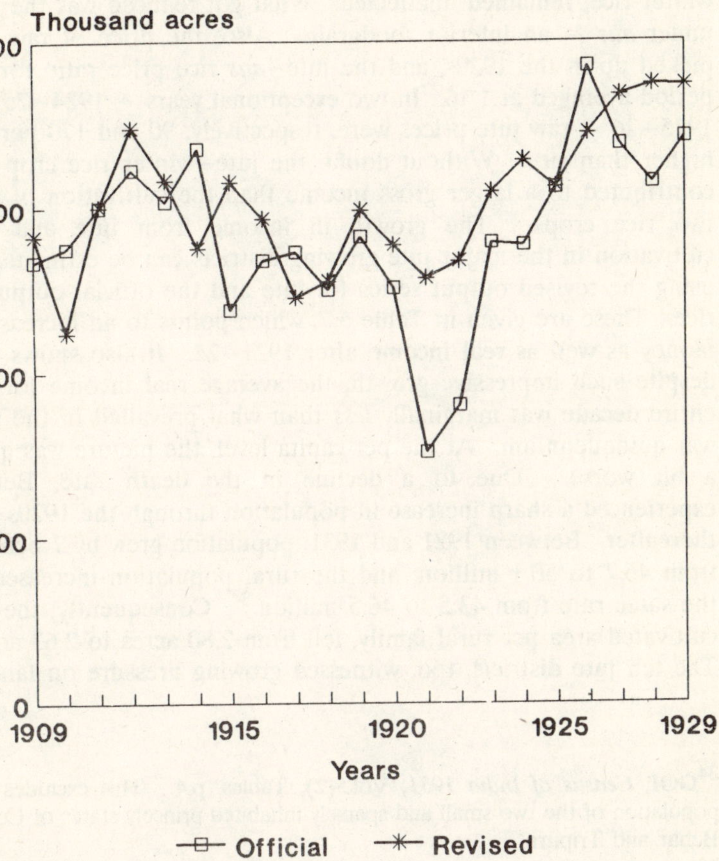

Since Bengal had more or less reached her extensive margin of cultivation by the early twentieth century, the expansion in jute acreage in the 1920s was at the expense of the alternative crop, autumn rice. Contrary to nationalist sentiments, this substitution was not bad for the peasants. The area under the main food crop, winter rice, remained unaffected. What got reduced was the area under *aus* – an inferior foodgrain. Also, the price of raw jute picked up in the 1920s, and the jute–*aus* rice price ratio for the period averaged at 1.46. In two exceptional years – 1924–25 and 1925–26 – raw jute prices were, respectively, 90 and 170 percent higher than rice. Without doubt, the jute–winter rice crop mix contributed to a larger gross income than the cultivation of only two rice crops. The growth in income from jute and rice cultivation in the major jute growing districts can be estimated by using the revised output series for jute and the official output of rice. These are given in Table 5.7, which points to an increase in money as well as real income after 1921–22. It also shows that despite such impressive growth, the average real income for the entire decade was marginally *less* than what prevailed in the pre-war quinquennium. At the per-capita level, the picture was quite a bit worse. Due to a decline in the death rate, Bengal experienced a sharp increase in population through the 1920s and thereafter. Between 1921 and 1931, population grew by 7 percent from 46.7 to 50.1 million; and the rural population increased at the same rate from 43.5 to 46.5 million.[34] Consequently, the net cultivated area per rural family, fell from 2.80 acres to 2.63 acres. The ten jute districts, too, witnessed growing pressure on land.[35]

[34]GOI, *Census of India 1931*, Vol.5(2), Tables, p.4. This excludes the population of the two small and sparsely inhabited princely states of Cooch Behar and Tripura.

[35]The net cultivated area per rural family (in acres) was:

	1921	**1931**		**1921**	**1931**
Dacca	2.21	2.15	Mymensingh	3.02	2.70
Faridpur	2.73	2.67	Tippera	2.11	2.08
Rangpur	3.44	3.39	Bogra	2.83	2.62
Pabna	3.32	2.60	Rajshahi	3.37	3.29
Dinajpur	4.14	3.45	Jalpaiguri	4.05	3.72.

GOB, *Season and Crop Report of Bengal 1921-22* and *1931-32* and GOI, *Census of India 1931*, vol.5(2).

TABLE 5.7 : GROSS INCOME FROM JUTE AND RICE IN THE JUTE DISTRICTS, 1919–29

	Output		Income		Money	Real
	Jute	Rice	Jute	Rice	Income	Income
1909–13	31.9	82.8	288.5	351.3	639.8	544.5 (100)
1919–20	36.1	92.1	299.8	680.0	979.8	490.1 (90)
1920–21	31.7	91.0	200.3	659.6	859.9	522.4 (96)
1921–22	27.5	99.0	166.6	594.0	760.6	409.2 (75)
1922–23	20.7	91.8	202.0	504.9	706.9	451.0 (83)
1923–24	23.0	91.4	199.6	479.8	679.4	439.2 (81)
1924–25	34.5	97.1	422.8	625.7	1048.5	587.6 (108)
1925–26	33.3	90.1	627.9	630.6	1258.5	694.1 (108)
1926–27	44.5	90.0	386.4	647.1	1033.5	601.9 (111)
1927–28	43.9	87.0	381.9	652.2	1034.1	600.1 (110)
1928–29	39.5	95.9	355.6	635.6	991.2	572.5 (105)
1929–30	41.4	81.0	367.9	486.0	853.9	570.7 (105)

Sources: GOB, *Season and Crop Report of Bengal 1919–20* to *1929–30*; GOI, *Agricultural Statistics of British India 1909–10* to *1914–15*; IJMA, *Report of the Committee 1949* (Calcutta 1950), pp.97-101, 116-17; K. L. Datta, *Report on the Enquiry into the Rise of Prices in India* (Calcutta 1914), vol.II, pp.136-39; GOB, *Report of the Bengal Paddy and Rice Enquiry Committee* (Alipore 1939), p.24; Sivasubramonian (1965).
Notes: Output in million *maunds*; income in Rs. million; real income computed with the agricultural sector deflator, 1938–39 as base.

Mean holding sizes were already quite small at the turn of the century. By the 1920s these had fallen further, and a permanently occupying settled *raiyat*, on an average, cultivated not much more than 3.5 acres of land.[36]

[36]The *Banking Enquiry Committee* stated that the average holding was 5.21 acres. This included the western districts with larger holding sizes. Also included were current fallows and half of the culturable wasteland. If the fallows accounted for a quarter of the holding and the so-called 'culturable wasteland' is netted out, the size would have been around 3.5 acres: GOB, *Bengal Provincial Banking Enquiry Committee*, v.I (Calcutta 1930), pp.24-5.

Population pressure also led to a steady increase in under-*raiyati* and sharecropping tenures. The *Settlement Report of Pabna and Bogra*, published in 1930, noted the growth of *barga* tenures in the highly commercialized sub-division of Sirajganj.[37] In Mymensingh, where sharecropping was virtuallv non-existent in the pre-war years, *bargadari* was on the increase, and in the eastern sub-divisions 'a very large proportion of the raiyats ... now work[ed] as bargadars'. And in Brahmanbaria, the heart of Tippera's jute belt, 'good farmers [were] being turned into bargadars'.[38]

Unfortunately, there is no hard evidence that can be used to quantify the extent of sharecropping and under-*raiyati* tenures in the 1920s. However, there are good reasons why this ought to have happened. The price shocks of World War I and the slump in 1921–22 and 1922–23 created severe cash problems for the poorer peasants. Many of them had borrowed to the hilt from the village *mahajan* and had to approach other creditors – such as the wealthier *jotedar*s and *dadan* merchants – for additional loans. The relentless growth in the man-to-land ratio and the long term profitability in jute made land a highly desirable asset. Being farmers, the *jotedar*s were only too willing to lend money against usufructuary mortgage on land. If the harvest prices were good, the *jotedar* would get his money back with a hefty interest. In the event of low prices and non-payment, the *jotedar* could always appropriate a certain amount of the debtor's holding, and make the cultivator work as a sharecropper on the very same strip of land.

This was how the tenurial structures in east Bengal evolved through the 1920s. There is evidence of growing indebtedness among peasant households. Interest rates on agricultural loans in Dacca were as high as 10 percent per month and indebtedness was on the rise in the more commercialized sub-divisions.[39] When Jack had conducted his settlement operations in Faridpur in

[37]GOB, *Pabna and Bogra SR* (Calcutta 1930), p.25.

[38]GOB, *Report of the Bengal Provincial Banking Enquiry Committee* (Calcutta 1930), vol.II, evidence of Khan Bahadur Saiyed Muazzamuddin Hosain, p.237, and evidence of B. B. Dutt, p.534.

[39]Ibid., evidence of Martin, Basu and Chatterjee, pp.190-202.

1910–14, he estimated that 45 percent of the cultivators were in debt. By 1928–29, the share had risen to 80 percent.[40] In Mymensingh, indebtedness was 'fast increasing', the debt per family was around Rs.100, and smaller peasants frequently turned to *dadandars* for finance.[41] Things were no different in Pabna. In Dinajpur, *jotedars* had become important creditors, charging interest rates that varied from 40 to 75 percent.[42] In the early 1930s, P. C. Mahalanobis carried out a survey on agricultural indebtedness in Bengal using a sample of 6,359 rural families. He found that in 1928, the average debt per rural household in eight major jute growing districts was Rs.128, and this was *exclusive of interest costs*. The highest debt per family was in Tippera – Rs.197 – while in Mymensingh it was the lowest at Rs.94.[43]

In Chapter 3, I had estimated the profits accruing to a permanently occupying settled *raiyati* household with four acres of land. The exercise is repeated with two major changes. Since the growth in population resulted in a decline in the aggregate land-man ratio, it would be fair to surmise that most peasant households, too, had less land than before. Therefore, I shall look at the surplus of a permanently occupying settled *raiyat* with 3.5 acres of land. To err on the side of safety, I shall also examine the fortunes of a 4 acre *raiyati* household. Second, according to the Mahalanobis survey, the average debt per peasant household in 1928 was Rs.128. At an interest rate of 37.5 percent per year, the debt cost amounts to Rs.48, which is larger than what it was for 1900–1913. In order to be conservative, I shall assume that the interest cost of Rs.48 was for a four acre household. Equi-proportionately, for a family cultivating 3.5 acres, the cost would be Rs.42. Although population had increased, to be on the safe side I have continued to assume the same household size as before, namely 5.18 persons. All other assumptions are the same

[40]Ibid., evidence of Chatterjee, pp.211-13.

[41]Ibid., evidence of Hosain, pp.232-37, and evidence of Ray, p.585.

[42]Ibid., evidence of Roy, pp.748-53 and evidence of Furrokh and Goswami, p.178 and pp.787-88.

[43]GOB, *Revenue Department, Land Revenue Branch*, *The Bengal Board of Economic Enquiry*, File 11–R–29 of 1934, Nos.1–3, Progs 8–11, June 1935.

as before. Table 5.8 and Chart 5.D give the estimates for 1909–13 and 1919–29.

What is the relevance of these surplus estimates? It could easily be argued that the estimates are flawed because:[44]

a) Who is the average *raiyat* anyway?
b) It is impossible to get an estimate of the true weighted average profits for the region.
c) Cultivation costs used here do not incorporate scale economies. Moreover, hired labour charges are accounted for, although the peasants used only family and cooperative labour.
d) It makes little sense to annually adjust costs and consumption expenditure in line with the agricultural sector's price deflator.
e) In the final analysis, the estimates are biased downwards. The true average surplus would have been higher.

These objections can be answered in a few paragraphs. First, given the state of data, it is impossible to get quantitative characteristics of the 'average' peasant household. Therefore, the best that one can do is to arrive at estimates of the surplus earned by a *particular* type of peasant household, defined in terms of land and tenancy contract. My assumption is that a permanently occupying settled *raiyat* of east Bengal who cultivated four acres of land represented a better than average peasant of the region. In the 1920s and 1930s, so too did POSRs with 3.5 to 3 acres of *raiyati* land. If the weighted average surplus could at all be calculated, it would probably be *less* than what accrued to a four or 3.5 acre POSR. In other words, I am *not* estimating the surplus of the average representative peasant household. I am merely examining the fortunes of *given classes* of farmers. If other researchers can conclusively prove that the average peasant household had much larger operational holdings, earned greater profits, and show that my estimates are biased downwards, I shall stand corrected.

Secondly, it could be argued that by pro-rating costs (using costs per acre) I have ignored economies of scale. In fact, my procedure overstates, not under-estimates, the surplus. The reasoning is simple. With positive economies of scale, the variable

[44]The next few paragraphs address purely methodological issues and, hence, make uninteresting, nit-picking reading. The reader who is not particularly concerned about these matters can move on to Table 5.8.

cost per acre should increase with a fall in holding size. By making them constant, I am clearly under-estimating costs and, thus, overstating the surplus – which is exactly what I want to do. Moreover, studies estimating agricultural production functions using post-Independence farm management data show that Cobb-Douglas and other constant returns to scale functions perform remarkably well over a wide range of holding sizes.

Third, why are labour costs taken into account when cultivation was carried out by cooperative and family labour? The fact of the matter is that jute cultivation required a large dose of hired labour for weeding, harvesting, and fibre separation. Furthermore, since the *aus* and jute harvest as well as the *aman* transplant occurred around the same time, some amount of hired labour was also needed for rice cultivation. If all cultivation could be done without an iota of hired labour then one has to conclude that the rural landless of Bengal starved to death. Since they did not, it is not particularly incorrect to impute some labour costs.

Finally, should one adjust costs and expenditure according to the annual changes in the agricultural sector deflator? If the deflator is properly weighted – and no one has yet doubted the estimates of Sivasubramonian – it should reflect changes in prices and, *a priori*, costs and consumption expenditure should move in accordance. To conclude, I am computing the surplus of certain classes of peasants and, if anything, my method of estimation overstates the surplus. Having said this, it is time to move on to Table 5.8.

In the table I have computed the surplus of two classes of POSR households – one with four acres and the other with 3.5 acres of operational holdings. Only the nominal and real surplus are given here.[45] The table speaks volumes about the state of the agrarian economy. Although the countryside as a whole was not doing poorly, a permanently occupying settled *raiyat* cultivating 4 acres was clearly worse off compared to the pre-war era. His real surplus in the 1920s was 35 percent *less* than what he earned in the five years preceding World War I. Things were worse for a POSR cultivating 3.5 acres of land: his real surplus declined by almost 49 percent. For those having yet smaller endowments and

[45]For the detailed computation and methodology, see Appendix III.

worse tenancy contracts – such as the growing number of under-*raiyats* and sharecroppers – the conditions were still worse.

TABLE 5.8 : SURPLUS FROM JUTE AND RICE CULTIVATION FOR A PERMANENTLY OCCUPYING SETTLED *RAIYAT* WITH 4 AND 3.5 ACRES OF LAND, 1919–1929

	Surplus 4.0	**Surplus 3.5**	**Real Surplus 4.0**	**Real Surplus 3.5**
Average 1909–13	151.84	103.41	128.08	87.23
1919–20	99.01	39.89	49.52	19.95
1920–21	108.97	53.74	66.20	32.65
1921–22	13.21	–29.71	7.10	–15.98
1922–23	92.68	45.08	59.13	28.76
1923–24	87.34	41.34	56.46	26.72
1924–25	188.94	123.93	105.88	69.45
1925–26	371.14	281.52	204.68	155.25
1926–27	154.80	93.03	90.15	54.18
1927–28	165.56	101.56	96.07	58.93
1928–29	132.32	74.62	76.43	43.10
1929–30	149.07	94.10	99.63	62.89
Average 1919–29	142.09	83.55	82.84	48.72
Percent Decline	**6.4%**	**19.2%**	**35.3%**	**44.1%**

Note: The sources, the methodology and estimates from 1900–01 through 1939–40 are given in Appendix III. Surplus in rupees. Real Surplus in constant rupees using agricultural sector deflator from Sivasubramonian (1965), 1938–39 as base year.

For most jute cultivators, then, the best days were over. To most peasants, the sources of all exploitation evil were the crafty Marwari traders and the usurious Hindu moneylenders. As far as they were concerned, the *paschimas* had conquered the Mussalman

CHART 5.D : REAL SURPLUS OF A POSR WITH 4 AND 3.5 ACRES OF RAIYATI LAND

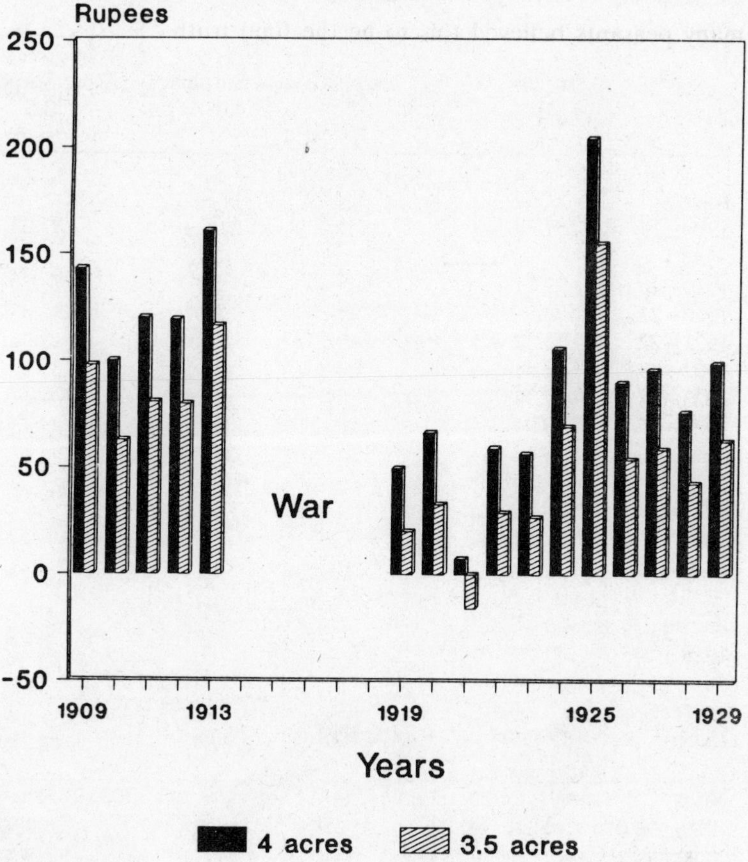

1938-39 prices

krishak. So, when Abed Ali Mian mockingly wrote

> *Beshi pat karo bhaire beshi takar ashey,*
> *Jemon asha temon dasha dena pater chashey.*
> *Taka, taka majur diya niran kulan kam,*
> *Marwarira ghorey boshey panch taka dei dam.*[46]

many peasants believed this to be the final truth.

[46]Translates to: You grew more jute, brother, with hope of greater cash / The cost and debt of jute will make your hopes get dashed. / When you've spent all your money to get the crop off the ground, / The Marwari traders, lolling at home, will pay only Rs.5 per *maund* : Abed Ali Mian, *Desh Shanti* (Rangpur 1925).

6 : THE GREAT SLUMP, 1930–31 TO 1938–39

6.1 : Anatomy of Cartel Failure

The depression hit the jute industry when it was least expected. Merely a year before the collapse the Jute Mills Association had abandoned restrictions on capacity and allowed working time to be increased from 54 to 60 hours per week 'to retain for India the trade which was passing on to Dundee and the Continent'.[1] The lifting of capacity restraints immediately led to the introduction of an additional 2,224 looms – over and above the 5,710 unreported looms that were set up in the 1920s and discovered in 1930.[2] In 1929–30 two new mills were commissioned, three more were in the pipeline – all under Indian control – and there were no reasons for pessimism.

The recession arrived precisely when the industry had installed new machinery and shifted to longer hours. Suddenly the world market broke down, and the mills, long used to operating in 'a self-satisfied complacent mood ... their order books well filled' found themselves looking at 'blank order books and godowns [sheds] full of jute uncovered by sales'.[3] In a single year, 1930, the volume of gunny bags and cloth exports dropped by 17 and 23 percent respectively; their prices fell by 19 and 32 percent; and export value crashed by 39 percent. The industry was not the only sector affected by depression. The volume of raw jute exports fell by 24 percent between 1929–30 and 1930–31 and harvest prices plummeted from Rs.8.88 to Rs.3.75 per *maund*. The value of raw jute export declined by 52 percent in a single year. Worse was yet to come.

Unlike most western and Latin American countries, the depression in the jute economy did not peter out by 1934 but carried on right until the eve of World War II. Although the volume of gunny exports in 1935–39 was significantly greater than in 1930–34 – in fact it was even larger than in 1925–29 – a sharp fall in prices kept export values well below the average of the mid-1920s. During 1925–29 the prices of gunny and raw jute

[1] IJMA, *Report of the Committee 1929* (Calcutta 1930), p.4.

[2] Bagchi (1972), p.277; GOB, *Commerce Department, Commerce Branch*, File 2–J–1, September 1932, Progs.87–134B, Appendix II, note by R. N. Gilchrist.

[3] IJMA, *Report of the Committee 1930* (Calcutta 1931), p.8.

averaged, respectively, Rs.689 per ton and Rs.11 per *maund*; in the course of 1930–34 these had fallen to Rs.348 and Rs.3.72. Although raw jute prices picked up marginally to Rs.5 per *maund* in 1935–39, powerful monopsonistic pressures exerted by the U.S. importers and a price war in Calcutta reduced gunny prices even further to Rs.289 per ton. The price slump reflected the nature of the product. Gunny was a cheap, semi-processed good used for packing other primary goods. With primary product prices falling dramatically, the greatest squeeze naturally fell on the humble packing material. Thus, jute had the unfortunate experience of going through a sharper and more prolonged slump than other traded goods. The state of the industry can be understood by examining Table 6.1.

After toiling through the first six months of 1930 without any relief in sight, the IJMA suddenly decided to end its all too brief output liberalization regime. In June 1930, the Association ordered its members to revert to a 54 hour working week with a moratorium on investments. When these measures failed to stem the rot, the IJMA opted for stronger instruments. From July 1930 all member mills had to remain closed for one week per month during which time workers were paid only a half to a third of their normal wages.[4] Mass retrenchments followed. Between 1929–30 and 1934–35 more than 83,000 workers – or a quarter of the 1929 work force – were dismissed.[5]

These drastic moves failed to arrest the downward trend in profits, prices, and demand. By 1931 gunny exports and prices were 8 percent and 17 percent lower than in 1930, and the inventory of unused raw jute held by the mills increased by more than 26 percent above the pre-depression level.[6] In such a situation, the IJMA reacted in a predictable way. In March 1931 working hours were further reduced to 40 per week and the Association instructed its members to seal 15 percent of their looms until further notice.[7] It was this *diktat* that brought to the

[4]IJMA, *Report of the Committee 1930* (Calcutta 1931), p.18, pp.23-4.

[5]For reactions of the workers and unions, see Goswami (1987), pp.547-83.

[6]IJMA, *Report of the Committee 1949* (Calcutta 1950), pp.114-17 and Sivasubramonian (1977), pp.447-48.

[7]IJMA, *Report of the Committee 1931* (Calcutta 1932), p.28.

limelight the conflicts that were simmering through the 1920s and eventually undermined whatever little pretensions the IJMA had of being a powerful product market cartel.

TABLE 6.1 : THE JUTE INDUSTRY DURING THE THIRTIES

	Output			Exports			Raw Jute Export	Prices	
	Vol	Val	Real Val	Bags	Cloth	Real Val		Bag	Cloth
Average									
1925–29	1,045	716	446	471.5	1,542	342.2	22.1	47.13	16.13
1930–31	815	334	258	434.1	1,272	246.7	16.9	27.88	8.56
1931–32	795	270	250	388.5	1,021	203.7	15.9	25.94	8.31
1932–33	907	296	279	415.1	1,012	204.8	15.3	24.56	8.75
1933–34	907	304	304	401.6	1,053	213.8	20.4	23.50	9.63
1934–35	968	319	327	423.0	1,064	220.2	20.5	24.88	9.06
% Change 1930–34 over 1925–29	**−16**	**−57**	**−36**	**−13**	**−30**	**−36**	**−20**	**−46**	**−45**
1935–36	1,048	326	330	458.9	1,218	237.6	21.0	21.56	8.38
1936–37	1,255	350	375	576.4	1,708	299.1	22.3	20.69	7.88
1937–38	1,348	382	379	612.3	1,643	288.2	20.3	20.69	7.13
1938–39	1,172	331	331	598.4	1,550	262.6	18.8	24.50	8.25
% Change 1935–39 over 1925–29	**+15**	**−51**	**−21**	**+19**	**+1**	**−21**	**−7**	**−54**	**−51**

Sources: IJMA, *Report of the Committee 1949* (Calcutta 1950), pp.97-101, 114-15, 116-17; GOI, *Annual Statement of Sea-borne Trade of British India 1929–30* to *1939–40*; Sivasubramonian (1977).

Notes: Volume of output in 000 tons; value in Rs. million; real value in Rs.million, 1938–39 as base; volume of gunny bag exports in million bags; volume of gunny cloth exports in million yards; real value of gunny exports in Rs. million, 1938–39 as base; raw jute exports in million *maunds*; price of gunny bags in Rs./100 bags; price of gunny cloth in Rs./100 yards. The deflator is secondary sector prices with 1938–39 as the base year.

During 1928–29 five large non-European mills – Adamjee, Agarpara, Gagalbhai, Premchand, and Shree Hanuman – were commissioned near Calcutta. With the exception of Agarpara, these companies had joined the IJMA. In 1930 the Association approached Agarpara to enroll as a member. The firm agreed to join if the IJMA would allow it to add 75 looms and work 60 instead of 54 hours per week – a request that was based on the premise that it was a nascent unit with high and unamortized overheads.[8] By this time the old IJMA hands had become thoroughly irritated by the presence of native mills, and the Association refused to make any concession. Agarpara immediately withdrew its application, increased capacity, started working 108 hours a week in three shifts, and showed every sign of weathering the depression.[9]

Seeing the IJMA's attitude and Agarpara's example, the other new mills started 'to believe that nothing could be gained by continuing to be members of the Association' – a view that gained credibility when a similar application met the same fate.[10] Threats of secession became very real in July 1931 when Gagalbhai Mill resigned from the IJMA.[11] A. H. Dawood, Adamjee's managing director, attempted a *fait accompli* by unilaterally increasing working hours. The IJMA immediately slapped a fine of Rs.60,000 and issued a circular that instructed affiliated bodies such as the Calcutta Jute Dealers Association and the Jute Fabric Shippers Association to refrain from dealing with Adamjee and its managing agency. The black-listing was quite useless. In the depression there were literally hundreds of raw jute dealers who were desperate to sell their fibre to any buyer at a reasonable price. Dawood refused to pay the fine and continued working longer hours, and was soon expelled.[12] The two remaining mills hung on in a desultory fashion for a few more months and then resigned from the IJMA.

[8]IJMA, *Report of the Committee 1932* (Calcutta 1933), p.135.

[9]Ibid., p.135.

[10]Ibid., p.135.

[11]IJMA, *Report of the Committee 1931* (Calcutta 1932), p.22.

[12]Ibid., pp.22-3.

After parting company, these five mills immediately increased working hours to 108 per week and, in doing so, incurred the wrath of the Association members who were labouring under a regime of 40 hours per week with only 85 percent of their looms. The outsiders were reviled as 'short-sighted industrialists' who 'in order to meet the requirements of their own self interests' had created a situation that was 'a direct menace to the well being of the industry'.[13] If this state of affairs were to continue, the IJMA feared that other members would also be tempted 'to increase their output and thereby reduce their overhead costs' and break away from the Association.[14]

There were good reasons for the IJMA to be fearful of the outsiders. In a space of seven months as many as nine large mills and three small units had started operating outside the ambit of the Association. During the 1920s the 'outside' mills accounted for less than 3 percent of the total capacity and were merely price takers. By the mid-1930s the outsiders started supplying more than 10 percent of the industry's output and undercutting prices. Table 6.2 gives the share of output of the non-IJMA mills.

TABLE 6.2 : SHARE OF OUTPUT OF THE NON-IJMA MILLS

Years	Share (%)	Years	Share (%)
1920–29	2.8		
1930–31	2.8	1934–35	10.1
1931–32	2.6	1935–36	9.8
1932–33	7.9	1936–37	8.2
1933–34	9.5	1937–38	8.0

Source: Computed from IJMA, *Report of the Committee, 1949* (Calcutta 1950), pp.114-15.

[13]CSAS, *Benthall Papers*, Box X, Benthall–Morton, September 16, 1935; IJMA, *Report of the Committee 1932* (Calcutta 1933), pp.3-4; IJMA, *Report of the Committee 1934* (Calcutta 1935), pp.12-14.

[14]IJMA, *Report of the Committee 1932* (Calcutta 1933), p.17.

By opting for an intensified output restriction regime, the IJMA failed to realize that quotas were virtually impossible to implement in an acute depression. Firstly, the world demand curve for gunny had shifted inward during the 1930s. Chaudhry (1958) estimated the demand for burlap in the U.S.A – the most important market – during the inter-war period. U.S. demand for gunny was specified as a function of (i) the price of burlap relative to its closest packaging substitute, Kraft-Ebbing manila bags, (ii) the volume of sales of U.S. agricultural output, and (iii) the index of U.S. real industrial output. The elasticities of demand given in the matrix below underline the difficulty of maintaining gunny prices through output restriction.

	Elasticities of Demand	
	1919–29	**1930–40**
Relative price	−0.306	−0.741
Agricultural output	0.267	0.485
Industrial output	0.852	1.134.[15]

With a fall in the world agricultural and industrial output, the demand curve not only shifted backwards but became flatter than before, which reflected a greater intransigence on the part of importers to pay a supply rationed price. This was especially true in the U.S. due to the influence of a handful of major buyers, of whom the most powerful was Bemis Brothers.

Secondly, many gunny importing countries reacted to the depression by raising their tariff walls. In an effort to stimulate the domestic manufacture of Kraft paper bags, Brazil and Argentina – the two largest Latin American importers – imposed high tariffs on jute products. The net result was a fall in demand to the tune of 25 million bags per year. In Indonesia, the Dutch used a combination of tariffs and heavy subsidies to encourage the domestic packaging industry that used the locally cultivated rosella fibre to weave Javanese sugar bags.[16] Even in the U.S., President Roosevelt raised tariffs on gunny bags from 10 percent to 40

[15]Chaudhry (1958), pp.416-28.

[16]ICJC, *Report on the Marketing of Jute and Jute Products* (Calcutta 1941), pp.133-34.

percent, and on burlap from zero to 16 percent.[17]

Third, the world was witnessing rapid changes in packaging with the introduction of bulk handling facilities. In 1931 Australian grain elevators could only handle 3 percent of the crop; by 1938, more than 75 percent of foodgrain output was bulk handled. During the second half of the 1930s, the U.S. and Canada had the capacities to store and ship respectively 800 and 422 million bushels of wheat through elevators and grain chutes, which were irrevocable losses to the jute industry.[18]

Given these demand conditions, it was foolhardy of the IJMA to expect that output restrictions could maintain prices at the level of the 1920s. Matters were made worse by the rampant free-riding and interloping on the supply side. A look at Table 5.5 (Chapter 5) shows that during the first five years of the depression more than 18 percent of the gunny output was produced wholly on account of the free-riding and cheating of the member mills. Given the supply and demand side problems, nominal as well as *real* prices dropped sharply, as did the profit rates. Tables 6.3 and 6.4 illustrate these trends. In reading Table 6.4 it should be noted that the cash flow situation for most of the jute mill companies had become so poor in the 1930s that they stopped making provisions for depreciation. If depreciation were taken into account, the profit rates would have been much lower than those shown in the table.

From Table 6.4 and other evidence, one can infer some broad trends regarding profitability. First, the rates of profit fell sharply in the 1930s, especially in comparison to the pre-depression quinquennium, 1925–29. With such a dramatic slump in prices and a fall in export volumes, this was to be expected.

Second, although profit rates varied across and within the managing agencies, there was a distinct three-tier hierarchy of profitability. The worst off firms were the new IJMA members, specifically the units that were commissioned immediately after the war or in the 1920s. Thanks to a sharp increase in capital goods

[17]ICJC, D. Ghosh and K. C. Basak, *Economic Analysis of the American Markets for Jute and Jute Manufactures* (Calcutta 1949), pp.5-6.

[18]ICJC, *Report on the Marketing of Jute and Jute Products* (Calcutta 1941), pp.135-36.

TABLE 6.3 : NOMINAL AND REAL PRICES OF GUNNY BAGS AND CLOTH

	Nominal Prices		Constant Prices	
	Bags	Cloth	Bags	Cloth
Average 1925–29	47.13	16.13	29.39	10.06
1930–31	27.88	8.56	21.57	6.62
1931–32	25.94	8.31	23.99	7.69
1932–33	24.56	8.75	23.17	8.25
1933–34	23.50	9.63	23.25	9.62
1934–35	24.88	9.06	25.51	9.29
1935–36	21.56	8.38	21.81	8.48
1936–37	20.69	7.88	22.14	8.43
1937–38	20.69	7.13	20.51	7.07
1938–39	24.50	8.25	24.50	8.25
Average 1930–38	23.80	8.41	22.94	8.19
Percent Decline	**49.50**	**52.14**	**21.95**	**18.59**

Sources: IJMA, *Report of the Committee 1949* (Calcutta 1950), pp.116-17 and the deflator is secondary sector prices from Sivasubramonian (1977), 1938–39 as base.

prices after the war, these firms incurred high setting up costs. More often than not, the companies found themselves with inadequate equity and had to purchase machinery against expensive short term loans and debenture issues at over 7 percent interest. Yet, by virtue of being members of the IJMA, these units were forced to follow the stringent output restrictions of the 1930s and, thus, could not reap the economies of scale of full capacity production. With their high overheads and interest charges on the one hand, and low production levels on the other, these companies suffered the most. The older IJMA firms were in a better position. These units were commissioned before the war – many

TABLE 6.4 : PROFITS AS A PERCENTAGE OF PAID-UP CAPITAL, JUTE MILLS, 1925–1938

	1925 -29	1930	1931	1932	1933	1934	1935	1936	1937	1938
Andrew Yule										
Albion	38	17	−1	−2	3	8	12	8	−2	−6
Belvedere	59	24	6	6	13	22	23	14	7	−2
Budge Budge	46	30	4	3	8	13	15	10	1	−4
Caledonian	51	20	9	4	15	16	19	12	1	5
Cheviot	37	16	6	5	8	10	12	8	2	−3
Delta	57	23	8	7	11	20	22	15	6	2
Lothian	39	17	2	2	7	10	12	9	−3	−3
National	34	17	8	5	10	14	17	11	5	1
New Central	40	8	1	4	10	13	14	6	1	−7
Orient	43	24	3	4	10	14	15	8	5	2
Bird–Heilgers										
Auckland	54	30	6	6	2	11	17	12	4	−4
Clive	29	24	5	9	1	12	12	8	5	−5
Dalhousie	41	35	16	9	11	13	15	12	7	0
Kinnison	74	33	4	21	15	19	22	15	7	−1
Lansdowne	21	19	2	0	−1	6	9	7	2	−3
Lawrence	44	34	11	12	10	18	20	14	4	−2
Naihati	62	44	17	11	5	14	20	10	2	−12
Northbrook	35	30	14	10	8	14	14	6	1	−7
Standard	39	30	12	12	7	15	15	12	6	3
Union	84	55	14	13	1	20	35	20	11	2
Jardine										
Howrah	40	30	19	16	19	25	26	21	20	6
Kamarhatty	58	25	9	12	29	31	30	19	14	−5
Kanknarrah	53	30	15	14	24	28	27	16	12	−4
Reliance	61	44	24	21	25	28	28	22	15	9
McLeod										
Empire	44	18	3	0	10	12	12	10	−2	−17
Kelvin	57	20	5	7	18	19	20	19	3	−12
Soorah	26	7	−8	−4	5	7	9	8	−3	−11
Presidency	23	10	−3	−4	3	5	6	5	0	−5
Chittavalsah				1	20	30	29	25	−19	−34

(continued)

TABLE 6.4 (concluded)

	1925 -29	1930	1931	1932	1933	1934	1935	1936	1937	1938
Begg Dunlop										
Alexandra	29	−17	−9	3	8	9	7	3	0	−16
Alliance	30	−8	−23	5	20	35	32	−5	1	−17
Waverley	11	4	−11	1	3	8	5	−4	−6	−14
Craig	6	4	−15	−21	−2	5	8	−6	−10	−19
Barry										
Gourepore	45	36	8	4	14	25	25	17	11	−5
Nuddea	14	11	−3	−3	7	12	9	3	1	−5
Others										
Ganges	23	17	4	0	3	9	10	6	3	−9
India	9	7	3	3	6	7	7	6	0	−3
Megna	13	10	6	−13	10	15	15	11	−3	−22
Adamjee*		12	5	12	14	18	24	17	10	−4
Agarpara*		15	13	33	24	33	37	30	15	3
Average	**39.7**	**20.7**	**4.8**	**5.7**	**10.4**	**16.3**	**17.8**	**11.0**	**3.4**	**-5.7**

Source: *Investor's India Year Book 1925 – 1938–39.*
Note: Of the mills in the sample, only the mills marked with an * made provisions for depreciation.

in the nineteenth century – and had amortized their capital costs many times over. Since there was no technical change to speak of, there was no real difference in variable costs between a new unit and a well maintained older mill. Moreover, three decades of virtually uninterrupted and often astronomical profit making had fattened the reserve funds of the established firms, which were available to meet the losses of the 1930s. In fact, many managing agencies transferred funds from their older jute mills to dress up the profit and loss accounts of their newer concerns.[19]

The firms that were doing the best in these hard times were the 'outside' mills. By working longer hours and utilizing capacities to the hilt, these mills reduced their average costs and earned reasonable profits despite low prices. In 1935, Bird and Company hired a firm of chartered accountants to carry out a confidential survey on the relative profitability of three different types of mill companies – old and established IJMA mills, new units affiliated to the Association, and the non-members. The results of the survey (given in Table 6.5) confirmed the above trends. It showed that (i) the rebels were doing the best, (ii) the old IJMA mills were not so badly off, and (iii) the worst off were the new Association members. After going through the report, George Morton, a director of Bird, concluded that 'the outside mills were in such a strong position over relative costs that whatever we did we could not compete with them'.[20] The success of the non-IJMA units in difficult times threatened the central tenet of any cartel, namely that a combine worth its name should provide benefits to its members and penalize non-members. Given IJMA's weak responses, constant cheating and free-riding became the order of the day.[21]

[19]There is evidence of this in the *Benthall Papers*. In 1929 Edward Benthall wrote to another partner, George Godfrey, 'Tomorrow you will be receiving Rs.2 lacs unexpectedly': *Benthall Papers*, Box I, Benthall–Godfrey, January 2, 1929. In 1937, when auditors were disallowing certain types of inter-corporate transfer of funds, Benthall wrote to his brother, Paul, 'I am really sorry to see the auditors forcing us into the exposure of our contingency reserves ... it is insane not to have secret reserves': *Benthall Papers*, Box XIII, Edward Benthall–Paul Benthall, August 17, 1937.

[20]CSAS, *Benthall Papers*, Box X, Morton–Bennett, August 23, 1935.

[21]Free-riding can be measured as the ratio of the actual raw jute consumed by the IJMA mills to what the consumption ought to have been if all the restrictions were adhered to. Any ratio greater than unity indicates free-riding. In the period 1930-31 to 1937-38, these were:

1930-31	1.08	1934-35	1.20
1931-32	1.16	1935-36	1.28
1932-33	1.25	1936-37	1.22
1933-34	1.23	1937-38	1.18.

TABLE 6.5 : RELATIVE PROFIT RATES AS A PERCENTAGE OF PAID-UP CAPITAL

	Mar 31, 1934	Sep 30, 1934	Mar 31, 1935
Old IJMA mills			
Auckland	6.7	15.3	10.2
Kinnison		11.3	15.7
Northbrook	12.0	16.2	11.6
Gourepore	17.8	18.2	18.4
New IJMA mills			
India	10.7	5.4	14.0
Megna	8.2	10.0	9.5
Nuddea	6.3	14.8	15.0
Outsiders			
Premchand	24.2	29.4	33.8
Adamjee	20.8	23.3	29.9
Agarpara	25.6	39.1	29.6
Calcutta	23.7	20.5	24.4

Source: CSAS, *Benthall Papers*, Box X, Morton–Bennett, August 23, 1935.

Third, the profit rates slumped even further for all and sundry in 1937 and 1938 – for reasons that are discussed in the next section.

Why did the old IJMA hands tolerate the 'outsiders' and fight shy of an obvious trigger strategy – a period of unrestricted competition that would have eliminated the profits of the non-members, penalized them for deviating, and then forced them to the negotiating table? According to game theory, when a firm threatens to deviate from a cartel equilibrium, the other firms counter by threatening to squeeze the trigger – to increase production, drop prices and cut profits of the free-rider. A credible punishment threat is one where the discounted profits from deviating in one period and suffering retaliatory losses thereafter is less than the gains from maintaining a status quo at the cartel equilibrium. If threats are credible then, under perfect information, no firm would deviate and, hence, there would be no need for retaliation. With uncertainty and imperfect monitoring firms may attempt to cheat. However, if the probability of detection is high and if cheating is punished whenever detected, then the extent and instances of deviation should diminish as free-riders learn from the lessons of the past.[22]

The problem in the 1930s was certainly not one of detection. Virtually the entire jute industry was concentrated along a narrow strip along the Hooghly running from the north to the south of Calcutta, and often the only thing that separated two mills was the boundary wall. Besides, the IJMA had working time inspectors to periodically check the member mills. In such a situation, even the slightest hint of deviation would have been known to all and sundry. The reasons for tolerating free-riding and 'outsiders' lay elsewhere.

As mentioned earlier, the 1920s saw an influx of Marwaris in the industry. This new entrepreneurial group entered the scene either by setting up of new mills or by purchasing progressively larger blocks of shares of the existing expatriate companies. In many instances, they loaned funds to the British controlled mills at low interest rates and, in this process, became board members of such companies. The slump led to a fall in share prices and, by 1932, ordinary shares were quoted at less than 50 percent of their peak 1928 values. The Marwari *bania*s who held funds against jute mill shares started calling for greater margins or larger shareholdings which, in turn, threatened to further dilute British control.[23] Besides, having taken a severe beating during the first few years of the depression, many small shareholders sold out and the buyers were the Marwaris.

Threatened by the prospect of further Marwari entry into 'their' companies, the expatriate managing agents tried to do everything possible to shore up share prices and inject confidence among the shareholders. In the course of five years, 1930–34, the

[22]There is extensive theoretical literature on the subject, such as Abreu (1986), Abreu, Pearce and Stachetti (1986), Benoit and Krishna (1987), Green and Porter (1984), and Porter (1983a, 1983b).

[23]GOB, *Commerce Department, Commerce Branch*, File 2–J–1, September 1932, Prog.94B, Secretary, Bengal Chamber of Commerce–Secretary, Government of Bengal, April 21, 1932, and Prog 90B, note by R. N. Gilchrist. See also Goswami (1982, 1985).

British managed jute mills spent more than Rs.30 million out of the reserve funds accumulated during the 1920s to declare absurdly high dividends that bore no relationship to the true profits. When the second slump occurred in 1937–38, whatever was left in reserve – approximately Rs.18 million – was completely wiped out in bogus dividend declaration.[24] The strategy did not pay off and share prices remained low through the early 1930s, falling sharply yet again in 1937–38. However, the reaction of the British managers not only showed the extent to which the Marwaris were threatening this expatriate bastion, but also the feeble response of the defenders.

Fearful of further Marwari entry through share purchases, most British managing agencies were totally against any IJMA move that could reduce profits and, hence, share prices. And any credible trigger strategy implied cut-throat competition, lower profits in a slumped market, a cash squeeze, and a further fall in share prices. Only a handful of the IJMA members could accept the consequences of retaliation. Edward Benthall was one such, and had 'not the slightest doubt that had we taken a firm line with Adamjee and the other mills ... we should not today be faced by the fact that 13% of the total output comes from these outside mills'.[25] Benthall was sidelined, and the doves predominated. Many managing directors wanted the IJMA to hammer out a conciliatory agreement with the outsiders that could somehow preserve their profits. In a secret meeting held in the Scottish highlands, senior jute patriarchs such as Alexander Murray (of Thomas Duff and Company) and Sir Thomas Catto (of Andrew Yule), who hated the Marwari presence in the industry, persuaded others 'that it was much better to make substantial concessions to

[24]A firm would first transfer its reserves to a 'dividend equalization fund' and then pay dividends from that account. Thus, for many years, these companies had bizarre profit and loss accounts: very low profits or losses in the current account accompanied by massive dividend declaration. The amount spent on 'dividend equalization' is computed from the *Investor's India Year Book 1930-31* to *1938-39*.

[25]CSAS, *Benthall Papers*, Edward Benthall's confidential memorandum to the IJMA members on 'Government Intervention in the Jute Trade', June 29, 1935.

the outside mills than to fight and incur losses'.[26]

In 1932, the IJMA first appealed to the Government of India to statutorily restrict working time to 40 hours per week. Beset as it was by the Civil Disobedience movement, the government was least interested in formulating a measure that could be labelled as anti-Indian. With the central government refusing to intervene, the IJMA attempted to negotiate on its own. In an atmosphere charged with anger, bitterness and mutual recrimination, progress was excruciatingly slow and, after a couple of months, the talks were called off. At this juncture, Sir John Anderson became the new Governor of Bengal and offered to mediate. Thanks to some adroit moves by Anderson, Benthall, Dawood and Sime, an agreement was hammered out between the IJMA and five large non-Association mills in Bengal – Adamjee, Agarpara, Gagalbhai, Ludlow and Shree Hanuman. The agreement stated that:

1) The IJMA mills would continue to work as usual, that is 40 hours per week with 15 percent of the looms under seal.
2) The non-IJMA signatories could, however, work 54 hours per week using all their looms.
3) No mill could increase weaving capacity, except Agarpara, which was allowed an extra 64 looms.
4) Whenever the IJMA released looms under seal, the non-IJMA mills could increase working hours or capacity on a proportional basis.
5) All mills could be inspected by the IJMA officials.[27]

The Association was very pleased with the agreement. More recently, Bagchi (1972) has argued that the accord was an example of 'how side payments can be *profitably* offered by members of a coalition'.[28] A closer look shows that there was hardly anything that was profitable from the point of view of the members. If anything, the agreement revealed all the weaknesses of this so-called cartel. Instead of penalizing the interlopers by pricing them out of the market, the IJMA concluded a settlement that worked in favour of the rebels and against the interests of its membership. In 1930 the 'outsiders' were denied preferential treatment. Yet,

[26]Ibid., Box X, Benthall–Morton, September 20, 1935.

[27]IJMA, *Report of the Committee 1932* (Calcutta 1933), p.16.

[28]Bagchi (1972), p.282, emphasis mine.

in the 1932 arrangement, the very same mills obtained precisely what they had demanded two years earlier. Besides, the settlement kept the IJMA members at the same disadvantageous position as before. The interlopers negotiated from a position of strength because they had discovered IJMA to be what it truly was – not a powerful product market cartel, but a loosely knit club for expatriate businessmen.

Moreover, the agreement was doomed to fail for it did not consider nineteen other mills operating outside the IJMA who were not signatories and accounted for over 6,000 looms. These units worked as long as 108 hours per week and, in the process, resurrected the same conflicts yet again. Further, by maintaining the imbalance between the members and the outside mills, the IJMA opened itself to additional demands for preferential treatment within its membership. Within months, five IJMA mills, of which four were under expatriate control, demanded the same concessions that had been given to the outsiders – and these were granted. When this was followed by a fresh wave of demands among the membership, the IJMA was forced to concede that it would 'consider similar claims from other mills ... provided that this privilege did not affect more than 4 percent of the total looms' – an arbitrary figure that came under intense dispute.[29] In 1930, Sime had berated the Association for having degenerated into a bazaar with 'peddlers, packmen and *bikriwallah*s each fighting for his own hand'.[30] In 1933 things were far more chaotic.

By 1934 the agreement had become a dead letter. A look at Table 5.5 (Chapter 5) shows that free-riding in excess of 20 percent of the total output had become the norm for the 1930s, and this is borne out by numerous reports of the Association's factory inspectors. Nothing seemed to work, prices continued to fall, and the only reason why the mills still earned profits was due to an extremely successive squeeze on raw jute prices – which is examined in Section 6.3. With the passage of time the newer members became increasingly strident in their critique of the IJMA. In October 1935, Birla and Hukumchand threatened to

[29]IJMA, *Report of the Committee 1932* (Calcutta 1933), p.152.

[30]IJMA, *Report of the Committee 1930* (Calcutta 1931), p.8.

resign unless a more equitable agreement was worked out, and hinted that there could be others as well. 'If we get into a position of having two jute mill associations, like the Chambers of Commerce', concluded Benthall, 'it will be one further nail in the coffin of our industry'.[31]

Confused by the depression and clueless as to why its ordered Anglo-Saxon world was turning upside down, the IJMA made a last ditch effort along traditional lines. In 1936 it invited the larger non-member mills to join the Association. This was turned down, and one mill, Chitavalsah, cheekily replied that 'the [Association] mills in Bengal should place their house in order before calling for a lead from a mill such as ours'.[32]

The Association's situation in the 1930s – falling world demand, cartel failure, and Marwari entry and ascendancy in a hitherto cosy 'whites-only' industry – is best illustrated by a piece in the *Capital*, a weekly trades magazine. The Indian interloping mills were selling poorer quality burlap at lower prices in the U.S. market which (in this piece) prompts an irate Uncle Sam with a big stick to confront a frightened and trembling kilted Scot.

Uncle Sam:	(*Holding a piece of burlap*) Who did this?
Scot:	(*Trembling*) Please Sir! It was not I. It was my boss. (*Points to a betel chewing, dhoti clad Marwari with a paunch*)
Uncle Sam:	Is *that* your boss?
Scot:	Yes, Sir. I can't do any business without asking for his blessings.
Uncle Sam:	(*Whipping the Scot on his kilted posterior*) Serves you right, then, you stupid fool, for having such a boss![33]

[31]CSAS, *Benthall Papers*, Box IX, Morton–Benthall, November 1, 1935, and Box IX, Benthall–McKerrow, October 29, 1935.

[32]IJMA, *Report of the Committee 1936* (Calcutta 1937), pp.155-56. The reply was particularly embarrassing since Chittavalsah was managed by McLeod, who senior partner, Harry Burn, was the current Chairman of IJMA.

[33]*Capital*, November 16, 1933, p.797.

6.2 : The Trigger Phase, 1937–38

The frustrations of the IJMA members who were working in a self-enforced state of siege came to roost in 1936 when Birla and Hukumchand handed in a conditional resignation. These two mills argued that the restriction imposed since 1930 discriminated against the IJMA members and

> if it is the intention to effectively meet the situation caused by the outside mills, the members of the Association should be allowed to work unrestricted hours. Only by that procedure can competition from these mills be combated. [34]

This was the view of the Bird–Heilgers group from the very beginning. In the early 1930s Benthall had acquiesced to the IJMA soft-liners in the interest of unity, but by 1935 he was spoiling for a fight. 'We should make it quite clear to our directors and the public that if the outside mills want a fight then we are quite prepared for it. Only by utmost firmness at this stage can we make them realize that we mean business'.[35] In another letter, Benthall looked forward to a couple of years of blood-letting 'in order that some of our Indian friends may have a lesson that it is not easy to make profits in jute after all'.[36]

By the end of 1936 most of the advocates of compromise were fed up. Accommodating the interlopers had brought no real gains; instead of stabilizing, the gunny prices had continued to fall; and one compromise after another had resulted in additional resource outflows. The earlier soft approach was abandoned, and the current opinion shifted to one of 'no Government interference and no funking losses' while fighting the outsiders.[37] Accordingly, from March 1937 all output and capacity restrictions were withdrawn, and the IJMA temporarily ceased to exist as an output and capacity regulating cartel.

All the predictable things occurred during this period of

[34]IJMA, *Report of the Committee 1936* (Calcutta 1937), pp.157-58.

[35]CSAS, *Benthall Papers*, Benthall–Morton, September 20, 1935.

[36]Ibid., Box X, Benthall–Wilson, July 18, 1935.

[37]Ibid., Box X, Benthall–McKerrow, September 6, 1935.

intense competition. Output shot up by 29 percent above the 1935–36 level, and this sudden glut led to a 19 percent fall in the unit value of gunny. Profits tumbled and, by 1938, almost all the companies were in the red (see Table 6.4). The larger managing agencies had just about enough reserve funds from jute and other activities to tide over the cash flow crisis, but the smaller Indian firms collapsed. In December 1937, after merely ten months of competition, Radha Kissen Kanoria of the Luxminarain Mill, an outsider, complained to a partner of Bird and Company that

> they could not go on much longer as their mill was swallowing up all their available resources ... They had tried to market some of their shares without success. They had also failed to obtain further bank advances.[38]

By 1938 things had become much worse for the interlopers. Long used to dumping gunny at the IJMA's expense, these mills found that the tables had turned on them. Instead of riding the waves, they started going under.

Given the role of dividends and share prices in controlling the jute mills, this competitive phase could not have carried on for long. By 1938, the IJMA started making fresh overtures to the outside mills. The Association's charter was altered to accommodate smaller mills and give them greater representation. Thereafter, IJMA began inviting these mills to join the Association and, simultaneously, lobbying the newly elected representatives of the Government of Bengal to pass a working time ordinance. And, in the last endeavour, the Association was enormously successful.

Fundamental to the success was the simple fact that the very existence of Fazlul Huq's new coalition ministry hinged on the support of the thirty-five odd members who represented the expatriate industrial and commercial associations in the Bengal Legislative Assembly. Their crossing the floor meant an inevitable collapse of the government (as, indeed, occurred in 1943 when they succeeded in replacing Fazlul Huq by Khwaja Nazimuddin). In order to remain in power the new cabinet had to cater to every whim and fancy of the European group. Besides, the ministry

[38] CSAS, *Benthall Papers*, Box XIV, Morton–Benthall, December 14, 1937.

consisted of many politicians who were indebted to British mercantile houses in one way or another. Bejoy Prasad Singh-Roy, the Minister for Land Revenue, was the scion of a large *zamindari* family and a complete brown *sahib*, with considerable shareholdings in the jute industry. Nalini Ranjan Sarkar, the Finance Minister, was a prominent businessman with substantial jute mill shares who, at an inaugural dinner at the Calcutta Club solemnly promised the expatriates 'that the present Government are out to protect British capital'.[39] Nazimuddin, the Home Minister, published a communal newspaper called *The Star of India* that was not only printed on paper supplied by Bird and Company's Titagarh Paper Mill at less than cost price, but also bolstered by numerous advertisements from the British managing agencies.[40] By far the most loyal supporter of the expatriates was Huseyn Shaheed Suhrawardy, the Commerce and Labour Minister. His Oxonian background notwithstanding (a B.A. from New College), Suhrawardy was essentially a thug who pioneered the use of organized violence in Bengal politics, and whom Wavell subsequently labelled as 'one of the most inefficient, conceited and crooked politicians in India'.[41] His connections with the jute industry was through a long line of graft paid out by the managing agencies for creating an anti-communist, pro-management, communally organized labour union that mill managements often used for strike bashing.[42] The extent of patronage was strong enough for Benthall to remark: 'What a powerful position we have with the Government ... In fact, if we were to work things rightly, I believe they would adopt any policy that we liked to press on them'.[43] Benthall was absolutely right. In September 1938, Suhrawardy piloted the Bengal Jute Ordinance of 1938, which statutorily restricted working time to 45 hours per week for

[39]CSAS, *Benthall Papers*, Box XII, McKerrow–Benthall, July 31, 1937.

[40]Ibid., Box XI, Paul Benthall–Edward Benthall, June 30, 1937.

[41]Penderel Moon (ed.) *Wavell, The Viceroy's Journal* (Delhi 1977), p.239.

[42]Due to a Freudian slip or otherwise, this pro-British union was called the White Union. For details on Suhrawardy and his White Union, see Chakrabarty (1989) and Goswami (1987).

[43]CSAS, *Benthall Papers*, Box XII, Benthall–McKerrow, August 11, 1937.

mills with more than 175 looms and to 72 hours for those with 175 looms or less. By this time the outsiders had been overwhelmed. The Ordinance started an influx back into the IJMA and, by January 1939, the Association could boast of having 96 percent of the all-India capacity under its membership.

The IJMA did not, however, learn from the lessons of the 1930s and, within a couple of months, there were rumblings of discontent. It would have been interesting to see the efficiency of the cartel in what was still a buyers' market. But this was not be. Barely nine months after the IJMA's renaissance, Hitler crossed over into Poland and started yet another boom for this sandbag supplying industry.

6.3 : The Squeeze on Trade

In Section 6.1 there was a very brief reference to the fact that the jute mills managed to eke out a profit in the 1930s largely due to a squeeze on raw jute prices. Here I shall analyze how this was done. The IJMA's successes as a monopsonist in raw jute purchases stemmed from the simple fact that there were no contradictions whatsoever between the wishes of individual members and the objective of the Association: everyone wanted raw jute as cheap as possible.

A few points ought to be clarified at this stage. Although it will become abundantly clear that the mills colluded to keep raw jute prices as low as possible, such conspiracies were not the *cause* of the price crash. Raw jute prices fell because of the depression; the mills simply colluded to effect an even greater fall. The forces of monopsony deepened, but did not cause, the slump. Second, raw jute was not a homogeneous good. Within the two broad groups – white (*corchorus capsularis*) and *tossa* (*c. olitorious*) – there existed several sub-grades that differed from each other in terms of lustre, colour, strength, softness, and weaving potential. The raw jute that was demanded by the Calcutta mills was quite distinct from the exportable fibre. Third, it was difficult, if not impossible, to switch cultivation from the domestic to the export varieties. The quality of the crop depended on the soil and retting water which were invariant to changes in market demand. Fourth, raw jute accounted for anything between 40 and 45 percent of the cost of gunny production; with no improvements in manufacturing techniques, profitability depended on reducing raw jute prices as much as possible. Finally, since the Calcutta mills bought almost 65 percent of the entire crop, the IJMA was well placed to apply strong pressures on the jute trade, which it did in the course of the 1930s.

In the main, IJMA used three instruments to squeeze raw jute prices. The first was classical price fixing: every week of the busy season in Calcutta (October to January) the directors of the larger managing agencies would meet to informally decide the price ceilings for the different grades of jute. Another method of forcing down prices was through working time restrictions which complemented the third – arbitrary changes in raw jute standards between as well as within seasons.

Although there are numerous weekly price circulars that now gather dust in the Bengal Chamber Library, it is methodologically very difficult to assert direct price fixing. The circulars only state the set of prices prescribed by the IJMA. If the market prices (available from an alternative source) were always identical to those prescribed by the IJMA, it could still be argued that this was not a case of price fixing but a reflection of the Association's keen understanding of the market place. And, if these differed then the IJMA was not an efficient monopsonist. Therefore, I shall concentrate on examining the third instrument – changes in raw jute marks and standards. In doing so, the focus is more on qualitative description rather than in quantifying the incidence of such changes, for the simple reason that the data do not allow too much exactitude.

Fiddling with raw jute marks and standards actually started in the 1920s. To be fair to the IJMA, the initial changes were more in response to a genuine post-war deterioration in the fibre quality than as a deliberate short-changing device. In the 1920–21 season, aware of the steady worsening of quality, the Calcutta Jute Dealers Association (CJDA) itself offered a re-classification in which some of the older high grades were eliminated (as such quality had ceased to exist) and new lower grades were introduced. The IJMA, however, rejected the CJDA proposal and introduced even lower grades, which the dealers accepted after some protest.[44] Having enjoyed this unexpected success, the IJMA soon discovered

[44]CJDA, *Report of the Committee 1920* (Calcutta 1921), pp.ii-iv, 8-9, 54-65.

that changing raw jute standards between and within seasons was a convenient way of forcing down the average price. What happened was simple enough. Suppose that there were three grades of jute – 1, 2, and 3 – in declining order of quality, fetching Rs.12, Rs.11, and Rs.10 per *maund* respectively. After buying grade 1 for a month at the beginning of the season, the IJMA would instruct its members to buy it if and only if the fibre were offered as grade 2. It would also inform the traders that the standard of grade 1 jute was no longer up to the mark and, hence, could be bought only as grade 2. A few months later exactly the same procedure would be carried out and, by the end of the season, 3 would become the top grade.

Such a strategy had its limitations in short crop seasons. However, most mills always held six months' inventory of raw jute and could, thus, sit and wait for two to three months without buying any fibre. In contrast, even the largest raw jute trading houses carried no more than two months' stock.[45] Thus, even in years of excess demand, the traders were often in a weaker bargaining position compared to the managing agencies that bought jute in bulk for all their mills. Every now and then the CJDA and the Bengal Jute Dealers Association (BJDA) attempted to resist by not selling for a while and letting the prices build up. However, invariably some cash strapped traders would break the agreement, and nothing came out of these weak attempts at collaboration.

Table 6.6 shows the changes in raw jute standards in the inter-war years. It requires some guidance. For instance, in 1917–18 the highest grade jute was #2, and the lowest #5. By 1920–21, #3 had become the highest grade while a new low grade called Rejection was introduced. This type of re-classification continued until it had reached a level of linguistic travesty. Thus, in 1928–29, Rejection was the name given to the highest grade of jute, followed by 'Lower Rejection', then 'Terrible Rejection', then 'Bad Terrible Rejection' and, if this was not enough, there also

[45]For one, raw jute trading firms were much smaller than a jute mill. Second, they had to roll over the circulating capital as quickly as possible because holding on to fibre meant higher interest as well as insurance costs. Third, there was always a shortage of up-country storage space which forced rapid turnover.

existed '*Habi-Jabi* (or rubbish) Rejection' and 'Lower Cross Rejection'. More important, the bulk of the trade occurred according to the standard set for *Habi-Jabi* Rejection![46] Similarly, in the 1932–33 season, grade 5 existed only in theory. Rejection accounted for a mere 10 percent of the crop, while 90 percent of the trade was done of the basis of Lower and Lower Cross Rejections.[47]

With the collapse of the gunny markets, squeezing raw jute prices became a paramount issue. During the first half of the 1930s, the IJMA introduced and changed as many as twenty-seven different specifications. In some years the standards of the marks were defined as vaguely as 'sound fibre, good colour', which could be interpreted by members as they saw fit. Once, in 1933–34, the Association even notified its members that the two dominantly traded marks – LR and XLR – were not based on any yardstick at all, and the mills were advised to interpret these according to their needs.[48] Only in one year in the 1930s did the IJMA not change raw jute standards. This was in 1933–34, when the industry was being scrutinized by the Finlow Committee. Once the Committee had departed having given the Association a clean slate, the IJMA was back to its annual fiddles.

Even before the depression, the traders had become thoroughly disgusted by these manipulations which, for the most part, they could scarcely counteract. George Morgan, the mild mannered Chairman of the CJDA was known to remark that, 'regards raw jute marks and standards, I think the less said about this calamity the better'.[49] The Marwari traders were rather more expressive. The Chairman of IJMA was once compared to Benito Mussolini and it charged that 'the will of the Jute Mill Association is the law in the loose jute trade'.[50] By the mid-1930s all trading

[46]GOB, *Report of the Bengal Jute Enquiry Committee (Fawcus)* (Alipore 1940), vol.II, evidence of Bagaria, East India Jute Association Limited, pp.165-66.

[47]GOB, *Report of the Bengal Jute Enquiry Committee (Finlow)* (Alipore 1934), vol.II, evidence of Bansidhar Jalan, p.564.

[48]CJDA, *Report of the Committee 1934* and *1937*.

[49]CJDA, *Report of the Committee 1929* (Calcutta 1930), p.2.

[50]GOB, *Fawcus Committee* (Alipore 1940), vol.II, p.166.

TABLE 6.6 : RAW JUTE MARKS AND STANDARDS INTRODUCED BY THE IJMA

	Marks in declining order of quality and price
1917–18	2, 3, 4, 5
1920–21	3, 4, 5, R (Rejection)
1922–23	4, 5, R, LR (Lower Rejection)
1924–25	4*, 5*, R*, LR*, TR (Terrible Rejection)
1925–26	5*, R*, LR*, TR*, BTR (Bad Terrible Rejection)
1928–29	R*, LR*, TR*, BTR*, *Habi–Jabi* Rejection (HJR), Lower Cross Rejection (XLR)
1930–31	*Complete Re-classification which had no relation with the past*: 3, 4, 5, R, LR [none comparable to the above marks].
1931–32	4*, 5*, R*, LR*, XLR
1932–33	5*, R*, LR*, XLR*, a new *Habi-Jabi* Rejection (HJR)
1934–35	R*, LR*, XLR*, HJR*, Double Cross Lower Rejection (XXLR)
1935–36	*Complete Re-classification with greater warp yarn out-turn requirement*
1936–37	Same as 1935–36 with three new lower grades: *Hunka* Jute (HJ), Stick Jute (SJ), and Tangled Jute (TJ), none clearly defined.
1937–38	Back to 1934–35 classification with XLR*, HJR*, XXLR*, HJ*, SJ*, TJ*

Sources: IJMA, *Report of the Committee 1920* to *1938* and CJDA, *Report of the Committee 1920* to *1938*.

Note: The * indicates that the standard of the mark is higher than in the previous season.

associations had started lobbying for government legislation to fix raw jute marks and standards. Only the IJMA opposed it on the grounds that business in the Calcutta market was apparently done according to fixed standards and that intervention would 'constitute an unwarranted interference in a matter which trade alone should determine'.[51] The Association obviously had

[51]GOB, *Finlow Committee* (Alipore 1934), vol.II, evidence of the IJMA, p.370.

considerable political patronage for two government appointed committees (Finlow and Fawcus) came and went in the 1930s without even once recommending the standardization of grades.

What was the upshot of such frequent manipulations? Up-country traders purchased raw jute during August to October, which was then classified and baled according to the different grades for shipment to Calcutta between October and the end of January. Whenever the grades changed in the course of the season, the traders had to re-open the bales, assort the fibre according to the new specification, and re-bale them. According to some traders, this process reduced prices by as much as Re.1 per *maund* – at a time when the best qualities of jute were fetching no more than Rs.5.50 per *maund* at the Calcutta market.[52] A Bengali dealer believed that, at the very least, each change in the jute marks cut prices by Re.0.25 per *maund*, which was 5 percent off the Calcutta market price.[53]

In theory, the raw jute dealers had the right to protest and lodge claims. However, the sole arbitrator was the Bengal Chamber of Commerce – the IJMA's parent body – which almost always sided in favour of the Association mills. Arbitration was a time consuming affair, non-members of the Chamber had to pay exorbitant fees, and the mills were allowed to pay the lower prices unless the decision went against them. Besides, the very obscurity of the specifications presented several loopholes to the mills, and it was not at all unusual for buyers to raise false objections to bring about a fall in prices. In doing so the mills gained from the IJMA's raw jute contract form. This format had become the industry's standard since 1905, and had several clauses that were biased against the sellers. For instance, if a mill refused a shipment on account of quality, and the seller did not agree to a lower price, then the pre-condition for arbitration was that the consignment had to be first shipped back by the trader at his own expense.[54] Faced with the unenviable option of shipping the jute back, the dealers generally agreed to a lower price.

[52]GOB, *Finlow Committee* (Alipore 1934), vol.II, evidence of A. I. Alexander, pp.267-68.

[53]Ibid., pp.588-89.

[54]GOB, *Fawcus Committee* (Alipore 1940), vol.II, p.141, 154.

6.4 : The Agricultural Crisis

The heady days of jute cultivation were over by the end of the 1920s. At a sectoral level, the average real gross income from jute and rice cultivation in the twenties was somewhat lower than in 1909–13. With a growth in rural population, the per capita income from agriculture was quite a bit less than before. Even in the relatively egalitarian east Bengal districts there was a gradual polarization of landholding, with a marked increase in the number of poor *raiyat*s who held under-*raiyati* tenures or worked as *bargadar*s. Sharecropping was on the rise and there was a steady growth in agrarian indebtedness, which was accompanied by an escalation in *dadan* advances and *jotedari* loans. In the 1920s, the average annual real surplus of a permanently occupying settled *raiyat* cultivating four acres was 35 percent less than in 1909–13; and farmers with 3.5 acres found that their real profits had declined by 44 percent.

Despite these developments, the basic small peasant agrarian structure of east Bengal retained its viability right until 1929 – in the sense that the system could still generate real gains for settled *raiyati* households having three acres of land. In the course of 1930–38 – a span of just nine years – this viability was utterly and irrevocably destroyed.

In the first year of the depression, raw jute prices crashed from almost Rs.9 per *maund* to Rs.3.75 per *maund* – a fall of nearly 60 percent in the course of a season. In Dacca, Faridpur, Tippera, and Rangpur the prices were even lower. Between 1930–34, up-country jute prices were, on an average, 66 percent less than the 1925–29 level.[55] The true harvest prices in the peak supply period were much lower. Besides, the prices did not take into account *dadan* sales which increased sharply during the 1930s. Even without these adjustments, the picture was grim enough.

Unfortunately, the peasantry did not only suffer from a fall in jute prices. After a year, the winter and autumn rice prices crashed as well, and remained depressed throughout the 1930s. The cascading effect of multiple price shocks knocked the bottom out of small peasant agriculture. Table 6.7 and Chart 6.A track the prices.

[55] IJMA, *Report of the Committee 1949* (Calcutta 1950), pp.116-17.

TABLE 6.7 : RAW JUTE, WINTER AND AUTUMN RICE PRICES, 1926–1938

	Raw Jute	Autumn Rice	Winter Rice
1926–29	8.82 (100)	5.74 (100)	6.83 (100)
1930–31	3.75 (43)	4.11 (72)	6.00 (88)
1931–32	4.25 (48)	2.95 (51)	4.06 (59)
1932–33	3.56 (40)	2.31 (40)	3.31 (48)
1933–34	3.50 (39)	2.04 (36)	2.63 (39)
1934–35	3.56 (40)	2.76 (48)	3.00 (44)
1935–36	4.69 (53)	2.94 (51)	3.25 (48)
1936–37	5.13 (58)	3.06 (53)	3.50 (51)
1937–38	5.19 (59)	3.13 (55)	3.63 (53)

DISTRICT-WISE RAW JUTE PRICES

	1926 –29	1930 –31	1931 –32	1932 –33	1933 –34	1934 –35	1935 –36	1936 –37	1937 –38
Dacca	10.60	3.69	4.25	4.44	3.56	3.88	5.25	5.50	5.50
Mymensingh	8.25	4.00	3.75	3.50	3.50	3.50	5.50	5.75	5.75
Faridpur	7.94	3.13	4.13	3.75	3.25	3.38	5.25	5.50	5.75
Tippera	7.75	3.00	3.00	3.00	3.00	3.25	4.56	5.00	5.50
Rangpur	9.63	3.00	4.50	3.00	3.25	3.00	3.00	5.00	5.50
Bogra	7.88	4.00	4.00	3.25	3.35	3.25	4.00	5.00	5.00
Pabna	8.38	3.00	4.00	3.50	3.50	4.00	4.25	5.38	4.50
Jalpaiguri	8.82	3.06	3.06	2.63	2.50	2.69	3.44	4.13	4.63

Sources: IJMA, *Report of the Committee 1949* (Calcutta 1950), pp.116-17; GOB, *Report of the Bengal Paddy and Rice Enquiry Committee* (Alipore 1939), vol.I, p.24; GOB, *Season and Crop Report of Bengal 1926–27* to *1937–38*.

Note: Figures in ( ) are index numbers, 1926–29 as base.

CHART 6.A : UP-COUNTRY PRICES OF JUTE AND RICE, 1925-1938

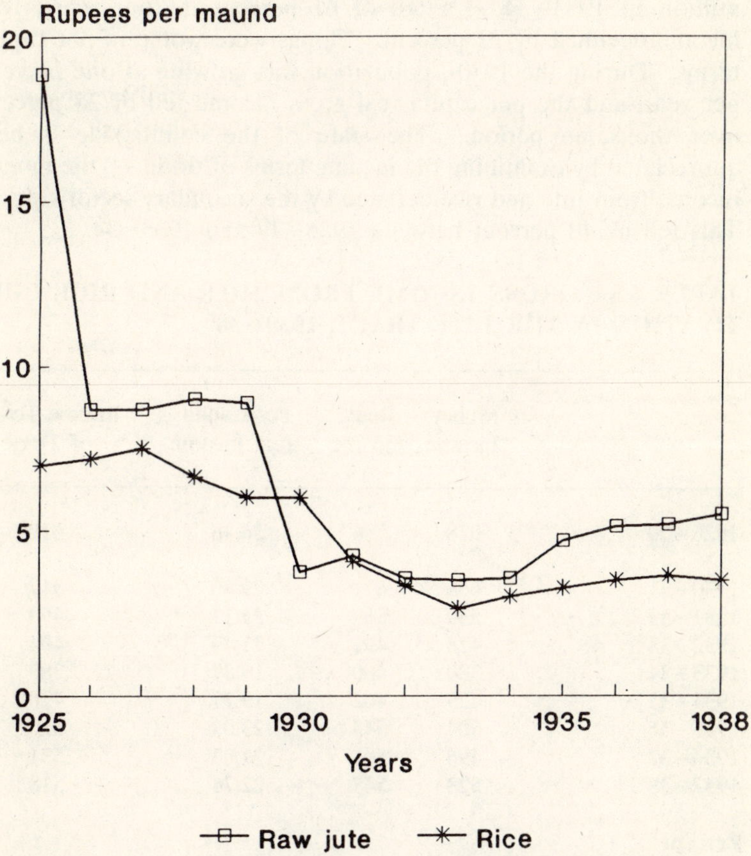

The fall in prices translated to a sharp decline in gross money income from jute and rice cultivation. Table 6.8 shows the nominal and real income from jute and rice cultivation in the ten major jute growing districts. From an average of Rs.978 million in 1926–29, gross money income plunged to a low of Rs.380 million in 1933–34 – a fall of 61 percent in four years; real income declined by 22 percent. Things were worse in per capita terms. During the 1930s, population was growing at one percent per year, and the per capita real gross income fell by 25 percent over the same period. The state of the countryside is best appreciated by examining the income terms of trade – the money income from jute and rice deflated by the secondary sector's price. This fell by 40 percent between 1926–29 and 1933–34.

TABLE 6.8 : GROSS INCOME FROM JUTE AND RICE CULTIVATION IN THE JUTE TRACT, 1930–38

	Money Income	Real Income	Per Capita Real Income	Income Terms of Trade
1926–29	978	586	26.46	612
1930–31	668	671	29.80	517
1931–32	530	569	25.11	490
1932–33	428	492	21.49	404
1933–34	380	460	19.89	380
1934–35	425	462	19.77	436
1935–36	504	543	23.03	510
1936–37	496	501	21.03	531
1937–38	523	548	22.76	518
Percent Decline	**49%**	**9%**	**17%**	**23%**

Sources: GOB, *Season and Crop Report of Bengal 1926–27* to *1937–38*; IJMA, *Report of the Committee 1949* (Calcutta 1950), pp.97-101 and 116-17; GOB, *Report of the Bengal Paddy and Rice Enquiry Committee* (Alipore 1939), vol.I, p.24; and Sivasubramonian (1965, 1977).

Note: Real income is on the basis of the agricultural sector deflator, and income terms of trade uses the secondary sector deflator, with 1938–39 as base. Except for per capita real income, all figures are in Rs. millions.

For many peasant households, the 1930s were the years of rapid destitution. In what follows, I shall estimate the nominal and real surplus accruing to three classes of permanently occupying *raiyati* households cultivating, respectively, 4, 3.5 and 3 acres. As before, I will use extremely generous assumptions that *overstate* the surplus. If, despite these assumptions, it is shown that such households were in deficit then, clearly, the reality was far worse. To estimate the surplus I have assumed that:

a) Permanently occupied, settled *raiyat*s with three to four acres of land constituted the modal class. This is a heroic assumption because, by 1939, 46 percent of the rural households had less than 2 acres of land.[56]

b) The peasant cultivated three crops: jute, *aus*, and *aman* rice. During the jute–*aus* season one-eighth of the holding was set aside for the sowing of *aman* shoots for transplanting in October. The remaining area was allocated between jute and autumn paddy according to the overall area share for the region.

c) The level of debt in 1930 was the same as in 1928, that is at Rs.128 per peasant household.[57] At the average interest rate of 37.5 percent per year on secured loans, the debt servicing cost is Rs.48. I have assumed that this is the interest cost of a four acre POSR. For *raiyat*s with 3.5 and 3 acres, the cost is pro-rated to Rs.42 and Rs.36 respectively.

e) Most important, the rural moneylender is assumed to be a person of exceptionally generous disposition. If a peasant household was in deficit, it was not added on to the principal to calculate the debt servicing charges of the following year. Moreover, given his charitable attitude, the moneylender is assumed to loan the same amount (i.e. Rs.128, Rs.112, and Rs.96 respectively to peasants with 4, 3.5, and 3 acres) year after year, at the same rate of interest without adding on the default, raising interest rates, or applying a credit squeeze.

[56]GOB, *Report of the Bengal Land Revenue Commission (Floud)* (Alipore 1940), vol.II, pp.114-15.

[57]GOB, *Revenue Department, Agriculture Branch, Bengal Board of Economic Enquiry: Preliminary Report on Rural Indebtedness* (prepared by P. C. Mahalanobis), File 11-R-29 of 1934, Nos.1-3, Progs 8-11, June 1935.

Notwithstanding such unreal assumptions, one finds that these representative households very quickly went into the red. This is apparent from Table 6.9 and Chart 6.B.

TABLE 6.9 : THE SURPLUS / DEFICIT OF PERMANENTLY OCCUPYING *RAIYATI* FAMILIES HAVING 4, 3.5, AND 3 ACRES OF LAND, 1930–1938 (in rupees)

	4 acres		3.5 acres		3 acres	
	Surplus	Real	Surplus	Real	Surplus	Real
Average 1926–29	150.44	90.57	90.83	54.78	31.22	18.98
1930–31	102.86	103.37	60.46	60.76	18.07	18.16
1931–32	44.60	47.89	15.38	16.51	–13.85	–14.87
1932–33	6.62	7.61	–15.09	–17.34	–36.79	–42.29
1933–34	–18.48	–22.37	–34.69	–41.99	–50.90	–61.61
1934–35	–16.22	–17.63	–34.95	–37.96	–53.68	–58.33
1935–36	12.20	13.15	–10.83	–11.67	–33.86	–36.49
1936–37	25.96	26.23	– 0.28	– 0.28	–26.52	–26.79
1937–38	39.15	41.01	11.40	11.94	–16.35	–17.12
1938–39	35.63	35.63	8.05	8.05	–19.54	–19.54
Average 1930–38	25.81	26.10	Nil	–1.33	–25.94	–28.76
Percent Decline	**82.8**	**71.2**	**100.0**	**102.4**	**183.1**	**251.5**

Notes: Real surplus computed by using agricultural sector deflator, 1938–39 as base year. Details are given in Appendix III.

The table shows that despite the most generous of assumptions, a permanently occupying, settled *raiyat* with a landholding of 3.5 acres or less simply could not make ends meet. Even the relatively well-off four acre POSR incurred losses for two consecutive years.

Although there are no data, one could hypothesize that *raiyats*

CHART 6.B : REAL SURPLUS OF RAIYATS 4, 3.5 & 3 ACRES OF LAND, 1926-38

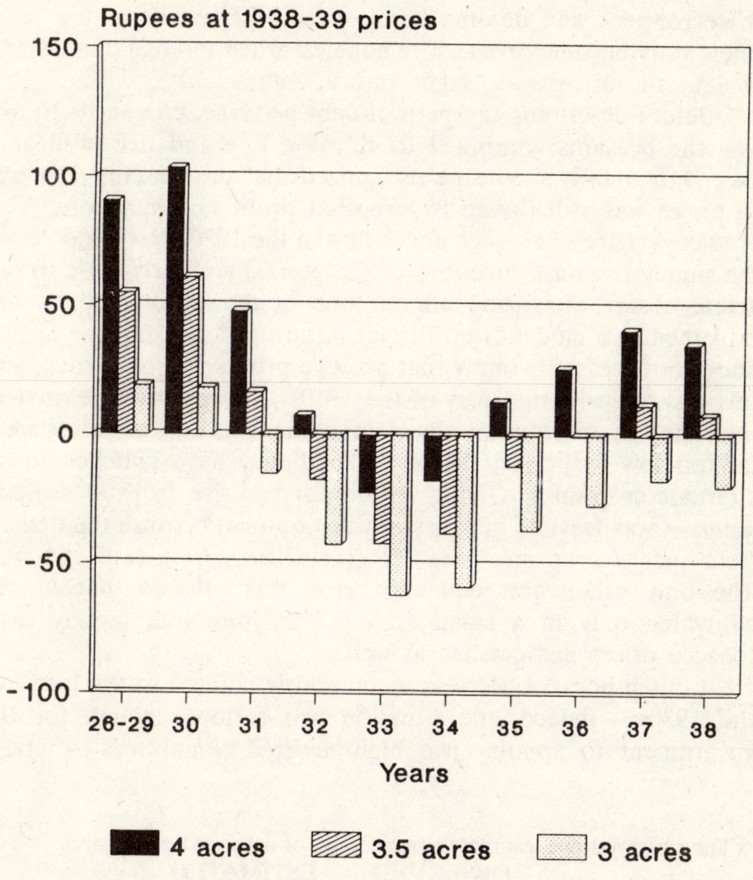

with four or more acres of land not only managed to weather the depression but improved their position by becoming net lenders of funds against land collateral and usufructuary mortgage. On the other hand, peasants with 3.5 acres of land and less were rapidly overwhelmed by debts, were forced to sell land, work as part-time sharecroppers, and became immiserized with every passing year. Their story becomes even more hopeless when the real dimensions of debt and distress are taken into account.

Before describing the path of debt peonage, one needs to ask why the peasants continued to cultivate jute and rice even at a loss. For one, it should be recognized that the peasant response to prices was still driven by expected profit maximization. The predicted share of acreage under jute in the 1930s (estimated from the supply response functions of Chapter 3) are fairly close to the actual observations, and all but one of the turning points are explained by a model of profit maximization.[58] Maximizing profits does not necessarily imply that positive profits will be earned, and this was basically the story of the 1930s. The peasants reacted to the slump in an economically rational manner, but the prices were far too low to prevent losses. Could they have switched to an alternate crop mix? Giving up jute for two rice crops – *aus* and *aman* – was feasible but certainly not optimal because the deficits from such a crop mix were far greater than from jute and rice. The only other non-food cash crop was tobacco, but it was cultivated only in a small area of Rangpur and, in any case, tobacco prices had crashed as well.

Contemporary observers unanimously pointed to the losses of the 1930s. Indeed, the situation was serious enough for the government to appoint two high-powered committees – under

[58]The observed and estimated percentage of area under jute are:

	OBSERVED	ESTIMATED
1930-31	51.6	47.7
1931-32	29.7	34.2
1932-33	32.0	35.0
1933-34	38.3	36.1
1934-35	39.2	39.2
1935-36	31.2	37.8
1936-37	37.5	41.9
1937-38	42.0	39.8
1938-39	41.7	40.0.

Finlow and Fawcus – in the space of five years to look into the problems of the jute economy. However, one evidence – a report of the Indian Council of Agricultural Research (ICAR) – stoutly maintained that jute cultivation was profitable in this slumped decade. According to the ICAR study, during 1934–37, the net profit per acre under jute cultivation in Bogra and Rajshahi was Rs.25-6-10. Moreover, if the cost of family labour, interest charges, and rents were excluded (for which the ICAR believed that 'there have been no actual outgoings in cash'), then the average cultivator's 'business income' or cash in hand was more than Rs.39 per acre.[59]

If correct, the ICAR estimates contradict the story of losses in the 1930s. Thankfully, the numbers are so absurd that one can ignore the ICAR study totally. An example suffices to show the shoddy data collection and interpretation. The study covered 48 cultivating households with the acreage under jute varying between 8 to 9 *maunds* (or a little over half an acre) and 18 to 19 *maunds* (i.e. around 1.25 acres). The following are the 1934–37 data:[60]

Class Interval	Implied Area	Cost/*maund*	% Difference compared to previous class
8 to 9 *maunds*	0.57 acres	Rs.1	
9 to 10	0.63 acres.	Rs.2.5	150%
10 to 11	0.70 acres	Rs.5.5	220%
11 to 12	0.77 acres	Rs.7.0	27%
12 to 13	0.83 acres	Rs.6.0	–14%
13 to 14	0.90 acres	Rs.8.5	42%
14 to 15	0.97 acres	Rs.5.5	–35%
15 to 16	1.03 acres	Rs.5	– 9%
16 to 18	1.13 acres	Rs.2	–60%
Above 18		Rs.1.5	–25%

[59]Indian Council of Agricultural Research (ICAR), *Survey of Cultivation Costs* (New Delhi 1938). I am indebted to an anonymous referee for this reference. ICAR's concept of 'business income' is curious, to say the least. It is based on the premise that rents and interest charges are not paid, which makes both moneylenders and landlords divinely benign creatures.

[60]Ibid., Appendix II, p.33.

It is doubtful if any properly conducted survey of agriculture has ever shown that the *average* cost of cultivating a given crop on 0.7 acres of land was 220 percent greater compared to growing it over 0.63 acres of land! Or that a farmer cropping 1.13 acres incurred a cost that was 60 percent lower than similar peasant cultivating only 0.10 acres less! Since the overall 'average' profit of more than Rs.25 per acre was computed on the basis of such pointless numbers, one can safely neglect the ICAR study as a glaring abnormality.

Given the deficits, there was sharp growth in the burden of debt. Mahalanobis estimated that for Bengal as a whole the debt per family *excluding interest charges* increased from Rs.154 in 1929 to Rs.257 in 1934 – a growth of 67 percent in five years.[61] The Mahalanobis estimates excluded interest charges and also omitted sharecroppers and agricultural labourers from the sample. Despite this bias, he found that by 1933 more than 43 percent of the rural population was indebted to the tune of twice their current income, 16 percent up to four times their income, and another 18 percent were further entrapped in debt.[62] Table 6.10 gives the estimates computed by Mahalanobis.

Obviously, in a depressed agrarian economy the burden of debt could not have increased indefinitely without moneylenders either asking for repayment, or applying a credit squeeze, or attaching land. This brings me to four related aspects of the depression: (i) a tightening of agricultural credit, (ii) a shift in the source of credit from the traditional cash–for–cash *mahajan*s to the *jotedar*s and *dadan* merchants, (iii) a growth in the fragmentation and polarization of land, and (iv) a sharp rise in sharecropping tenures and landless labour.

Although there are no 'hard' data, the qualitative evidence squarely points to a severe credit squeeze in the first few years of the depression. The sharp fall in agricultural incomes and the concomitant drop in the asset value of land forced most *mahajan*s to reduce credit margins and execute fresh bonds at higher interest

[61]GOB, *Revenue Department, Agriculture Branch, Bengal Board of Economic Enquiry: Preliminary Report on Rural Indebtedness* (prepared by P. C. Mahalanobis), File 11–R–29 of 1934, Nos.1-3, Progs 8–11, June 1935.

[62]Ibid., pp.3-4.

TABLE 6.10 : DEBT AMONG PEASANT HOUSEHOLDS IN BENGAL, 1929 AND 1934 (Rs./family)

Districts	Sample	1929	1934	Rate of Growth
BENGAL	**6,359**	**154**	**257**	**67%**
Dacca	549	217	393	81%
Faridpur	424	201	298	48%
Mymensingh	313	129	275	113%
Tippera	345	271	385	42%
Rangpur	1,043	140	202	44%
Bogra	397	153	213	39%
Pabna	297	139	228	64%

Source: GOB, *Revenue Department, Agriculture Branch, Bengal Board of Economic Enquiry: Preliminary Report on Rural Indebtedness* (prepared by P. C. Mahalanobis), File 11–R–29 of 1934, Nos.1–3, Progs 8–11, June 1935.

rates. This was emphatically illustrated by the Kishoreganj riots of 1930 – a short and violent *jacquerie* that occurred in a sub-division of Mymensingh. Since the rioters were exclusively Muslim peasants and the victims were largely Hindus, there was also a communal twist. Although many slogans were blatantly communal, a close examination reveals that the basic impetus was largely economic. With the fall in jute prices, the Hindu *mahajans* applied a credit squeeze, made threatening demands for repayment, and raised interest rates on outstanding debts. Virtually every 'incident' followed a singular pattern. The peasants would proceed *en masse* to the house of a moneylender and demand that he hand over all the debt documents. 'The primary object of the looters was to get hold of money bonds and other documents in the custody of the Hindu moneylenders and [publicly] burn them to pieces'.[63] Compliance led to nothing other than public bonfires; but refusal 'immediately produced an attack on the house and properties' and, in the event of stiffer resistance, people were murdered as well.[64] The most telling point was that every single one of the thousand odd houses that were looted belonged to moneylenders.[65]

Kishoreganj was atypical of the peasant response to the depression. Agricultural production hinged on credit and, more often than not, the *raiyat*s had to accept the higher demands of the moneylenders, lest they be totally cut off from funds. However, the riot serves to highlight the fact that the credit squeeze and interest burden had so severely affected the peasants that they did the unthinkable – abandoned standing crops to participate in violence.

Together with the credit squeeze was a pronounced shift in the source of rural credit. *Jotedari* and *dadan* loans were fairly prominent in east Bengal even in the 1920s. The depression rapidly accelerated this trend. The steady fall in agricultural incomes contributed to the consequent decline in the short term transactional value of land collateral. Consequently, the traditional village *mahajan*s – who operated on a cash–for–cash basis and were only interested in land as short term security against loans – became increasingly wary of lending money to the defaulting *raiyat*s. Matters were worsened with the passing of the Bengal Agricultural Debtors Act of 1935. The Act led to the creation of hundreds of Debt Settlement Boards across the province. Any agricultural debtor could take his case to a Board,

[63]GOB, *Home Department, Political Branch*, Confidential File 613/30 of 1930, note by Basak, Sub-Divisional Officer, Kishoreganj, July 13, 1930. Although a few Hindu shops were looted on the way, the target of fury was the moneylender and the houses of eight headstrong Muslim moneylenders were burnt as well.

[64]Ibid., Report of Mackenzie, Superintendent of Police, Mymensingh. When Krishna Kumar Roy, a large moneylender, opened fire on the rioters, the mob waited out of range until the ammunition had run out, and then burned the house and hacked Roy and his family to death. Note by Basak, July 13, 1930, and cable, Burrows–Secretary, Government of Bengal, July 18, 1930.

[65]Ibid., Burrows–Press Officer, Government of Bengal, August 5, 1930.

which was empowered to declare a lower interest rate. If the creditor did not agree to the lower rate, the Board issued a certificate to the debtor absolving him of paying anything above six per cent per annum simple interest. Significantly, the term 'moneylender' excluded *jotedars* as well as *dadan* merchants.[66]

Even without the Act, most *mahajans* had put a brake on agricultural credit. With the passing of the Act, cash–for–cash credit virtually ceased to exist, and peasants had to look towards *jotedars* and *dadan* traders for their advances. The drop in *mahajani* credit can be inferred from the court records of money suits for arrears of debt. In 1925–29, the annual average number of such suits stood at 232,846; these increased by 47 percent in 1930–34, to an average of 342,812. Yet, by 1937–39 – when the Debt Settlement Boards became operational – the number of money suits slumped to 187,054, and remained low thereafter.[67] Thus, through a single act of intervention, the government succeeded in removing the least harmful form of agrarian debt, and cleared the way for *jotedars* and *dadandars* to dominate the rural credit markets. Since cultivation hinged upon advances, *jotedari* loans and *dadan* were better than no credit at all. But, with continuous deficits and falling prices, it was only a matter of time before the creditor appropriated a part of the *raiyat's* land in lieu of default.

It could be argued that with the fall in land values, the *jotedars*, too, should have been wary of advancing loans. Such an argument fails to distinguish between a cash–for–cash *mahajan*, who had no direct or long term interest in land, and a *jotedar* or wealthier *raiyat*, for whom land control was the basis of all power. Every instance of land appropriation under usufructuary mortgage not only fetched a *jotedar* sharecropping rents valued at half the gross produce of the attached property, but also increased his economic and political power base over yet another rural household. At a time when the *raiyats* had no alternative employment opportunities, the power of debt was substantial. By 1937, the authority and political power of the *jotedars* had become

[66]GOB, *The Bengal Agricultural Debtors Act, 1935* (Alipore 1936), p.10.

[67]GOB, *Report on the Administration of Civil Justice in the Province of Bengal 1925* to *1941*.

formidable enough to transcend the narrow confines of villages and enter the domain of elite politics of the Bengal Legislative Assembly.[68]

The evidence points to a sharp increase in *jotedari* and *dadani* credit prior to the Bengal Agricultural Debtors Act. By 1933–34, many cultivators in Pabna's Sirajganj sub-division had started pledging 'a considerable portion of the crop before it [was] harvested' at an implicit interest rate of 2 annas per rupee per month, or 150 percent per year, and the *dadan* merchants were generally the Marwaris.[69] *Dadan* prices were 'fixed at three quarter or less than the actual market rate' in Tippera, where such transactions had become ubiquitous. The *jotedars* of Jalpaiguri doubled up as raw jute traders and executed *dadans* at '50 percent below the expected market price'. And, in Dacca, where even two decades earlier *dadan* was a rarity, '*dadan* jute' had become a common term in the traders' lexicon.[70] Although there are no time-series data on *dadan*, one can piece together some quantitative evidence from the occasional bi-weekly and monthly data on prices and volumes transacted in the major jute marts of east Bengal. The data should be treated with caution. It would seem that in the 1937–38 season *dadan* purchases accounted for 60 and 68 percent respectively of the total volume of raw jute trade carried out at Sirajganj and Narainganj – the two most important up-country markets in east Bengal.[71] Even if these proportions were halved, the implication was ominous, for only an utterly depressed rural economy sells a quarter to a third of its most important cash crop at half the market price.

The upshot of the credit squeeze and the growth of *jotedari* as well as *dadan* loans was the fragmenting and polarizing of landholding, and a rapid growth in sharecropping tenures. Table 6.11 gives the data on the *recorded* transfer of land held by only the permanently occupied, settled *raiyats*. Three points need to be borne in mind in reading the table. First, though 6.9 percent does

[68]This is discussed in Chapter 8.

[69]GOB, *Finlow Committee Report* (Alipore 1934), vol.II, p.15, 25, and 67.

[70]Ibid., p.97, p.159., p.526.

[71]Computed from the quotations given in *The Hindusthan Standard*, an English daily published in Calcutta, October 8, 1937 and thereafter.

not look like a large amount, this translated to over 1.6 million acres of net cultivated area.[72] Second, the data relate to transfers that were registered in court. In fact, much of the appropriation occurred illegally. Given the enormous delays in court procedure and the transfer fees involved, the *jotedars* preferred to settle within the village; and the debtors had only to be threatened by a credit squeeze to settle out of court. Third, there is an under-reporting of the percentage of transferred area cultivated by sharecroppers. By the mid-1930s, there was a rumour that the Bengal Tenancy Act would be amended to give occupancy rights to *bargadars* and *adhiars*, and the farmers who used sharecroppers passed off their tenants as *parisramiks*, or agricultural labourers. In spite of these qualifications, the data show that more than 500,000 acres that were hitherto cultivated by settled *raiyats* were tended by sharecroppers and tenants-at-will.

TABLE 6.11 : TRANSFER OF *RAIYATI* HOLDINGS IN THE THIRTIES

	Percent of *raiyati* area transferred	Percent of the transferred area cropped by sharecroppers
Bengal	6.9	31.7
Mymensingh	5.5	52.2
Dacca	4.9	42.7
Jalpaiguri	9.4	42.2
Rajshahi	3.5	38.1
Rangpur	4.7	38.0
Dinajpur	3.8	34.8
Bogra	3.0	31.4
Pabna	3.8	22.0
Faridpur	6.6	20.4
Tippera	4.2	10.5

Source: GOB, *Report of the Bengal Land Revenue Commission (Floud)* (Alipore 1940), vol.II, pp.120–21.

[72]Of course, some of these transfers need not have been fuelled by indebtedness. In the context of the depression, most were.

The rapid growth in land transfers can be seen from Table 6.12 and Chart 6.C. From an index of 100 in 1926–29, the number of court transfers of *raiyati* holdings under the Bengal Tenancy Act increased to 185 in 1930–31. By 1935–36, the volume of transfers was more than one and a half times the pre-depression level. Given the crisis of the 1930s, it seems unlikely that even a small proportion of such transfers represented an upward mobility of the small peasant households.

TABLE 6.12 : TRANSFER OF *RAIYATI* HOLDINGS UNDER THE BENGAL TENANCY AMENDMENT ACT, 1929–38

	Number of transfers	Index Number
1926–1929 (Average)	169,557	100
1930–31	314,494	185
1931–32	311,595	184
1932–33	312,625	184
1933–34	331,560	196
1934–35	393,727	232
1935–36	439,199	259
1936–37	426,027	251
1937–38	339,732	200

Source: GOB, *Report of the Land Revenue Administration of the Presidency of Bengal 1926–27* to *1937–38*.

Since debt peonage was the driving force behind land transfers, the structure of land ownership became extremely skewed, even in the east Bengal districts where it was earlier relatively better distributed. In 1937, the Indian Central Jute Committee found that 78.5 percent of the peasantry in east Bengal, and 87.4 percent in the north, cultivated less than 30 *maunds* of jute. Given a yield of 15 *maunds* per acre and assuming that approximately 40 percent of the area was allocated to jute, this meant that more than 75 percent of rural households

CHART 6.C : TRANSFER OF RAIYATI LANDHOLDING, 1926-29 TO 1937

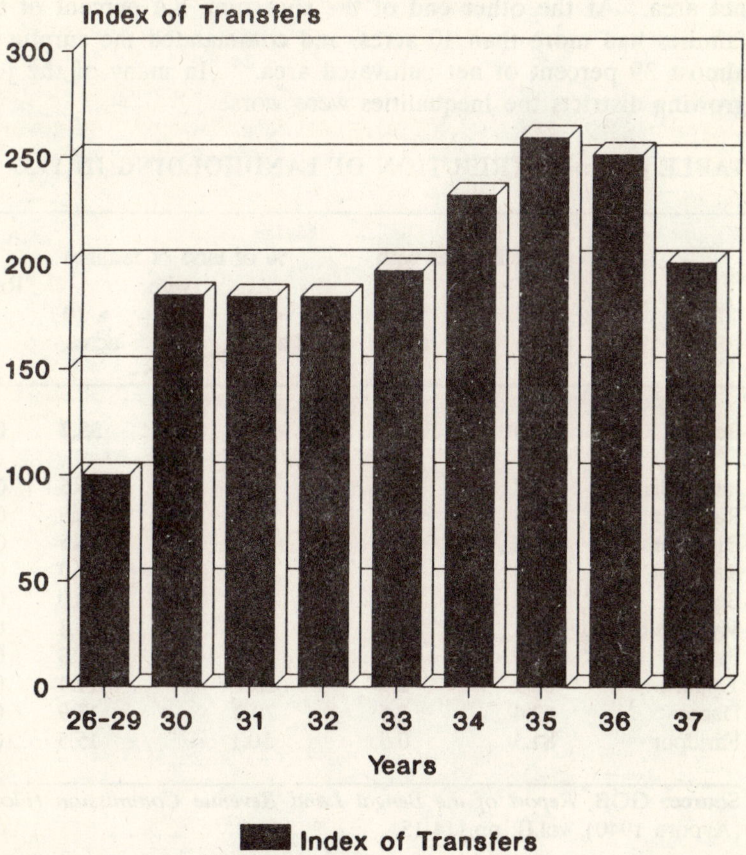

had *access* to less than 5 acres of land.[73] In 1939, the Bengal Land Revenue Commission conducted a survey of 19,599 rural households and arrived at a more stark picture. According to the results of the study, 46 percent of the rural families in Bengal had less than 2 acres of land and cultivated merely 10.6 percent of the net area. At the other end of the spectrum, 8.4 percent of the families had more than 10 acres, and commanded the surplus of almost 39 percent of net cultivated area.[74] In many of the jute growing districts the inequalities were worse.

TABLE 6.13 : DISTRIBUTION OF LANDHOLDING IN 1939

	% of families with		% of land of families with		Ratio
	< 2 acres	≥ 10 acres	< 2 acres	≥ 10 acres	
Bengal	**46.0**	**8.4**	**10.6**	**38.7**	**0.23**
Jalpaiguri	5.3	20.4	0.6	56.6	0.11
Rangpur	24.6	11.2	3.6	52.6	0.15
Dinajpur	24.2	15.0	3.7	46.5	0.15
Rajshahi	31.8	14.6	5.7	42.0	0.18
Bogra	34.5	7.1	8.0	28.0	0.23
Mymensingh	34.1	6.5	8.8	35.3	0.25
Pabna	64.1	2.4	26.8	21.3	0.42
Tippera	63.9	2.9	28.7	11.4	0.45
Dacca	62.4	3.5	29.2	13.9	0.47
Faridpur	81.5	0.6	50.1	15.5	0.61

Source: GOB, *Report of the Bengal Land Revenue Commission (Floud)* (Alipore 1940), vol.II, pp.114-15.

[73]ICJC, *Report on the Marketing and Transport of Jute in India* (Calcutta 1940), p.186. Note that access is not ownership: one might have access to five acres but own significantly less.

[74]GOB, *Report of the Bengal Land Revenue Commission (Floud)* (Alipore 1940), vol.II, pp.114-15.

Table 6.13 gives the data ranked according to concentration ratios of the poorer peasants, i.e. the percentage of land cultivated by the poorer families divided by the percentage of such households. A ratio of unity represents a perfectly equitable landholding pattern, and the greater the deviation the more maldistributed is the structure of holdings. As expected, the inequalities were the worst in north Bengal, where landholding was quite skewed from the very beginning. But what is more revealing is the extent to which fragmentation and polarization had become a part of the east Bengal landscape. The eastern districts were not only getting more and more pauperized with large masses of unviable, atomistic holdings, but were being polarized, with a tiny section of rural society commanding a disproportionately large share of land.

At the heart of these developments was the growth of sharecropping through debt peonage. By 1939, it was estimated that 16 percent of the rural families in the jute districts lived *entirely* as *recorded* sharecroppers.[75] Again, this was a gross underestimate, because the superior tenants classified many of their sub-tenants as agricultural labourers. Also, there were many poor peasant households owning less than two acres of land, who had to lease in additional land to eke out a living. Since such peasants were *partly* sharecroppers, they were omitted from the survey. If one assumed that half of the so-called agricultural labourers were full or part-time sharecroppers, then the percentage of rural households existing entirely as *bargadar*s increases from 16 to 24 percent.

The rapid growth of *barga* tenures was relatively new to east Bengal. Admittedly, there were sharecroppers in the nineteenth and early twentieth centuries in Dacca, Mymensingh, Faridpur, and Tippera. However, there was a fundamental difference between the old and the new *barga* system. Except in Jalpaiguri, Dinajpur and parts of Rangpur, those who let out land to sharecroppers in the late nineteenth century were very different from the *jotedar*s and better off occupancy *raiyat*s of the 1930s. *Zamindar*s and *patnidar*s often sublet portions of their *khas* (self cultivable) land in *barga*; so, too, did the Hindu *bhadralok*s and their widows, who

[75]GOB, *Floud Commission Report* (Alipore 19430), vol.II, p.117.

held intermediate tenures but were either unwilling or unable to cultivate such land – a prime example being the gentry of Bikrampur in the district of Dacca. The *inability to manage land* was the genesis of the old *barga* system. In contrast, the *desire to acquire land* was the source and the guiding spirit of the new *barga* tenures. In east Bengal, their origin lay in the growth of *jotedari* credit under usufructuary mortgage. By interlinking credit and land, the better off permanently occupying, settled *raiyat*s became an extremely powerful force in the countryside. Unlike the inefficient *zamindar*s and *bhadralok*s, they were hard nosed, prosperous peasant–moneylenders who controlled manageable parcels of land, had strong agricultural and village ties, understood the value of land in rural politics, and, through the Krishak Praja Party, had developed a political base that protected their surplus and power.

One can now trace the impact of the depression on the countryside. The sharp and prolonged fall in jute and rice prices resulted in a spectacular decline in gross revenues and in the surplus from cultivation. Simultaneously, the debt burden increased. Raw jute grade manipulations and the deductions levied by the traders worsened the situation.[76] Faced with losses and falling land prices, the traditional *mahajan*s first applied a squeeze and then slowly pulled out of the rural credit market.[77] With a reduction in the supply of cash–for–cash credit, the peasantry had to go to the wealthier farmers and jute merchants for their loans. These advances carried much higher costs: the cultivators either had to pay exorbitant interests, as in the case of *dadan*, or, in instances of *jotedari* loans, face a high risk of losing land against default. The first to suffer were those who stood at the bottom of the landholding pyramid in the 1920s. By the mid-1930s, such peasant households had become share tenants or agricultural labourers or both. Those who were slightly better off managed to keep the creditors at bay for a few years. However, the depression lasted right until 1938, and it was only a matter of

[76]Since most of the trade deductions were specific rather than *ad valorem*, their incidence was greater during the depression.

[77]Most of their finances were redirected to investments in semi-rural industries (such as oil presses) and urban-rural commodity trade.

time before they, too, were sucked into the vortex of debt peonage. Each instance of dispossession further reduced the surplus earning capabilities of the household, which inexorably led to a heightened crisis and yet another round of divestment. The better off peasants profited from the slump by becoming net lenders of funds and net gainers of land. The prices picked up with World War II. But, by that time, nine years of depression had taken its toll, and only the well endowed *raiyat*s could benefit from the upswing.

The real gainers of the 1930s were the *jotedar*s. By initially controlling land and then moving into the vacuum created by the exit of the traditional *mahajan*s, these farmers swiftly expanded their power over the countryside. In their methods of appropriation and control the *jotedar*s were more efficient and shrewder than the earlier elites, the *zamindar*s. Although they did not hesitate in grabbing land for debt default, the *jotedar*s were generally astute enough not to carry out this process to the limit and deprive a peasant of his last vestige of respect by making him a landless labourer. Moreover, unlike the *zamindar*s, the *jotedar*s lived relatively unostentatiously in the villages, belonged to the same caste or religion as the peasants, doled out rice to the poorer and needy farmers during festivals, prayed at the same mosque, shared the same feelings of hatred about the Hindus, and enjoyed a close, symbiotic, relationship with their tenants – the communal bond that formed the basis of the *praja samiti*s and the Krishak Praja Party in the 1930s. Objectively, the *jotedar*s were far more exploitative than the twentieth century *zamindar*s and the Hindu *mahajan*s. Yet, in east Bengal, they succeeded in portraying themselves as fellow *krishak*s (peasants) and *praja*s (subjects), and heightened the long-standing contradictions between 'us, the wretched Muslim peasantry' and 'them, the Hindu oppressors' – contradictions that found their ultimate expression in the communal bloodbath of the 1940s.

For the jute industry, the depression was a traumatic event. Nevertheless, it succeeded in coming out of the shock and bouncing back into prosperity during World War II. For the small jute cultivators, it was a far more tragic story. The process of immiserization unleashed by the depression carried on through the war and beyond independence. With less than two acres of land at their command, most peasants had to face the bitter facts of commercialization. They must have also appreciated the truth of Abed Ali Mian's little ditty about the Marwaris offering only five rupees for their 'wonder' crop. There was, of course, an important correction. In the 1930s the price of jute was merely three and a half rupees, not five.

7 : PROFITS AND FAMINE

7.1 : Industry and Trade, 1939–47

Like its predecessor, World War II generated a massive demand for sandbags, and lifted the industry out of the recession. Even before the outbreak of hostilities, the British government had placed an order for 200 million sandbags. After two weeks of the war there was a second order for an extra 50 million bags, which was followed in the fourth week of September by yet another for 152 million. Within the first six months, the mills supplied 923 million bags and 45 million yards of gunny cloth only on war orders. By the end of the war, military demand alone had fetched a revenue worth Rs.759 million.[1]

Inflexible war demand, severe shipping constraints, and erratic commercial supply combined to bring about a rapid increase in gunny prices. During 1935–1938 the average inventory of burlap in the United States could meet six months' demand. In the first couple of war years stocks dropped to less than two months' requirements, which led to an increase in the New York spot price of burlap from 5.2 cents per yard in 1935–38 to 14 cents in 1940–41, averaging at 11.2 cents through the war.[2] A bullish U.S. market set off price increases everywhere. The Calcutta prices of burlap and sacking rose respectively from Rs.7.88 per 100 yards, and Rs.21.88 per 100 bags during 1935–38 to Rs.17.91 and Rs.49.74 in the course of the war. The unit value of burlap rose by 122 percent, from an average of Rs.288 per ton in 1935–38 to Rs.639 per ton during 1939–45.[3] Table 7.1 illustrates the growth in sales during the war.

Although the industry could not depress raw jute prices as effectively as it had in World War I, it still earned handsome profits. Net profits shot up from 7 percent of paid-up capital in 1935–38 to 52 percent by 1942, and remained above 40 percent from 1941 to 1945. After years of depression, profits such as these were manna from heaven, and the owners revelled at 'such

[1]IJMA, *Report of the Committee 1939* (Calcutta 1940), pp.68-9 and *Report of the Committee 1945* (Calcutta 1946), p.6.

[2]IJMA, *Annual Summary of Jute and Gunny Statistics 1975-76* (Calcutta 1977), p.48.

[3]IJMA, *Report of the Committee 1949* (Calcutta 1950), pp.116-17, and Sivasubramonian (1977), pp.447-48.

a rapid and substantial improvement in industrial fortunes'.[4] Companies having active trading and exporting interests earned still larger profits through trade and speculation. Haji Dawood, who controlled the Adamjee Mill and a large exporting house, was believed to supply almost 10 percent of the gunny exports during the war and, as a major speculator, was rumoured to earn anything 'between Rs.2 and Rs.3 crores [Rs.20 to 30 million] in profits on dummy gunny transactions alone'.[5] Table 7.2 gives the profit rates of forty mill companies.

TABLE 7.1 : THE JUTE INDUSTRY DURING WORLD WAR II

	Gunny Output	Value of Output	Unit Value	US spot price	Calcutta Prices Burlap	Sacking
1935–39 Average	1,206	347	288	5.2	7.88	21.88
1939–40	1,335	568	425	8.0	14.19	40.75
1940–41	1,062	517	487	14.0	13.88	32.19
1941–42	1,300	765	588	10.6	18.69	38.63
1942–43	1,278	745	583	10.6	17.31	56.25
1943–44	1,023	879	859	11.4	21.31	66.56
1944–45	1,059	947	894	12.4	22.13	64.06
Average War Years	1,176	737	639	11.2	17.91	49.74
Rate of Growth (%)	−2.4	112.4	121.9	115.4	127.3	127.3

Sources : IJMA, *Report of the Committee 1949* (Calcutta 1940), pp.114-17; IJMA, *Annual Summary of Jute and Gunny Statistics 1975–76* (Calcutta 1977), p.48; Sivasubramonian (1977), pp.447-48.

Notes : Gunny output measured in 000 tons; value of output in Rs. millions; unit value in Rs. per ton; US spot price of burlap in cents per yard; burlap price in Rs. per 100 yards; sacking price in Rs. per 100 bags.

[4] IJMA, *Report of the Committee 1941* (Calcutta 1942), p.5.

[5] CSAS, *Benthall Papers*, Box XV, Thomas–Benthall, October 12, 1941.

TABLE 7.2 : PROFITS AS A PERCENTAGE OF PAID-UP CAPITAL, JUTE MILLS, 1935–1945

Companies	1935–38	1939	1940	1941	1942	1943	1944	1945
Andrew Yule								
Albion	3	5	35	25	32	20	38	52
Belvedere	11	24	78	72	79	40	11	28
Budge Budge	6	16	87	49	65	44	19	12
Caledonian	9	17	74	44	46	30	16	20
Cheviot	5	11	45	39	40	27	53	75
Delta	11	25	92	73	75	43	31	56
Lothian	6	12	46	33	40	23	36	47
National	9	10	50	33	46	24	17	14
New Central	4	0	39	40	34	22	13	22
Orient	8	15	56	36	44	20	25	76
Bird–Heilgers								
Auckland	7	6	23	38	51	38	72	27
Clive	5	2	18	42	34	47	60	45
Dalhousie	9	6	30	36	36	37	47	41
Kinnison	13	8	47	42	46	30	31	34
Lansdowne	4	2	17	29	38	26	21	16
Lawrence	9	6	39	37	37	36	26	22
Naihati	5	8	47	40	37	31	31	48
Northbrook	4	6	19	31	26	29	30	31
Standard	9	7	31	38	50	27	43	53
Union	17	8	59	83	79	86	66	45
Jardine								
Howrah	18	17	37	76	81	52	91	79
Kamarhatty	12	10	37	69	134	130	146	89
Kanknarrah	13	7	40	74	68	74	96	79
Reliance	16	10	29	51	62	36	50	60
McLeod								
Empire	1	2	25	43	54	28	56	52
Kelvin	8	0	41	60	84	48	74	55
Soorah	2	3	8	20	21	2	11	25
Presidency	1	0	10	34	33	16	18	27

(continued)

TABLE 7.2 (concluded)

Companies	1935–38	1939	1940	1941	1942	1943	1944	1945
Begg Dunlop								
Alexandra	–2	29	38	60	51	38	67	56
Alliance	3	32	38	87	63	100	98	62
Waverley	–5	0	46	48	80	67	103	112
Craig	–7	0	65	117	60	53	63	46
Indian Mills								
Adamjee	12	16	48	47	47	42	37	31
Agarpara	21	21	45	47	76	67	61	48
Birla	9	13	30	40	63	68	57	68
Hukumchand	7	0	15	31	39	40	26	27
Kedarnath	na	17	9	17	10	9	10	15
Naskarpara	na	37	44	40	69	36	17	13
Premchand	na	7	10	13	17	14	11	13
Luchminarain	na	8	14	20	16	23	41	28
Averages	**7**	**11**	**39**	**46**	**52**	**41**	**45**	**44**

Source: *Investor's India Year Book 1935–36* to *1946*. na: Not available

As in the previous war, the bulk of the profits was used to declare huge dividends. In part, this reflected the boom of the period. A more important reason was the expatriates' fear of an independent India. After the Quit India movement of 1942, it was obvious that the days of the *raj* were numbered. Apprehensive of their future status, the colonial firms started demanding commercial safeguards if they were to operate in independent India. By this time, however, the Indian entrepreneurs had become powerful enough to oppose such safeguards and, instead, demanded immediate repeal of all the existing forms of discrimination in favour of the expatriate firms. The groundswell of nationalism forced the Cripps mission as well as the Secretary of State for India to announce that 'special protection for British commercial interests in India would not be a condition for the acceptance of whatever constitution India might evolve'.[6] With neither British nor Indian politicians willing to underwrite any guarantees, the boards of directors of many expatriate companies were inclined to play safe and repatriate the war time profits as dividends, instead of ploughing the funds back into the companies.

The war years also saw the Indian entrepreneurs strengthen their grip over the industry. Before World War I, more than 97 percent of the directorial positions in the jute mill companies were held by Britons.[7] Through direct entry and systematic purchase of shares of the British companies, the Marwaris had become a force to reckon with in the 1930s. By December 1930, 59 percent of the expatriate firms had Marwari directors, and 56 percent of the jute mill companies – Indian or otherwise – had at least one Marwari on their board.[8] With the Indians steadily buying shares throughout the depression, the stage was set for a major shift in entrepreneurial control. This occurred during the war, particularly during 1942–45. In 1942, 62 percent of the expatriate jute companies had Marwari directors. By 1945, this share had shot up to 82 percent; 15 percent of these companies had come under Marwari control, and the percentage of jute mill companies (Indian as well as expatriate) with Marwaris on the boards had shot up from 63 to 80 percent. From their humble, low-key trading origins, the Marwaris had become important players in the boards of the jute industry. Table 7.3 speaks for itself. The percentages given in the table actually *understate* Indian presence in the jute industry. The data relate only to publicly held, limited liability, joint-stock companies whose shares were traded in the Calcutta Stock Exchange. In jute, there were a number of small units and up-country mills that were either partnership and proprietary firms, or private limited companies whose shares were not quoted in any Exchange. Such companies do not appear here. If all units are taken into account then, by 1945, Indians exclusively owned and controlled 25 of the 85 jute mills in the

[6]Federation of the Indian Chambers of Commerce (FICCI), *Annual Report 1943*, quoted in Mukherjee (1979), p.119.

[7]GOI, *The Census of India 1911*, vol.I(1), p.446, and *Investor's India Year Book 1919*.

[8]*Investor's India Year Book 1931-32*, section on jute.

sub-continent.[9]

TABLE 7.3 : CHANGES IN DIRECTORIAL POSITIONS IN JUTE COMPANIES, 1942–1947

	1930	1942	1945	1948	1951	1957
Indian Companies	5%	20%	24%	24%	25%	29%
Expatriate firms with Marwari directors	59%	62%	82%	89%	89%	86%
Expatriate companies under *de facto* Marwari control(*)	2%	5%	15%	15%	17%	17%
Companies with Marwari directors	56%	63%	80%	85%	86%	89%

Source: *Investor's India Year Book 1931–32, 1942–43, 1945–47, 1949, 1952, 1958.*

Note: * A European company is defined as *de facto* under the Marwaris if the majority on the board were Marwaris. Most of these companies were effectively controlled by Marwaris, but they maintained their old names and registered addresses. Thus, percentage of companies controlled by Europeans would be: (100 – percentage of Indian companies – percentage of *de facto* Indian companies).

The table also shows that the major changes in the structure of ownership and control occurred during 1942–45 and not immediately, nor even a decade, after independence. This conclusion differs radically from those of other business historians of the period. Moreover, a look at the table indicates that there were really no cataclysmic changes in the mercantile environment with the coming of freedom. If one accepts an oft-stated hypothesis that the fortunes of all colonial firms depended upon *pax Britannica*, one should expect a massive retreat of European

[9]ICJC, *Report on the Marketing of Jute and Jute Products in India*, 2nd. ed. (Calcutta 1952), pp.321-23.

commercial forces immediately after independence. This did not happen. Table 7.3 shows that the changes between 1945 and 1957 were far more modest compared to 1942–45. Despite the repatriation of funds and apprehensions about the commercial climate of a free India, there was hardly any exodus of capital or expatriate entrepreneurs on a scale worth considering. The companies that survived the 1930s and 1940s and managed to stave off Indian intrusion – such as Bird, some units of Yule, Macneill, Barry, Jardine, and Thomas Duff – stayed on and led reasonably prosperous lives until the mid-1960s, when they were finally bought by the Marwaris. The ones that packed up did not do so because the *raj* had come to an end. These were the inefficient, cash-strapped managing agencies that had lost the battle in the 1930s and 1940s in the economic, not the political, arena. Deeply in debt, many of these companies were bought up by their old *banias*: Kettlewell Bullen was purchased by Bangur, Anderson Wright by Kedia, Begg Dunlop by Bajoria, Duncan by Keshav Prasad Goenka, and McLeod by Radha Kissen Kanoria. And by 1948, the Jatias were on the board of 19 jute mill companies, the Bangurs on 17, the Kanorias on 12, the Goenkas on 9, the Birlas 5, the Bajorias 3, and the Kedia and Jalan families were each represented on the boards of two firms.[10]

Much more conspicuous was the Marwari presence in raw jute trade and gunny exports. By the early 1940s almost three-quarters of India's burlap export was carried out by Marwari firms, and 75 percent of the gunny produced in Calcutta was intermediated through futures and hedge transactions in the Marwari dominated

[10]It would be obviously wrong to ignore the role of independence or downgrade the importance of colonialism in analyzing colonial firms. Nevertheless, the much used phrase 'forces of colonialism' has its occasional dangers, especially when it is used as a catch-all to explain everything that occurred between 1857 and 1947. In the limited arena of managing agencies in eastern India, the impact of decolonization on British business was not discontinuous and centred on 1947. For many colonial firms the rot had set in much earlier, beginning with the 1920s, and carried on through the 1930s and 1940s. Often the decline had little to do with empire and was much more a reflection of corporate inefficiencies and the adherence to a nineteenth century mercantile culture in a world that was far more complex. For more on this, and the general issue of entrepreneurship in eastern India, see Goswami (1989).

fatka bazaar.[11] At the time of independence, established Indian traders accounted for more than 60 percent of the raw jute and 80 percent of burlap exports.[12]

Despite the war boom firming up prices as well as profits, the mills tried to do whatever they could to depress raw jute prices. An opportunity to do so occurred in the 1940–41 season. In the previous year, the up-country price of raw jute had almost doubled from Rs.5.50 to Rs.10.56 per *maund*. Anticipating yet another year of high prices, the cultivators expanded acreage under jute and produced a bumper crop of 55.6 million *maunds*. The excess supply sent harvest prices crashing to less than Rs.5 per *maund*. Alarmed at this slump, the Government of India convened a meeting in December 1940 where the IJMA members agreed to a price support varying from Rs.6 to Rs.8.50 per *maund*.[13] Within a week there were reports of gross infringements, particularly by James Finlay and Company (whose managing director was then the chairman of the IJMA), Gillanders, and Kettlewell Bullen. 'Monty' Thomas of Bird and Company complained that

> Owing to the 'Gentlemen's Agreement' we are unable to buy cheap jute although ... all the Indians and half the Europeans bought freely at prices lower than Rs.5 per maund. Moral – don't enter into any Gentlemen's Agreement unless you are dealing with gentlemen.[14]

Even the IJMA admitted 'with great regret' that 'schemes were placed before the mills whereby the price agreement is evaded'.[15] For a while the Association attempted to inject a sense of guilt among the members. When this failed, it did a remarkable volte face and created a new jute standard called Lower Bottom, which

[11]ICJC, *Report on the Marketing of Jute and Jute Products in India* (Calcutta 1941), p.90-93.

[12]Among them were firms such as Ramshai Mull More Limited that alone accounted for 17 percent of India's burlap exports. IJMA, *Report of the Committee 1949* (Calcutta 1950), pp.118-23.

[13]IJMA, *Report of the Committee 1940* (Calcutta 1941), p.60.

[14]CSAS, *Benthall Papers*, Box XVI, Thomas–Benthall, December 19, 1940.

[15]Ibid., Box XVI, IJMA Circular Number 181-D.

fell outside the purview of the agreement. The IJMA then advised its members to buy according to this standard and so avoid paying floor prices.[16]

To conclude, the war years certainly pulled the mills out of the crisis of the 1930s and increased an already ample Indian presence in the industry. In most historical discourse, the typical view of the jute industry in the colonial era is that it was an exclusive expatriate preserve. This was allegedly so due to formidable entry barriers: financial (the British controlled banks and financial institutions), technological and informational (the British had more detailed knowledge of export markets than the natives), and political (the bonds of racial affinity between the expatriate executives and the rulers of the land). The manner in which the Marwaris moved from up-country raw jute trade and *dadan* to speculation and futures markets, to industry, and then to gunny trade and burlap exports, to eventually straddle all the sub-sectors of the jute economy belies the potency of these entry barriers. In reality there were no barriers worth talking about. The trading profits earned by the Marwari community in the first decade and a half of the twentieth century, made more plentiful by the massive gains during World War I, meant that there were no financial barriers. Having interests in a series of activities – raw jute trade, raw jute exports, moneylending, speculation, futures markets, gunny and burlap exports, and brokerage – offered financial gains from interlinkage which were no less than those obtained by the managing agencies. Decades of trading, *fatka*, and acting as brokers for export houses gave the Marwaris an excellent knowledge of foreign markets. The technology of producing the cloth was simple and there were always Scottish jute mill managers who were there for hiring. In any case, the conversion process was so easy that it was only a matter of time before Indians were trained to run mills just as well as any Scotsman. And, by the inter-war years, the state consciously avoided masterminding any industrial or business policy that could be stamped as anti-Indian. Experiences of the jute industry and the collieries seem to indicate that after World War I, barriers to entry are more dominant in historiography than in history.

[16]Ibid., Box XVI, Morton–Benthall, January 30, 1941,

Increasingly, the new data on industrial organization suggest the need to revise our understanding of capitalist development under the *raj* in terms of collaboration and conflict between a number of competitors, where the balance of power shifted – frequently unpredictably – from one group to another.

The data also require a radical departure in the understanding of the role of markets and bazaars in industrial control. For instance, almost all existing literature on the jute industry deals with mills, mill associations, and the activities in Calcutta and Dundee. This is like describing the tip of an iceberg without understanding that the apex is just a small mass relative to the amount riding under the sea. In all cash crop based industries the organized manufacturing sector was (and continues to be) a small part of a vast network of trade and commerce that spread across the entire countryside. In many ways, success in the unorganized sector determined entry into, and the future control of, the organized manufacturing zone. The growth of the Marwaris in the jute industry followed an exactly similar pattern. Having first mastered all aspects of trade and raw jute procurement, they moved into manufacturing. By maintaining strong trading ties, they continuously reaped the synergic benefits of interlinked markets which, in turn, helped them to further consolidate their position in the organized mill sector. The Marwari involvement in an immense bazaar economy played a critical role in their accumulating a huge capital base for industrial investment, in reaping the maximum profits out of a portfolio of transactions, in having an overall perspective of the industry that was far superior to that of the expatriates, and in continuing to make further profits which were then invested in more modern, capital intensive industries. An appreciation of these trading and speculative markets is necessary to understand the dynamics of collaboration and conflicts between the different entrepreneurial groups, and why Indians rose, while the expatriates fell. Such research might prompt a re-casting of the conventional wisdom and shibboleths about industrial development and business history under the *raj*. The revision is long overdue, and the time has come for us to recognize that, even under colonialism, one must not automatically paint capitalism 'white'.

7.2 : The Famine of 1943

Although the famine occurred in 1943, it was undoubtedly the central feature of Bengal's agrarian economy during the war. In the course of nine months it unleashed havoc over wide tracts of jute land and left in its wake almost three million dead. For many small peasants who managed to survive, the famine was the final climactic end to all hopes of making a respectable living from petty cultivation. Compared to its horrors, its intensity, and its impact on the countryside all other discourses fade into insignificance.

The story of the 1943 famine is well known and I will not dwell on a detailed description of the calamity, nor its definition, nor its sheer horror. Instead, I shall (i) start with a brief chronological description, (ii) then attempt to link the famine to the events of the 1930s to explore its long term causes and, finally (iii) examine its impact on the agrarian economy. In the following section I will examine whether the famine was 'man-made' – as it was believed to be – or whether it reflected an overall decline in foodgrain availability.

The starvation death phase of the Bengal famine raged between February and November of 1943. However, there were two events that occurred earlier which were believed to have played their part in setting off the famine. On March 10, 1942, the Japanese Army occupied Rangoon and cut off all exports of Burmese rice – a staple import item for poorer rural households of east Bengal. Then, on October 16, 1942 a massive cyclone swept through the coastal areas of Midnapur and 24–Parganas, followed by three tidal waves that inundated over 3,200 square miles.[17] In Midnapur the standing winter rice crop and reserve stocks were totally destroyed. The loss was substantial on two counts. Firstly, *aman* was the most important rice crop and secondly, Midnapur was the largest rice growing and exporting district of the province. After the deluge came rot and crop disease. The net result was a major shortfall in the *aman* crop. At 6.02 million tons, the 1942 harvest was 32 percent less than the previous *aman* crop and, more significantly, 19 percent lower than

[17]GOI, *Famine Inquiry Commission: Report on Bengal* (New Delhi 1945), p.32, hereafter *FIC* (1945).

the previous quinquennial average.[18] Therefore, by the beginning of 1943, there seemed be a number of supply-side forces that could have started off the price spiral of 1943. Indeed, coarse rice prices rose astronomically, as can be seen from Table 7.4.

TABLE 7.4 : PRICE OF COARSE RICE IN CALCUTTA, 1939–1943 (Rs./maund)

Year	Month	Price
1939		4.06
1940		4.88
1941		6.25
1942	Jan	5.63
	Apr	5.88
	Jul	8.00
	Oct	8.50
1943	Jan	12.31
	Mar 3	15.00
	Mar 17	19.38
	Mar 29	22.00
	Apr 12	20.44
	Apr 26	21.00
	May 10	25.00
	May 28	31.50
	Jun 11	34.00
	Jun 25	31.50
	Jul 9	32.50
	Jul 23	32.50
	Aug 6	33.50
	Aug 20	37.00

Sources : GOI, *The Famine Inquiry Commission, Report on Bengal* (New Delhi 1945), p.40, p.218, and Ghosh (1945), p.44.

A similar price spiral occurred in the districts as well. In

[18]*FIC* (1945), p.207.

Rajshahi the price of coarse rice rose from Rs.13.50 per maund in January 1943 to Rs.26.31 in May; in Faridpur it increased from Rs.12.25 to Rs.31; and in Tippera from Rs.9.50 to Rs.25 over the same period.[19] In fact the famine was very much a rural phenomenon, and became known to the urban populace only when the cities were swamped by endless lines of feeble and emaciated beggars in search of food. The progress of the famine can be inferred from the reports of the district officers. In November 1942, within a month of the cyclone, the price of rice had risen to Rs.12 in Mymensingh and Tippera.[20] In a fortnight it had further increased to Rs.19, and this led to looting in the Netrakona bazaar on November 17. By December there were food riots in Pabna and Sirajganj.[21] In February 1943 many peasant households in Rajshahi and Dacca were going without food. In March there were reports of paddy looting in Dinajpur and Rangpur, and starvation deaths had started in Faridpur. By May, Pabna was in the grips of widespread starvation, and Dacca needed food and cash relief. By July starvation deaths were common spectacles in Dacca, Faridpur, and Pabna, and every town was swarming with 'thousands of beggars'.[22]

The famine cut wide swathes through the countryside. According to a government classification, 58 percent of the rural households were either 'very severely affected' or 'severely affected', and almost 60 percent of the cultivable area experienced the famine in a greater or lesser degree.[23] Map 3 gives an idea of the geographical spread of distress. Significantly, 10 of the 15 'very severely affected' sub-divisions were in the jute growing heartland, as were six of the 22 'severely affected' areas. Why the jute tracts bore the severest brunt of the famine relates to the long term causes, and I shall analyze these after a brief description

[19]Ibid., p.40.

[20]*The Hindusthan Standard*, Calcutta daily, November 1, 1942.

[21]Ibid., November 8 and 18, and December 13, 1942.

[22]GOB, *FIC* (New Delhi 1945), pp.226-27.

[23]Mahalanobis, P. C, R. Mukherjee, A. Ghosh, 'Sample Survey of the After-effects of the Bengal Famine of 1943', *Sankhya*, vol.7(4), 1946, p.354. This is hereafter referred to as Mahalanobis et. al. (1946).

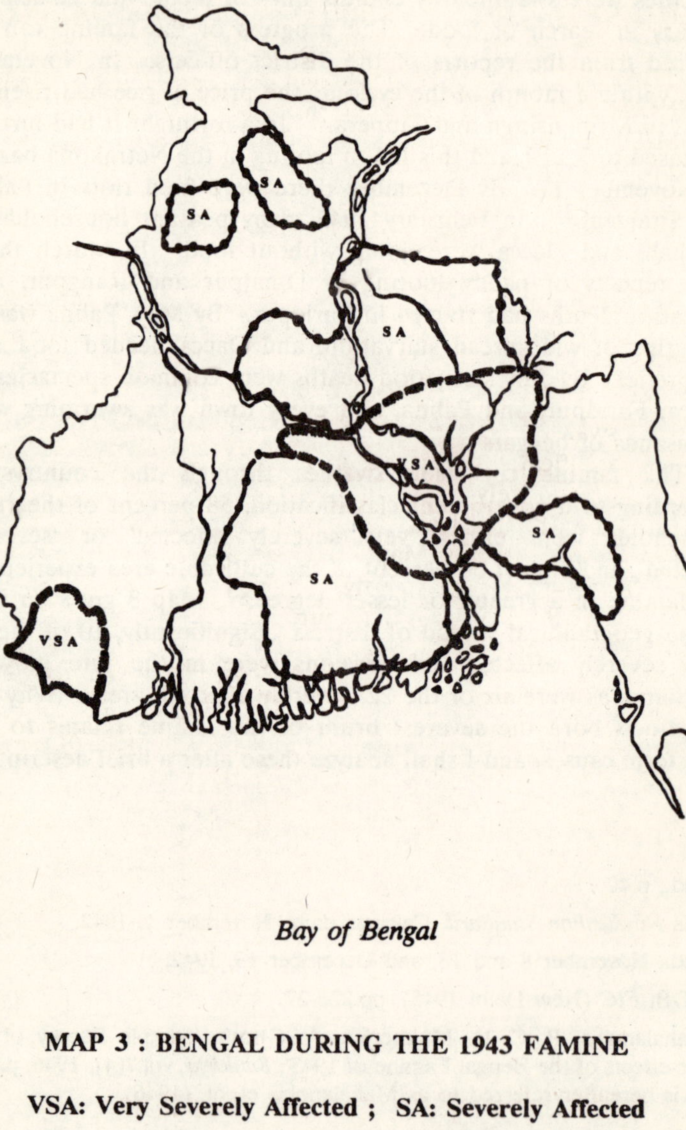

MAP 3 : BENGAL DURING THE 1943 FAMINE

VSA: Very Severely Affected ; SA: Severely Affected

Note to Map 3

VERY SEVERELY AFFECTED AREAS

FARIDPUR	Madaripur*, Sadar*, Goalundo.
DACCA	Manikganj*, Munshiganj*, Narainganj*, Sadar*.
TIPPERA	Brahmanbaria*, Chandpur*, Sadar*.
NOAKHALI	Feni**, Sadar.
MIDNAPUR	Contai, Tamluk.
24-PARGANAS	Diamond Harbour.

SEVERELY AFFECTED AREAS

MYMEMSINGH	Kishoreganj*, Tangail*, Jamalpur*, Netrakona**.
PABNA	Sirajganj*, Sadar*.
RAJSHAHI	Natore**.
JESSORE	Bongaon**, Jhinaidah**, Magura**, Sadar**.
KHULNA	Satkhira**, Bagerhat**.
BAKARGANJ	Patuakhali, Pherojpur, Bhola, Sadar.
CHITTAGONG	Sadar.
RANGPUR	Nilphamari*.
DINAJPUR	Balurghat**.
MURSHIDABAD	Kandi.
HOWRAH	Uluberia.

* indicates intensive jute cultivating area, ** marginal jute area.

of two other aspects of 1943 – destitution and mortality.

The Mahalanobis (1946) survey defined destitution as a state where the livelihood depended solely or primarily on charity. Such a definition had its bias for many respondents were reluctant to be labelled as beggars. Nevertheless, the estimates were stark enough. From a sample of 15,633 families across 41 sub-divisions, Mahalanobis found that destitution had increased by 45 percent – from 2.34 percent of the rural population in January 1943 to 3.39 percent in May 1944. In absolute terms, it meant that 1.08 million of the rural households were reduced to a state of beggary by May 1944, of which 486,000 families were new destitutes, thanks to the famine.[24] These figures underestimate the impact of the famine for the simple reason that the new destitutes were the relatively fortunate people who survived the ordeal. The less fortunate died of starvation and disease in the course of 1943, and did not appear in the survey.

The largest number of the destitutes came from the class of agricultural labourers. They were among the poorest of the poor in an agrarian economy already immiserized by the depression. Having neither land nor crop but only their labour services, they were the first to feel the impact of the famine. The highest proportion of the 'new' destitutes belonged to the 5–15 years age group; the younger children were a smaller proportion for a far more cruel reason – unable to beg or forage, they starved, had cholera, and died. Among the 15–50 year group, the number of destitute women was double that of men, which reflected the chief cause of destitution: the death and abandonment of the principal earners.[25] More than a quarter of the people who lived by begging did so because their menfolk had died.

In an attempt to downplay the famine, Amery, the Secretary of State for India, stated that the starvation deaths amounted to a thousand per week – an estimate that was severely criticized by the Calcutta newspapers.[26] The official reports were so incorrect

[24]Ibid., p.357, p.362.

[25]Many of the women ended up in brothels: see Ghosh (1945), pp.79-82, Bedi (1945), p.87, and Greenough (1982), Chapter 6.

[26]N. Mansergh (ed), *The Transfer of Power 1942-47*, vol.4 (HMSO London 1973), pp.397-98.

that even Sir Thomas Rutherford, the acting Governor of Bengal, recognized them to be gross under-estimates. In a note to Amery, Rutherford pointed out that while newspapers placed the death toll between August 1 and October 11, 1943 at 12,370, the official figure stood at 5,384. He also remarked that

> Though in individual cases newspaper reports may have been exaggerated, it is certain that a very large number of deaths have occurred in out-of-the-way places which have not come to the notice of Government ... The actual number of deaths occurring everyday would perhaps not be less than 9,000.[27]

Under political pressure, Rutherford soon reduced this to 2,000 per week. The Famine Inquiry Commission estimated the death toll at 1.5 million, or about 38,000 per week.[28] This, too, was an underestimate. W. R. Aykroyd, the Commissions mortality expert, later wrote that 'the figure of 1.5 million deaths is in the history books, and whenever I come across it I remember the process by which it was reached'.[29] More recently, Sen (1981) has shown that the excess mortality was around 3.05 million, or about 87,000 souls per week.[30] Agricultural labourers accounted for the largest percentage of deaths: after all, they formed the backbone of the class of beggars, and beggars die first. In a survey of 592 villages in Faridpur, it was found that 52 percent of the agricultural labourers had been reduced to a state of beggary, and 40 percent of these new destitutes were 'wiped out' in 1943.[31]

What does the famine have to do with the story of jute cultivation? In fact, no one has ever called the misery of 1943 a jute farmers' famine, and those most affected were agricultural

[27] Ibid., pp.398-99.

[28] GOI, *FIC* (New Delhi 1945), p.1, pp.108-10.

[29] A. K. Sen, *Poverty and Famines: An Essay on Entitlement and Deprivation* (Oxford 1981), hereafter Sen (1981), p.198.

[30] Ibid., pp.196-202.

[31] Next came the village priests and petty employees, who normally lived on fixed money income and on charity. 27 percent of them became destitutes in the course of the famine, and of these, a further 27 percent perished. Mukherji (1965), p.178.

labourers and people engaged in petty services. Nevertheless, since the jute tracts accounted for two-thirds of the 'very severely affected' area, one cannot summarily deny a longer term role of this cash crop in the events of 1943. To examine the part played by jute, we need to start with 'exchange entitlement' – a concept used by Sen (1981).

According to Sen, starvation and famines are characterized by 'some people not having enough to eat', and not necessarily by there not being enough food to go around.[32] To clarify this distinction, Sen introduced two concepts: failure in exchange entitlement (called FEE), and food availability decline (FAD). In market economies, agents arrive with endowments of goods and services that are exchanged for other goods and services. A shrinking initial endowment bundle and/or adverse movements in relative prices reduces entitlement through exchange. When this occurs in a dramatic way, the exchange entitlement of a class of people can contract to a point where they are forced to eat less than the required minimum, then starve and, finally, die. Clearly FAD can and does lead to FEE. But, equally possible is a failure in exchange entitlement without a corresponding food availability decline. Sen's strength lies not so much in introducing these two concepts, but in attempting to prove that 'the disastrous Bengal famine was not a reflection of a remarkable over-all shortage of foodgrains'.[33]

The next section examines whether FEE was accompanied by FAD. Here, I shall use the concept of exchange entitlement to trace out certain longer term causes of the famine and argue that 1943 was, in many ways, a horrifying climax of the developments unleashed by the depression. With the slump in raw jute as well as rice prices in the 1930s, a large number of poorer small peasants went into deficit. The tightening of rural credit from the traditional village *mahajan*s forced these households to look elsewhere for loans to meet their consumption and production needs. The alternative source was the local *jotedar*s, who lent against usufructuary mortgage, and the *dadan* merchants who loaned against standing crops at credit prices which were half of

[32]Sen (1981), p.1.

[33]Ibid., p.63.

the previous year's open market price. Given the intensity and the duration of the slump, it was merely a matter of time before the borrowers defaulted and had to forfeit a part of their land to the *jotedar*s, who then made the debtor work as a sharecropper on the attached land. Since sharecropping rents amounted to half the gross produce, the surplus contracted even more, leading to further land dispossession. Thus, by 1939, more than 57 percent of the rural households had less than 3 acres of land and controlled only 17 percent of the net cultivable area, while 8 percent managed to own almost 40 percent of the land. Almost 35 percent of the peasant families lived as sharecroppers and agricultural labourers, and more than 21 percent of the cultivable area was cropped exclusively by *bargadar*s and tenants-at-will.[34] In the major jute growing districts of Tippera, Dacca, Mymensingh, and Pabna as much as 30 percent, 21, 20, and 19 percent respectively of the land cultivated by occupancy *raiyat*s was taken over by wealthier farmers, and at least a third of this land was farmed out to sharecroppers.[35] In Sen's scheme, this was none other than a rapid collapse of the original endowment bundle – a swift deterioration in production based entitlement.

Land transfers continued unabated through the early 1940s. The reason was simple enough. Although jute and rice prices had picked up, the poorer peasants were so overwhelmed by the 1930s that they could not break out of debt peonage. To prove this, all that is needed is a little bit of arithmetic. Consider a typical peasant in the early 1940s cultivating about 1.5 acres of land under occupancy rights and an extra acre under sharecropping contract. In the jute season he kept aside a third of an acre of his own land to plant winter paddy shoots for the October transplant. During 1939–40 to 1941–42 the average prices of jute and rice respectively were Rs.8 and Rs.4.5 per *maund*, and approximately half the cultivated area was allocated to jute. After setting aside 20.72 *maund*s of rice (4 *maund*s per person per year for a family of 5.18), and paying his sharecropping dues, the peasant would have a marketable surplus of 10.47 *maund*s of rice and 12.53

[34]GOB, *Report of the Bengal Land Revenue Commission (Floud)*, vol.II (Alipore 1940), pp.114-15, pp.117-19.

[35]GOB, *Land Revenue Administration Reports 1929-30* to *1937-38*.

maunds of jute – which would have fetched him a revenue worth approximately Rs.147. At 1939–41 prices, the cost of cultivating jute, autumn rice, and winter rice (excluding debt and *raiyat*i rent) were, respectively, Rs.20, Rs.8, and Rs.18, or a total of Rs.46. Mahalanobis had estimated the debt per family in 1934 to Rs.257. The depression ought to have increased this debt, but one can peg it at the 1934 level. At an interest rate of 37.5 percent per year, the debt servicing cost would have been Rs.96. To be conservative, one can reduce this by a third, i.e. to Rs.64. Adding the rent on 1.5 acres of *raiya*ti land (at the rate of Rs.4 per acre) the total cost of cultivation would amount to Rs.116 (i.e. Rs.46 + Rs.64 + Rs.6). Therefore, cash in hand would Re.31, *without accounting for* the costs of non-rice food consumption, clothing, repair and renovation of homestead, social and religious ceremonies, and other miscellaneous expenditures. Even if the expenditure on such items is halved, these would still account for Rs.68 at current prices. In other words, *to meet a level of subsistence that was 50 percent less than before, a peasant with 1.5 acres of his own land and an acre under sharecropping would have incurred a deficit averaging Rs.37 per year in 1939–41*. By 1941–42, farmers such as these were not the worst off. Below them were those who were pauperized earlier, and now existed as pure sharecroppers. Such peasants rapidly got dispossessed of even their sharecropping rights and joined the ranks of landless agricultural labourers.

Small wonder then that land transfers shot up from an average of 370,000 per year during 1934–39 to 602,000 in 1939–42 and, in the two years prior to the famine, the transfers averaged at over 965,000 per year.[36] A detailed survey of six Bogra villages confirms the growing trend of transfers and polarization of landholding. Between 1922 and 1942, '*jotedars* and *zamindars*' increased their land ownership from an average of 22 acres to 32 acres. Households on the top of the rural hierarchy increased their landholding by 22 percent, and the process of fragmentation was at its greatest in 1941–42 – two years before the onset of the famine.[37]

[36]GOB, *Land Revenue Administration Report 1934-35* to *1942-43*.

[37]Mukherjee (1971), pp.190-207.

The rapid impoverishment of most rural households, which had its origin in the depression, increased the fragility of small peasant cultivation. As the original endowment bundle of the peasants shrank in size so, too, did their exchange entitlement, which made them extremely susceptible to the slightest change in the relative prices. In 1943 the price swing was anything but small. Many rural families who had degenerated from *raiyat*s to sharecroppers and agricultural labourers, and who accounted for 35 percent of the agrarian households, could no longer buy rice from the open market, starved, and then died. It is important to recognize that the path of debt peonage that ultimately led to the starvation deaths in 1943 started with the depression in 1930. And that may well be the reason why two-thirds of the 'very severely affected' area consisted of jute land.

Fragmentation of land became much more pronounced after the famine had taken its toll. In 1939, approximately 46 percent of rural households had less than 2 acres of land. By January 1943 – before the famine had struck Bengal – more than 75 percent of the peasant families owned less than 2 acres.[38] During the famine, 9 percent of the rural households were forced to sell all or a part of their land to buy rice and, of these, a third sold all their land to join the ranks of landless labourers. In absolute terms, this meant that no less than 924,000 households sold land, and 267,000 families were reduced to the state of selling every bit of their property.[39] The buyers of land were the net lenders and sellers of rice – *jotedar*s and the wealthier farmers of east Bengal. The upshot of all this was that, by 1944–45, almost 37 percent of the families in rural Bengal owned no land whatsoever, and 18 percent had less than an acre of land and had to lease in another half an acre under sharecropping. On the other end of the spectrum stood 14 percent of the rural households who owned more than 5 acres of land and leased out, on an average, 3.5 acres to *bargadar*s against half the gross produce.[40]

One only needs to compare 1939 with 1944 to understand the

[38]Mahalanobis et. al. (1946), p.374.

[39]Ibid., pp.374-79.

[40]GOB, H. S. M. Ishaque, *Agricultural Statistics by Plot-to-Plot Enumeration in Bengal, 1944-45*, vol.I (Alipore 1946), p.47.

extent of polarization. In 1939, 46 percent of the poor rural families commanded 10.6 percent of the land, while 25.4 percent controlled 67.9 percent of the land. For the poor households, the concentration ratio (percentage of land divided by the percentage of families) stood at 0.23, while for the rich it was 2.67. By 1944, 54 percent of the agrarian households had less than 6 percent of the land, while 14 percent of the families controlled 62.4 percent of the land.[41] The inequalities had widened yet further with the ratio for the poor falling to a miserable 0.11, and that of the rich increasing to 4.46. The depression and the famine had transformed rural Bengal into one of the poorest and grossly inequitable regions of the sub-continent.

7.3 : A Digression – FAD or FEE?

Given the importance of the famine, it is tempting to evaluate whether it was 'man-made', that is, whether it occurred due to a failure in exchange entitlement *without* a sharp decline in overall food availability.[42] The dominant, indeed universal, assertion of the times was that the famine was 'man-made'. A few quotes suffice to illustrate this:

> It is a high tragedy that in a country like ours, with its abundance of food-stuffs ... there should be deaths due to starvation.
>
> Madan Mohan Malaviya in Ghosh (1944) p.x.

> This famine is primarily a State industry, and to my mind, in certain of its aspects it bears the hallmark of a genuine British manufacture.
>
> K. C. Neogy in Ghosh (1944), p.171.

> This sickening catastrophe is man-made...We say with deliberation that the present Bengal famine constitutes the worst and most reprehensible administrative breakdown in India since the political disorders of 1930-31.
>
> *The Statesman*, September 23, 1943.

[41]Ibid., p.47.

[42]This section is largely from Goswami (1990).

Shorn of superlatives, the phrase 'man-made' meant two things. First, the famine was man-made in that it rapidly worsened due to government negligence, gross administrative failures, and the implementation of wrong policies. This is clearly brought out by the quote from *The Statesman* given earlier. Contemporary observers showed how both the provincial and central governments blundered at every step, and then attempted to hide the mismanagement by disingenuous lies.[43] However, it is important to note that a government systematically making matters worse does not necessarily imply that the famine was started off by man, and not nature.

The other view was that the genesis of the famine was man-made – a sad reflection of rampant, avaricious speculation despite plentiful availability of rice. Those who maintained such a view frequently used stark contrasts to highlight death versus abundance. The most poignant description is to be found in the report of a correspondent from the *Times of India*:

> A grim but not entirely uncommon spectacle in East Bengal today is to find a whitened skeleton in the corner of a field bearing the richest rice crop in half a century.[44]

Such descriptions were indeed true. Thousands died in or close to paddy fields that were to yield a bumper *aus* crop. However, it is necessary to realize that abundant rice fields today imply a good crop for the future. A record breaking *standing rice crop* is not available for immediate consumption, and a bountiful paddy field is of no consolation to a person dying of starvation. Hunter had made a similar point in his description of the 1770 Bengal famine:

> Millions of famished wretches died in the struggle to live through the few intervening weeks that separated them from the harvest, their last gaze being fixed on the densely covered fields that *would ripen only a little too late for them*.[45]

[43]On this, see Sen (1981), pp.78-83.

[44]*The Times of India*, November 16, 1943.

[45]W. W. Hunter (1872), *Annals of Rural Bengal*, emphasis mine.

Vistas of green rice fields in 1943 can be explained quite simply. When the *aus* crop was ready to be sown in March 1943, the market price of rice was 128 percent greater than the harvest price of 1942. The price of the substitute crop, jute, increased much less. The enormous swing in relative prices led to a massive acreage allocation for autumn paddy. Since 1943 was also a year of good rainfall, the huge marketable surplus in October 1943 was not surprising at all. The 1943 *aman* crop was also a record breaking one for exactly similar reasons.[46] In other words, corpses in ample rice fields *per se* do not automatically imply death amidst plentiful supply of food.

If one accepts the view that verdant fields imply future, not present, rice, could it still be argued that the famine was man-made? Did the fourfold increase in rice price occur in spite of bountiful nature? Was the famine, in Sen's terms, largely a case of FEE without FAD?

To understand these themes, I have utilized the same data sources used in Sen (1981) and, having re-assembled them, find that the conclusions differ from Sen's. Let us revert to the rice crop cycle. The most important rice crop, *aman* or winter rice,

[46]As in jute, I have estimated the relative acreage response of autumn rice for 1901-1939. The model incorporates non-linear sowing season rainfall, and is specified as follows:

$$\log A_t = \beta_0 + \beta_1 \log P_{t-1} + \beta_2 \log R_t + \beta_3 R_t + \beta_4 \log I_t + \beta_5 \log A_{t-1} + u_t,$$

where A : share of area under autumn rice; P : Relative price of autumn rice to jute; R : sowing season rainfall, March and April; I : share of irrigated area to net sown area; u : error term. The estimates are:

$$\log A_t = 1.875^* + 0.277^* \log P_{t-1} - 0.139^* \log R_t + 0.024^* R_t + 0.093^* \log I_t + 0.536^* \log A_{t-1}$$

Adjusted R-square = 0.787; D.W = 1.903; h = 0.350 (no serial correlation); F = 29.10.

Substituting a relative price ratio of 1.94 (the going price of rice in March 1943 deflated by the previous year's harvest price of jute), and the mean values of the other explanatory variables, the estimated share of area under autumn rice is 71.7 percent, which is 27 percent greater than the mean share of 56.3 percent. Hence, the record crop.

was sown in June or July, transplanted in late September and October, and harvested in December. Next in order of importance was *aus*, or autumn rice, sown in March or April and harvested in August or September. *Boro*, or spring rice, was the marginal crop, was sown in December for harvest in March.

The Famine Inquiry Commission followed a convention that was subsequently adopted by Sen. Rice availability in a calendar year was defined as[47]

> *Aman* harvest of the previous year + *Aus* of the current year + *Boro* of the current year + Net imports of the current year − Seed requirements of the current year + Opening stock of rice, net of the new winter rice.

Since starvation deaths ended by September 1943, a more appropriate periodization ought to be the twelve months starting September, prior to the harvesting of the current year's *aus* crop. For a September to August period, availability of rice is:

> Winter rice of the previous calendar year + Autumn rice of the previous calendar year + Spring rice of the current calendar year + Net imports during September to August − Seed for September to August + Opening stock of old rice in September, excluding the previous year's winter and autumn rice.

Periodization is one issue. A more important one relates to the stock estimates given by the Famine Inquiry Commission. Although the Commission argued that the 'carry-over' of old rice at the end of 1942 was substantially less than before, it gave no hard evidence.[48] Sen addresses this problem by looking at moving averages of food grain availability, and showing that stocks thus imputed cannot explain the famine.

The stock issue is critical to this article, and the rest of this section is concerned with a method of constructing such data.

[47] *FIC* (1945), pp.202-203.

[48] *FIC* (1945), p.77. In fact there were no data. As Afzal Hussain, a member of the Commission wrote, 'absolutely no data are available regarding the stock position of rice (or any other food grain)': Minutes of Dissent, ibid. p.179, also quoted in Sen (1981), p.62.

Calculating stocks requires estimates of population growth and per capita food grain consumption. First, population growth. Sen computes an annual rate of growth of population of 0.46 percent using the 1941 and 1951 Census, and then increases this to 1 percent.[49] The 1941 Census was poorly conducted, and neither demographers nor economic historians consider the data to be reliable. Instead, it is better to estimate the annual growth rate for undivided Bengal between 1931 and 1951, incorporating the common area, and excluding outlying zones such as Coochbehar, Tripura, and Sylhet. By this method, population grew from 50.7 million in 1931 to 64.2 million in 1951 – at a compound point-to-point rate of around 1.18 percent per year.[50] Using this growth rate, one can construct a time series of the population.

The Famine Inquiry Commission appointed P. C. Mahalanobis to calculate per capita consumption; he arrived at an estimate of 17 ounces per day. The Commission, however, believed it to vary from 17 ounces to 15 ounces.[51] I have used two different numbers. The first is 16 ounces per person per day – the mid-point of the two estimates offered by the Commission. However, there are good reasons to believe that a daily rice equivalent consumption of 16 ounces per person is on the lower side. The Famine Codes of the various Presidencies clearly state the minimum amount of food that had to be distributed as famine relief. In grain equivalent, this varied from 2.57 lbs. per adult male per day in Madras to 1.5 lbs. in Bombay; for females it ranged from 2.06 lbs to 1.25 lbs; and for children it was estimated at around 14 oz. to 1 lb. per day.[52] The overall estimate of 16 ounces per day is, therefore, an underestimate. Instead, if one thinks of 16 ounces as the minimum subsistence need, then the actual per capita consumption ought to be somewhat higher.

[49]Sen (1981), p.60.

[50]GOI, *The Census of India, 1931*, V(2), *The Census of India, 1951*, VI(2), and the Government of Pakistan, *Census of Pakistan, 1951 (East Bengal)*, V(3).

[51]*FIC* (1945) p.204.

[52]Government of Madras, *The Famine Code: Madras Presidency* (Madras 1927), p.37, and Government of Bombay, *Famine Relief Code: Bombay Presidency* (Poona 1927), p.22.

Keeping this in mind, I have also incorporated a food equivalent per capita consumption of 1.05 lbs of rice. Given the population series and the two estimates of per capita consumption, one can generate data for aggregate rice consumption. It should be noted that by pegging per capita consumption at or very near the ration prescribed by the Famine Commission – the subsistence foodgrain requirement – both stocks and food availability would tend to be overstated, hence minimizing the role of FAD. If anything, the consumption assumption should strengthen the hypothesis that FAD had little to do with the 1943 famine, versus the alternate view that it did.

To compute estimates of stock, one needs a cut-off year that has zero opening stocks. I have chosen 1929 on two grounds. First, 1927 and 1928 were years of relatively poor harvests, and stocks ought to have dwindled to zero by the beginning of 1929. Second, a fifteen year time lag is long enough to prevent data distortions for the relevant year, 1943. I have made one more allowance. To estimate closing stocks of rice, I have assumed that five percent was lost every year to rodents, moisture, and rot. In the 1980s, with better storage facilities, more than three percent of India's grain stock was annually lost to rats and other warehouse pests. Therefore, a five percent write-off seems reasonable for the 1930s and 1940s. In the definitions that follow, every series ending with 1 denotes calendar year estimates, while those with 2 are for the period September to August.

WRICE	Output of winter rice, 000 tons.
ARICE	Output of autumn rice, 000 tons.
SRICE	Output of spring rice, 000 tons.
NETIM	Net import of rice, 000 tons.
SEEDS	Rice kept for seed, 000 tons.
POPBN	Population of Bengal, in 000. Growth rate: 1.18% per annum.
ORICE1	Rice output, calendar year: WRICE(t-1) + ARICE(t) + SRICE(t).
ORICE2	Rice output, Sep-Aug: WRICE(t-1) + ARICE(t-1) + SRICE(t).
CSUP1	Current supply of rice, calendar year, without stocks: ORICE1(t) + NETIM(t) - SEED(t).
CSUP2	Current supply of rice, Sep-Aug, without stocks: ORICE2(t) + NETIM(t) - SEED(t)

CRICE	Consumption of rice at the rate of 1 lb per capita: (POPBN*366)/2240 for 1932, 1936, 1940, and [(Popbn*365)/2240] for other years in 1929-43.
CON105	Consumption of rice at the rate of 1.05 lbs per capita: (POPBN*1.05*366)/2240 for 1932, 1936, 1940, and (Popbn*1.05*365)/2240 for other years.
STOCK1	Closing stock of rice, calendar year: For the base year, 1929, (CSUP1 - CRICE)*0.95. For 1930 to 1943 it is [STOCK1(t-1) + CSUP1(t) - CRICE(t)]*0.95.
STOCK2	Closing stock of rice, Sep-Aug: For 1929 it is (CSUP2 - CRICE)*0.95. For 1930 to 1943: [STOCK2(t-1) + CSUP2(t) - CRICE(t)]*0.95
ST1051	Closing stock of rice, calendar year, using the consumption factor of 1.05 lbs: Same as STOCK1 except that CON105 is used.
ST1052	Closing stock of rice, Sep-Aug, using the consumption factor of 1.05 lbs: Same as STOCK2 except that CON105 is used.
SUPR1	Stock adjusted supply or availability of rice, calendar year: STOCK1(t-1) + CSUP1.
SUPR2	Stock adjusted supply or availability of rice, Sep-Aug: STOCK2(t-1) + CSUP2.
SU1051	Stock adjusted supply or availability of rice, calendar year, using ST1051: ST1051(t-1) + CSUP1.
SU1052	Stock adjusted supply or availability of rice, Sep-Aug: ST1052(t-1) + CSUP2.

The FAD hypothesis can now be tested. If the stock adjusted rice available in 1943 was greater than in 1941, then rice availability decline (RAD) must stand rejected as the prime explanator of the famine. However, if it is the other way around, then RAD might have been more important than what Sen believed. The results are given in Tables 7.5 to 7.7 below.[53]

The tables clearly show that, after adjusting for stocks, *rice availability in 1943 was quite a bit less than in 1941.* This alone cannot disprove Sen's thesis, for Sen refers to aggregate foodgrain availability, of which rice is one (although the overwhelmingly major) component. For a proper comparison, one should examine

[53]The entire data set is given in Appendix IV.

TABLE 7.5: STOCK ADJUSTED AVAILABILITY OF RICE, 1934–1943, CALENDAR YEARS

	ORICE1	CSUP1	CRICE	STOCK1	SUPR1	PCAR1
1934	9513	9502	8557.98	5744.57	14604.89	0.2781
1935	9690	9416	8658.96	6176.53	15160.57	0.2853
1936	8096	7803	8785.14	4934.67	13979.53	0.2600
1937	11403	10772	8864.52	6500.04	15706.67	0.2887
1938	9848	9535	8969.12	6712.62	16035.04	0.2913
1939	9114	9151	9074.96	6449.23	15863.62	0.2848
1940	9534	9452	9207.20	6359.33	15901.23	0.2822
1941	7631	7472	9290.39	**4313.89**	**13831.33**	**0.2426**
1942	10776	10307	9400.02	4959.78	14620.90	0.2534
1943	8632	8359	9510.94	**3617.53**	**13318.84**	**0.2282**

Note: PCAR1 is per capita availability of rice, which is SUPR1 divided by the population (POPBN). All data barring PCAR1 are in 000 tons of 2240 lbs. PCAR1 is in tons.

TABLE 7.6: STOCK ADJUSTED AVAILABILITY OF RICE, 1934–1943, SEPTEMBER-AUGUST

	ORICE2	CSUP2	CRICE	STOCK2	SUPR2	PCAR2
1934	9925	9914	8557.98	5842.48	14707.96	0.2800
1935	9517	9243	8658.96	6105.19	15085.48	0.2839
1936	8208	7915	8785.14	4973.30	14020.19	0.2608
1937	11343	10712	8864.52	6479.74	15685.30	0.2883
1938	10408	10095	8969.12	7225.34	16574.74	0.3011
1939	8759	8796	9074.96	6599.07	16021.34	0.2877
1940	9767	9685	9207.20	6723.02	16284.06	0.2890
1941	6906	6747	9290.39	**3970.65**	**13470.02**	**0.2363**
1942	11332	10863	9400.02	5162.04	14833.65	0.2571
1943	7936	7663	9510.94	**3148.34**	**12825.04**	**0.2197**

Note: As before, PCAR2 is per capita availability of rice, after correcting for stocks for September-August.

TABLE 7.7: STOCK ADJUSTED AVAILABILITY OF RICE, 1934–1943, USING CONSUMPTION OF 1.05 lbs

	CON105	ST1051	ST1052	SU1051	SU1052	PC1051	PC1052
1934	8985.9	3648.0	3745.9	12825.9	12929.0	0.2442	0.2462
1935	9091.9	3773.5	3702.2	13064.0	12988.9	0.2458	0.2444
1936	9224.4	2234.5	2273.1	11576.5	11617.2	0.2153	0.2161
1937	9307.7	3513.8	3493.5	13006.5	12985.1	0.2391	0.2387
1938	9417.6	3449.7	3962.4	13048.8	13588.5	0.2371	0.2469
1939	9528.7	2918.4	3068.2	12600.7	12758.4	0.2263	0.2291
1940	9667.6	2567.7	2931.4	12370.4	12753.2	0.2195	0.2263
1941	9754.9	**270.5**	**−72.7**	**10039.7**	**9678.4**	**0.1761**	**0.1698**
1942	9870.0	672.1	874.3	10577.5	10790.3	0.1834	0.1870
1943	9986.5	**−907.6**	**−1376.8**	**9031.1**	**8537.3**	**0.1547**	**0.1463**

Notes: CON105 is consumption @ 1.05 lbs per person per day. ST1051 is the closing stock thus derived, calendar year. ST1052 is the closing stock derived for September-August. SU1051 is the stock adjusted rice availability, calendar year. SU1052 is the stock adjusted rice availability, September-August. PC1051 and PC1052 are, respectively, the per capita supplies for the calendar year and September-August

wheat and rice availability. According to the data given by the1943 Commission, and utilized by Sen, wheat availability from 1938 to 1943 stood at:

1938	236,000 tons.
1939	191,000 tons.
1940	314,000 tons.
1941	378,000 tons.
1942	173,000 tons.
1943	339,000 tons.[54]

Since both net wheat inflow and stock adjusted rice availability were less in 1943 compared to 1941, it follows that adding the wheat data can only strengthen the FAD conclusion. Therefore, it seems that *aggregate as well as per capita food grain availability in 1943 were significantly less than in 1941.* In term of index numbers, per capita food availability stood at:

a) Calendar year, 1 lb.	1941 = 100	1943 = 93.9
b) September–August, 1 lb.	1941 = 100	1943 = 92.9
c) Calendar year, 1.05 lbs	1941 = 100	1943 = 87.9
d) September–August, 1.05 lbs	1941 = 100	1943 = 86.2

Chart 7.A plots per capita food availability (i.e. the supply of rice and wheat divided by the population) for the years 1938 to 1943.

Therefore, even after accounting for wheat imports into Bengal, *food availability in 1943 was less than in 1941.* These results contradict Sen's finding that food availability was greater in 1943 than in 1941, 'and there was, of course, no famine in 1941'.[55] The conclusion that FAD was not unimportant cannot deny the validity of Sen's basic proposition that famines are characterized by failures of exchange entitlement. Neither does it imply that FAD was the sole cause of FEE in 1943. However, it certainly implies that one can no longer summarily reject FAD as one of the explanatory variables.

The results are not surprising. 1941 was preceded by one excellent crop year (1937), one good year (1938), and two normal years (1939 and 1940). Consequently, the closing stock in 1940 was quite high, and this softened the impact of 1941's severe short crop. If the daily consumption of 1.05 lbs. per capita is adopted as the norm, the closing stock of rice in December 1940 was 2.57 million tons, or 27 percent of the average rice crop of 1938-1940.

[54]Sen (1981), Table 6.2, p.61.

[55]Ibid., p.58.

CHART 7.A : PER CAPITA FOOD AVAILABILITY, 1939-1943

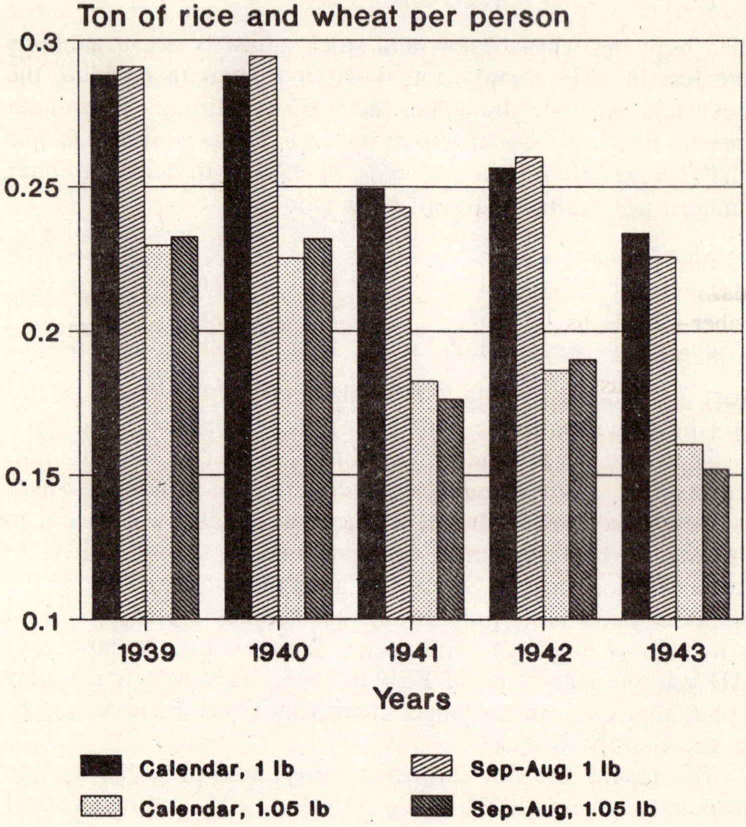

In contrast, the closing stock in December 1942 was a paltry 0.672 million tons, or 7 percent of the average crop of 1938–40. Quite simply, the stock was insufficient to tide over the shortfall of 1943.

The Inquiry Commission adopted FAD as the explanation by assuming 'a sharp decline of that mysterious – and unobserved – 'carry-over from previous year".[56] The Commission definitely guessing, and passing it off as an explanation. In light of the evidence presented here, the Commission may not have been incorrect after all. According to the 1.05 lb norm, per capita rice availability in 1941 and 1943 would have been, respectively, 0.1761 and 0.1547 tons per year (see Appendix IV) – or 1.08 lbs per day in 1941, and 0.95 lbs per day in 1943. Thus, while the supply in 1941 still allowed for per capita availability to remain above the consumption norm, the availability in 1943 did not – which may play some part in explaining the phenomenal price rise during the famine.

[56] Ibid., p.83.

8 : TECHNOLOGY AND GOVERNMENT

8.1 : The Dog that did not Bark

The dominant feature of almost any jute mill today is the overwhelming presence of obsolete, ramshackle, poorly maintained machinery that ought to have been scrapped many decades ago. The softeners and carding machines are dilapidated, having been in service for fifty to seventy years, if not more. The drawing frames are of an equally ancient vintage. The loom sheds are jammed with antiquated non-automatic looms that are eighty to a hundred years old.

Many argue that the current state of conspicuous obsolescence is entirely a post-independence phenomenon, thanks to the Marwari owners who are only interested in squeezing the maximum short run profits without investing in plant and machinery. In fact, this is merely the continuation of a time honoured trend that goes back to the expatriate entrepreneurs of the colonial era. This section addresses the issue of technical progress in the jute industry during the first half of this century. What are the explanations for the utter lack of development in the product, process, and marketing technology during the period of the *raj* and thereafter?

Despite severe cyclical fluctuations, there was a significant growth in the number of jute mills, in weaving capacity, and in output. Between 1900–1901 and 1946–47 the real gross and net output of the industry had, respectively, increased at compound trend rates of 1.56 percent and 1.34 percent per year; employment had risen by 1.86 percent per annum; the number of looms had grown by 3.11 percent per year; and raw jute consumption – a proxy for output – had increased at a rate of 1.73 percent per annum.[1] The share jute manufactures (gunny bags and cloth) in total exports increased from 7.5% in 1900–01 to an average of 23% in the decade prior to Independence.[2] Did any form of technological change accompany such growth?

It is useful to look at technical progress in three broad areas: changes in the production process or manufacturing technology,

[1]IJMA, *Report of the Committee 1949* (Calcutta 1950), and Sivasubramonian (1977), pp.447-48.

[2]Computed from GOI, *Annual Statement of Trade and Navigation in British India* (Calcutta, annual).

the development of new products, and innovations in marketing techniques. Significant developments in the production and manufacturing technology generally lead to a growth in productivity. Given the state of data, productivity can only be measured in terms of output per worker (output-labour ratio), or output per loom (the output-capital ratio). The data on physical output, or gunny tonnage, are available only from 1913, and these are somewhat suspect. Instead, raw jute consumption by the mills can be used as a surrogate for output. Table 8.1 gives the semi-logarithmic trends of these variables for the period 1900–01 to 1946–47. They show, in no uncertain terms, that instead of increasing, *output per worker decreased over time*. Five of the six indices show significant reduction in productivity, and the rate of growth of the sixth – raw jute utilization per worker – is statistically no different from zero. In simple terms, productivity steadily deteriorated over the years – something that one does not expect in the presence of technological change.

TABLE 8.1 : TREND RATES OF GROWTH OF REAL OUTPUT AND RAW JUTE CONSUMPTION PER WORKER IN THE JUTE INDUSTRY, 1900-01 TO 1946–47 (%)

	Rate of Growth
PER WORKER	
Gross output per worker	– 0.30% *
Net output per worker	– 0.52% *
Raw jute utilized per worker	– 0.13%
PER LOOM	
Gross output per loom	– 1.55% *
Net output per loom	– 1.77% *
Raw jute utilized per loom	– 1.38% *

Source : Sivasubramonian (1977), pp.447-48, Bagchi (1972), p.277, IJMA, *Report of the Committee 1949* (Calcutta 1950), pp.163-64.

Note : The asterisk denotes statistical significance at 5 percent two-tail.

The absence of technical progress in the jute industry shows up all too often in the records. In 1935, John Williamson, the Superintendent Manager of Bird and Company, bitterly complained about the state of machinery in the Union Jute Mill – the flagship unit of the Bird–Heilgers group:

> There is hardly one sound carding machine in the place, the sacking weft carding machinery and breaker [cards] in particular being definitely only fit for scrap... It is impossible to expect good working with broken gables which have been patched, and shrouding which is worn and warped.[3]

Regarding weaving, Williamson wrote:

> The terrible condition of the looms is as well known to you as to me ... For many years past, we have pursued a policy of keeping things going whenever possible. The policy is all very fine upto a point, but it cannot be expected that in efficiency and output such a mill with machinery broken on its frame, patched and otherwise worn can rank or take a place with other mills.[4]

Nothing whatsoever was done. The breaker cards in the Union Mill today are over seventy years old and in far worse condition than under Williamson's regime. In one respect, Williamson need not have worried. All other mills set up in the last quarter of the nineteenth or the early twentieth century were as badly off as Union. Units set up in the 1920s, too, were run down. In 1937, a representative from Mackies, the major jute machinery manufacturing firm of Belfast, visited Birla's mill (commissioned in 1922) and reported that the 'machinery was in an awful mess; bearings had seized up for the lack of oiling and the mill [was] generally running down'.[5] The condition of other Indian mills, such as Gagalbhai (established in 1927), was worse still.

It was not that productivity could not be improved or that alternatives were not available. By the 1920s, the mills in Dundee

[3]CSAS, *Benthall Papers*, Box X, Williamson–Benthall, January 31, 1935.

[4]Ibid.

[5]Ibid., Box XI, Mckerrow–Benthall, June 29, 1937.

and in the Continent had successfully eliminated the process of roving and introduced high speed apron draft spinning frames to replace the older slip draft types. Consequently, these units could spin better and more homogeneous qualities of yarn which, in turn, increased weaving efficiency and produced better cloth. The Calcutta mills refused to follow suit, and continued with roving, slip draft spinning frames, and non–automatic looms because of short term cost considerations.

To understand the attitude of the Calcutta mill managers one needs to appreciate a couple of things. First, that gunny was (and continues to be) produced through a strictly *linear process*: softening, then carding, drawing, followed by rove, spinning, winding, dressing, beaming, followed by weaving, and then finishing. A flow diagram is given in Chart 8.A. The quality of cloth and the weaving throughput depended on the homogeneity achieved in carding, drawing, and spinning. Second, machine indivisibilities increased as one moved either backward or forward from the loom shed. The weaving department had the greatest divisibility. However, moving upstream, the dressing machines, winding machines, spinning frames, roving equipment, draw frames, and the cards were progressively less divisible. It made little sense to modernize the loom shed or the spinning frames without simultaneously upgrading upstream equipment. Using high speed automatic looms to weave poor quality yarn spun on antiquated frames could only increase breakages and warp snapping, and reduce the loom efficiency to sub-optimal levels. However, the cost of replacing carding machines, draw frames, and spinning frames was far greater than changing looms. And, since it was technologically unviable to upgrade looms without replacing other equipment, no changes were carried out. For instance, the success of high speed spinning and weaving depended upon controlling humidity to prevent sudden snapping of yarn. It also required better preparatory equipment and apron draft spinning frames to produce better and more even weft yarn. The units in Calcutta simply refused to install humidifiers, newer cards and draw frames, and faster spinning frames – even after it was technically proved

CHART 8.A : THE MANUFACTURING PROCESS

Raw Jute

ASSORTING

SOFTENING

BREAKER CARDS

FINISHER CARD

DRAWING FRAME

ROVING

SPINNING

REELING

WARP / SPOOL WINDING | WEFT / COP WINDING

DRESSING & BEAMING

WEAVING

CROPPING

DAMPING

CALENDARING

MANGLING

LAPPING / FOLDING

CUTTING / SEWING

PACKING / BALING

Gunny for shipment

that the long term gains outweighed the extra costs.[6] The reason for systematically ignoring such technical advice relates to the state of demand and the structure of manufacturing costs, to which I shall turn shortly.

A factor that distinguishes artisanal manufacture from modern factory production is the method of collecting, assimilating, and transmitting technical information. In the artisanal system this is entirely personalized, and handed down from one generation to another. Modern factory technology, on the other hand relies on a more impersonal body of knowledge. The objective is to systematically collect data and classify them in a readily available way; to define product and process parameters according to common scientific terms; and to accept or reject new techniques on the basis of scientific testing and documentation. In these respects, the jute mills of Calcutta were distinctly artisanal. For instance, everyone knew that the process of treating raw jute with an emulsion of mineral oil and water started off chemical reactions that eventually softened the fibre in the course of seven to ten days. Yet, no attempt was made to collect data from the various batches to at least lay down statistically relevant softening parameters, leave aside understanding its science. A particular assortment of jute was softened for a week and another for ten days because such were the customs handed down by the retiring batching manager to his successor. A glaring example of the lack of scientific method was the grading of raw jute. Fibres were classified according to technically meaningless terms such as 'sound fibre', 'fine colour', 'proper lustre', 'good strength', and the like. It was certainly possible to have a detailed classification in terms of fibre length, diameter, breaking strength, density, percentage of top and root ends, yarn out-turn, twisting potential, etc, but the mills preferred their nebulous standards, since the ambiguities allowed them to indiscriminately manipulate raw jute grades as well as prices. Similarly, there were no uniform scientific or technical specifications for the different types of sacking and burlap produced by the mills.

Therefore, regarding manufacturing techniques, the Calcutta mills were technologically pegged to the late nineteenth century

[6]S. G. Barker, *Report on the Scientific and Technical Development of the Jute Industry in Bengal* (Calcutta 1935), p.40.

level. The little tinkering that was done here and there in the odd mills was by the rule of thumb, using handed down methods without the slightest attempt to build up a scientific base.[7]

Things were no different as far as product mix and the quality of output were concerned. Since 1907, importers annually lodged complaints to the IJMA about the poor quality of woolpacks sold to Australia, as well as the cotton bags exported to the U.S.A, Egypt, and Turkey.[8] These bags were badly woven and too many strands of loose fibre got mixed with wool and cotton, which affected the dyeing of wool and increased the number of breakages in spinning cotton yarn. The buyers repeatedly asked Calcutta to manufacture better bags. Yet, until the mid-1930s 'no organized attempt had been made to evolve a bag which would meet the complaint and yet be available at a price which the consumer was willing and able to pay'.[9] At the same time, Sweden had started manufacturing a high quality heavy duty paper bag as a substitute. Soon these paper bags replaced gunny for packing wool and, by the 1940s, the Calcutta mills had completely lost the Australian woolpack market.

Throughout the period the mills did not make the slightest effort to confer additional qualities upon the products, such as fireproofing, waterproofing, or rotproofing gunny bags and cloth.[10] This was particularly shocking, since gunny was a packaging material and, hence, remained in sheds over long periods, was inflammable and hygroscopic, and could rot quite easily in its natural, untreated state. Nothing can better highlight Calcutta's utter disregard for quality than the fact that, until the early 1960s, no jute mill had a quality control and product testing department. And it was only in the late 1950s that the industry decided to set up a jute research and development institute.[11]

[7]Ibid., p.40.

[8]IJMA, *Report of the Committee 1907* (Calcutta 1908), pp.102-03.

[9]IJMA, *Report of the Committee 1933* (Calcutta 1934), p.303.

[10]Ibid., p.40.

[11]After initial difficulties, the institute did conduct successful research on products and processes. However, very few of these innovations were adapted or utilized by the industry, and the institute soon became a place full of disheartened scientists.

The shock of the depression forced the IJMA for the first time to look into technological issues. In 1933 the Association commissioned S. G. Barker, a British textile expert, to conduct a detailed study on the possibilities of upgrading processes and the product mix. Released in 1935, Barker's report listed more than a dozen higher value products that could be manufactured with marginal modifications in machinery and greater care in shop floor supervision.[12] However, instead of diversifying, the industry continued to flaunt 'a take it or leave it attitude towards the demands of the consuming markets'.[13] Thus, while the mills in Calcutta were technically equipped to produce eight major types of burlap cloth, only two standard sizes were typically produced: 40" x 8 oz. plain weave, and 40" x 10 oz. Similarly, though sixteen different types of sacking could be produced, the mills manufactured no more than six standard constructions.[14] The pronounced tendency to concentrate on a few low value items partly reflected the patterns of international demand. From the late nineteenth century to the depression, two standard constructions of burlap, and six of sacking sufficed to meet a huge chunk of the world demand. And so, even in the 1930s, the mills refused to supply non-standard products. On rare occasions when some units were persuaded to do so, the minimum premium demanded was Rs.2 per bale; for orders below 50,000 yards, further premia were asked for. To some importers it seemed that inducing Calcutta to do business in non-standard constructions was 'more difficult than swimming across the English Channel in a raging gale'.[15] The Continental and Dundee mills, on the other hand, offered to sell cloth ranging from 25 inches to 60 inches in width without any premium, and concentrated on high value, bleached, dyed, and rot-proof fabrics.[16]

The Indian industry failed to appreciate that the depression

[12]For details, see Barker (1935).

[13]IJMA, *Report of the Committee 1933* (Calcutta 1935), p.305.

[14]ICJC, *Report on the Marketing and Transport of Jute and Jute Products* (Calcutta 1941), p.70, p.84.

[15]*Capital*, Calcutta weekly, March 13, 1930, p.610.

[16]Ibid., March 20, 1930, p.674.

had ushered in fundamental and far reaching changes in the world demand for primary goods packaging. Substitutes and bulk handling had entered in a significant way, and many countries had raised tariff walls to protect and encourage their domestic packaging industries. In the U.S., tariffs on burlap were raised by 30 to 40 percent to stimulate the manufacture of Kraft-Ebbing paper bags. Latin American countries, accounting for approximately 20 percent of India's burlap exports, soon followed suit.[17] Between 1934 and 1939 Indonesia set up mills to manufacture sugar bags using rosella fibre, and a combination of government subsidies and high tariffs soon spelt the end of India's presence in the archipelago.[18] Calcutta also failed to anticipate, let alone react to, the rapid growth in bulk handling facilities. In 1931 grain elevators and chutes accounted for only 3 percent of Australia's crop. By 1938, the capacity had increased to 14 million tons, or 75 percent of the crop, and the rolling stock had been modified to accommodate bulk transport from the interior to the sea-board. Likewise, Brazil had installed over 1,000 silos. In 1937–38 Canada had 5,856 elevators with a total capacity of 522 million bushels. Most alarming was the development of silos across the U.S.A. By the mid-1930s, the U.S. had constructed over 30,000 mainline elevators capable of handling 800 million bushels in addition to 500 sea-board elevators with a capacity of over 300,000 tons.[19] In such an environment, sticking to low value bulk items – especially a good that packed other low value primary products – implied losing markets in the long run.

Why were the Calcutta mills oblivious of these developments until it was too late? The answer lies in the conservative, nineteenth century management mentality of the colonial managing agencies with their complete disregard for marketing, collecting statistics, having trade delegations, and understanding consumer preferences. In a rare moment of reflection the IJMA admitted that there was no industry in the world that knew so little of its

[17]ICJC, Ghosh and Basak (1949), pp.5-6.

[18]ICJC, *Report on the Marketing and Transport of Jute and Jute Products* (Calcutta 1941), p.133.

[19]Ibid., pp.135-36.

business as the jute industry.[20] Until the end of the 1930s – despite being mauled by the depression – the IJMA did not bother to collect data on the world demand for jute manufactures. Matters scarcely improved thereafter. Regarding the urgent need to change product mix, the Fawcus Committee (1939) remarked that:

> The prevailing complacent attitude of the majority of the jute mills towards this far-reaching problem of re-organisation is a matter of serious practical concern to us. The problems of change-over from the present lines of manufacture to the new types ... involve problems of marketing and risk bearing on a scale hitherto unknown to the management of the jute industry.[21]

In 1941, the Indian Central Jute Committee berated the industry in stronger terms. It found that 'in general, the statistical data available ... are, to say the least, incomplete and in many ways unreliable'.[22] Further,

> Enquiries from a large number of gunny exporters and manufacturers show that the trade in Calcutta does not possess sufficient knowledge regarding the uses for which jute fabrics are employed in foreign countries ... Thus, it would appear that producers are working in the dark ... the manufacturers have had at no time real direct connexions with consumers of their products overseas, nor have they ever felt it necessary to find markets for themselves.[23]

Thus, at the end of the colonial epoch, the jute mills of Calcutta were singularly backward in manufacturing technology, product quality, and in marketing. In other matters – such as labour management – the extant practices, were even more

[20]IJMA, *Report of the Committee 1933* (Calcutta 1934), p.304.

[21]GOB, *Report of the Bengal Jute Enquiry Committee (Fawcus)*, vol.I (Alipore 1940), pp.19-20.

[22]ICJC, *Report on the Marketing and Transport of Jute and Jute Products* (Calcutta 1941), p.82.

[23]Ibid., p.125.

securely embedded in smoke-stack culture of the nineteenth century.

Why did seemingly rational entrepreneurs rigidly adhere to out-dated technological methods and discard all innovative suggestions? The most charitable explanation would be the lack of a long term corporate vision. Most expatriate managing agencies concentrated on primary products such as jute, tea, and coal. In the inter-war years all primary goods experienced massive cyclical fluctuations, and it could be argued that in reacting to the sharp short term swings, the colonial firms ignored longer term strategies. For jute, the period 1900–1929 was one of almost uninterrupted – and sometimes spectacular – prosperity. The order books were always full; excess demand was the norm; and even the most pessimistic entrepreneur could not have dreamt of a recession or a substitution away from the fibre. In such times, it seemed to make sense to earn huge profits, declare good dividends, and expand weaving capacity to the fullest by buying 'proven' machinery. Only a very long sighted visionary would have thought of suppressing dividends for technological upgradation and product development; and the typical Scottish partner of a managing agency was not known for his entrepreneurial vision. With the depression, energies went into crisis management – on how to eke out a profit, appease shareholders, maintain dividends, slash raw jute prices, and keep takeover artists at bay. Once again, modernization took a back seat. World War II suddenly led to a sharp upswing in demand and prices, and the primary objective then became short run profit maximization to recoup the losses of the 1930s. Spending much awaited profits on technical development was unthinkable, especially since the demand had picked up, and all was well with the world.

Besides, a few managing agencies that attempted to widen their portfolios and diversify away from their nineteenth century staples were badly bruised in the process, which further reinforced a long held belief that Britons ought to stick to traditional, 'sound' business. The example of Bird and Company proves this point. Encouraged by phenomenal wartime profits, the company invested in all types of enterprise. In the process, the firm over-extended itself, and many of the 'war babies' died in their infancy. Bird's venture into tanneries and shoe manufacturing collapsed in 1920s; the graphite quarries set up in Orissa died by 1925; the Surma Valley Saw Mill in Assam shut shop in 1921, as did the

Assam Saw and Timber Company. The failure of these and other post-war concerns cost Bird Rs.9 million plus £1.25 million – no small sum in the 1920s.[24] These losses not only created a severe liquidity problem, but also injected into a nineteenth century organization system an overdose of entrepreneurial conservatism. Realizing that the 'firm had bitten off more than it could chew', the partners of Bird decided against further ventures in activities that were 'beyond the firm's normal experience' and to stick to well-known, time-honoured 'sound business'.[25] Being a bit more long sighted than other expatriate managing agencies, Bird soon realized that it could not continue for long on the rump of jute mills and collieries. In 1935 the company seriously attempted to move into steel making and tried to set up a joint venture with two other firms, Tata Iron and Steel, and Martin Burn. Tata offered to put up 50 percent of the capital as long as the other two put up the rest. But Martin Burn dropped out, and Bird's share rose from 25 percent to 40 percent, or Rs.8.25 million. By then the cash position had become so bad that the largest British managing agency in Calcutta in the 1930s could not raise this sum of money, the venture came to naught, and Bird remained with jute and coal.[26]

A less charitable explanation for the lack of technical progress relates to the perception of the commercial future in independent India. By the early 1940s there were two distinct types of expatriate jute mill companies. The first group consisted of firms that were on the brink of being taken over by Marwari businessmen, notably the units managed by Anderson Wright, Begg Dunlop, Duncan Brothers, Kettlewell Bullen, and McLeod. The British directors of these firms knew that their tenure was coming to an end, and they were far more interested in repatriating as much profits as possible through dividends than in technological improvement. In the second group were the firms that were still securely under British control. Apprehensive about their

[24]Ray (1979), pp.269-70.

[25]Harrison (1964), pp.134-136

[26]All that it could raise was Rs.3 million and even this required the partners to sacrifice their share of the profits for seven to ten years. Tomlinson (1981), pp.474-77.

corporate status in post-colonial India, these companies decided to watch and wait, and see how events unfolded before committing funds to technical research and development.

The third explanation – and perhaps the most important – relates to the structure of production costs in the jute industry. In general, raw jute accounted for 50 percent of total costs, and wages and salaries consisted of another 20 to 25 percent. In crises, slashing raw jute prices and wage rates could bring about far greater cost cuts in the short run than upgrading machinery. In Chapter 6 I analyzed the enormous power of the IJMA in the raw jute market. The mills were no less effective in cutting wages. For instance, in the first year of the depression, the industry succeeded in sacking 35,581 labourers, or 10 percent of the 1929–30 workforce. Between 1929–30 and 1933–34 it was able to retrench over 86,000 mill hands, or more than a quarter of the labour force.[27] The mills also slashed wages from an average of Rs.16.50 per month in 1929–30 to Rs.14.30 in 1930–31, and kept wages at more or less this level until the mid–1930s.[28] As a result, the industry managed to save almost Rs.23 million on wage bills, of which Rs.15.17 million was saved in the 1930–31 alone.

Furthermore, until independence, the industry did not incur any supplementary labour costs. Workers had no paid annual leave, no sick leave, no medical or maternity benefits, and no provident fund or pension. The mills also did not have to bother about housing. Although there were a few dilapidated coolie lines in the mill compounds, these were utterly inadequate and most of the workers lived in jute mills *basti*s under conditions of Dickensian horror. This is how Tom Johnston, a Scottish Labour M.P., described a *basti* in the Kankinarrah area during a visit in 1925:

> Two-thirds of the workers in this industry ... are housed in vile, filthy, disease-ridden hovels, called bustees.These are one storied blocks of mud plaster on wicker and matting on thatched roofs; [there are] no windows or chimneys ... the smoke simply oozes through the thatch if it cannot get out through the doorway ... The bustees have

[27] Bagchi (1972), p.277.

[28] Mukerji (1960).

> neither light nor water supply; the floors are earthen; sanitary arrangements there are none; and usually access ... can only be had along a narrow tunnel of filth where myriads of mosquitoes and flies breed and the stench is such that one fears to strike a match lest the atmosphere, being combustible, should explode.[29]

Moreover, the entire workforce was recruited and tightly controlled by powerful jobbers or *sirdar*s. Basically shop-floor foremen, the *sirdar*s were expected to supply workers and also provide them with all the services that the mills refused to dispense: housing a labourer in the *sirdar*'s *basti* hovel, loaning money, supplying provisions, arranging for rail tickets, and taking the ill to the local dispenser or doctor. As far as the mills were concerned, *sirdari* control ensured a pool of indebted, loyal workers; besides, it was vastly cheaper than providing for 'housing, health care or an articulated body of rules guiding the conditions of work'.[30]

In short, the jute mills operated in an environment that was more primitive than Lancashire's in the mid-nineteenth century. The entrepreneurial mind was just as unsophisticated. The general principles were 'Old is Gold' and 'If it has worked for so long, why the need for change'. Such a mentality was not unique to the partners of the expatriate managing agencies of India. It was a global phenomenon and reflected an entrepreneurial atrophy in the minds of those Britons who had cut their teeth in the nineteenth century industries. After World War I, commerce, manufacturing, trading, and banking had become increasingly complex, and the changes were incomprehensible to those who had lived and profited in the pre-war years. All over the world, the older, traditional British enterprises were losing out to the more modern twentieth century multinational corporations, and India was no exception. As the changes increased in rapidity, the old *sahib*s became more and more involuted. Like turtles they retreated deep into their shells and became obdurate spokesmen of tradition. In jute they could afford to consistently oppose

[29] *The Report of the Royal Commission on Labour in India*, vol.V(1) (London 1930), note by the Kanknarrah Labour Union, p.264.

[30] Chakrabarty (1984), p.305.

change. By manipulating raw jute prices, indiscriminately sacking workers, and by not having any employment benefits they could squeeze profits out of a technologically antiquated industry.[31] Technological upgradation seemed to be an utter waste of time and money.

These reasons might help in understanding why the expatriate firms chose to ignore technical progress. But they fall short in explaining the virtually identical behaviour of firms controlled by Marwari entrepreneurs, not only prior to independence but also beyond. To understand this, one needs to appreciate three things: interlinkages, the concept of a Marwari 'firm', and the role of government patronage and protection in independent India.

First, the Marwari entrepreneurs had linkages across every single activity involving jute: as raw jute traders, as forward traders in jute and gunny, as manufacturers as well as gunny shippers. The objective of a Marwari enterprise was to maximize *overall returns* from these complementary and competing lines of business. Given various profit rates from the different activities, it was perfectly consistent for an entrepreneur with a large portfolio to depreciate the capital in jute mills in order to make gains from other pursuits. Stripping the assets of a jute mill was all the more attractive, since the profits from raw jute trading, speculation, and gunny trade and broking were easier to under-report (and be under-taxed) than organized factory sector manufacturing, which usually has rigid auditing norms. Second, it is important to understand how a Marwari viewed a firm. In essence, no distinction was made between corporate and individual funds. The basic aim was to maximize cash inflows, and if this could be done by raiding the corporate funds of a jute mill, a Marwari would do so with alacrity.[32]

This, in turn, was linked to the third factor – the structure of protection in independent India. Government patronage to Indian entrepreneurs came through a plethora of protective barriers. For

[31]Moreover, by the 1930s, the value of the capital stock of most mills had depreciated to absurdly low levels, which allowed these firms to make profits even at prices that were slightly above marginal cost.

[32]In this respect they were (and are) no different from the corporate raiders and re-organizers of today's Wall Street.

the Marwari jute barons this took two convenient forms. In the name of protecting the poor farmers of east India, the government virtually banned the import and production of alternative packaging material and, by fiat, forced industries to use gunny. Thus, until this day, foodgrain has to be packed in B–Twill bags, sugar in A–Twill bags, cotton in cotton sacks and, even a decade ago, fertilizer and cement had to be packed only in gunny bags.[33] In the process, the government created a large and growing domestic market for the industry that was securely protected against competition. Whenever a substitute appeared on the horizon, the millowners successfully lobbied for its suppression. This was not all. The government further subsidized the industry through price guarantees. A major share of gunny bag orders came from the state sector for packing government procured foodgrains. Here, the jute industry always managed to obtain price floors that ensured good profits, irrespective of the quality of output.

Protection militated against technological growth in yet another way. The import substitution regime of the 1960s and 1970s was built around huge tariff walls and administrative price supports. These not only allowed many new industries to be built up – such as engineering, chemicals, fertilizers, and cement – but also guaranteed high profit rates in a protected market. Almost all the Marwari owners flogged the jute mill machinery, and shifted their profits from jute manufacturing to other more profitable industries. In the process, the jute mills deteriorated beyond redemption and, by the 1980s, it was no longer possible to keep substitutes at bay. This, however, did not affect most mill owners, for they had already invested in plants that manufactured the polyethylene and polypropylene substitutes, and could afford to run down the mills to a point where they would be taken over by the government. A recent example reveals the remarkable continuities in this out-dated industry. In 1984, R. V. Kanoria, as the chairman of IJMA argued fervently about the need to protect jute, the natural fibre grown by the toiling peasants of east India. At the same time, his family had applied for licenses to

[33]This is in spite of the fact that almost 5 to 7 percent of the cement seeps out of gunny bags, and fertilizer is often ruined by getting mixed up with the tarpaulin lining of the double warp tarpaulin bags.

manufacture polypropylene tapes and bags, which were to be used as substitutes of gunny. In a fundamental sense, Mr. Kanoria was no different from Mr. Sime of 1930, who had spoken against free-riding while his firm engaged in the maximum cheating. And so, the natives did exactly the same thing as the *sahibs* – squeezed the maximum profits out of the industry without any investments, and allowed the mills to run down to scrap.

8.2 : The Nature of State Intervention

Some of the material in this section has been presented in previous chapters. Nevertheless, organizing the various types of state intervention in a single section is useful to examine whether there was a logic to government policy, or whether these were merely *ad hoc* responses to unforeseen exigencies.

As far as the industry was concerned, it would be safe to say that the state supported the interests of the capitalists and the managing agencies. Of course, the manner of support changed over the years. In the inter-war years, with Jalianwalla Bagh, the non-cooperation and the civil disobedience movements, and the growth of the Indian Chamber of Commerce, the state could no longer lend the kind of active support that it bestowed upon the British firms during the pre-World War I era. Nor could it overtly endorse industrial actions that might have been transparently detrimental to the growing political interests of the rural sector. Within these constraints, there is ample evidence that the colonial state did whatever it could to help the jute mills of Calcutta.

It would be impossible to deny active government support to the industry through the nineteenth century and until the end of World War I. In the very beginning – when the industry was in its infancy – the government attempted to favour the mills in Dundee. This was done by imposing differential freight rates for raw jute. Throughout the second half of the nineteenth century the freight rate for shipping raw jute from Narainganj to Chittagong (and from there to Dundee) was 33 percent lower per bale per mile compared to shipments to the mills near Calcutta.[34] By 1904, the expatriate firms had become powerful enough to

[34] CBJA, *Report of the Committee 1904-05* (Calcutta 1905), p.40.

make inroads into the state apparatus, and the IJMA finally succeeded not only in revoking these freight rates but in imposing a discrimination in favour of the Calcutta mills.[35] Once the government realized that the Scots of Calcutta had become a powerful industrial entity, it went out of its way to encourage them.

By the first decade of the twentieth century, the Government of Bengal had started actively consulting the IJMA about rail route extensions throughout east and north Bengal. The Eastern Bengal Railway feeder line from Ishurdi to Domar and Haldibari, the chord line that cut across Bogra, and the Mymensingh branch lines bore striking resemblance to the ones proposed by the jute mills. There were more powerful instances of a close working relationship between the government and the industry. During the raw jute price crash in 1914, the IJMA had the power to influence the government to reduce the amount allocated for distress relief on the ground that 'the cultivators [were] in distress only ... due to their extravagant style of life'.[36]

Even in the inter-war years, the government moved decisively in favour of the capitalist whenever such intervention was politically feasible. In 1932, when the IJMA could not come to grips with the free-riders and interlopers, it was the personal intervention of Sir John Anderson, the Governor of Bengal, that persuaded some of the 'outside' mills to come to the negotiating table. If anything, pro-industry intervention increased with the coming of the first popularly elected state government in 1937. Since the coalition government depended upon European votes in the Legislative Assembly, the Fazlul Huq ministry did everything to appease the expatriate lobby. In 1938, Suhrawardy, as the Minister of Commerce and Labour, introduced and passed the Bengal Jute Ordinance that statutorily limited the working hours in mills, and so put the government's seal of approval on the output restrictions of the IJMA.

More overt was the manner in which the government allowed the industry to indiscriminately break strikes and sack workers. In

[35]Ibid., p.40.

[36]GOB, *Revenue Department, Agriculture Branch*, File 1–J/15 of 1914, Progs 26–27, February 1915.

1937, the industry experienced a massive strike involving almost 220,000 workers, or three-quarters of the workforce. The workers demanded minimum wages, proper service contracts with well specified wage scales, a month's paid leave per year, the establishment of provident fund and gratuity, maternity and sick leave, and the recognition of the right to have trade unions.[37] With alacrity the IJMA convinced Fazlul Huq's cabinet that these demands 'were fantastic in the extreme and of such a nature that negotiations with employers were impossible'.[38] Moreover, the industry persuaded the government neither to intervene in the strike nor to give in to any of the demands. Thus, when the strike petered out in May 1937, the settlement was unconditional, with the workers getting none of the benefits. Thereafter, it got the state to turn a Nelson's eye to mass scale sacking and victimization of workers. Sibnath Banerjee, a labour leader and a member of the Legislative Assembly claimed that, within a month of the strike, the mills had victimized and unfairly sacked thousands of workers. To this, Suhrawardy, as Labour Minister, replied that the workers were not victimized; instead 'they were only dismissed'. Besides, since the IJMA had assured Suhrawardy that there would be no victimization, 'there is no reason why I should disbelieve them'.[39] The state virtually gave the employers a carte blanche, and the management made full use of it to get rid of workers. In 1939, the mills took advantage of loom sealing to sack another 26,000 workers and justified this to the government on the ground that 'the great bulk of these are elements which we wish to rid ourselves of'.[40] Suhrawardy concurred wholeheartedly and allowed the mills to:

[37]GOB, *Home Department, Confidential Political Files*, File 484/37 of 1937, and GOB, *Proceedings of the Bengal Legislative Assembly 1937*, August 20, 1937, speech by Niharendu Datta Mazumdar, p.361.

[38]IJMA, *Report of the Committee 1938* (Calcutta 1939), pp.18-19.

[39]GOB, *Proceedings of the Bengal Legislative Assembly 1937*, August 20, 1937, pp.325-26, 356-57, 371.

[40]GOB, *Commerce and Labour Department, Commerce Branch*, File 2J–13, Prog.1522B, Chairman of IJMA–Suhrawardy, July 5, 1939.

> close down the lines that you want to close down and get rid of the operatives working in those lines. As this has been done before, and can be put down to *kismet* [fate], it can be justified.[41]

Such was the kind of state support extended to the capitalists by the first popularly elected government of Bengal.

In other instances, the government adopted a deliberate *laissez faire* approach, especially if it suited the needs of the industry. For years, the raw jute traders had asked successive governments to pass a legislation that would standardize raw jute marks and specifications. However, the government did nothing and insisted that the subject was a matter of bilateral negotiations between the IJMA and the traders. The ineffectiveness of the so-called 'high powered' government committees in lessening the problems of the jute economy was best summarized in the note of dissent of Sibnath Banerjee, a member of the Fawcus Committee. He wrote:

> Formation of Committees ad infinitum is a pleasant pastime for the red-tapists, but it is extremely cruel to the people. Between the last [jute] enquiry and this, seven years have passed with practically no steps having being taken at all ... If that is the fate of the recommendations of a moderate nature [then] what is the good of spending thousands of rupees of the poor taxpayers' money for such committees and enquiries?[42]

In examining the nature of state intervention in agriculture, I shall look at two types of intervention – those that affected the agrarian sector as a whole, and those related only to jute. Among the former are the amendments to the Bengal Tenancy Act in 1928 and 1938, as well as the Bengal Agricultural Debtors Act of 1935. In the latter category, I will examine the Bengal Jute Regulation Act of 1940, and the attempts to set price floors for raw jute.

Let me first consider the 1928 amendments to the Bengal Tenancy Act. At stake were two important and laudable issues.

[41]Ibid., Prog.1527B, Suhrawardy–Chairman of IJMA, July 31, 1939.

[42]GOB, *Report of the Bengal Jute Enquiry Committee (Fawcus)*, vol.I (Alipore 1940), Minute of Dissent by Sibnath Banerjee, p.111, 114.

The first concerned the issue of sharecroppers. It was argued that the *bargadars* be recognized as tenants and, hence, be conferred justiciable rights on the land. The second was the status of the under-*raiyats* and the need to give such peasants greater protection under the law.

Regarding the problem of sharecroppers, Sir John Kerr had recommended that produce paying tenants who supplied their own seed and cattle be conferred all the legal rights of a tenant. This proposal created an unholy furore among the *zamindars* and the *jotedars*, and 'led many landlords to eject their bargadars ... It was apprehended by many landlords that if these produce payers were given the status of tenants, they would succeed in getting their produce rent converted into a [fixed] money rent'.[43] Kerr's counsel was considered as the harbinger of the 'spread of Bolshevik ideas' among the peasantry, and the opposition was fierce enough for the Government of Bengal to quickly disclaim its intention of giving sharecroppers tenurial rights even before the Bill was read at the Legislative Council.[44] During the debate, what finally got passed was a watered down, absurd version that did not stand a chance to ease the problems of the *bargadars*. According to the amendment, a sharecropper could be legally treated as a tenant *if, and only if, he had documentary evidence to prove that he was previously treated as such by the owner.* The main reason why *jotedars* forced peasants into the status of sharecroppers (and not under-*raiyats*) was that *bargadars* were tenants-at-will without any rights to legal redress, and there was hardly a sharecropper who could boast of a written tenancy contract. Thus, the amendment effectively killed the issue of sharecropping rights.

As far as the under-*raiyats* were concerned, all but one of the amendments aimed at giving them greater legal protection were heavily defeated. Only one amendment squeaked through. Proposed by Nausher Ali, the amendment ensured that under-*raiyats* continuously cultivating a plot for twelve years or more or having a homestead could not be summarily evicted. It entered

[43]*The Statesman*, Calcutta daily, July 28, 1928, quoted in Chatterjee (1981), p.3.
[44]Ibid., p.3.

the statute books only because the opposition forgot to call for a division at the right time.[45] So, even after the 1928 amendments, an under-*raiyat*'s rent could still be raised by 25 percent at short notice, and he could be evicted by the superior tenant if the latter wished to use the land for building a homestead, or for cultivation with hired labour – a term that included sharecroppers, since *bargadars* were legally no different from agricultural labourers. When the Bill was passed as an Act in 1928, it ceased to have the slightest relevance to the under-*raiyats* and the sharecroppers – the 'downtrodden wretches' for whom the Bill was allegedly drafted.

Matters worsened by 1938. Through the 1930s, the *jotedars* had formed numerous *krishak samitis* or *praja samitis* to spread propaganda against the exploitations of Hindu *zamindars* and *mahajans*. With the depression, the anti-moneylender invectives were lapped up by cultivators of all hues. Often the debtors joined the *samitis* on an expectation that, in doing so, they would be absolved from paying their dues.[46] With the Government of India Act in 1935 suddenly introducing the prospect of provincial elections, the *krishak samitis* became vehicles of electoral politics. By the second half of 1936 these *samitis* were thick into the election campaign, and firebrand anti-*mahajan* and anti-*zamindar* oratory of the local *maulvis* gave expression to the millenarian dreams of the villagers. Significantly, the spokesmen for the downtrodden peasants were invariably the Muslim *jotedars*. The great drama of the Krishak Praja Party's (KPP) populist campaign was the contest in Patuakhali between Fazlul Huq, the messiah of the peasantry, and Khwaja Nazimuddin, the scion of Dacca Nawabs and a symbol of great *zamindari* wealth. Huq roundly defeated Nazimuddin, who had to get elected from another constituency in Dacca.

In the election, the KPP, with the *jotedars* at the helm, won 36 seats, the Muslim League won 39, the independents won another 36, and the Congress grabbed the largest number, winning 54 seats. Huq tried to negotiate with the Congress to form a coalition ministry but, with the Congress vacillating, he

[45] Ibid., p.29.

[46] For more on this, see Bose (1986), pp.195-214.

immediately formed an alliance with the League and, in doing so, had to renege on every promise that he had made to the peasantry in the KPP manifesto. The ministry became dominated by powerful *jotedars* and other powerful landholders, which ensured an end to any legislation that could benefit the small peasants. The 1938 amendments to the Bengal Tenancy Act showed how the 'tillers of the soil' were systematically short-changed in favour of the landed interests of the countryside.

In introducing the Tenancy Amendment Bill, Bejoy Prasad Singh-Roy, a *zamindar* and the Revenue Minister in Fazlul Huq's cabinet, assured the members that there would be no 'attempts to bring about any radical reform in the existing system of land tenure'.[47] Every proposal attempted to increase the powers of the *jotedar*s and wealthier *raiyat*s over the smaller peasants. As in 1928, the amendments had all the manifestations of being pro-peasant. They proposed to:

i) Abolish the 20 percent transfer fee that had to be paid by a land buyer to a *zamindar*, as well as a *zamindar*'s right of pre-emption, i.e. to make the first bid on land offered for sale.
ii) Confer upon under-*raiyat*s who already had occupancy rights, the additional privileges of a permanently occupying, settled *raiyat*.
iii) Halve the interest charges on rent arrears from 12.5 percent to 6.25 percent.
iv) Impose stricter conditions on the enhancement of rent.
v) Pass penalties on *zamindar*s for levying *abwab*s and other tithes.[48]

A close examination shows that every single one of these amendments worsened the status of the small cultivators and strengthened the power of the *jotedar*s. Although the transfer fee and the *zamindar*'s right of pre-emption smacked of feudalism, they imposed a transactions cost that put a slight damper on the widespread transfer of land to the *jotedar*s. Their abolition cleared all existing legal hurdles to the acquisition of *raiyati* land through debt default, and gave *de jure* protection to what had become a

[47]GOB, *Proceedings of the Bengal Legislative Assembly 1937*, hereafter *BLA Progs*, September 10, 1937, p.1256.

[48]Ibid., B. P. Singh-Roy, September 10, 1937, pp.1256-57.

common and rapidly growing phenomenon in the agrarian sector. All motions arguing that the safeguards be retained were roundly defeated by the Muslim bloc.

The other recommendations hinged on the legally cognizable status of a peasant household. Neither tilling the soil nor reaping harvests was considered evidence of being a peasant. Only written tenancy deeds or *patta*s stamped by a district court could give peasants the status of a *raiyat* or an under-*raiyat*. All other cultivating agricultural entities, including the sharecroppers, were treated as agricultural labourers or *parisramik*s, with no legal status at all. This was a classic Catch-22. Without documentary proof of tenancy a peasant had no rights; cultivators were not given such documents precisely because the superior landholders did not want them to have such rights; and there were no provisions for conferring the legal status of tenancy on any peasant without officially stamped paper. In such a context, all the pro-peasant amendments were paper tigers, and intentionally so. During the debate on conferring supplementary tenurial rights upon the legally recognized under-*raiyat*s, Maulvi Tamizuddin Khan, a rebel among the KPP, pointed out that

> nothing practically has been done for the poor under-raiyats in this legislation ... It is not a fact that the attention of the Government was not drawn to the conditions of this class of tenants, because the Bill *pretends* to do something for them ... [Yet] *Who are these under-raiyats with occupancy rights? They can be counted on the fingers of one hand.*[49]

The Maulvi was absolutely right. The vast majority of the under-*raiyat*s and sharecroppers had no written contracts and the Bill did precious little for them. Regarding the growth of sharecroppers, the Minister fobbed it off to the future. He argued, curiously, that since the *bargadar* issue was extremely important and central to agrarian relations, it ought not to be legislated upon before being scrutinized by a fact finding group to be set up in the future. And, in this manner, the interests of a

[49]GOB, *BLA Progs 1937*, Maulvi Tamizuddin Khan, September 30, 1937, pp.2227-28, emphasis mine.

fifth of the cultivators of rural Bengal were conveniently swept under the carpet.

The other amendments – such as reducing interest on rent arrears, imposing restrictions on rent escalation, and penalizing *abwab*s – also depended upon legal definitions. If a peasant was not legally recognized as a tenant then the payment made to his *de facto* landlord was not rent and, therefore, the provision to limit interest on rent arrears would not apply to him. Hence, neither a *bargadar* nor an unregistered under-*raiyat* could claim any relief from this amendment. The only gainers were the permanently occupying, settled *raiyat*s – among whom were the *jotedar*s – for their cost of defaulting on rents to *zamindar*s was automatically halved. The amendment left the *jotedar*s free to extort the maximum possible surplus from the lower rungs of the peasantry. Similarly, *abwab*s were levies demanded by a landlord from his tenant, and making them illegal affected *zamindar*s not *jotedar*s. Equally, the provisions limiting rent increases applied only to those who paid legally permissible rent, which the *bargadar*s did not. Once again, this clause protected *jotedar*s from the *zamindar*s, but gave the former all the freedom to exploit the smaller tenants. Tulsi Goswami, a Congress legislator, clearly recognized these asymmetries when he said:

> I consider this Bill to be a very dishonest measure ... This is supposed to give rights to the tillers of the soil. It does nothing of the kind. From the first to the last it gives additional rights to persons who possess already more rights than the zamindars ... There is hardly anything here about under-raiyats who are at the mercy of the occupancy raiyat ... Whole mauzas which contain hundreds of raiyats are now ruled by five or six men who hold the other raiyats practically as wage slaves. This is a fact. And now that you are giving enormous rights to the occupancy raiyats, you are creating another propertied class. You may call them petit bourgeois. You may call them kulaks, but they are just as oppressive as any landlords have ever been.[50]

[50]Ibid., T. C. Goswami, September 11, 1937, pp.1235-36.

The Bengal Agricultural Debtors Act of 1935 was yet another example of the power of the *jotedar* lobby in shaping government policy.[51] Although it may not have been as cynical a legislation as the 1938 amendments to the Bengal Tenancy Act, the effects were just as disastrous for the small farmers. The problem was the growth in rural indebtedness brought about by the depression. Instead of granting cash relief, or initiating crop procurement programmes by government agencies at minimum prices, the Act chose to legislate on limiting interest charges on outstanding loans through the intervention of debt settlement boards. According to the Act, the definition of a moneylender precluded *jotedars* and other peasant creditors, and included only the traditional cash–for–cash village *mahajans*. The debt settlement boards that suddenly sprouted across the countryside were packed with local *jotedars* – 'persons whose literary attainments [did] not go beyond signing their own names'[52] – who adjudicated against the *mahajans* at the slightest pretext, forced these moneylenders to rapidly withdraw their funds from the rural network, and thus supplanted the *mahajans* as the major providers of agricultural credit. In many ways, the Bengal Agricultural Debtors Act illustrates the deftness of the *jotedar* lobby in the realm of elite politics. In 1935 the kulaks had neither the political strength that comes from being elected; nor did they have the numerical strength of 1937. Yet, once this Bill was introduced, they cleverly amended and altered it in ways that would significantly expand their economic and political clout without compromising its populist appeal.[53]

Although other instances of government intervention were not as negative as the 1938 amendments to the Tenancy Act, they

[51]The details of the Act are given in Chapter 6.

[52]GOB, *Bengal Legislative Council Debates 1938*, Bhupendra Narayan Sinha, January 25, 1938, pp.87-88.

[53]It seems to me that the Agricultural Debtors Act and the 1938 amendments to the Tenancy Act reflect two phases of kulak power in legislative politics. In the former, the *jotedar* lobby was still grappling for power, and had to cleverly compromise and manipulate the Bill through its passage. By 1938, the kulaks had reached a stage in the power game where they could openly introduce, pilot, and pass an overtly cynical and self-seeking piece of legislation.

were often absurd. A good example is the Jute Crop Regulation Bill that was proposed by Naresh Sengupta, and passed into an Act in 1940. Sengupta's intentions were certainly commendable. Essentially, the Bill proposed to restrict the area under jute which would, in turn, reduce output, raise harvest prices, and benefit the cultivators. In the context of the 1940s, the methods proposed were utterly ridiculous, and the Bill never had the slightest chance of being implemented. The Act required:

i) Setting up a Central Advisory Board that would forecast gunny demand and inform the government how much area to restrict. In the 1940s, neither the industry nor the government had the slightest idea of how to forecast demand, leave alone the vagaries of nature.
ii) Thereafter, a comprehensive record of all jute land would be prepared every year. This involved collecting data on an area covering more than 2 million acres during the war, when day-to-day administration had completely collapsed.
iii) Once the records were collected, the local Union Boards would determine the acreage that could be restricted within their territories. Thereafter, the Boards would issue restriction licenses to jute cultivators for a fee. The proposal not only assumed that the state apparatus had the administrative ability to manually prepare and deliver licences to 4 million cultivators, but that the farmers would gladly pay a fee to the government for the pleasure of restricting the jute crop.
iv) Finally, inspectors appointed by the Union Boards would roam from field to field searching for free-riders, fearlessly destroy all unlicensed jute, and punish, fine, or imprison the defaulters.

The entire exercise was a paradigm of silliness, the product of a *bhadralok* mind that had not the slightest idea of jute cultivation or agrarian society and polity. The Union Boards immediately became the nuclei of patronage and corruption with the *jotedars* being awarded false licences. Surveyors demanded bribes for measuring the jute lands.[54] There was en masse cheating throughout the jute belt. Those worst hit by the

[54]GOB, *Home Department, Political Branch*, Confidential File of 1941, Letter #1308, Superintendent of Police, Rangpur–Inspector General of Police, Bengal, April 6, 1941.

regulation were the sharecroppers. An example proves this point. Suppose a *jotedar* had 10 acres of land of which he leased out five to sharecroppers. Let us assume that, for the year, the area was restricted by 25 percent, or 7.5 acres. Since the profits from cultivating through hired labour were greater than through sharecropping contracts, a regulation abiding *jotedar* would continue cultivating 5 acres on his own account and only lease out 2.5 acres to the sharecroppers. This was happening throughout east and north Bengal and, in some instances, increased tensions to a point where the police had to be called in.[55]

In the 1940–41 season, the government again attempted to intervene by fixing minimum prices for raw jute. Without any state procurement or buffer stock programme, the entire exercise was futile. The mills evaded the minimum prices with impunity, the government did nothing to punish the buyers who were purchasing jute below support, and the cultivators had to sell in distress.

As far as the industry was concerned, in the main, government intervention was geared to aiding the capitalist class. In the pre-war years state support was extended solely to the expatriate business houses. With the advent of Indians into the industry, government patronage was extended to the Britons and the natives alike. In every single issue that might have strengthened the position of traders and cultivators versus the mills, the government came out squarely in favour of the industry. This was especially true in the matter of jute marks and standards. It was feasible for the government to set up a committee on raw jute standards and enshrine its recommendations in an Act, as it had done for all other weights and measures. In choosing to ignore this, successive governments essentially endorsed the IJMA's view that raw jute standards was 'a matter which trade alone should determine'.[56] After 1937, government support to the jute industry became much more blatant. Desperate to remain in power, every cabinet bowed to the desires of the capitalists. In fact, Suhrawardy's shameless kowtowing to the mills once prompted an opposition member to

[55] Ibid., April 6, 1941.

[56] GOB, *The Bengal Jute Enquiry Committee (Finlow)*, vol.II (Alipore 1934), p.370.

say that, 'the Hon'ble Minister accepts every word which the IJMA says as if it was his master's voice'.[57] Suhrawardy was excessively obsequious. In substance, the others in the cabinet were no different.

Regarding agriculture, government interventions varied from being well intentioned but poorly designed to downright hypocritical and cynical. By 1928 it was clear that the poorer peasants would obtain no redress from the state. The 1938 amendments went further and gave kulaks the legislative approval to exploit poorer peasants to the limit. At its very best, state intercession made no impact on agrarian society. In general, government policies and legislation actually aided the process of rapid immiserization ushered in by the depression and strengthened the gross inequalities in rural Bengal. As in many other parts of the world, for the pauperized *raiyats* government intervention often meant that the worst was yet to come.

[57]GOB, *BLA Progs 1937*, Sibnath Banerjee, August 20, 1937.

9 : CONCLUSION

The primary objective of the book was to present a detailed account of the largest industry in eastern India and its impact on agrarian society during the first half of this century. For unfathomable reasons, the jute industry has attracted very little research, and a careful narrative that integrates different activities within the sector – from the world markets to the factories to the agrarian economy – is itself a contribution to historical knowledge. Throughout the book, there has been a conscious attempt to do something that is relatively new and unknown to Indian economic history – uniting the older tradition of political economy with the more modern quantitative techniques of new economic history. In this, the 'hard' data have been not only rigorously quantified and subjected to statistical testing, but also overlaid and complemented by hitherto unused evidence.

In the process of shuffling, testing, and re-arranging the evidence, the book has ended up being more than just a detailed chronicle of the jute economy. It has challenged a number of historiographical orthodoxies regarding industrialization, and about the gwoth of cash crop industries and commercial agriculture.

Broadly speaking, there have been four dominant views on the development of the jute industry in the colonial area. First, that until independence it was an '*exclusive* monopoly' of the expatriate Britons.[1] The wave of Indian entry started off by Birla's and Hukumchand's mills in 1922 completely negates the notion that the jute industry was an exclusive Anglo-Saxon preserve.

Second, it was often argued that the expatriate monopoly was maintained by erecting insuperable barriers to the entry of natives. Instead, one finds that there were no effective barriers to anyone entering the industry, and it was only a matter of time and experience before the Marwaris took the plunge. The decision to set up a producing unit does not only depend on past profits and expectations of the future. It also depends upon learning and mastering the nuances of the forward and backward linkages to the actual manufacturing process. Between 1875 and 1914 the Marwaris absorbed all the details of procurement and marketing through their involvement in raw jute trade, speculation, and gunny exports. Having accumulated both knowledge and capital, their decision to enter was accelerated by the phenomenal trading

[1]This phrase is from Ray (1979), p.53, emphasis mine.

profits of World War I. And, after they entered the manufacturing sector there was no looking back.

Third, it had been maintained that since jute was grown only in eastern India, the capitalists of Calcutta enjoyed enormous oligopolistic powers in the world market. According to economic theory, a monopoly or an oligopoly is effective when it faces a large number of atomistic buyers, each accounting for a negligible share of the total purchases. The jute industry of Calcutta never did cater to such a market. By the early twentieth century, the United States alone bought up to 40 percent of the value of India's gunny exports, which armed the U.S. importers with a strong countervailing power over the Calcutta mills. Colonial history is sometimes written with a peculiar understanding of economics. For instance, no one would ever deny that, by virtue of purchasing more than half the crop, the jute mills exercised powerful oligopsonistic pressures on the sellers. Yet, many historians find it difficult to believe that similar pressures were exerted on the jute mills by a handful of dominant burlap buyers. Moreover, the extent of monopolistic power depends upon the nature of the product. Jute and gunny were merely cheap, unbranded, bargain basement products for packing cheap primary goods. Such inferior product characteristics severely limited the pricing power of the Calcutta mills – and this was clearly exposed between 1930 and 1938.

Finally, it was widely believed that Calcutta's might in the world market was augmented by the existence of a powerful expatriate cartel, the IJMA, which 'had one great strength: its ability to speak and act as a body'.[2] The experience of the industry in the 1920s and the 1930s casts major doubts on the efficiency of the IJMA as a cartel in the product market. Instead, one sees widespread free-riding, cheating, secession, conflicts, and a marked reluctance to punish deviant behaviour. It was only after a decade of free-riding that the IJMA opted for a hard line, and that too because more members were threatening to secede.

Regarding the impact of jute on the agricultural sector, many conclusions differ from previously held views. For one, the popular notion of 'forced' commercialization has been emphatically

[2]Bagchi (1972), p.270.

rejected. Using various evidence, it has been proved that until the late 1920s most peasants not only earned a real surplus from jute cultivation, but that the gains were greater than what might have been under subsistence farming. Further, the jute cultivators of east and north Bengal were as responsive to relative prices and profits as peasants elsewhere. Short run acreage elasticities in the region of 0.3 (as in jute) are common for most marketable crops in various parts of the world. This is not a dramatic conclusion, but it helps restore to the peasants the rationality that was appropriated by generations of economic historians.[3]

A far more significant contribution of the book is the importance, indeed, centrality, that is given to the depression. Without doubt, the depression was *the* watershed that separated two distinct eras: the years of healthy to modest surplus from those of deficit and rapid immiserization. From the last quarter of the nineteenth century until 1930, there were real gains to be made by a typical farming household from jute and winter rice cultivation. Arguably, the conditions gradually deteriorated and the state of the agrarian economy in the 1920s was worse than the pre-World War I years. Increasing demographic pressure and a steady decline in the land-man ratio contributed to a slow but perceptible growth in indebtedness, in *jotedari* and *dadan* loans, and in sharecropping. Despite these developments, jute could still generate a surplus for the bulk of the peasant households. Nonetheless, even in the best of times the system was locked in to the uncertain demands of distant markets and was always exposed to random, exogenous price shocks. So long as Bengal was spared of these jolts, jute remained the magic crop that brought in money to the humble homestead.

The catastrophe that started in 1930 and ended only with the

[3]Indeed, this has been one of the more successful appropriations in historiography. By stamping the Indian peasants as 'fatalistic, other worldly creatures', the colonial historians pushed them into a religious and mythical domain. On the other hand, by making commercialization 'forced', many anti-imperialists transformed the cultivators into mindless slaves of the outside world. Both made puppets out of the peasantry – one in the hands of the Almighty and the other under the control of the Empire – and effectively denied them their rationality and the relative independence of their domain.

coming of World War II completely destroyed the profitability of small peasant production. Even strong and wealthy agricultural economies would have been hard pressed to survive a price slump that carried on for nine long years. The tiny farmers of east Bengal had neither had the endowment nor the flexibility to handle the shock. In a sense, the tragedy of the depression was that it exposed the lack of alternatives in the agrarian economy: the jute-rice combination led to huge losses, but any other crop mix was worse still. So most peasants continued cultivating jute, fully aware of its hazards, and praying for better prices that came only too late. With no relief in sight, increasing indebtedness, consumption loans at exorbitant interests, distress sales, shortchanging, debt default, land appropriation, proliferation of pauperized sharecroppers and agricultural labourers were the mileposts on the road to debt peonage that inexorably steered the economy to the famine of 1943.

The book also challenges a more recent orthodoxy that uses an essentially Chayanovian position to argue in favour of continuity in agrarian society.[4] According to this view, the changes in agrarian society during the British imperium were more apparent than real, and commercialization did not bring about any remarkable discontinuities in rural life. In its clearest form the argument states that:

> The absence of any radical transformation of the quality of life and the way in which it was organised in the little world of the village plainly indicates the necessity of providing a more adequate analytical framework for explaining the remarkable continuity of village life. This is a task in which historians are often inhibited by the implicit assumption that it is motion, and not the lack of it, which requires explanation... The main argument is that in Bengal, the region which came earliest under British rule in India, the forces working upon rural society ensured continuity rather than change. [5]

[4]See, for instance, the works of Van Schendel (1982), Ray and Ray (1973), and Ratnalekha Ray (1979).
[5]Ray and Ray (1973), pp.103-04.

Without doubt, there are continuities in village life: farmers have used plough and oxen for hundreds of years, their food habits have not changed, they have always risen before dawn to tend their plots of land, and, in the evenings, they have shared world views that have not changed for years. Equally, commercial agriculture was not an invention of the *raj*, and socio-economic inequalities within the villages long predated the British. But these characteristics neither imply an 'absence of any radical transformation', nor suggest that the forces working upon agrarian society 'ensured continuity rather than change'.

The basic problem with the pro-continuity reasoning lies in its implicit definition of 'radical transformation'. This is usually defined as the state of change from a perfectly egalitarian, subsistence oriented, self-sufficient village society to a wholly polarized one, consisting only of capitalist farmers and landless agricultural labourers.[6] Since there is neither evidence of such an arcadian pre-colonial village society, nor of areas consisting exclusively of rich agricultural entrepreneurs and landless labourers, *ergo* there could only have been continuity, and not change.[7]

If one rejects the above definition of transformation, the same data lead us to remarkably different conclusions. Despite the existence of a complex pre-colonial agrarian society, the depression contributed to a significant increase in stratification within the east Bengal countryside. Let me briefly outline the logic and the facts. First, the pre-existence of an unequal society with variations in initial endowments is a *necessary* condition for explaining the growth in stratification in the twentieth century. If land were equally distributed and everyone had the same wealth and ability,

[6]Thus, Ratnalekha Ray wrote 'the argument of increasing concentration of landholdings and a steady augmentation of landless labourers assumes a point in the past when land was equally distributed among village households'. Ratnalekha Ray (1979), p.270.

[7]To be fair, this approach gained recognition due to a couple of reasons. First, despite the wrong premise, the historians who argued in favour of continuity did careful and painstaking research. Second, and more importantly, they had a convenient straw man – the doctrinaire, often poorly researched works of early anti-imperialist historians, such as Palme Dutt (1949) or Mukherjee (1957).

then it would be logically impossible to explain the ascendancy of the *jotedars* and *dadandars*, and the plight of the poorer peasants, the under-*raiyats*, and the sharecroppers. Second, it is undeniable that the *scale* of commercialization increased with the introduction of jute. Third, growth in commercial agriculture is always fuelled by an increase in credit requirements and, consequently, the suppliers of rural credit – the *mahajans*, *jotedars*, and *dadan* merchants – became central to the process of cultivation and marketing. Fourth, while commercialization *per se* does not imply pauperization, the integration of the rural economy to an uncertain world market introduced risks on a scale hitherto unknown in rural Bengal. Fifth, a long period of gains from jute cultivation increased the demand for land, and the growth in population after 1920 led to widespread share tenancies, even in areas where these were earlier quite rare. Coupled with this was a growing demand for credit that resulted in a gradual increase in interest rates.

The system worked adequately right up to 1929. But the shock of the depression unleashed forces that led to nothing other than a rapid transformation of rural society. Deficits for nine years, a 67 percent growth in indebtedness, a 250 percent increase in the number of transfers of *raiyati* land of which a third was now cultivated by sharecroppers, and a state where over 36 percent of the rural families owned no land at all can hardly be typecast as indices of 'remarkable continuity of village life'. When vast numbers of peasants with legally recognized, justiciable rights on land are irreversibly reduced to the status of sharecroppers and agricultural workers in the space of nine years, then ordinary language demands that the process be called change, and not continuity.

Finally, our study suggests that, after World War I, the standard interplay of 'an expatriate industry' operating in a 'colonial milieu' may not be a particularly insightful analytical scheme. Instead, I would argue that the jute economy might be better understood through a simpler scheme, in which a primitive, inherently unstable, export oriented, capitalist industry interacted with a credit dependent, small peasant society. Such a framework explains all the major ingredients of the story: the unpredictable nature of distant markets, the volatility of prices, the lack of technical progress, the agricultural growth and subsequent slump, polarization of landholdings, and the eventual immiserization of vast sections of the peasantry. More significantly, by defining the industry as capitalistic instead of a 'colonial expatriate enclave', the Indian millowners can be held just as responsible as the *sahib*s for the systemic exploitation of machinery, labour, and the peasantry.

APPENDIX II

The Acreage Response Regressions: The Data and the Results

In order to estimate the response of jute to changes in relative profits and prices, I specified a Nerlovian type of response function where the share of area under jute was treated as a function of relative profits from jute and *aus* rice (or relative harvest prices), sowing season rainfall, the share of area under irrigation, and the lagged dependent variable for capturing the acreage adjustment. Rainfall was specified as a gamma-type distribution, and the estimating form was in double logarithms. The data set was for the period 1900–1901 to 1939–40. Thus, the two estimating equations were:

1. $lS_{jt} = \gamma_0 + \gamma_1 lZ_{jt-1} + \gamma_2 lR_t + \gamma_3 R_t + \gamma_4 lI_t + \gamma_5 lS_{jt-1} + \epsilon_t$,

and

2. $lS_{jt} = \delta_0 + \delta_1 lP_{jt-1} + \delta_2 lR_t + \delta_3 R_t + \delta_4 lI_t + \delta_5 lS_{jt-1} + \omega_t$,

where

S_{jt}	Share of area under jute in year t, defined as area under jute divided by the area under jute and autumn rice. These data are called SAJUB.
Z_{jt-1}	The relative profits of jute to autumn rice, lagged by a year. These are called PIJRB.
P_{jt-1}	The relative prices of jute to autumn rice, lagged by a year. These are PBN.
R_t	Sowing season rainfall, March and April, in inches. These are RB.
I_t	Share of irrigated area in the jute tract. These are SIRBN.
ϵ, ω	Error terms.
l	Natural logarithms. When used the data labels are preceded by a L.

The data set and the regression estimates are given below.

YEARS	SAJUB (%)	PIJRB	PBN	RB (in)	SIRBN (%)
1900-01	43.59	1.60	1.35	4.79	2.46
1901-02	45.21	1.16	1.07	3.80	2.90
1902-03	43.31	1.26	1.12	11.2	3.17
1903-04	44.58	1.70	1.39	3.12	2.73
1904-05	50.54	1.84	1.49	6.31	2.95
1905-06	52.24	1.79	1.48	10.6	2.65
1906-07	52.66	1.79	1.44	2.35	4.11
1907-08	57.20	1.35	1.20	8.19	3.33
1908-09	46.14	1.02	0.96	2.42	4.83
1909-10	43.03	1.21	1.08	6.88	4.00
1910-11	43.62	1.58	1.33	4.20	4.25
1911-12	47.80	1.85	1.48	6.25	5.49
1912-13	48.13	1.82	1.46	10.3	5.63
1913-14	47.87	2.72	1.95	3.35	7.47
1914-15	49.05	0.78	0.89	8.15	7.84
1915-16	39.38	1.44	1.24	6.19	7.61
1916-17	43.33	1.83	1.46	7.40	7.56
1917-18	43.47	1.18	1.15	4.11	8.35
1918-19	42.78	2.88	1.98	5.68	7.65
1919-20	47.07	1.15	1.13	3.88	6.33
1920-21	44.29	0.78	0.87	8.00	6.51
1921-22	28.92	0.84	1.01	9.65	6.26
1922-23	28.64	2.38	1.77	1.62	6.38
1923-24	41.03	2.14	1.66	4.32	5.30
1924-25	45.28	2.63	1.90	5.33	4.08
1925-26	46.08	4.11	2.70	10.8	4.83
1926-27	52.16	1.36	1.21	6.74	4.80
1927-28	50.51	1.29	1.16	5.77	5.24
1928-29	47.69	1.60	1.36	3.77	5.00
1929-30	50.88	1.84	1.48	6.21	5.06
1930-31	51.63	0.51	0.63	5.35	6.11
1931-32	29.71	1.09	1.05	4.31	5.59
1932-33	32.03	1.07	1.08	3.16	5.93
1933-34	38.34	1.48	1.33	6.26	5.78
1934-35	39.16	1.20	1.19	3.62	6.09
1935-36	31.18	1.74	1.44	2.76	5.76
1936-37	37.50	1.78	1.47	3.95	6.36
1937-38	37.16	1.74	1.43	1.35	6.86

YEARS	SAJUB (%)	PIJRB	PBN	RB (in)	SIRBN (%)
1938-39	41.96	1.99	1.57	2.19	6.89
1939-40	41.74	4.53	2.83	1.60	7.00

Regression Results

Method	OLS
Sample Range	1901-02 - 1939-40
Observations	39
Dependent Var	LSAJUB.

A. Using Relative Profits

Variable	Coefficient	Std. Error	T-Stat	2-Tail Sig.
Intercept	1.9273310	0.3350958	5.75158	0.000
LPIJRB(-1)	0.2686507	0.0340168	7.89760	0.000
LRB	0.2027267	0.0856273	2.36755	0.024
RB	-0.0369214	0.0173380	-2.12951	0.041
LSIRBN	-0.1108346	0.0452053	-2.45180	0.020
LSAJUB(-1)	0.4766296	0.0849099	5.61336	0.000

R-squared	0.79759	Mean of dependent var	3.76312
Adjusted R-squared	0.76692	S.D. of dependent var	0.17194
S.E. of regression	0.08301	Sum of squared residual	0.22740
Durbin Watson stat	2.03252	F-statistic	26.0065
Log likelihood	44.9810	H-statistic	-0.1197
Optimal Rainfall	5.49 inches		

B. Using Relative Prices

Variable	Coefficient	Std. Error	T-Stat	2-Tail Sig.
Intercept	1.8613831	0.3509691	5.30355	0.000
LPBN(-1)	0.3975516	0.0540030	7.36166	0.000
LRB	0.2190746	0.0896538	2.44356	0.020
RB	-0.0402100	0.0181614	-2.21404	0.034
LSIRBN	-0.1229713	0.0472582	-2.60211	0.014
LSAJUB(-1)	0.4981622	0.0888325	5.60788	0.000

R-squared	0.77860	Mean of dependent var	3.76312
Adjusted R-squared	0.74506	S.D. of dependent var	0.17194
S.E. of regression	0.08682	Sum of squared residual	0.24873
Durbin Watson stat	1.89752	F-statistic	23.2106
Log likelihood	43.2329	H-statistic	0.3846
Optimal Rainfall	5.45 inches		

APPENDIX III

Costs, Surplus, and Deficits of Raiyati Households

This appendix gives the estimates of nominal and real surplus of permanently occupying, settled *raiyati* households cultivating four, three and a half, and three acres of land. It is assumed that:

1. The *raiyat*s cultivated three crops – jute and *aus* paddy during the jute season, and *aman* paddy thereafter.
2. In the jute season, one-eighth of the land was kept aside for planting *aman* shoots, to be transplanted after the jute and *aus* harvest. The rest of the land (i.e. 3.5, 3.06, and 2.63 acres as the case may be) was allocated between jute and *aus* in the same proportion as in the entire jute region. This share is given in Appendix II under the series SAJUB.
3. The yield of jute was 15 *maund*s per acre, while those of autumn and winter rice were both 11 *maund*s. By inflating the yield of autumn rice I am purposely over-estimating the surplus.
4. The average household size was 5.18 and constant. Per capita rice consumption was 4 *maund*s per annum, and deducted at source. Again, by pegging the household size at the 1901 level, the estimates would overstate the surplus.
5. Cash rents are pegged at Rs.4 per acre, and *abwab* at Rs.4.
6. In the period 1900–1901 to 1918–19 initial debt was Rs.50 for a 4 acre *raiyat*, and proportionately smaller for the peasants cultivating 3.5 and 3 acres. Interest charges were 37.5 percent per annum. Thereafter, initial debt was Rs.128 for a 4 acre POSR (and Rs.112 and Rs.96 for the 3.5 and 3 acre POSR, respectively). The interest rate remained the same.
7. Cultivating costs are from Ascoli's findings (Table 2.3) and the data given by the *Report of the Bengal Provincial Banking Enquiry Committee*. These are reconciled and annualized using Sivasubramonian's agricultural sector deflator.
8. Non-rice consumption expenditure is from the *Banking Enquiry Committee*, adjusted by Sivasubramonian's deflator.

To repeat what has been stated in the text, the estimates are not exact in any sense. These only give a broad quantitative dimension to what the surplus might have been under different regimes. Since the numbers are not contradicted by the other qualitative and quantitative evidence, it is fair to surmise that the estimates, indeed, reflect the reality.

The series list is as follows:

OJUTE1	Output of jute of a 4 acre POSR, in *maunds*.
MRICE1	Marketable surplus of rice of a 4 acre POSR in *maunds*, i.e. output of *aus* and *aman* rice minus 20.72 *maunds* for family consumption.
REV1	Cash revenue of a 4 acre POSR, i.e. (OJUTE1*Price of jute)+(MRICE1*Price of rice), in rupees.
CJUTE1	Cost of cultivating jute of a 4 acre POSR, excluding rents, debt costs, and *abwab*, in rupees.
CAUS1	Cost of cultivating *aus* of a 4 acre POSR, excluding rents, debt costs, and *abwab*, in rupees.
CAMAN1	Cost of cultivating *aman* of a 4 acre POSR, excluding rents, debt costs, and *abwab*, in rupees.
RENT1	Rent and *abwab* of a 4 acre POSR, in rupees.
DEBT1	Debt servicing cost of a 4 acre POSR, in rupees.
EXPEND	Non-rice expenditure, in rupees.
GAINS1	Gains or surplus from cultivation of a 4 acre POSR, in rupees.
RGAIN1	Real gain or real surplus of a 4 acre POSR, i.e. GAINS1 adjusted by the agricultural sector deflator, at 1938–39 prices, in real rupees.

The series list for the 3.5 acre POSR is similar except that it is suffixed by 2. For the 3 acre POSR, the series are suffixed by 3.

TABLE A3.1 : GAINS FROM JUTE AND RICE CULTIVATION FOR A POSR WITH 4 ACRES OF LAND

	OJute1	MRice1	Rev1	CJute1	CAus1	CAman1
1900–01	22.88	45.00	270.26	31.59	10.16	20.57
1901–02	23.74	44.37	287.70	31.72	9.55	19.91
1902–03	22.74	45.11	269.17	27.84	9.05	18.25
1903–04	23.40	44.62	267.39	28.01	8.65	17.84
1904–05	26.53	42.32	271.16	37.02	9.00	20.79
1905–06	27.43	41.67	310.82	47.95	10.89	26.05
1906–07	27.64	41.51	418.61	49.71	11.10	26.80
1907–08	30.03	39.76	435.22	62.24	11.57	30.89
1908–09	24.22	44.02	404.11	42.34	12.28	26.05
1909–10	22.59	45.22	370.65	36.05	11.86	23.78
1910–11	22.90	44.99	333.49	37.43	12.02	24.36
1911–12	25.09	43.38	388.44	44.98	12.20	26.71
1912–13	25.27	43.25	421.81	49.77	13.32	29.35
1913–14	25.13	43.35	491.06	51.33	13.89	30.44
1914–15	25.75	42.89	370.26	53.22	13.73	30.80
1915–16	20.67	46.62	419.50	41.45	15.85	29.88
1916–17	22.75	45.10	425.95	43.51	14.14	28.51
1917–18	22.82	45.04	334.04	45.65	14.74	29.81
1918–19	22.46	45.31	376.47	67.74	22.51	44.96
1919–20	24.71	43.66	527.56	76.26	21.30	45.99
1920–21	23.25	44.73	471.00	59.07	18.46	37.86
1921–22	15.18	50.65	395.88	43.56	26.60	42.76
1922–23	15.03	50.75	425.74	36.37	22.51	36.05
1923–24	21.54	45.98	428.60	51.43	18.36	35.58
1924–25	23.77	44.35	576.79	65.47	19.65	41.05
1925–26	24.19	44.04	765.04	67.71	19.68	41.71
1926–27	27.39	41.70	537.79	72.58	16.53	39.50
1927–28	26.52	42.34	547.93	70.53	17.17	39.64
1928–29	25.04	43.42	513.21	66.91	18.23	39.83
1929–30	26.72	42.19	490.36	61.69	14.79	34.42
1930–31	27.11	41.90	353.06	41.63	9.69	22.89
1931–32	15.60	50.34	270.68	22.42	13.17	21.42
1932–33	16.81	49.45	223.54	22.58	11.90	20.01
1933–34	20.13	47.02	194.11	25.67	10.25	19.00
1934–35	20.56	46.70	213.30	29.20	11.27	21.17
1935–36	16.37	49.78	238.54	23.44	12.85	21.34
1936–37	19.69	47.34	266.70	30.08	12.45	22.77
1937–38	19.51	47.47	273.58	28.75	12.08	21.96
1938–39	22.03	45.62	280.85	34.00	11.68	23.00
1939–40	21.91	45.71	404.36	40.38	14.00	27.46

	Rent1	Debt1	Expend	Gains1	RGain1
1900–01	20.00	18.75	97.08	72.11	80.62
1901–02	20.00	18.75	93.96	93.81	108.36
1902–03	20.00	18.75	86.10	89.18	112.43
1903–04	20.00	18.75	84.16	89.99	116.06
1904–05	20.00	18.75	98.12	67.48	74.64
1905–06	20.00	18.75	122.93	64.25	56.73
1906–07	20.00	18.75	126.46	165.78	142.28
1907–08	20.00	18.75	145.73	146.05	108.77
1908–09	20.00	18.75	122.90	161.80	142.89
1909–10	20.00	18.75	112.22	147.99	143.13
1910–11	20.00	18.75	114.93	106.11	100.12
1911–12	20.00	18.75	126.05	139.74	120.32
1912–13	20.00	18.75	138.48	152.16	119.26
1913–14	20.00	18.75	143.63	213.02	160.96
1914–15	20.00	18.75	145.33	88.43	66.04
1915–16	20.00	18.75	140.98	152.60	117.48
1916–17	20.00	18.75	134.51	166.53	134.38
1917–18	20.00	18.75	140.65	64.44	49.73
1918–19	20.00	18.75	212.12	- 9.60	- 4.91
1919–20	20.00	48.00	217.00	99.01	49.52
1920–21	20.00	48.00	178.65	108.97	66.20
1921–22	20.00	48.00	201.76	13.21	7.10
1922–23	20.00	48.00	170.12	92.68	59.13
1923–24	20.00	48.00	167.89	87.34	56.46
1924–25	20.00	48.00	193.68	188.94	105.88
1925–26	20.00	48.00	196.80	371.14	204.68
1926–27	20.00	48.00	186.37	154.80	90.15
1927–28	20.00	48.00	187.04	165.56	96.07
1928–29	20.00	48.00	187.92	132.32	76.43
1929–30	20.00	48.00	162.39	149.07	99.63
1930–31	20.00	48.00	107.99	102.86	103.37
1931–32	20.00	48.00	101.07	44.60	47.89
1932–33	20.00	48.00	94.43	6.62	7.61
1933–34	20.00	48.00	89.67	- 18.48	- 22.37
1934–35	20.00	48.00	99.88	- 16.22	- 17.63
1935–36	20.00	48.00	100.71	12.20	13.15
1936–37	20.00	48.00	107.44	25.96	26.23
1937–38	20.00	48.00	103.64	39.15	41.01
1938–39	20.00	48.00	108.53	35.63	35.63
1939–40	20.00	48.00	129.56	124.97	104.69

TABLE A3.2 : GAINS FROM JUTE AND RICE CULTIVATION FOR A POSR WITH 3.5 ACRES OF LAND

	OJute2	MRice2	Rev2	CJute2	CAus2	CAman2
1900–01	20.02	36.78	227.27	27.64	8.89	18.00
1901–02	20.77	36.24	241.04	27.75	8.35	17.42
1902–03	19.89	36.88	225.65	24.36	7.92	15.97
1903–04	20.48	36.45	224.98	24.51	7.57	15.61
1904–05	23.22	34.44	228.69	32.39	7.87	18.20
1905–06	24.00	33.87	262.18	41.96	9.53	22.80
1906–07	24.19	33.73	352.94	43.50	9.71	23.45
1907–08	26.28	32.20	365.93	54.46	10.12	27.03
1908–09	21.20	35.92	338.05	37.04	10.74	22.79
1909–10	19.76	36.97	310.54	31.54	10.37	20.81
1910–11	20.04	36.77	280.36	32.75	10.51	21.31
1911–12	21.96	35.36	327.37	39.36	10.68	23.37
1912–13	22.11	35.25	355.46	43.54	11.65	25.68
1913–14	21.99	35.34	415.92	44.92	12.15	26.64
1914–15	22.43	34.94	309.40	46.57	12.01	26.95
1915–16	18.09	38.20	352.02	36.27	13.87	26.14
1916–17	19.90	36.87	358.61	38.07	12.37	24.94
1917–18	19.97	36.82	280.14	39.94	12.90	26.08
1918–19	19.65	37.06	318.56	59.27	19.70	39.34
1919–20	21.62	35.61	442.50	66.73	18.64	40.24
1920–21	20.35	36.55	393.35	51.69	16.15	33.13
1921–22	13.28	41.73	330.86	38.11	23.27	37.42
1922–23	13.16	41.82	358.28	31.83	19.70	31.55
1923–24	18.85	37.65	361.43	45.00	16.06	31.13
1924–25	20.80	36.21	488.01	57.29	17.20	35.92
1925–26	21.17	35.94	651.28	59.25	17.22	36.50
1926–27	23.96	33.89	451.94	63.51	14.47	34.56
1927–28	23.20	34.45	460.02	61.71	15.02	34.69
1928–29	21.91	35.40	431.89	58.55	15.95	34.85
1929–30	23.37	34.33	413.52	53.98	12.94	30.11
1930–31	23.72	34.07	293.39	36.43	8.48	20.03
1931–32	13.65	41.46	226.33	19.62	11.53	18.74
1932–33	14.71	40.68	187.02	19.76	10.41	17.51
1933–34	17.61	38.55	163.04	22.46	8.97	16.63
1934–35	17.99	38.27	178.87	25.55	9.86	18.52
1935–36	14.32	40.96	200.31	20.51	11.25	18.68
1936–37	17.23	38.83	224.30	26.32	10.90	19.92
1937–38	17.07	38.95	229.98	25.16	10.57	19.22
1938–39	19.28	37.33	236.68	29.75	10.22	20.13
1939–40	19.18	37.41	344.11	35.33	12.25	24.13

	Rent2	Debt2	Expend	Gains2	RGain2
1900–01	18.00	16.41	97.08	41.24	46.11
1901–02	18.00	16.41	93.96	59.14	68.32
1902–03	18.00	16.41	86.10	56.91	71.74
1903–04	18.00	16.41	84.16	58.73	75.75
1904–05	18.00	16.41	98.12	37.71	41.71
1905–06	18.00	16.41	122.93	30.56	26.98
1906–07	18.00	16.41	126.46	115.41	99.05
1907–08	18.00	16.41	145.73	94.18	70.14
1908–09	18.00	16.41	122.90	110.17	97.30
1909–10	18.00	16.41	112.22	101.19	97.86
1910–11	18.00	16.41	114.93	66.45	62.75
1911–12	18.00	16.41	126.05	93.51	80.51
1912–13	18.00	16.41	138.48	101.70	79.71
1913–14	18.00	16.41	143.63	154.18	116.50
1914–15	18.00	16.41	145.33	44.13	32.96
1915–16	18.00	16.41	140.98	100.35	77.26
1916–17	18.00	16.41	134.51	114.31	92.24
1917–18	18.00	16.41	140.65	26.36	20.19
1918–19	18.00	16.41	212.12	-46.27	-23.67
1919–20	18.00	42.00	217.00	39.89	19.95
1920–21	18.00	42.00	178.65	53.74	32.65
1921–22	18.00	42.00	201.76	-29.71	-15.98
1922–23	18.00	42.00	170.12	45.08	28.76
1923–24	18.00	42.00	167.89	41.34	26.72
1924–25	18.00	42.00	193.68	123.93	69.45
1925–26	18.00	42.00	196.80	281.52	155.25
1926–27	18.00	42.00	186.37	93.03	54.18
1927–28	18.00	42.00	187.04	101.56	58.93
1928–29	18.00	42.00	187.92	74.62	43.10
1929–30	18.00	42.00	162.39	94.10	62.89
1930–31	18.00	42.00	107.99	60.46	60.76
1931–32	18.00	42.00	101.07	15.38	16.51
1932–33	18.00	42.00	94.43	-15.09	-17.34
1933–34	18.00	42.00	89.67	-34.69	-41.99
1934–35	18.00	42.00	99.88	-34.95	-37.98
1935–36	18.00	42.00	100.71	-10.83	-11.67
1936–37	18.00	42.00	107.44	- 0.28	- 0.28
1937–38	18.00	42.00	103.64	11.40	11.94
1938–39	18.00	42.00	108.53	8.05	8.05
1939–40	18.00	42.00	129.56	82.94	69.48

TABLE A3.3 : GAINS FROM JUTE AND RICE CULTIVATION FOR A POSR WITH 3 ACRES OF LAND

	OJute3	MRice3	Rev3	CJute3	CAus3	CAman3
1900–01	17.16	28.57	184.26	23.69	7.62	15.43
1901–02	17.80	28.10	194.38	23.79	7.16	14.94
1902–03	17.05	28.65	182.14	20.88	6.79	13.69
1903–04	17.55	28.28	182.57	21.01	6.49	13.38
1904–05	19.90	26.56	186.22	27.77	6.75	15.60
1905–06	20.57	26.07	213.54	35.96	8.17	19.54
1906–07	20.73	25.95	287.28	37.29	8.33	20.10
1907–08	22.52	24.64	296.63	46.68	8.67	23.16
1908–09	18.17	27.83	272.00	31.75	9.21	19.54
1909–10	16.94	28.73	250.43	27.04	8.89	17.84
1910–11	17.17	28.56	227.22	28.07	9.01	18.27
1911–12	18.82	27.35	266.31	33.74	9.15	20.04
1912–13	18.95	27.26	289.11	37.32	9.99	22.01
1913–14	18.85	27.33	340.79	38.50	10.41	22.83
1914–15	19.32	26.99	248.53	39.92	10.30	23.10
1915–16	15.51	29.78	284.53	31.09	11.89	22.41
1916–17	17.06	28.64	291.28	32.63	10.60	21.38
1917–18	17.12	28.60	226.23	34.23	11.06	22.36
1918–19	16.84	28.80	260.65	50.81	16.88	33.72
1919–20	18.53	27.56	357.44	57.20	15.97	34.49
1920–21	17.44	28.37	315.70	44.30	13.84	28.40
1921–22	11.39	32.21	265.83	32.67	19.95	32.07
1922–23	11.28	32.89	290.81	27.28	16.88	27.04
1923–24	16.16	29.31	294.26	38.57	13.77	26.69
1924–25	17.83	28.08	399.24	49.10	14.74	30.79
1925–26	18.14	27.85	537.52	50.78	14.76	31.28
1926–27	20.54	26.09	366.10	54.44	12.40	29.62
1927–28	19.89	26.57	372.10	52.89	12.88	29.73
1928–29	18.78	27.38	350.56	50.18	13.67	29.87
1929–30	20.04	26.46	336.69	46.27	11.09	25.81
1930–31	20.33	26.25	233.71	31.22	7.26	17.17
1931–32	11.70	32.58	181.98	16.81	9.88	16.06
1932–33	12.61	31.91	150.51	16.93	8.93	15.01
1933–34	15.10	30.08	131.96	19.25	7.69	14.25
1934–35	15.42	29.85	144.44	21.90	8.45	15.88
1935–36	12.28	32.15	162.07	17.58	9.64	16.01
1936–37	14.77	30.33	181.89	22.56	9.34	17.08
1937–38	14.63	30.42	186.38	21.57	9.06	16.47
1938–39	16.52	29.04	192.51	25.50	8.76	17.25
1939–40	16.44	29.10	283.85	30.28	10.50	20.59

	Rent3	Debt3	Expend	Gains3	RGain3
1900–01	16.00	14.06	97.08	10.38	11.60
1901–02	16.00	14.06	93.96	24.47	28.27
1902–03	16.00	14.06	86.10	24.63	31.05
1903–04	16.00	14.06	84.16	27.48	35.44
1904–05	16.00	14.06	98.12	7.93	8.78
1905–06	16.00	14.06	122.93	- 3.13	- 2.76
1906–07	16.00	14.06	126.46	65.04	55.82
1907–08	16.00	14.06	145.73	42.32	31.52
1908–09	16.00	14.06	122.90	58.55	51.70
1909–10	16.00	14.06	112.22	54.38	52.59
1910–11	16.00	14.06	114.93	26.88	25.39
1911–12	16.00	14.06	126.05	47.27	40.71
1912–13	16.00	14.06	138.48	51.25	40.17
1913–14	16.00	14.06	143.63	95.35	72.05
1914–15	16.00	14.06	145.33	- 0.13	- 0.13
1915–16	16.00	14.06	140.98	48.11	37.04
1916–17	16.00	14.06	134.51	62.09	50.10
1917–18	16.00	14.06	140.65	-12.12	- 9.36
1918–19	16.00	14.06	212.12	-82.94	-42.44
1919–20	16.00	36.00	217.00	-19.22	- 9.61
1920–21	16.00	36.00	178.65	- 1.49	- 0.91
1921–22	16.00	36.00	201.76	-72.62	-39.06
1922–23	16.00	36.00	170.12	- 2.51	- 1.60
1923–24	16.00	36.00	167.89	- 4.66	- 3.01
1924–25	16.00	36.00	193.68	58.92	33.02
1925–26	16.00	36.00	196.80	191.89	105.83
1926–27	16.00	36.00	186.37	31.27	18.21
1927–28	16.00	36.00	187.04	37.56	21.80
1928–29	16.00	36.00	187.92	16.92	9.77
1929–30	16.00	36.00	162.39	39.12	26.15
1930–31	16.00	36.00	107.99	18.07	18.16
1931–32	16.00	36.00	101.07	-13.85	-14.87
1932–33	16.00	36.00	94.43	-36.79	-42.49
1933–34	16.00	36.00	89.67	-50.90	-61.61
1934–35	16.00	36.00	99.88	-53.68	-58.33
1935–36	16.00	36.00	100.71	-33.86	-36.49
1936–37	16.00	36.00	107.44	-26.52	-26.79
1937–38	16.00	36.00	103.64	-16.35	-17.12
1938–39	16.00	36.00	108.53	-19.54	-19.54
1939–40	16.00	36.00	129.56	40.91	34.28

APPENDIX IV

The Famine Data

This appendix gives the data on food availability during 1930–43, which were used to demonstrate the decline in food supply in 1943. All data are from the *Famine Inquiry Commission: Report on Bengal* (New Delhi 1945). The series are:

WRICE	Output of winter rice, 000 tons.
ARICE	Output of autumn rice, 000 tons.
SRICE	Output of spring rice, 000 tons.
NETIM	Net import of rice, 000 tons.
SEEDS	Rice kept for seed, 000 tons.
POPBN	Population of Bengal, in 000. Growth rate: 1.18% per annum.
ORICE1	Rice output, calendar year: WRICE(t-1) + ARICE(t) + SRICE(t).
ORICE2	Rice output, Sep-Aug: WRICE(t-1) + ARICE(t-1) + SRICE(t).
CSUP1	Current supply of rice, calendar year, without stocks: ORICE1(t) + NETIM(t) - SEED(t).
CSUP2	Current supply of rice, Sep-Aug, without stocks: ORICE2(t) + NETIM(t) - SEED(t)
CRICE	Consumption of rice at the rate of 1 lb per capita: (POPBN*366)/2240 for 1932, 1936, 1940, and [(Popbn*365)/2240] for other years in 1929-43.
CON105	Consumption of rice at the rate of 1.05 lbs per capita: (POPBN*1.05*366)/2240 for 1932, 1936, 1940, and (Popbn*1.05*365)/2240 for other years.
STOCK1	Closing stock of rice, calendar year: For the base year, 1929, (CSUP1 - CRICE)*0.95. For 1930 to 1943 it is [STOCK1(t-1) + CSUP1(t) - CRICE(t)]*0.95.
STOCK2	Closing stock of rice, Sep-Aug: For 1929 it is (CSUP2 - CRICE)*0.95. For 1930 to 1943: [STOCK2(t-1) + CSUP2(t) - CRICE(t)]*0.95
ST1051	Closing stock of rice, calendar year, using the consumption factor of 1.05 lbs: Same as STOCK1 except that CON105 is used.
ST1052	Closing stock of rice, Sep-Aug, using the consumption factor of 1.05 lbs: Same as STOCK2 except that CON105 is used.
SUPR1	Stock adjusted supply or availability of rice, calendar

	year: STOCK1(t-1) + CSUP1.
SUPR2	Stock adjusted supply or availability of rice, Sep-Aug: STOCK2(t-1) + CSUP2.
SU1051	Stock adjusted supply or availability of rice, calendar year, using ST1051: ST1051(t-1) + CSUP1.
SU1052	Stock adjusted supply or availability of rice, Sep-Aug: ST1052(t-1) + CSUP2.

	WRice	ARice	SRice	ORice1	Orice2
1930	7776	1932	160	9320	8845
1931	8008	2008	156	9940	9864
1932	8350	2024	152	10184	10168
1933	7471	2254	198	10802	10572
1934	7466	1842	200	9513	9925
1935	6004	2015	209	9690	9517
1936	9231	1903	189	8096	8208
1937	8247	1963	209	11403	11343
1938	7155	1403	198	9848	10408
1939	7815	1758	201	9114	8759
1940	5178	1525	194	9534	9767
1941	8876	2250	203	7631	6906
1942	6024	1694	206	10776	11332
1943	na	2390	218	8632	7936

	Netim	Seed	CSup1	CSup2	Popbn	CRice	Con105
1930	-311	437	8572	8097	50112.7	8165.7	8574.0
1931	0	440	9500	9424	50704.0	8262.0	8675.1
1932	-239	440	9505	9489	51302.3	8382.4	8801.6
1933	- 31	435	10336	10106	51907.7	8458.2	8881.1
1934	414	425	9502	9914	52520.2	8558.0	8985.9
1935	150	424	9416	9243	53139.9	8659.0	9091.9
1936	155	448	7803	7915	53767.0	8785.1	9224.4
1937	-185	446	10772	10712	54401.4	8864.5	9307.7
1938	133	446	9535	10095	55043.4	8969.1	9417.6
1939	482	445	9151	8796	55692.9	9075.0	9528.7
1940	358	440	9452	9685	56350.1	9207.2	9667.6
1941	323	482	7472	6747	57015.0	9290.4	9754.9
1942	- 2	467	10307	10863	57687.8	9400.0	9870.0
1943	264	537	8359	7663	58368.5	9510.9	9986.5

	Stock1	Supr1	Stock2	Supr2
1930	1451.4	9693.5	1438.8	9680.2
1931	2554.9	10951.5	2470.7	10862.8
1932	3493.6	12059.9	3398.4	11959.7
1933	5102.9	13829.6	4794.0	13504.4
1934	5744.6	14604.9	5842.5	14708.0
1935	6176.5	15160.6	6105.2	15085.5
1936	4934.7	13979.5	4973.3	14020.2
1937	6500.0	15706.7	6479.7	15685.3
1938	6712.6	16035.0	7225.3	16574.7
1939	6449.2	15863.6	6599.1	16021.3
1940	6359.3	15901.2	6723.0	16284.1
1941	4313.9	13831.3	3970.7	13470.0
1942	4959.8	14620.9	5162.0	14833.7
1943	3617.5	13318.8	3148.3	12825.0

	St1051	Su1051	St1052	Su1051
1930	699.4	9310.2	686.8	9296.9
1931	1448.1	10199.4	1363.8	10110.8
1932	2043.9	10953.1	1948.7	10852.9
1933	3323.9	12379.9	3015.0	12054.7
1934	3648.0	12825.9	3745.9	12929.0
1935	3773.5	13064.0	3702.2	12989.0
1936	2234.5	11576.5	2273.1	11617.2
1937	3513.8	13006.5	3493.5	12985.1
1938	3449.7	13048.8	3962.4	13588.5
1939	2918.4	12600.7	3068.2	12758.4
1940	2567.7	12370.4	2931.4	12753.2
1941	270.5	10039.7	- 72.7	9678.4
1942	672.1	10577.5	874.3	10790.3
1943	-907.6	9031.1	-1376.8	8537.3

APPENDIX V

Additional Data Series

In this appendix, there are some additional data which have been used throughout the book. These are:

1.	LOOMS	Looms within the jute industry, 1900 to 1946.
2.	SPINDL	Spindle capacity of the industry, in thousands, 1900 to 1946.
3.	EMPLOY	Employment in the jute mills, in thousands, 1900 to 1946.
4.	GROUT	Gross output at 1938–39 prices, in Rs. millions, 1900–01 to 1946–47.
5.	NTOUT	Net output at 1938–39 prices, in Rs. millions, 1900–01 to 1946–47.
6.	PRODN	Gunny output, given by the IJMA, in 000 tons, 1911–12 to 1946–47.
7.	EXPORT	Export of gunny, IJMA data, in 000 tons, 1911–12 to 1946–47.
8.	CROP	Jute crop, official government estimates, in 000 bales of 5 *maunds*, 1900–01 to 1946–47.
9.	RJEXP	Raw jute export from India, in 000 bales of 5 *maunds*, 1900–01 to 1946–47.
10.	MILCON	Indian mill consumption of raw jute, in 000 bales of 5 *maunds*, 1900–01 to 1946–47.
11.	PJUTE	The harvest price of jute, in Rupees per *maund*, 1900–01 to 1946–47.
12.	PRICE	The harvest price of rice, in Rupees per *maund*, 1900–01 to 1942–43.

	Looms	Spindl	Employ	Grout	Ntout
1900–01	15340	317	111	127	52
1901–02	16119	331	115	136	56
1902–03	17189	352	119	145	60
1903–04	18400	377	124	153	63
1904–05	19999	409	133	162	67
1905–06	21986	453	145	156	64
1906–07	25284	521	167	181	74
1907–08	27244	562	188	193	79
1908–09	29525	607	192	190	78
1909–10	31418	646	204	235	97
1910–11	33169	682	216	210	87
1911–12	32927	678	201	198	82
1912–13	34033	709	204	234	96
1913–14	36050	744	216	231	95
1914–15	38379	796	238	253	104
1915–16	38890	812	254	296	122
1916–17	38697	824	263	291	120
1917–18	40639	834	266	279	115
1918–19	40043	840	276	264	109
1919–20	41045	856	280	268	110
1920–21	41588	870	288	288	119
1921–22	43025	908	288	223	92
1922–23	47528	1003	321	243	100
1923–24	49038	1043	330	264	109
1924–25	50359	1068	342	291	120
1925–26	50503	1064	331	282	116
1926–27	51061	1084	334	284	117
1927–28	52221	1106	336	297	122
1928–29	52409	1108	344	310	128
1929–30	53900	1140	343	329	136
1930–31	61834	1225	336	234	96
1931–32	61426	1221	277	219	90
1932–33	60506	1202	263	245	95
1933–34	59501	1194	257	245	95
1934–35	61387	1222	264	257	97
1935–36	63724	1279	278	274	94
1936–37	65273	1300	289	339	124
1937–38	66704	1338	306	356	135
1938–39	67939	1350	295	331	136

	Looms	Spindl	Employ	Grout	Ntout
1939–40	68528	1370	299	346	120
1940–41	68610	1420	304	300	121
1941–42	68655	1416	311	347	128
1942–43	68655	1415	310	338	125
1943–44	68390	1390	302	289	118
1944–45	67325	1422	289	297	116
1945–46	69015	1422	303	302	107
1946–47	68375	1499	313	287	115

	Prodn	Export	Crop	RJExp	Milcon
1900–01	na	na	6400	3542	2451
1901–02	na	na	6500	4314	2551
1902–03	na	na	5280	3253	2745
1903–04	na	na	6328	3766	2892
1904–05	na	na	7268	3526	3077
1905–06	na	na	8088	4136	2957
1906–07	na	na	9127	4507	3431
1907–08	na	na	9820	4276	3658
1908–09	na	na	6311	4631	3593
1909–10	na	na	7207	4009	4459
1910–11	na	na	7932	3531	3980
1911–12	671	514	8235	4626	3756
1912–13	814	576	9843	4942	4435
1913–14	803	642	8981	4193	4374
1914–15	883	669	10531	2967	4805
1915–16	1030	1085	7424	3107	5609
1916–17	1014	909	8380	2809	5520
1917–18	973	841	8929	1726	5296
1918–19	918	738	7019	2193	4997
1919–20	833	653	8486	3359	5082
1920–21	1004	833	5979	2343	5467
1921–22	778	641	4065	2968	4236
1922–23	848	672	5486	2902	4615
1923–24	918	747	8473	3771	5004
1924–25	1013	813	8121	3822	5519

	Prodn	Export	Crop	RJExp	Milcon
1925–26	981	811	9000	3517	5344
1926–27	987	861	12188	4449	5374
1927–28	1035	885	10238	4887	5633
1928–29	1080	912	9956	4828	5879
1929–30	1141	945	10385	4447	6246
1930–31	815	716	11255	3426	4437
1931–32	795	662	5567	3114	4150
1932–33	907	685	7097	3515	4245
1933–34	907	667	8012	4250	4197
1934–35	968	724	8525	4384	4454
1935–36	1048	835	7240	4144	4873
1936–37	1255	1058	9636	4882	5893
1937–38	1348	1000	8680	3727	6502
1938–39	1172	954	6844	3883	6053
1939–40	1335	1147	9750	2963	7015
1940–41	1062	821	13186	1349	5384
1941–42	1300	825	5474	1546	6841
1942–43	1278	689	9062	1316	6731
1943–44	1023	635	7004	953	5401
1944–45	1059	677	6203	1050	5778
1945–46	1140	711	7991	2189	6518
1946–47	1009	749	5550	1502	6081

	PJute	PRice
1900–01	4.81	3.56
1901–02	4.40	4.13
1902–03	4.28	3.81
1903–04	4.81	3.47
1904–05	4.94	3.31
1905–06	5.59	3.78
1906–07	7.41	5.15
1907–08	6.88	5.75
1908–09	5.78	6.00
1909–10	5.76	5.32
1910–11	5.88	4.42

	PJute	PRice
1911–12	7.13	4.83
1912–13	7.69	5.26
1913–14	10.38	5.31
1914–15	5.00	5.63
1915–16	7.19	5.81
1916–17	7.94	5.44
1917–18	5.38	4.69
1918–19	8.31	4.19
1919–20	8.31	7.38
1920–21	6.31	7.25
1921–22	6.06	6.00
1922–23	9.75	5.50
1923–24	8.69	5.25
1924–25	12.25	6.44
1925–26	18.88	7.00
1926–27	8.69	7.19
1927–28	8.69	7.50
1928–29	9.00	6.63
1929–30	8.88	6.00
1930–31	3.75	6.00
1931–32	4.25	4.06
1932–33	3.56	3.31
1933–34	3.50	2.63
1934–35	3.56	3.00
1935–36	4.69	3.25
1936–37	5.13	3.50
1937–38	5.19	3.63
1938–39	5.50	3.50
1939–40	10.63	3.75
1940–41	4.81	4.88
1941–42	8.13	6.25
1942–43	10.00	7.00
1943–44	14.19	23.00
1944–45	14.50	na
1945–46	15.19	na
1946–47	28.94	na

GLOSSARY

Abwab	Illegal cess levied by *zamindar*s on their tenants.
Adhiar	Sharecropper on a half crop share contract, that is half of the gross produce.
Aman	Winter rice or paddy.
Arat	Shed.
Aratdar	Literally, a merchant owning shed(s). In the context of jute and rice trade, it refers to either an up-country merchant or his counterpart in Calcutta.
Aus	Autumn rice or paddy.
Bachhat	Deduction levied in the raw jute trade.
Bargadar	Sharecropper.
Bepari	Literally, a trader. In the book it refers to the up-country raw jute trader who acted as an intermediary between the *faria*s and the *aratdar*s.
Bhadralok	Educated Bengali gentry or intelligentsia.
Bigha	Unit of land measurement, approximately equal to a third of an acre.
Boro	Summer rice.
Britti	Deduction levied in the raw jute trade, allegedly for religious charity; also known as *iswarbritti*.
Char	Fresh silt laden alluvial land found on river beds.
Chaukidar	Village watchman.
Dadan	Cash loan given in lieu of standing crop.
Dadandar	One who gives *dadan*.
Dalal	Middleman or broker.
Darpatnidar	A form of intermediate tenurial right.
Dhalta	Deduction levied by traders for moisture in raw jute.
Fatka	Literally, speculation or a bubble. For jute, it implies the futures contracts and hedge transactions in raw jute and gunny.
Faria	Itinerant peddler who bought raw jute directly from farmers at the village level.
Fatua	A loose cotton undershirt with pockets.
Gomashtha	Native selling agent of European firm(s), like

	the *hong* merchants of China.
Hat	Village or primary market.
Iswarbritti	Same as *britti*.
Jachandari	Deduction levied by *aratdar*s, ostensibly for the benefit of the assorter.
Jotedar	Technically a farmer who held land, or *jote*. Strictly speaking, it refers to a farmer who paid revenues either to the *zamindar* or directly to the state. In general, it refers to a relatively better off farmer who let out land to sharecroppers.
Kabari	Deduction levied by an *aratdar*.
Khoraki	A nominal allowance given in lieu of wages to workers who were temporarily laid-off in jute mills due to short time working.
Koyali	Deduction levied by an *aratdar*.
Kutcha baler	Up-country baler who baled jute for the Calcutta jute mills. A *kutcha* bale consisted of 3.5 *maund*s.
Mahajan	Literally, an important village personality. Generally a moneylender.
Maund	Unit of weight equal to 82.2857 lbs.
Nailya	Raw jute.
Namuna	Deduction levied by *aratdar*s.
Parisramik	Labourer, here agricultural labourer.
Pasga	Deduction levied by *aratdar*s.
Pat	Raw jute.
Patnidar	A form of intermediate tenurial right below *zamindar*s.
Patta	A title deed defining tenancy rights for an agricultural tenant, and recognized by the courts.
Praja	Literally subjects; here, this refers to a tenant of a *zamindar*.
Pucca baler	One who baled raw jute for exports. A *pucca* bale consisted of 5 *maund*s.
Raiyat	Literally, a subject. More generally, a farmer. In the context of Bengal, this is supposed to mean a farmer having legally recognized, permanently occupying, settled rights on land,

	and paying fixed cash rents to *zamindars*. Note that a *jotedar* is also a *raiyat*.
Samiti	Organization.
Seer	Unit of weight, 1 seer = 2.057 lbs. 40 *seers* is equivalent to 1 *maund*.
Thana	Police station or jurisdiction.
Tola	Unit of weight.
Under-*raiyat*	Peasant leasing out land from a permanently occupying, settled *raiyat*, but at a fixed cash rent, and not on produce share basis.
Zamindar	Originally a hereditary, revenue collecting officer over a given jurisdiction. Mistaken by the British in 1790 to be landlords, and since then treated as such.

REFERENCES

A. Archival Sources

1. Proceedings of the Government of Bengal

West Bengal State Archives, Calcutta

i. Home Department, Political Branch, Confidential Files.
ii. Revenue Department, Agricultural Branch.
iii. Revenue Department, Land Revenue Branch.
iv. Agriculture and Industries Department, Agricultural Branch.
v. Agriculture, Cooperative Credit and Rural Indebtedness Department, Agriculture Branch.
vi. General Department, Miscellaneous Branch.
vii. Commerce Department, Commerce Branch.
viii. Commerce and Labour Department, Commerce Branch.

2. Private Papers

i. Centre for South Asian Studies (CSAS), Cambridge, *Papers of Sir. Edward C. Benthall.*
ii. Centre for South Asian Studies (CSAS), Cambridge, *Papers of F. O. Bell.*
iii. Nehru Memorial Museum and Library (NMML), New Delhi, *Papers of Sir Purshottamdas Thakurdas.*
iv. Nehru Memorial Museum and Library (NMML), New Delhi, *Papers of Nalini Ranjan Sarkar.*
v. Nehru Memorial Museum and Library (NMML), New Delhi, *Papers of Sir B. P. Singh-Roy.*

B. Government Publications

Committee Reports, Government of the United Kingdom

i. *Report of the Royal Commission on Labour in India*, vol.5(1 and 2), Bengal, (London 1931).

Committee Reports, Government of India

i. GOI, K. L. Dutta, *Report of an Enquiry into the Rise in Prices in India,* 5 vols., (Calcutta 1921).
ii. GOI, *Report of the Famine Inquiry Commission, Report on Bengal*, (New Delhi 1945).
iii. GOI, *Report of the Weights and Measures Committee 1913-14*, (Simla 1914).
iv. GOI, *Report of the Indian Central Banking Enquiry Committee*,

vol.1 (Calcutta 1931).

Committee Reports, Government of Bengal

i. GOB, Hem Chunder Kerr, *Report on the Cultivation of, and Trade in Jute in Bengal: The Bengal Jute Commission, 1873*, 2 vols., (Calcutta 1877)
ii. GOB, *Report on the Marketing of Agricultural Produce in Bengal*, (Calcutta 1928).
iii. GOB, *Report of the Bengal Provincial Banking Enquiry Committee*, 3 vols., (Calcutta 1930).
iv. GOB, *Bengal Board of Economic Enquiry, Preliminary Report on Rural Indebtedness*, (Calcutta 1935).
v. GOB, *Report of the Bengal Jute Enquiry Committee (Finlow)*, vol.1 (Calcutta 1934), vol.2 (Alipore 1934).
vi. GOB, *Report of the Bengal Paddy and Rice Enquiry Committee*, 2 vols., (Alipore 1939).
vii. GOB, *Report of the Bengal Jute Enquiry Committee (Fawcus)*, 2 vols., (Alipore 1940).
viii. GOB, *Report of the Bengal Land Revenue Commission (Floud)*, 6 vols., (Alipore 1940-41).
ix. GOB, John A. Todd, *Report on the Workings of the Jute Futures and Hessian Futures Markets in Calcutta*, (Alipore 1944)

Miscellaneous Reports, Government of Bengal

i. GOB, *The Administration of Bengal under Sir Andrew Fraser, 1903-1908*, (Calcutta 1908).
ii. GOB, Customs Department, *Statement showing the Exports of Raw Jute from Calcutta and Chittagong to Foreign Countries, 1835-36 to 1894-95*, (Calcutta 1895).
iii. GOB, H. S. M. Ishaque, *Agricultural Statistics by Plot to Plot Enumeration in Bengal, 1944-45*, 3 vols., (Calcutta 1946).

Settlement Reports, Government of Bengal

GOB, *Final Report on the Survey and Settlement Operations in the Districts of*:
i. *Dacca, 1910-17*, F. D. Ascoli, (Calcutta 1917).
ii. *Dinajpur, 1934-40*, F. O. Bell, (Calcutta 1940).
iii. *Faridpur, 1910-14*, J. C. Jack, (Calcutta 1916).
iv. *Jalpaiguri, 1906-16*, J. A. Milligan, (Calcutta 1919).

v. *Jessore, 1920-24*, M. A. Momen, (Calcutta 1925)
vi. *Mymensingh, 1908-19*, F. A. Sachse, (Calcutta 1920).
vii. *Pabna and Bogra, 1920-29*, D. MacPherson, (Calcutta 1930).
viii. *Tippera, 1915-19*, W. H. Thompson, (Calcutta 1920).

District Gazetteers, East Bengal and Bengal

i *Bogra*, J. N. Gupta, (Allahabad 1910).
ii. *Dacca*, B. C. Allen, (Allahabad 1912).
iii. *Dinajpur*, F. W. Strong, (Allahabad 1912).
iv. *Jalpaiguri*, J. F. Gruning, (Allahabad 1911).
v. *Mymensingh*, F. A. Sachse, (Calcutta 1917).
vi. *Pabna*, L. S. S. O'Malley, (Calcutta 1923).
vii. *Rajshahi*, L. S. S. O'Malley, (Calcutta 1916).
viii. *Rangpur*, J. A. Vas, (Allahabad 1911).
ix. *Tippera*, J. E. Webster, (Allahabad 1910).

Census, India and Pakistan

i. *Census of India 1901*, *Bengal*, vol.6A(1 and 2), (Calcutta 1902).
ii. *Census of India 1911*, vol.1, 5(1 and 2), (Calcutta 1913).
iii. *Census of India 1921*, *Bengal*, vol.5(1 and 2), (Calcutta 1923).
iv. *Census of India 1931*, *Bengal*, vol.5(1 and 2), (Calcutta 1932).
v. *Census of India 1941*, *Bengal*, vol.4, Tables, (Simla 1942).
vi. *Census of India 1951*, *West Bengal, Sikkim and Chandernagore*, vol.6(2) (Calcutta 1953).
vii. *Census of Pakistan 1951*, East *Bengal*, vol.3, (Karachi 1955).

Annual Publications, Government of India

i. GOI, *Agricultural Statistics of British India* (annual, Calcutta).
ii. GOI, *Area and Yield of Principal Crops in India* (annual, Calcutta).
iii. GOI, *Annual Statement of Trade and Navigation of British India*, changes to *Annual Statement of Sea-borne Trade and Navigation of British India with the British Empire and Foreign Countries*, (annual, Calcutta).
iv. GOI, *Financial and Commercial Statistics of British India*, changes to *Statistics of British India*, changes to *Statistical Abstract for British India*, changes to *Statistical Abstract, India*, (annual, Calcutta).

Annual Publications, Government of Bengal

i. GOB, *Agricultural Statistics of Bengal*, (annual, Calcutta).
ii. GOB, *Season and Crop Report of Bengal*, (annual, Calcutta).
iii. GOB, *Report on the Administration of Land Revenue*, (annual, Calcutta).
iv. GOB, *Report on the Administration of Civil Justice in the Provinces of Bengal*, (annual, Calcutta).
v. GOB, *Report on the Internal / Inland Trade of Bengal*, changes to *Report on Rail and River-borne Trade in Bengal*, changes to *Report on Trade carried by Rail and River in Bengal*, (annual, Calcutta), series truncates in 1921-22.

Proceedings of the Legislative Assembly and Council, Bengal

i. GOB, *Bengal Legislative Assembly Proceedings, 1937-1942*, (Calcutta).
ii. GOB, *Bengal Legislative Council Debates, 1928, 1938*, (Calcutta).

Other Government Publications

i. Government of Bombay, *Famine relief code: Bombay Presidency*, (Poona 1927).
ii. Government of Madras, *The famine code: Madras Presidency*, Madras, 1927.

C. Other Published Primary References

i. Indian Central Jute Committee (ICJC), *Report on the Marketing and Transport of Jute in India*, (Calcutta 1940).
ii. ICJC, *Report on the Marketing of Jute and Jute Products in India*, (Calcutta 1941).
iii. ICJC, *Report on the Marketing of Jute and Jute Products in India*, 2nd. ed., (Calcutta 1952).
iv. Indian Jute Mills Association (IJMA), *Report of the Committee for the Year ended 31st December 1898* to *1949*, (annual, Calcutta).
v. IJMA, *Annual Summary of Jute and Gunny Statistics 1975-76*, (Calcutta 1977).
vi. Calcutta Baled Jute Association (CBJA), *Report of the Committee for the Year 1903-04* to *1944-47*, (annual, Calcutta).
vii. Calcutta Jute Dealers Association (CJDA), *Report of the*

Committee for the Year ended 31st December 1915 to *1947*, (annual, Calcutta).
viii. *Investor's India Year Book*, Place, Siddons, and Gough, (annual, Calcutta).

D. Newspapers and Weeklies

i. *Capital*, *The*, Calcutta weekly.
ii. *Hindusthan Standard*, *The*, Calcutta English language daily.
iii. *Statesman*, *The*, Calcutta English language daily.
iv. *Times of India*, *The*, Bombay English language daily.

E. Secondary Sources

Abreu, Dilip (1986), "Extremal Equilibria of Oligopolistic Supergames", *Journal of Economic Theory*, vol.39, pp.191-225

Abreu, Dilip, D. Pearce, and E. Stachetti (1986), "Optimal Cartel Equilibria with Imperfect Monitoring", *Journal of Economic Theory*, vol.39, pp.251-69.

Alavi, Hamza (1980), "India: Transition from Feudalism to Colonial Capitalism", *Journal of Contemporary Asia*, vol.10(4), pp.359-98.

Bagchi, Amiya K (1972), *Private Investment in India, 1900-1939*, Cambridge University Press, Cambridge.

Barker, S. G (1935), *Report on the Scientific and Technical Developments of the Jute Manufacturing Industry of Bengal*, Calcutta, IJMA.

Bedi, Freda (1945), *Bengal Lamenting*, Asia, Bombay.

Benoit, J-P, and Vijay Krishna (1987), "Dynamic Duopoly: Prices and Quantities", *Review of Economic Studies*, vol.54, pp.23-36.

Bhaduri, Amit (1976), "The Evolution of Land Relations in Eastern India under British Rule", *Indian Economic and Social History Review*, vol.13.

Bhattar, B. D, and L. Nemenyi (1936), *The Jute Crisis*, Calcutta.

Bose, Sugata (1986), *Agrarian Bengal: Economy, Social Structure, and Politics, 1919-1947*, Cambridge University Press, Cambridge.

Buchanan, Daniel H (1934), *The Development of Capitalist Enterprise in India*, Macmillan, New York.

Chacko, George K (1961), *International Trade Aspects of Indian Burlap: An Econometric Study*, New York.

Chakrabarty, Dipesh (1984), "Conditions of Knowledge of Working Class Conditions: Employers, Government and the Jute Workers of Calcutta, 1890-1940", in Ranajit Guha (ed), *Subaltern Studies, II*, Oxford University Press, Delhi.

Chakrabarty, Dipesh (1989), *Re-Thinking Working Class History: Bengal, 1890-1940*, Princeton University Press.

Chandra, Bipan (1966), *The Rise and Growth of Economic Nationalism in India*, New Delhi.

Chatterjee, Partha (1981), "Agrarian Relations and Politics in Bengal: Some Considerations on the Makings of the Bengal Tenancy Act Amendment, 1928", Occasional Paper #30, Centre for Studies in Social Sciences, Calcutta.

Chatterjee, Partha (1982), "Agrarian Relations and Communalism in Bengal, 1926-1935", in Ranajit Guha (ed.), *Subaltern Studies, I*, Oxford University Press, Delhi.

Chatterji, T. P, and A. R. Sinha (1941), "A Statistical Study of the Foreign Demand for Raw Jute", *Sankhya*, vol.5.

Chaudhry, Nanda K (1958), "An Econometric Analysis of the Import Demand Function for Burlap (Hessian) in the USA, 1919-1939", *Econometrica*, vol.26, July.

Chaudhuri, Nibaran Chandra (1908), *Jute in Bengal*, Calcutta.

Dasgupta, Ajit K (1965), "The Jute Industry in India, 1857-1956", in V. B. Singh (ed.), *Economic History of India, 1857-1956*, Asia, Bombay.

De, Barun (1974), (ed.) *Essays in Honour of Professor Susobhan Sarkar*, People's Publishing House, Calcutta.

Dutt, Rajani P (1949), *India Today*, Bombay.

Dutt, Romesh C (1970), *The Economic History of India*, 2 vols, reprint, Delhi.

Frykenberg, Robert E (1969), (ed.) *Land Control and Social Structure in Indian History*, Madison.

Gadgil, Dhananjaya R (1944), *The Industrial Evolution of India in Recent Times*, Bombay.

Ghosh, Kali Charan (1945), *Famines in Bengal, 1770-1943*, Calcutta.

Ghosh, D, and K. C. Basak (1949), *Economic Analysis of American Markets for Jute and Jute Manufacture*, ICJC, Calcutta.

Goswami, Omkar (1982), "Collaboration and Conflict: Indian and European Capitalists and the Jute Industry of Bengal, 1919-1939", *Indian Economic and Social History Review*, vol.19(2), pp.141-79.

Goswami, Omkar (1984), "Agriculture in Slump: The Peasant Economy of East and North Bengal in the 1930s", *Indian Economic and Social History Review*, vol.21(3), pp.335-64.

Goswami, Omkar (1985), "Then came the Marwaris: Some Aspects of the Changes in the Pattern of Industrial Control in Eastern India", *Indian Economic and Social History Review*, vol.22(3), pp.225-49.

Goswami, Omkar (1987), "Multiple Images: Jute Mill Strikes of 1929 and 1937 seen through Other's Eyes", *Modern Asian Studies*, vol.21(3), pp.547-83.

Goswami, Omkar (1989), "*Sahibs*, *Babus*, and *Banias*: Changes in Industrial Control in Eastern India, 1918-1950", *The Journal of Asian Studies*, vol.48(2), pp.289-309.

Goswami, Omkar (1990), "The Bengal Famine of 1943: Re-examining the Data", *Indian Economic and Social History Review*, 27(4), forthcoming.

Green, E, and R. Porter (1984), "Non-cooperative Collusion under Imperfect Price Information", *Econometrica*, vol.52, pp.87-100.

Greenough, Paul R (1982), *Prosperity and Misery in Modern Bengal: The Famine of 1943-1944*, New York.

Guha, Ranajit (1963), *A Rule of Property for Bengal*, Paris.

Guha, Ranajit (1982), (ed.) *Subaltern Studies I*, Oxford University Press, Delhi.

Guha, Ranajit (1984), (ed.) *Subaltern Studies II*, Oxford University Press, Delhi.

Harrison, Godfrey H (1964) *Bird and Company of Calcutta, 1864-1964*, Calcutta.

Heston, Alan H (1983), "National Income", in Dharma Kumar (ed.), *The Cambridge Economic History of India, Vol.2*, pp.376-462, Cambridge University Press, Cambridge.

Hunter, W. W. (1872), *Annals of Rural Bengal*, London.

Islam, M. M (1978), *Bengal Agriculture 1920-1946: A Quantitative Study*, Cambridge University Press, Cambridge.

Islam, Sirajul M (1979), *The Permanent Settlement in Bengal: A Study of its Operation*, Dacca.

Jack, J. C (1916), *The Economic Life of a Bengal District*, Oxford University Press, Oxford.

Kling, Blair B (1966), "The Origin of the Managing Agency System in India", *Journal of Asian Studies*, vol.26(1).

Kling, Blair B (1976), *Partners in Empire: Dwarkanath Tagore and the Age of Enterprise in Eastern India*, University of California Press, Berkeley.

Krishnamurty, J (1983), National Income", in Dharma Kumar (ed.), *The Cambridge Economic History of India, Vol.2*, pp.533-552, Cambridge University Press, Cambridge.

Kumar, Dharma (1983), (ed.) *The Cambridge Economic History of India, Vol.2*, Cambridge University Press, Cambridge.

Kuznets, Simon (1971), *Economic Growth of Nations: Total Output and Production Structure*, Harvard University Press, Cambridge, Massachusetts.

Lahiri, Ashok, and Prannoy Roy (1985), "Rainfall and Supply Response: A Study of Rice in India", *The Journal of Development Economics*.

Leng, John (1896?), *Letters from India and Ceylon, 1895-1896*, Dundee.

Lewis, W. Arthur (1978), *Growth and Fluctuations, 1870-1913*, Macmillan, London.

Lokanathan P. S (1935), *Industrial Organisation in India*, London.

London Times Weekly Review, The (1952) "Survey of the U.K. Jute Industry", November 13.

Mahalanobis, Prasanta C, R. Mukherjee, A. Ghosh (1946), "Sample Survey of the After-Effects of the Bengal Famine of 1943", *Sankhya*, vol.7(4), pp.337-400.

Mansergh, N (1973), (ed.) *The Transfer of Power, 1942-1947*, vol.4, HMSO, London.

Mian, Abdul Samed (1921), *Krishak Boka*, Mymensingh.

Mian, Abed Ali (1925), *Desh Shanti*, Rangpur.

Moon, Penderel (1977), (ed.) *Wavell, The Viceroy's Journal*, Delhi.

Morris, Morris D (1983), "The Growth of Large Scale Industry to 1947", in Dharma Kumar (ed.), *The Cambridge Economic History of India, Vol.2*, pp.553-676, Cambridge University Press, Cambridge.

Mukherjee, Aditya (1979), "The Indian Capitalist Class and Foreign Capital, 1927-1947", *Studies in History*, vol.1(1), pp.105-48.

Mukherjee, Ramakrishna (1957), *Dynamics of Rural Society*, Berlin.

Mukherjee, Ramakrishna (1971), *Six Villages of Bengal*, Bombay.

Mukerji, K (1960), "Trend in Real Wages in the Jute Textile Industry from 1900 to 1951", *Artha Vijnana*, vol.2(1), March.

Mercantilist Function", in Barun De (ed.), *Essays in Honour of Professor Susobhan Sarkar, Calcutta.*

Mukherji, Saugata (1982), "Some Aspects of Commercialisation of Agriculture in Eastern India, 1891-1938", in Asok Sen, P. Chatterjee, and S. Mukherji, *Perspectives in Social Science, II: Three Studies on the Agrarian Structure of Bengal before Independence*, Oxford University Press, Delhi.

Murray, Alexander (1934), "The Jute Industry", *Journal of the Royal Statistical Association*, vol.LXXXII, August.

Narain, Dharm (1965), *The Impact of Price Movements on Selected Crops in India, 1900-1939*, London.

Porter, R (1983a), "A Study of Cartel Stability: The Joint Economic Committee, 1880-1886", *Bell Journal of Economics*, vol.14, pp.301-14.

Porter, R (1983b), "Optimal Cartel Trigger Price Strategies", *Journal of Economic Theory*, vol.29, 313-38.

Rabbani, A. K. M. G (1965), "Economic Determinants of Jute Production in India and Pakistan", *Pakistan Development Review*, vol.5.

Ray, Rajat K (1979), *Industrialization in India: Growth and Conflict in the Private Corporate Sector, 1919-1947*, Oxford University Press, Delhi.

Ray, Rajat K, and Ratnalekha Ray (1973), "The Dynamics of Continuity in Rural Bengal under the British Imperium", *Indian Economic and Social History Review*, vol.10(2), pp.103-28.

Ray, Ratnalekha (1979), *Changes in Bengal Agrarian Society, 1760-1850*, Manohar, Delhi.

Raychaudhuri, Tapan (1969), "Permanent Settlement in Operation: Bakarganj District, East Bengal", in Robert E. Frykenberg (ed) *Land Control and Social Structure in Indian History*, Madison.

Rungta, Radhe Shyam (1970), *The Rise of Business Corporations in India, 1851-1900*, Cambridge University Press, Cambridge.

Rungta, Shyam (1985), "The Bowreah Cotton and Fort Gloster Jute Mills", *Indian Economic and Social History Review*, vol.22.

Sen, Amartya K (1981), *Poverty and Famines: An Essay on Entitlement and Deprivation*, Clarendon Press, Oxford.

Sen, Asok, P. Chatterjee, and S. Mukherji (1982), *Perspectives in Social Science, II: Three Studies on the Agrarian Structure of Bengal before Independence*, Oxford University Press, Delhi.

Singh, V. B (1965), *Economic History of India, 1857-1956*, Asia, Bombay.

Sinha, N. K (1962), *The Economic History of Bengal*, 2 vols., Calcutta.

Sivasubramonian, S (1977), "Income from the Secondary Sector in India, 1900-1947", *Indian Economic and Social History Review*, vol.14(4).

Stern, R. M (1962), "The Price Responsiveness of Primary Producers", *Review of Economics and Statistics*, vol.XLIV.

Tomlinson, Brian R (1981), "Colonial Firms and the Decline of Colonialism in Eastern India", *Modern Asian Studies*, vol.5(3), pp.455-86.

Van Schendel, William (1982), *Peasant Mobility: The Odds of Life in Rural Bangladesh*, van Gorcum, Assen, The Netherlands.

Wallace, D. R (1928), *The Romance of Jute*, 2nd. ed., London.

F. Unpublished Ph.D Theses

Hesseltine, R. G (1981), *Development of Jute in Bengal, 1860-1914*, University of Sussex, Sussex.

Islam, M. Sirajul (1972), *The Permanent Settlement and Landed Interests in Bengal, 1793-1819*, School of Oriental and African Studies, London.

Mukherji, Saugata (1971), *Trade in Rice and Jute in Bengal, 1900-01 to 1920-21*, Jadavpur University, Calcutta.

Rabbani, A. K. M. G (1964), *Jute in the World Economy - A Statistical Study*, London School of Economics, London.

Sivasubramonian, S (1965), *The National Income of India, 1900-01 to 1946-47*, Delhi School of Economics, Delhi.

INDEX